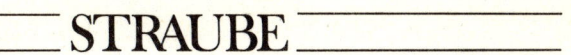

STRAUBE

Günter Kießling

Neutralität ist kein Verrat

Entwurf einer europäischen Friedensordnung

STRAUBE

CIP-Kurztitelaufnahme der Deutschen Bibliothek

Kießling, Günter
Neutralität ist kein Verrat:
Entwurf einer europäischen Friedensordnung/
Günter Kießling – Erlangen: STRAUBE, 1989.
ISBN 3-927491-04-7

1. Auflage: März 1989
2. Auflage: April 1989

Copyright 1989 by Verlag Dr. Dietmar Straube GmbH
Erlangen–Bonn–Wien
Alle Rechte vorbehalten
Printed in Austria
Satz: Clausen & Bosse, Leck
Druck und Bindung: Wiener Verlag, Himberg bei Wien
Umschlaggestaltung: Hans Numberger

Inhalt

Neue Chancen
für die Lösung der deutschen Frage

Mit seinem Buch »Neutralität ist kein Verrat« behandelt General Kießling ein Thema, das viele Jahre nur in Sonntagsreden behandelt wurde, aber in den letzten Jahren immer mehr politische Brisanz gewinnt: die deutsche Einheit.

Seine klar pointierten und sicher manchmal umstrittenen Thesen kommen zur rechten Zeit. Das Ost-West-Verhältnis befindet sich in einer dramatischen Wandlung.

Auf der einen Seite vollziehen sich in der Sowjetunion und in Osteuropa gewaltige ökonomische Veränderungen, die auf eine Umgestaltung des überlebten, verkalkten, aufgeblähten, bürokratisch-zentralistischen Wirtschaftssystems abzielen. Diese Veränderungen gehen mit einem zwingend notwendigen innenpolitischen Wandel einher, denn rechtsstaatliche Sicherungen und Lockerungen des Systems sind notwendig, damit die Bürger selbständiger handeln und eigene Entscheidungen treffen können. Eine freie Meinungsäußerung ist unabdingbar, denn ohne freies Aussprechen von Mängeln, Schwierigkeiten und Problemen und ohne freie Diskussionen über Ausmaß, Richtung und Tempo der Reformen, können diese nicht verwirklicht werden.

Dieser Prozeß wird auch nicht ohne Einfluß auf die DDR bleiben, wenngleich die DDR-Führung noch versucht, diesen Prozeß zu bremsen, und Erich Honecker Anfang Januar 1989 sogar erklärte, daß die Mauer für die nächsten 50 oder 100 Jahre bestehen bleiben könnte. Aber die Geschichte wird über solche Erklärungen hinweggehen. Es dürfte kaum ein Zweifel bestehen, daß die Wandlungen in Osteuropa bald auch auf die

DDR übergreifen und sich damit neue Chancen und neue Möglichkeiten für die Lösung der deutschen Frage ergeben könnten.

Auf der anderen Seite steht die magische Jahreszahl 1992, der Eintritt in den Europäischen Binnenmarkt und damit der Übergang der Europäischen Gemeinschaft zu einer politischen Union. Die Chancen, die ein solcher Markt mit 320 Millionen Menschen bietet, werden kaum bestritten. Aber nicht wenige Menschen in der Bundesrepublik stellen sich besorgt die Frage, ob diese Entwicklung nicht eine endgültige Absage an alle Hoffnungen einer deutschen Wiedervereinigung beinhaltet. Gewiß weisen Politiker immer wieder darauf hin, die Vereinigung Europas und die Überwindung der deutschen Teilung seien zwei gleichrangige Ziele, der Weg zur Einheit Europas stünde einer deutschen Wiedervereinigung nicht im Wege. Aber genau diese These wird nicht nur von Günter Kießling, sondern von vielen anderen angezweifelt.

Wenn die deutsche Frage nicht inhaltlich von allen *demokratischen* Parteien nach § 21 GG (Willensbildung) offen diskutiert, bearbeitet und entschieden wird, fürchte ich, daß sie irgendwann als sogenannter Faktor ›x‹ wieder auftauchen und im Extremfall viel Elend hinterlassen wird. Außerdem bleibt die Frage, ob es angeht, daß die heute 60-70-80jährigen den vierzigjährigen und jüngeren Bürgern die Entscheidung abnehmen. Die heute vierzigjährigen, in der Bundesrepublik geborenen Bürger, sind überwiegend bewußte Europäer, aber sie wollen die deutsche Frage auf ihre Weise klären und unbelastet diskutieren dürfen.

Die Begriffe einer »Europäischen Friedensordnung« oder das von Gorbatschow verkündete »Europäische Haus« bewegen Ost und West. Günter Kießling hält die deutsche Teilung für die Ursache der Ost-West-Spannung, analysiert den Status quo, den er für die unbefriedigendste Lösung hält und zeigt zukünftige Wege für Deutschland auf. Er versteht es stringent, die nationale Einheit der Deutschen als ersten entscheidenden Schritt zu einer Entspannung des Ost-West-Verhältnisses darzulegen.

Günter Kießling sagt ohne Umschweife, was er meint, bewegt sich nicht in Wolkenkuckucksheim, sondern stützt sich auf klare Fakten und setzt sich nüchtern mit den politischen Gegebenheiten auseinander. Seine Grundidee, ein Wiedervereinigungs-konzept vorzulegen, das die machtpolitischen Bedürfnisse so-wohl des Westens wie des Ostens respektiert, wobei Neutralität als Mittel zum Zweck und nicht als Selbstzweck dient, bedarf einer nachdenklichen und nüchternen Diskussion. Er gehört nicht in das Lager der »Friedensbewegung«, die ihre Ablehnung gegen die NATO täglich zum Ausdruck bringt, aber er kann gleichermaßen auch nicht mit dem rechtsnationalen Spektrum in Verbindung gebracht werden. Jeglichen Gedanken einer deutschen militärischen Hegemonie in Mitteleuropa lehnt er strikt ab. Ebenso will er die von westlichen Traditionen geprägte Demokratie nicht aufgeben. Die Einbettung der deutschen Frage in den Prozeß einer europäischen Friedensordnung steht für ihn außer Zweifel. Die Wiedervereinigung soll damit ein er-ster Schritt zum Auseinanderrücken der Blöcke sein.

Die militärische und bündnispolitische Neutralität der Deut-schen, die mit einem demokratischen Aufbau im Innern einher-gehen soll, ist für Kießling die Gewähr, daß Ost und West ein Interesse am Überwinden des Status quo haben. Hart kritisiert er die außenpolitische Orientierung der westdeutschen Politik, und die NATO ist für den ehemaligen General zum Selbstzweck degeneriert. Im dritten und letzten Teil seines Buches legt er seine eigenen Thesen der Wiedervereinigung dar – in seiner üb-lichen Art – nüchtern, präzise, fast preußisch. Diese Thesen werden, wie andere Punkte, bestimmt eine Diskussion heraus-fordern. Meinungen darüber werden hart aufeinanderprallen.

Günter Kießlings Achtstufenplan, der mit einem Friedensver-trag für Deutschland endet, wird nicht nur zur Sensibilisierung der öffentlichen Meinung in der Frage der Wiedervereinigung beitragen, er kommt auch zur rechten Zeit, denn eine offene und freie Diskussion über dieses Thema ist nicht mehr aufzuhal-ten und bitter nötig.

Obwohl ich dem Autor keineswegs in allen Fragen zustimme, bin ich mit ihm der Meinung, daß die deutsche Frage nicht zu einem Lippenbekenntnis degradiert werden darf. Gerade ange-sichts der neuen gewaltigen Veränderungen – der Entwicklung zum europäischen Binnenmarkt auf der einen, der Aufbruch-stimmung und beginnenden Reformen im Osten auf der anderen Seite – muß die deutsche Frage neu durchdacht, neu analysiert werden, verbunden mit neuen Schlußfolgerungen für die Zukunft.

Identitätsfindung ist ein langer, oft schwerer, aber notwendiger Prozeß – nicht nur für das Individuum, das ohne Identität orientierungslos und desorientiert ist, sondern auch für Nationen, die sich mit anderen Nationen zu Bündnissen zusammenschließen wollen. In diesem Sinne hoffe ich als überzeugter Atlantiker, daß Günter Kießlings Buch eine lebendige Diskussion über die deutsche Frage entfachen und zu konstruktivem Umdenken beitragen wird und sage mit Helvetius: »Nur im Widerstreit gegensätzlicher Meinungen wird die Wahrheit entdeckt und an den Tag gebracht.«

Prof. Wolfgang Leonhard
im Januar 1989

Das Ziel – Die Lage – Der Weg

Was bedeutet eigentlich »europäische Friedensordnung«? Eine Konkretisierung dieses auch von der Bundesregierung angestrebten Zieles ist längst überfällig.

Dazu zwei Fragen:

1. Welchen militärischen Status muß ein in diese Ordnung integriertes wiedervereinigtes Deutschland haben? Kann es, solange die Blöcke noch fortbestehen, einem dieser Bündnisse angehören oder muß es neutral sein?

2. Ist das von Gorbatschow anvisierte »gemeinsame europäische Haus« dasselbe wie die »europäische Friedensordnung«? Nach deutscher Auffassung ist damit unabdingbar die Wiederherstellung der deutschen Einheit in Freiheit verbunden. Welche Bedingungen stellen die Sowjets für ihre Zustimmung zu einer solchen Neuordnung?

Ob nun Gorbatschows »gemeinsames europäisches Haus« oder Bonns »europäische Friedensordnung«, sie können nur zustande kommen, wenn zuvor die Spannungen beseitigt werden, die sich »in der Teilung Deutschlands am deutlichsten und grausamsten offenbaren«. So ist es im Harmel-Bericht, dem für die NATO-Politik grundlegenden Dokument, formuliert.

Die Teilung Deutschlands kann logischerweise durch nichts anderes als durch die Wiedervereinigung Deutschlands beseitigt werden. Die Frage des »Ob« muß aber durch die Frage des »Wie« ergänzt werden. Es muß eine Form der Wiedervereinigung gefunden werden, die eine gerechte und dauerhafte Friedensordnung in Europa durch geeignete Sicherheitsgarantien für beide Seiten akzeptabel macht. Genauer: Ost und West müssen Vorteile in dieser Neuordnung sehen.

Geeignete Sicherheitsgarantien für beide Seiten können nur darin bestehen, daß keinem der beiden Blöcke das militärische

Potential eines wiedervereinigten Deutschland zugeschlagen wird. Das aber läßt sich nur auf einem einzigen Wege verwirklichen: durch militärische Neutralität.

Die Vokabel »Neutralität« wirkt provozierend. Im Verlauf jahrzehntelanger Diskussionen um die deutsche Frage ist der Begriff der Neutralität derart diskriminiert worden, daß kaum jemand ihn zu gebrauchen wagt. Den Gegnern der deutschen Einheit ist es in der Tat gelungen, mit dem Verteufeln der Neutralität die deutschlandpolitische Diskussion zu lähmen.

Diese Lähmung muß überwunden werden! Zwar bekennen sich fast alle Politiker – jedenfalls offiziell – zum Ziel der deutschen Einheit in Freiheit. »Einigkeit und Recht und Freiheit« fordern wir mit jedem Singen unserer Nationalhymne. Aber sind dies nicht bloße Lippenbekenntnisse? Wer in unserem Staat an das Ziel der deutschen Einheit erinnert, wird ein »politischer Traumtänzer« genannt. Wer eine aktive Wiedervereinigungspolitik fordert, sieht sich als »Verräter an der westlichen Wertegemeinschaft« abgestempelt. Wer gar eigene Lösungsvorschläge präsentiert, muß mit dem Verdikt »blühender Unsinn« rechnen. Eine Deutschlandpolitik, die den Namen verdiente, gibt es in Bonn nicht. Jede Diskussion wird mit der arroganten Behauptung gestoppt, niemals würden die Sowjets ihrer Herrschaft über den SED-Staat entsagen.

Prophetien als Politikersatz, als billige Ausrede für Resignation und Untätigkeit. Ein »Niemals« gibt es in der Geschichte überhaupt nicht. Bis Ende 1945 war es einhellige Meinung in Bonn, »niemals« würden die Sowjets freiwillig Österreich räumen. Bis Anfang 1988 war jedermann der Ansicht, »niemals« würden die Sowjets ihre Truppen aus Afghanistan abziehen. In beiden Fällen erwiesen sich die Prophetien als Scharlatanerien. Und in beiden Fällen – in Österreich wie in Afghanistan – zogen – oder ziehen – die Sowjets unter der Voraussetzung der zuvor festgelegten Neutralität des jeweiligen Landes ihre Truppen ab.

Wie furchtbar haben sich alle diejenigen, die jahrzehntelang den »Status quo« anbeteten, die in einem fort die Behauptung aufstellen, nichts würde sich bewegen, in den letzten zwölf Monaten blamiert! Spätestens seit dem Gipfel von Reykjavik ist offenkundig, wie beweglich die Sowjets sein können, wenn sie wollen. Seitdem ist alles in Fluß gekommen, müssen alle »Gege-benheiten« neu durchdacht und überprüft werden. Konnte das überraschen? Zumindest diejenigen nicht, die seit eh und je die Sowjets realistisch eingeschätzt hatten. Die östliche Supermacht wird immer das tun, was in ihrem – dem sowjetischen – Interesse liegt. Und sie wird es stets dann tun, wenn sie den Zeitpunkt für gekommen hält.

Ganz offensichtlich hält Michail Gorbatschow den Zeitpunkt für gekommen, zu einer neuen Politik überzugehen. Das wirft eo ipso auch die deutsche Problematik auf. Die Frage ist ledig-lich, wer das Problem zuerst artikuliert: die Deutschen oder die Sowjets.Unsere Aufgabe ist es, uns nicht im Denken überholen zu lassen. Konkret: Wir müssen die Sowjets davon überzeugen, daß die Einheit Deutschlands auch in ihrem Interesse liegt.

Es gibt allerdings ein »niemals« seitens der Sowjets, wenn auch in einem ganz anderen Sinne: Niemals werden sie einer Lösung der Deutschlandfrage zustimmen, die das Gleichge-wicht zwischen den Supermächten zu ihren Ungunsten verän-dern würde.

Wie unsinnig ist doch die mitunter von westdeutschen Politi-kern erhobene Forderung, ein wiedervereinigtes Deutschland müsse im NATO-Bündnis verbleiben. Der Mitgliedstaat »Bun-desrepublik« jedoch wird im Falle einer Wiedervereinigung nicht mehr existieren. Somit steckt hinter der genannten For-derung nicht mehr und nicht weniger als der Anspruch auf Bündnisfreiheit eines gesamtdeutschen Staates; aber natürlich unter der Voraussetzung, daß sich dieser für die Westbindung entscheidet. Ist aber Bündnisfreiheit mit dem erklärten Ziel einer »europäischen Friedensordnung« vereinbar, die ja wie-derum nur mit sowjetischer Zustimmung zu verwirklichen ist?

Man braucht kein Prophet zu sein, um voraussagen zu kön-nen, daß die Sowjets sich hüten werden, ihre Herrschaft über die DDR aufzugeben, damit diese nahtlos in die NATO über-führt wird. Wer also eine derart unrealistische Forderung pro-pagiert, der muß sich den Vorwurf gefallen lassen, daß er die deutsche Einheit gar nicht will oder aber bar jeder Kenntnisse über die Machtverhältnisse in dieser Welt ist. In jedem Fall dis-qualifiziert er sich als Politiker.

14

Das Problem liegt also darin, eine Lösung der Deutschlandfrage zu finden, die keiner der beiden Seiten Überlegenheit verschafft. Gleichgewicht wird sicher nicht allein durch das militärische Kräfteverhältnis definiert, aber doch ganz entscheidend beeinflußt. Folglich müssen alle Überlegungen zur Lösung der deutschen Frage vom militärischen Kräfteverhältnis und von der Konfrontation zwischen Ost und West auf deutschem Boden ausgehen. Den Status quo zugunsten einer europäischen Friedensordnung zu überwinden erfordert, den militärischen Status eines wiedervereinigten Deutschland zu definieren und den Weg dahin zu ebnen.

»Neutralität ist kein Verrat« nenne ich mein Buch. Damit will ich drei Punkte umreißen:

1. den militärischen Status eines wiedervereinigten Deutschland, der weder »Verrat« am Westen noch Bedrohung für den Osten wäre,
2. die Notwendigkeit einer neuen deutschlandpolitischen Diskussion, ohne »Verrats«-Vorwurf, ohne Diskriminierung und Verteufelung der Andersdenkenden,
3. die Überzeugung, daß die Wiedervereinigung Deutschlands trotz aller machtpolitischen Realitäten erreichbar ist. Dazu müssen wir eine Lösung entwickeln, die weder den Sowjets eine Kapitulation zumutet, noch einer Absage an den Westen gleichkommt.

Aus dieser Zielsetzung ergibt sich die nachfolgende Gliederung des Buches. Den Kern bildet der zweite Teil. Hier geht es darum, eine Lösung der deutschen Frage aufzuzeigen. Die darauf zielende Untersuchung wird in Form einer »Beurteilung der Lage« dargestellt. So nennt der gelernte Soldat das, was man gemeinhin als Analyse bezeichnet. Mögen Politiker es mit Analysen bewenden lassen, der Soldat drängt immer zu einer Lösung. Deshalb begnügt er sich nicht mit einer »Beurteilung der Lage«, sondern fordert einen »Entschluß«. Das ist die Entscheidung für eine Lösung; nicht für irgendeine, sondern für die bestmögliche Lösung. Diese zu finden setzt voraus, die ganze Palette der in Betracht kommenden Lösungen aufzuzeigen , sie miteinander zu vergleichen und gegeneinander abzuwägen. Diese Methode vermißt man bei unseren Politikern. Sie neigen dazu, sich ohne gründliches Abwägen der verschiedenen Möglichkeiten für eine Lösung zu entscheiden und diese dann um so verbissener zu verfechten.

Zunächst gilt es, ein freies Blickfeld zu schaffen. Die für eine Politik des Nichtstuns ins Feld geführten Argumente müssen überprüft und bewertet werden. Damit möchte ich auch Vorwürfen begegnen, ich hätte diese Positionen der »negativen« Deutschlandpolitik übersehen und wäre sonst möglicherweise zu einer anderen Lösung gelangt. Als Ergebnis dieser Untersuchung wird deutlich, daß sich uns letztlich nur ein Hindernis auf dem Weg zur deutschen Einheit entgegenstellt: die Angst vor Veränderungen. Mit anderen Worten: das blinde Vertrauen in die friedensbewahrende und zukunftssichernde Funktion des Status quo. Daß einem solchen Wunschdenken das Ziel der Wiedervereinigung und damit der Freiheit aller Deutschen untergeordnet, ja geopfert wird, hat seinen Grund in dem völligen Mangel an geistiger Führung in diesem Land.

Im abschließenden dritten Teil lege ich einen »Stufenplan« vor. Darin sollen die notwendigen Schritte auf dem Weg zur Wiederherstellung der deutschen Einheit aufgezeigt werden. Ich bin mir bewußt, daß ich dabei auf mancherlei Einzelfragen eingehen muß, die weit über das gesetzte Thema hinausgehen. Unvermeidbar ist damit auch die Gefahr verbunden, sich in Details zu verlieren und den x-ten Schritt vor dem ersten zu tun. Wenn ich dennoch diesen Versuch wage, dann keinesfalls mit dem Anspruch oder auch nur der Vorhersage, daß die Entwicklung genau so verlaufen muß. Vielmehr kommt es mir nur darauf an, dem Vorwurf zu begegnen, ich würde mich mit weitgefaßten Lösungsvorschlägen begnügen und hätte nicht beachtet, daß – wie immer – der Teufel im Detail steckt.

Entscheidend für die nachfolgende Darstellung ist allein der sicherheitspolitische Ansatz. Es geht darum, Möglichkeiten aufzuzeigen, wie durch Überwindung der deutschen Teilung die militärische Konfrontation der Blöcke mitten in Deutschland aufgehoben und auf diese Weise der Frieden sicherer gemacht werden kann. Das verlangt, von den realen Machtverhältnissen auszugehen, und damit auch von der Existenz zweier deutscher Teilstaaten auf dem Territorium des Deutschen Rei-

16

ches in seinen Grenzen vom 31. Dezember 1937. Dieser Ansatzpunkt bedeutet nicht, einem Verzicht auf die deutschen Ostgebiete das Wort zu reden. Aber ohne »Wiedervereinigung« der beiden Teilstaaten kann keine frei gewählte gesamtdeutsche Regierung entstehen, die allein legitimiert wäre, über einen Friedensvertrag zu verhandeln und ihn abzuschließen. Das Ziel der »Einheit in Freiheit« bedingt, daß der gesamtdeutsche Souverän aus freien Wahlen hervorgeht. Wie das zu erreichen ist, darauf wird im dritten Teil näher eingegangen.

Damit wird auch deutlich, daß ich nicht der mitunter geäußerten Forderung zustimme, Ansatzpunkt für die Lösung der deutschen Frage müsse der seit Jahrzehnten ausstehende Friedensvertrag sein. Keine der Siegermächte wird sich an den Verhandlungstisch begeben, wenn nicht zuvor wenigstens in groben Zügen Einigkeit über ein Konzept zur Wiederherstellung der deutschen Einheit im Rahmen einer europäischen Friedensordnung erzielt ist. Wie aber sollte das mit den Deutschen erreicht werden, für die es keine gesamtdeutsche Vertretung gibt? Zumal auch die westdeutsche Bundesregierung den Alleinvertretungsanspruch aufgegeben hat, den die Sowjets für eine derartige Verhandlung sicher auch nicht anerkannt hätten. Die Forderung nach einem Friedensvertrag an den Anfang der deutschen Frage zu stellen bedeutet, das Pferd vom Schwanz her aufzuzäumen. Damit soll keineswegs die Bedeutung geschmälert werden, die einem Friedensvertrag für die Lösung der deutschen Frage zukommt. Nur wird und muß – wie im dritten Teil aufgezeigt wird – die vertragliche Besiegelung am Ende dieses Prozesses stehen und nicht an seinem Anfang.

Wer es mit der Freiheit für die Deutschen ernst meint, der darf nicht darauf verzichten, daß sie sich auch für die Einheit entscheiden können. Daß sie dies tun werden, darüber bestehen keine Zweifel. Sonst hätten die Machthaber in der DDR längst eine Volksabstimmung darüber in Gang gesetzt, und zwar unter internationaler Kontrolle, um die von ihnen sehnlichst erwünschte Legitimation ihres »sozialistischen Staates deutscher Nation« zu erlangen. Aber sie wissen nur zu gut, daß die Deutschen Einheit in Freiheit wollen.

Der sicherheitspolitische Ansatz dieser Darstellung erfordert, Chancen und Risiken des Status quo mit denen einer Wiedervereinigung zu vergleichen. Dabei gilt es, der irrigen Vorstellung entgegenzuwirken, Status quo bedeute Sicherheit, während die Wiederherstellung der deutschen Einheit mit unwägbaren Risiken verbunden sei. Selbst dann, wenn dem so wäre, dürfte niemand, der Freiheit auf seine Fahnen geschrieben hat, davor zurückschrecken.

Das Wesen des Status quo besteht in der militärischen Konfrontation der Blöcke und in der deutschen Teilung. Beide bedingen sich wechselseitig. In diesem Zusammenhang stellt sich uns das Problem von Bündnis und Nation, das deshalb einen breiten Raum in unserer Betrachtung einnimmt. Wenn dabei wiederholt betont wird, daß Bündnisse Mittel zum Zweck sind, so ist dies keine Absage an die NATO. Für die Bundesrepublik, insbesondere für deren Deutschlandpolitik, ist die NATO ein wichtiges, ja ein unverzichtbares Mittel; aber eben nur ein Mittel. Zweck dagegen ist die Freiheit und die Wohlfahrt der Nation.

Wie ein roter Faden zieht sich durch dieses Buch meine Überzeugung, daß es zwar nicht allein auf die Deutschen ankommt, aber entscheidende Voraussetzung für jede Änderung des unerträglichen Zustandes der Teilung der unbeugsame Wille der Deutschen ist, ihr Recht auf Selbstbestimmung zu fordern und durchzusetzen. Das wird uns aber nur dann gelingen, wenn wir zugleich eine sicherheitspolitische Lösung der deutschen Frage vorweisen, die den Interessen der immer noch für Deutschland als Ganzes zuständigen Siegermächte entspricht. Eine solche Lösung herauszuarbeiten, deren Vor- und Nachteile gegeneinander abzuwägen und den Weg zu ihrer Realisierung aufzuzeigen, darum geht es in diesem Buch.

Wenn ich schon mit dem Titel zum Ausdruck bringe, daß Neutralität kein Verrat ist, so möchte ich gleichwohl bekennen:

Nicht Neutralität ist mein Ziel, sondern die deutsche Einheit in Freiheit.

Dafür bin ich bereit, jeden Preis zu zahlen – bis auf den der Freiheit!

Teil 1: Das Ziel

*»Wer vom Ziel nicht weiß,
der kann den Weg nicht finden.«*

Christian Morgenstern

1. Kapitel

Grundsätze und kein Weg

Wer sich lossagt vom Ziel der deutschen Einheit, opfert damit die Freiheit der Millionen Landsleute jenseits von Mauer und Stacheldraht. Immer öfter werden aber im freien Teil Deutschlands Stimmen laut, die diesen Zusammenhang übersehen und sich unbedacht gegen die Freiheit des ganzen Volkes äußern.

Dabei ist die Rechtslage eindeutig. »Staatsfundamentalziel« der Bundesrepublik hat der Göttinger Staatsrechtslehrer Dietrich Murswiek das in der Präambel der Grundgesetzes verankerte Ziel der deutschen Einheit genannt.[1]

Ist das nur noch Theorie, gar »juristischer Formelkram«, wie einige Politiker das unbequeme Verfassungsgebot abzuhaken versuchen?

Heute gehört nicht einmal mehr Mut dazu, sich gegen die Wiedervereinigung zu wenden, oder gar die Teilung unseres Vaterlandes zu preisen. Aber ist es auch opportun? Zum Glück noch nicht. Das wissen unsere Politiker, und sie richten sich danach, insbesondere vor Wahlen.

Manche Politiker bleiben deutschlandpolitisch nur noch bei der Stange, weil es eben opportun ist. Sonst würden sie sich nur zu gern und gar zu schnell auf die andere Seite schlagen. So aber müssen sie sich weiter das Lippenbekenntnis zur deutschen Einheit abquälen, wenn auch mit dem erleichternden Zusatz: »aber erst in weiter Ferne«. Das beruhigt das schlechte Gewissen, das so manche Politiker plagt, weil sie nichts für die Wiedervereinigung des geteilten Vaterlandes tun – und auch keine Antwort wissen, wenn sie gefragt werden. Wehe dem, der sie fragt!

In unserem Staat darf natürlich auch der Politiker Lippenbekenntnisse ablegen – solange die Wähler sich damit abspeisen lassen; sei es, daß sie es nicht merken, sei es, daß sie es nicht bemerken wollen. Wobei wohl letzteres am häufigsten zutrifft. Die Bürger sind ja nicht dumm. Sie sind nur ratlos. Die meisten spüren sehr wohl, daß sie betrogen werden.

Aber es gibt Grenzen für diese Freiheit der Absagen und der Lippenbekenntnisse. »Kein Verfassungsorgan der Bundesrepublik Deutschland darf die Wiederherstellung der staatlichen Einheit als politisches Ziel aufgeben, alle Verfassungsorgane sind verpflichtet, in ihrer Politik auf die Erreichung dieses Zieles hinzuwirken – das schließt die Forderung ein, den Wiedervereinigungsanspruch im Innern wachzuhalten und nach außen beharrlich zu vertreten – und alles zu unterlassen, was die Wiedervereinigung vereiteln würde.« So hat das Bundesverfassungsgericht in seinem berühmten Urteil vom 31. Juli 1973 mit nicht zu überbietender Deutlichkeit entschieden.

Wie sehr muß den Gegnern der deutschen Einheit diese Entscheidung gegen den Strich gehen! Konfrontiert man sie mit den Verpflichtungen, die sich aus dem Urteil ergeben, dann reagieren sie gereizt. Aber: An diesem Urteil zum Grundlagenvertrag kommt keiner vorbei. Weder die Bundesregierung noch die politischen Parteien, vor allem nicht die sogenannten »staatstragenden«. Dazu haben diese Parteien sich allerdings selbst erhoben; das Grundgesetz kennt keine derartige Qualifizierung.

Das Ziel steht somit nicht mehr zur Diskussion, um so mehr aber die Aufgabe, nach Wegen zu suchen, die zu diesem Ziel führen. Bisher ist keine Bundesregierung diesem Auftrag gerecht geworden, auch die nicht, deren Mitglieder zuvor in ihrer Rolle als Oppositionspolitiker gerade deswegen scharfe Kritik an der damaligen Regierung geübt haben. Statt dessen wird immer verbissener die These verkündet, die deutsche Frage stehe nicht auf der Tagesordnung der Weltpolitik. Noch keiner ist auf den Gedanken gekommen, sie auf diese Tagesordnung zu setzen. Wer sollte es denn sonst tun, wenn nicht die Regierung des deutschen Teilstaates, der sich zu Recht als ein freiheitlicher versteht?

Seit einigen Jahren nehmen die verantwortlichen Politiker Zuflucht zu einer »Politik der kleinen Schritte«. Ganz wohl ist ihnen dabei freilich nicht; denn sie wissen keine Antwort auf die Frage, ob – schon gar nicht, wann – diese kleinen Schritte zum großen Ziel der deutschen Einheit führen. Daran wird deutlich, daß viele Politiker den Unterschied zwischen Strategie und Taktik nicht kennen. Schon gar nicht sind sie in der Lage, die Vorteile zu nutzen, die eine solche Differenzierung erlaubt.

Strategie und Taktik in der Deutschlandpolitik

Die Bronzefiguren der beiden Krieger vor der Münchener Feldherrnhalle blieben vom Spott des Volksmundes nicht verschont: Der eine – Tilly – sei kein Bayer, der andere – Fürst Wrede – kein Feldherr gewesen. Das Urteil über letzteren hat Napoleon geprägt, der einmal äußerte, er habe den Wrede zwar zum Fürsten machen können, nicht aber zum Feldherrn. Diese abschätzige Bemerkung des großen Franzosen beruht auf dessen Verständnis von »Strategie«, die er als eine Kunst ansah, die Begabung voraussetze, also nicht erlernbar sei.

Strategie ist ein Begriff, der es den Politikern angetan hat; sie gebrauchen ihn bei jeder passenden, mehr noch bei jeder unpassenden Gelegenheit. Wer eine Strategie vorzuweisen hat, gar eine »strategische Planung« entwickelt, der erweckt den Eindruck, etwas ganz Großes in die Wege zu leiten. Gleichwohl haftet dem Begriff immer etwas Militärisches an, was wiederum die meisten Politiker ängstlich meiden. Der Begriff stammt aber nun einmal von den Militärs; Politik und Wirtschaft haben ihn okkupiert. Was Strategie ist, das hat Carl von Clausewitz (1780–1831), der größte militärische Denker der Neuzeit, herausgearbeitet. In seinem grundlegenden Werk »Vom Kriege«, das seine Frau, die Gräfin Brühl, erst nach seinem Tode 1832 veröffentlichte, wird zwar der Primat der Politik betont, der Strategiebegriff ist aber (noch) ein militärischer. Clausewitz hat Strategie als »die Lehre vom Gebrauch der Gefechte im Kriege« definiert, ihr jedoch den komplementären Begriff der Taktik zugeordnet, worunter er »die Lehre vom Gebrauch der Streitkräfte im Gefecht« verstand.[2] Damit wurde die Taktik der Strategie untergeordnet, in deren Dienst gestellt. Wir werden noch sehen, wie bedeutend das für konkrete Situationen in der Politik sein kann.

Erst in unserem Jahrhundert ist Strategie zu einer politischen Kategorie geworden. Darauf hat vornehmlich Helmut Schmidt hingewiesen, der als einer der wenigen strategischen Köpfe gilt, welche die Deutschen nach dem Zweiten Weltkrieg hervorgebracht haben. In seiner mitunter schnoddrigen Art hat er einmal – in der Sache nicht unzutreffend – formuliert, Strategie sei eine viel zu ernste Sache, um sie den Generalen zu überlassen. Dennoch war es wiederum ein Militär, nämlich der französische General Beaufre, der den heutzutage allgemein anerkannten Strategiebegriff definiert hat. Danach ist Strategie »die Kunst, die Macht bei der Durchsetzung politischer Ziele zur Geltung zu bringen«.[3] Da geht es also nicht mehr nur um militärische Macht. Und vor allem geht es nicht nur um den militärischen Gebrauch der Macht, also um Krieg. Die Definition Beaufres ist somit die konsequente Erweiterung des Strategiebegriffes auf die Erfordernisse unserer Zeit, in der Krieg kein Mittel der Politik mehr sein darf. Wohl aber wird weiterhin Macht ein Mittel der Politik sein, und dies schließt auch die militärische Macht ein.

Gilt Clausewitz auch als der größte militärische Denker der Neuzeit, seine Lehren stießen gerade in seinem Vaterland auf Vorbehalte. Ein frühzeitiges Beispiel dieser Distanz bietet die Einführung, die der preußische Generalstabschef Schlieffen 1905 zur 5. Auflage des Werkes »Vom Kriege« schrieb, und worin er »das Überwiegen einer philosophischen Betrachtungsweise (beklagt), die dem heutigen Leser nicht immer anmutet«. Überdies verstieg Schlieffen sich zu der Behauptung, daß Moltke, »dessen geistige Entwicklung sich (zwar) in engem Anschluß an Clausewitz vollzogen« habe, schließlich über den Lehrmeister hinausgewachsen sei.[4]

So nimmt es nicht wunder, daß die deutschen Streitkräfte ohne Clausewitz in zwei Weltkriege gezogen sind. Hätte die deutsche Führung doch wenigstens beachtet, was er in seinem Werk zum »Kulminationspunkt des Angriffs«[5] sowie zur »Überlegenheit der Zahl«[6] gesagt hat. Damit wäre ihr sicher das Schicksal der totalen Niederlage erspart geblieben.

Galt der Prophet nichts im eigenen Lande, um so höheres Ansehen genoß Clausewitz beim Gegner, insbesondere bei den

Sowjets. Lenin hatte während des Ersten Weltkrieges in seinem Züricher Exil das Werk von Clausewitz nicht nur gründlich studiert, sondern daraus Folgerungen für die kommunistische Lehre gezogen.[7] In konsequenter Anwendung der Leninschen Erkenntnisse hat dann dessen Nachfolger Stalin Strategie als »die Festlegung der Richtung des Hauptstoßes des Proletariats« definiert. Wie Clausewitz hat er die Taktik der Strategie untergeordnet. Sie sei »die Festlegung der Linie des Vorgehens des Proletariats für die verhältnismäßig kurze Periode der Flut oder Ebbe der Bewegung«. Die Taktik ändere sich, »je nachdem, ob wir Ebbe oder Flut haben«.[8]

Auch in dieser Definition wird deutlich, daß Strategie nicht etwa das Ziel ist, sondern allein der Weg zu einem vorgegebenen Ziel, der Weg in groben Zügen, die »Hauptstoßrichtung«, wie Stalin sagt.[9]

Gerade in der Politik, die den von ihr okkupierten Strategiebegriff überstrapaziert, werden Weg und Ziel häufig in einen Topf geworfen. Wer sich aber auf den Weg macht, ohne zuvor das Ziel zu bestimmen, der muß damit rechnen, daß er schließlich an ein Ziel gelangt, das er gar nicht erreichen wollte. Strategie ist also der Weg, den es zu finden, zu bestimmen und zu verfolgen gilt. Was unterscheidet sie dann noch von der Taktik?

Werden beide Begriffe gebraucht, so stets in einem Verhältnis der Über- und Unterordnung. Die Taktik dient der Strategie. Reicht es zu sagen, Strategie sei Sache der höheren Führung und Taktik die der unteren? Mit dieser naheliegenden Differenzierung haben sich die Militärs nie begnügt. Zwar ist in dem Schrifttum zu dieser Frage eine Tendenz erkennbar, Taktik zum ureigensten Metier des (untergeordneten) Truppenführers zu erklären. Jedoch herrscht die Meinung vor, Taktik könne man erlernen. Dagegen wird Strategie als eine »Kunst« gepriesen, die eine Begabung voraussetze.[10] Da ist keine Rede mehr vom Erlernen.

Auch Moltke, dessen Definition von der Strategie als »ein System der Aushilfen« etwas herabwürdigend klingt, hat diese dennoch in den Rang einer »Kunst« erhoben, »der Kunst des Handelns unter dem Druck schwierigster Bedingungen«.[11]

Erfolgreiche Führung – nicht nur militärische Führung – setzt

Ausbildung und Erfahrung voraus. Gleichwohl wird Führung immer auch ein Stück »Kunst« bleiben, die nicht erlernbar ist, in der höheren wie in der unteren Führungsebene. Aber wir dürfen uns nicht allein auf die Begabung verlassen. Vielmehr muß das erlernbare und erfahrene Können die Grundlage bilden.

Zwar haben Politik und Wirtschaft von den Militärs den Begriff der Strategie übernommen, nicht aber den der Taktik. Das mag auf den ersten Blick als eine vorteilhafte Vereinfachung erscheinen. In Wirklichkeit bedeutet es den Verzicht auf Differenzierung. Nicht nur die militärische Führung kann darauf nicht verzichten. Sicher sind für ihren Bereich die Vorteile überzeugender nachzuweisen. So kann es zum Beispiel notwendig sein, daß eine Division örtlich angreift, damit das ihr übergeordnete Korps erfolgreich verteidigen kann. Hier werden also auf verschiedenen Führungsebenen unterschiedliche Gefechtsarten angewandt, um das übergeordnete Ziel zu erreichen. Ist eine solche Differenzierung auch in der Politik zweckmäßig, gar vonnöten?

Ein Blick auf die Deutschlandpolitik der Bundesregierung genügt, um davon zu überzeugen. Das Ziel, Einheit in Freiheit, ist durch das Grundgesetz vorgegeben. Aufgabe der Regierung ist es, zu diesem Ziel hinzuführen. Das erfordert, den bestmöglichen Weg auszumachen, also eine Strategie zu entwickeln. Doch die Bundesregierung verfügt über keine Strategie, sie ist noch nicht einmal darum bemüht. »Grundsätze und kein Weg«, so hat Karl Feldmeyer in der FAZ die Regierungserklärung zur Deutschlandpolitik kommentiert.[12]

Alles, was die Bundesregierung vorzuweisen hat, sind »kleine Schritte«, mit denen sie menschliche Erleichterungen durchzusetzen erhofft. Wer wünscht nicht, daß den Deutschen in der DDR, die seit mehr als vier Jahrzehnten stellvertretend für uns die ganze Last des verlorenen Krieges zu tragen haben, ihr schweres Los erleichtert wird? Gleichwohl darf sich Deutschlandpolitik nicht darin erschöpfen, menschliche Erleichterungen zu erwirken, sie muß auf das große Ziel der Einheit ausgerichtet sein. Und nichts darf geschehen, was diesem Ziel entgegenwirkt.

Auf die Frage, wie wir mit diesen »kleinen Schritten« schließlich zum großen Ziel gelangen sollen, haben die verantwortlichen Politiker bisher jede überzeugende Antwort vermissen lassen. Offenbar sind sie unfähig, sich in die Rolle des Gegners zu versetzen, in dessen Kategorien zu denken und zu urteilen. Sonst müßten sie zu einem anderen Entschluß gelangen.

Unsere kommunistischen Kontrahenten wissen eben sehr wohl zwischen Strategie und Taktik zu unterscheiden. Sie sind gelehrige Schüler Lenins, der ihnen seine Rezeption der Lehren von Clausewitz vermittelt hat. Da besteht kein Zweifel, daß ihre Zustimmung zu den »kleinen Schritten« Bonns nichts anderes als Taktik ist.

Die kommunistischen Machthaber in Mitteldeutschland haben die Macht, darüber zu entscheiden, wie lange diese Periode der menschlichen Erleichterung andauern und wann sie wie beendet wird. Ihre Entscheidung wird allein davon bestimmt, wie lange sie Rücksicht nehmen müssen auf die Stimmung im eigenen Lager und wie lange »menschliche Erleichterungen« ihrem Ansehen in der Weltöffentlichkeit förderlich sind. Und überdies, was damit an materiellem Gewinn zu erzielen ist.

Sind diese Voraussetzungen nicht mehr gegeben, dann werden sie den Hahn zudrehen – und sie haben die Macht dazu. Bonn hat für die »kleinen Schritte« mit der Hardware der de-facto-Anerkennung bezahlt, die nicht mehr rückgängig zu machen ist. Als Gegenleistung hat Ost-Berlin nur Software geliefert.

Wer sich den Unterschied von Strategie und Taktik klarmacht, der braucht auch nicht darüber zu rätseln, ob Gorbatschow es nun ernst meint mit »Glasnost und Perestroika«. Natürlich ist es ihm ernst darum, bitterernst sogar, sein kommunistisches System endlich in Schwung zu bringen. An dieser Zielsetzung hat sich nichts geändert. Gorbatschow hat nur einen anderen Weg eingeschlagen. Mag sein, daß er sogar die »Hauptstoßrichtung« neu festgelegt hat, also eine neue Strategie gewählt hat.

Er kann es sich leisten, denn die Sowjets haben einen langen Atem. So handelt er getreu der Losung seines großen Lehrmeisters Lenin: »Zeit gewinnen heißt alles gewinnen!«[13] Der lange Atem aber ist das, was uns Deutschen fehlt. Zwar appellieren unsere verantwortlichen Politiker immer wieder, wir müßten in der Deutschlandpolitik einen langen Atem haben. Das kann und darf aber nicht heißen, das uns so bedrückende Problem der deutschen Teilung auf die lange Bank zu schieben. Uns geht die Puste vor allem deshalb aus, weil wir das Ziel nicht mehr klar vor Augen haben.

3. Kapitel

Was ist Trumpf: Einheit oder Selbstbestimmung?

Ausgerechnet in seiner Festrede zum »Tag der deutschen Einheit« stellte der ehemalige Bundespräsident Walter Scheel die Frage: Wen schmerzt noch Deutschlands Teilung? Man sollte erwarten, das ganze Volk würde sich entrüsten. Doch die Empörung hielt sich in Grenzen. Auch als Scheel kurze Zeit darauf ein Buch unter diesem Titel veröffentlichte, regte sich kaum jemand auf.[14] Zwar beteuerte die Bundesregierung, sie teile nicht die Auffassung des Alt-Bundespräsidenten. Doch wie groß ist noch ihre Glaubwürdigkeit in deutschlandpolitischen Verlautbarungen?

Spätere Generationen werden einmal fassungslos zur Kenntnis nehmen, auf welche Weise sich ihre Väter vom Ziel der deutschen Einheit distanziert, wenn nicht gar losgesagt haben.

Angesichts dieser Irrungen ist es um so notwendiger, das Ziel deutscher Politik klar zu definieren. Gemeinhin sprechen wir von der »Wiedervereinigung«. Da setzen bereits Zweifel ein, was eigentlich gemeint ist. Lediglich ein Zusammenschluß von Bundesrepublik und DDR? Manche Kritiker behaupten, mit dem Begriff »Wieder«-Vereinigung sei eine restaurative Tendenz verbunden.[15] Ist nicht die Forderung nach einem »Zusammenschluß« attraktiver? Das aber würde doch einer Anerkennung der den Deutschen aufgezwungenen Teilung gleichkommen. Wenn auch die Bundesregierungen der letzten zwei Jahrzehnte Stück für Stück die deutschen Rechtspositionen aufgegeben haben, immer noch begünstigt die herrschende Lehre des Völkerrechts den Standpunkt, daß das Deutsche Reich nicht untergegangen ist.[16]

Wie aber können wir es wieder handlungsfähig machen? Richtschnur für die Deutschlandpolitik jeder Bundesregierung muß die Präambel des Grundgesetzes sein. Zwar ist darin nicht ausdrücklich von »Wiedervereinigung« die Rede, um so stärker aber dem Willen Ausdruck verliehen, die »nationale und staatliche Einheit« zu wahren und »in freier Selbstbestimmung die Einheit und Freiheit Deutschlands zu vollenden«. Selten wird beachtet, daß hier »Einheit« vor »Freiheit« rangiert. Doch besteht kein Zweifel, daß es sich um eine Einheit in Freiheit handelt, die das Grundgesetz zum Ziel erklärt hat. Überraschend ist jedoch, daß der fünf Jahre später zwischen der Bundesregierung und den drei westlichen Besatzungsmächten abgeschlossene Deutschlandvertrag in seinem Artikel 7 (2) expressis verbis ein »wiedervereinigtes Deutschland« als gemeinsames Ziel setzt.[17] So sicher waren sich offenbar selbst die damaligen Besatzungsmächte, daß die Deutschen sich, dürften sie frei wählen, für die Einheit entscheiden würden. Aber auch die Sowjets haben bis heute offenbar keinen Zweifel an diesem Willen der Deutschen. Hätten sie nur berechtigte Hoffnung, daß die Deutschen in ihrem Herrschaftsbereich der Einheit abgeschworen haben, so würden sie nicht zögern, diese Entscheidung für die Teilung durch Wahlen unter internationaler Kontrolle vor aller Welt zu demonstrieren. Nur so könnten sie doch ihre These rechtfertigen, die Deutschen im »ersten Arbeiter- und Bauernstaat« hätten mit dieser Staatsgründung das Selbstbestimmungsrecht »verbraucht«.[18]

Dieser konstatierte »Verbrauch« widerspricht zutiefst unserer Auffassung von der Freiheit der Menschen, über sich selbst zu entscheiden. Selbst wenn die Deutschen in der DDR sich für dieses Staatswesen entschieden hätten (was nun wirklich nicht der Fall ist), so wären sie daran nicht für alle Zeiten gebunden. Auch in diesem Fall gilt das Recht auf Irrtum und Sinneswandel. Meinen wir es ernst mit dem Recht auf Selbstbestimmung, dann dürfen wir aber auch auf unserer Seite weder eine »unwiderrufliche« Westbindung akzeptieren noch ein »Anschlußverbot«.

Wann immer jemand die »Einheit« fordert, löst er eine geradezu erdrückende Flut von Gegenargumenten aus. Mit diesen werden wir uns im nächsten Kapitel auseinandersetzen. So verschieden ihr Ansatzpunkt ist, eines ist diesen Argumenten gemeinsam: Letztlich sind es Ausreden, um sich vor der Aufgabe der Wiedervereinigung zu drücken; sei es, weil man sie überhaupt ablehnt, sei es, weil man die Aufgabe als unlösbar empfindet.

Zusammenfassend lassen sich diese Gegenargumente auf den einen Nenner bringen: Die anderen fürchten den deutschen Nationalstaat – und wir können ohne ihn leben. Also finden wir uns mit der Teilung ab, das ist unser Beitrag zum Frieden.

Die schon weitverbreitete Distanz zum Ziel der Einheit gebietet es um so mehr, die Forderung nach Selbstbestimmung für das deutsche Volk in den Vordergrund zu stellen. Hier verfügen wir über die besseren Karten.[19]

Dieser Forderung kann sich schwerlich jemand widersetzen, solange er sich zur Freiheit bekennt. Und wer tut das nicht? Niemand kann heute noch ernsthaft bestreiten, daß das Selbstbestimmungsrecht eine zwingende Norm des internationalen Rechts darstellt – und das gilt auch für die Deutschen.

So dürfen wir zunächst einmal der Unterstützung durch unsere Verbündeten sicher sein; selbst dann, wenn ihnen die politischen Konsequenzen nicht immer willkommen sein sollten. Was wäre denn auch die »westliche Wertegemeinschaft« noch wert, würde sie einem ihrer Glieder das Recht auf Selbstbestimmung versagen? Aber es ist Sache der Deutschen, dieses unbestrittene Freiheitsrecht einzuklagen. Wir dürfen nicht erwarten, daß die anderen deutscher sind als die Deutschen.[20] Doch mitunter sind sie es sogar.

Ganz anders stellt sich die Frage, wie wir dieses Recht gegenüber den Sowjets durchsetzen können. Sicher ist es von Vorteil, daß auch sie die Menschenrechtskonvention der Vereinten Nationen unterzeichnet haben und damit in der Pflicht stehen. Angesichts von »Glasnost« und »Perestroika« ist es für sie aber nicht mehr ganz so einfach, unsere Forderung vom Tisch zu fegen. Daß mit diesen Veränderungen in der sowjetischen Politik auch eine »verstärkte Betonung des Völkerrechts als maßgebende Rechtsordnung für das Zusammenleben der Staaten und Völker« einhergeht, darauf hat Rupert Scholz in einem Interview hingewiesen.[21]

Konfrontieren wir also Gorbatschow unentwegt mit unserer Forderung nach dem Recht auf Selbstbestimmung für die

Deutschen. Das kann seine Wirkung nicht verfehlen! Natürlich wissen die Sowjets nur zu gut, welche Auswirkungen es für sie hätte, würden sie dem stattgeben. Es wäre das Ende der SED-Herrschaft in ihrem Teil Deutschlands. Deshalb können und werden sie unserer Forderung nur dann entsprechen, wenn die damit unvermeidbar verbundenen machtpolitischen Veränderungen in Europa in eine für sie akzeptable sicherheitspolitische Lösung eingebunden sind. Darum geht es im zweiten Teil dieses Buches.

Was hält uns denn eigentlich davon ab, die Forderung nach Selbstbestimmung für die Deutschen mit allem Nachdruck zu erheben?

In der Bundesrepublik wurde mit wachsenden wirtschaftlichen Erfolgen das Problem geistiger Führung verdrängt. Nicht nur der Zusammenhang von Freiheit und Ordnung wird verkannt. Immer mehr Menschen verstehen Freiheit nur noch als eine solche für sich selbst, setzen sie gar mit Wohlstand gleich. Für die Freiheit der anderen begnügt man sich mit Lippenbekenntnissen. Zugleich erwartet man aber, daß Verbündete mit ihrer Existenz für die Verteidigung dieses westdeutschen Teilstaates eintreten, wo doch bei uns selbst immer mehr Zweifel laut werden, ob man dafür sein Leben einsetzen soll. Weil wir uns nicht als Gemeinschaft empfinden, schon gar nicht als Schicksalsgemeinschaft. Immer mehr haben wir uns zu einer Schönwetter-Gesellschaft entwickelt, die wie ein Kartenhaus zusammenfallen wird, sollte sie je gefordert werden, für ihre Existenz zu streiten. Das muß nicht so sein. Aber es ist so, weil es an Führung fehlt, vor allem an geistiger Führung.

Dabei führen die verantwortlichen Politiker kein Wort so oft im Munde wie das der Freiheit. Wer es wagt, an die deutsche Einheit zu erinnern, dem schallt es entgegen: Freiheit vor Einheit! So ging es dem Bundestagsabgeordneten Bernhard Friedmann, als er im Frühjahr 1987 den Bundeskanzler aufforderte, die deutsche Frage in die Abrüstungsverhandlungen der Supermächte einzubringen.[22] Dabei hatte er auch nicht den geringsten Anschein erweckt, einer Wiedervereinigung in Unfreiheit das Wort zu reden. Aber er sollte wohl dessen verdächtigt werden.

So geschwächt – wenn auch selbst verschuldet – unsere Position ist, das große Ziel allein mit der Forderung nach Einheit zu verfolgen, so stark sind wir nach wie vor, wenn wir das Recht auf Selbstbestimmung herausstellen. Mit dem häufig ins Feld geführten Gegenargument, der Bestand der DDR sei durch die Grundsätze der Vereinten Nationen geschützt, hat sich der Göttinger Staatsrechtslehrer Dietrich Murswiek auseinandergesetzt. Gegen diese These, so sagt er, wirke jedoch das »offensive« Selbstbestimmungsrecht. Weil »die Teilung des Gesamtstaates gegen das Selbstbestimmungsrecht des gesamtdeutschen Volkes verstößt, hat dieses einen auf die effektive Wiederherstellung des Gesamtstaates gerichteten Restitutionsanspruch«.[23] Offensive aber erfordert Initiative!

Wer dieses Recht aufgibt, der sagt sich los von der Freiheit. Der kann und darf nicht mehr fordern, wie es in unserer Nationalhymne heißt: Einigkeit und Recht und Freiheit für das deutsche Vaterland.

Wir dürfen diese Forderung nach Selbstbestimmung nicht aufgeben, die anderen können sich ihr nicht widersetzen. Das muß der Ausgangspunkt jeder Deutschlandpolitik sein.

4. Kapitel

Politik der Ausreden

Die Sowjets und das Niemals

Als der ehemalige bayerische Ministerpräsident nach Moskau reiste, da schlugen die Herzen der Bundesbürger höher. »Löwensprung« titelte riesengroß eine deutsche Sonntagszeitung anläßlich einer Strauß-Reise zum Kreml.[24] In die Heimat zurückgekehrt, verkündete Strauß dem staunenden Volk, auch die sowjetische Führung wolle keinen Krieg. Der Jubel war groß, und es ist auch völlig richtig. Franz Josef Strauß wußte es längst.

Niemand darf die Sowjets für so dumm halten, sie würden einen Krieg vom Zaun brechen. Schon Chruschtschow hat auf dem Höhepunkt seiner Macht verkündet, man könne den Weltkommunismus nicht auf einem atomaren Trümmerfeld aufbauen. Als gelehrige Schüler von Clausewitz wissen die Sowjets nur zu gut, daß dessen bekannter und häufig falsch zitierter Lehrsatz »Der Krieg ist nichts als eine Fortsetzung des politischen Verkehrs unter Einmischung anderer Mittel«[25] heutzutage einer anderen Interpretation bedarf. Denn im Zeitalter der Massenvernichtungswaffen ist Krieg kein Mittel der Politik mehr.

Gleichwohl ist und bleibt Macht ein Mittel der Politik. Zu dieser Macht gehört auch die militärische Macht – die offene und auch die versteckte Drohung, diese Macht einzusetzen, also auch die Drohung mit Krieg. Allein schon das Vorhandensein militärischer Macht stellt eine Drohung gegenüber dem Gegner dar. Das haben die Sowjets mit großem Erfolg praktiziert. Sie wollen Sieg ohne Krieg.[26] Mit dieser Strategie sind sie bisher gut gefahren; sie verspricht ihnen auch künftig Erfolg.

Nichts, aber auch gar nichts berechtigt uns zu der Hoffnung, die Sowjets würden einen innenpolitischen Wandel zu solchen Wertvorstellungen vollziehen, die sie konsequenterweise dazu bewegen müßten, auch den Deutschen das Recht auf Selbstbestimmung zu gewähren.

Untermauert dies alles nicht gerade die These, von den Sowjets sei ein Einlenken in der deutschen Frage niemals zu erwarten? Nein, es bestätigt lediglich die Auffassung, daß für sie das Selbstbestimmungsrecht kein Wert ist, für den sie auch nur den geringsten Nachteil in Kauf nehmen würden. Was aber nicht ausschließt, daß sie sich auf der internationalen Bühne nur zu gern als Verfechter von Menschenrechten präsentieren, man sie also nicht mit der Forderung nach der Selbstbestimmung des deutschen Volkes verschonen sollte. Wäre dem wirklich so, daß die Sowjets *niemals* die Wiedervereinigung Deutschlands zulassen würden, was bliebe uns dann noch an Hoffnung, die doch unsere verantwortlichen Politiker in ihren Reden schüren? Doch nur die auf einen Zusammenbruch des Kommunismus. Dafür gibt es jedoch nicht die geringsten Anzeichen, zumal wir mit Milliardenkrediten und vermeintlichen politischen Rücksichtnahmen alles tun, dasselbe System zu stützen, dessen Ende wir herbeiwünschen.

Ist nicht Gorbatschow mit ganzer Kraft bemüht, sein kommunistisches System effektiver zu gestalten? Seine Aussichten dafür stehen nicht schlecht. Aus der westlichen Welt schlägt ihm eine Welle der Sympathie und der Hilfsbereitschaft entgegen. Sie fußt auf der törichten Hoffnung, er würde die Wende zur Demokratie westlicher Prägung vollziehen. Seine Vorstellungen von »Glasnost« und »Perestroika« zielen aber auf eine innerparteiliche »Demokratisierung« ab. Kein Geringerer als Wolfgang Leonhard, der unbestrittene deutsche Sowjet-Experte, hat darauf hingewiesen, daß »Demokratisierung« im sowjetischen Sprachgebrauch bedeutet, das »politische System moderner, offener und flexibler zu gestalten«.[27]

Daß es insgesamt beim Kommunismus bleibt, daran hat der sowjetische Staatschef keinen Zweifel gelassen; aber viele wollen es nicht hören.[28] So manchen beherrscht die Wunschvorstellung, Gorbatschow würde uns einen Wandel durch Annäherung bescheren und uns damit von der bedrückenden Gefahr einer kriegerischen Auseinandersetzung zwischen Ost und West befreien, die unser Leben nach wie vor mehr bestimmt als alles andere.

Moral und Politik – das ist kein Problem, das den Sowjets Kopfschmerzen bereitet. Ihre Politik wird allein von machtpolitischen Erwägungen bestimmt. Daran führt auch in der deutschen Frage kein Weg vorbei. Sollte die deutsche Einheit in ihrem (machtpolitischen) Interesse liegen, dann wird die Sowjets nichts daran hindern, eine solche Lösung zu verfolgen. Dabei werden sie alle Register ziehen, um so viel wie nur möglich für sich dabei herauszuholen. Zu verschenken haben sie nichts. Wir auch nicht! Um so mehr kommt es darauf an, die Chancen zu erkennen, die sich im Zusammenhang mit der Perestroika für eine Lösung der deutschen Frage bieten. Wolfgang Leonhard hat sie aufgezeigt: »Die Öffnung des sowjetischen Systems beinhaltet die Voraussetzung für eine zunehmende Vertrauensbildung zwischen West und Ost und damit auch eine Chance für eine weitreichende Neugestaltung der deutsch-sowjetischen Beziehungen.«[29]

Die Moskau-Reise des deutschen Bundeskanzlers vom Oktober 1988 hat denn auch die verfehlte Deutschlandpolitik der Bundesregierung offenbart. Anstatt den Sowjetführer beim Portepee zu packen, nämlich mit Nachdruck das Recht auf Selbstbestimmung für die Deutschen zu fordern, hat sich Kohl mit dem Appell begnügt, daß es »in diesem Prozeß« – der Verwirklichung einer europäischen Friedensordnung – »auch für die Deutschen möglich werden (müsse), die Teilung ihres Vaterlandes friedlich zu überwinden«. Die zu erwartende Abfuhr Gorbatschows erfolgte prompt: Von der »sogenannten deutschen Frage« habe er mehr als einmal gesprochen.»Die heutige Situation ist eine Bilanz der Geschichte. Versuche, das von ihr Geschaffene umzukrempeln oder durch unrealistische Politik anzupeitschen, sind eine unberechenbare und sogar gefährliche Beschäftigung.« Die Kommentare der deutschen Presse tendierten sogleich dahin, wir sollten Gorbatschow nicht länger mit der deutschen Frage belästigen. Es sei deutlich geworden, »welches Interesse die Sowjetunion gegenwärtig an dem Thema hat: keines«, schrieb der Kommentator der FAZ vom

26. Oktober 1988 und fuhr fort: »Das bedeutet nicht, daß man sich in Bonn das Nachdenken über Antworten auf die deutsche Frage ersparen sollte. Aber eilfertiges und von falschen Voraussetzungen getragenes Reden schadet diesem Denkprozeß nur. So gesehen hat Gorbatschow mit seinen entschiedenen Worten der Bonner Politik einen Dienst erwiesen.«

Wenn man Gorbatschow in der deutschen Frage etwas abringen will, dann muß man ihm etwas bieten. Und dazu braucht man ein Konzept. Dazu gehört auch die Überzeugung, daß wir nicht bereit sind, die Frage des Rechts auf Selbstbestimmung als eine solche untergeordneter Bedeutung einzustufen, über die man zur Tagesordnung hinweggehen könne. Diesen Eindruck aber hat der Bundeskanzler in seiner abschließenden Pressekonferenz aufkommen lassen, indem er sich damit abfand, die Präambel des Grundgesetzes und die sowjetische Forderung nach Anerkennung der Realitäten nach dem Zweiten Weltkrieg stünden sich gegenüber. Nein, was sich gegenübersteht, das sind die deutsche Forderung nach dem Recht auf Selbstbestimmung, das auch die Sowjetunion grundsätzlich anerkannt hat, und die Weigerung der Sowjets, es auch ausüben zu lassen. So klar sollte man die Dinge beim Namen nennen. Dann stellt sich auch die Frage, ob man Gorbatschow »helfen müsse«, in einem ganz anderen Licht. Während sich westdeutsche Politiker in der Forderung nach Hilfe für Gorbatschow überschlagen, hat Henry Kissinger mit eindeutigen Worten davor gewarnt: »Welches Interesse hat der Westen, die Sowjetunion zu stärken, solange politisches Entgegenkommen ausbleibt?«[30]

Wer sich die Grundposition sowjetischer Politik bewußt macht, der braucht auch nicht darüber zu streiten, ob die sogenannte Stalin-Note vom 10. März 1952 ernst gemeint war. Natürlich war sie ernst gemeint. Die Sowjets haben schließlich keine Zeit zum Scherzen; schon gar nicht waren sie 1952 dazu aufgelegt. Da ging es allein darum, die für sie als bedrohlich empfundene westdeutsche Wiederaufrüstung im Rahmen der NATO zu verhindern. Das allein war ihr Ziel; nicht etwa, den Deutschen die Wiedervereinigung auf dem silbernen Tablett zu servieren. Auch bestand für die Sowjets kein Zweifel, daß selbst dann, wenn der Westen ihren Vorschlag angenommen hätte, das Leben weitergehen würde und damit der Kampf um die Macht in dieser Welt. So wie dieses Ringen auch nach der Doppelten-Null-Lösung und möglicherweise folgenden Abrüstungsabkommen fortgesetzt werden wird. Nur die politischen Traumtänzer in der westlichen Welt, vor allem in der Bundesrepublik, schwelgen in der Hoffnung, der ewige Friede würde ausbrechen.

Folglich waren die Sowjets damals darauf bedacht – wie sie es auch heute sind – sich schon vorsorglich für die Phase nach dem Abschluß einer solchen Vereinbarung zu rüsten und sich eine möglichst gute Ausgangsposition für die Fortsetzung ihrer Machtpolitik zu sichern.

Deshalb enthielt der sowjetische Entwurf für einen Friedensvertrag mit Gesamtdeutschland jenen Passus, der bei allen Argwohn erregen mußte, die mit dem kommunistischen Sprachgebrauch vertraut sind: »Auf dem Territorium Deutschlands dürfen Organisationen, die der Demokratie und der Sache der Erhaltung des Friedens feindlich sind, nicht bestehen.«[31]

Zu Recht mußte man befürchten, daß die Sowjets sich mit dieser Generalklausel eine Einflußnahme auf die innere Entwicklung des gesamtdeutschen Staates verschaffen und eine Art »Finnlandisierung« einleiten wollten. Konnte man anderes von ihnen erwarten? Um so mehr hätte man darauf bedacht sein müssen, diese Formulierung so abzuändern, zu interpretieren und mit wirksamen Garantien zu versehen, daß eine freiheitliche Entwicklung des wiedervereinigten Deutschlands gewährleistet worden wäre.

Der Vorwurf gegen Konrad Adenauer wird kaum auszuräumen sein, daß er das sowjetische Angebot nicht ausgelotet, sondern einfach vom Tisch gefegt hat. Wenn auch die Note gar nicht an die Bundesrepublik gerichtet war, sondern an die damaligen drei westlichen Besatzungsmächte, die Bundesregierung war dadurch herausgefordert und niemand hätte ihr verwehrt, in einer solchen Situation ihre Stimme zu erheben. Sie hat auch nicht geschwiegen, sondern eilfertig die eher zu Verhandlungen geneigten westlichen Besatzungsmächte zur strikten Ablehnung dieses Angebots gedrängt.

Auch das Argument, durch Verhandlungen wäre zumindest

der unmittelbar bevorstehende Abschluß der Westverträge – sie wurden am 26. Mai 1952 unterzeichnet – verzögert worden, vermag nicht zu überzeugen. Wo es um eine Lebensfrage der deutschen Nation ging, mußte es doch von völlig untergeordneter Bedeutung sein, ob diese Verträge nun ein paar Wochen oder gar Monate früher oder später wirksam wurden. Man hätte sich Gewißheit verschaffen müssen, keine historische Chance zu verpassen.

Wie stark wäre überdies ins Gewicht gefallen, hätte man in Verhandlungen die Sowjets überführt, daß sie es tatsächlich nicht ernst meinten mit einer »Demokratisierung« Deutschlands. Das hätte alle Zweifel ausgeräumt, daß die Westbindung der einzig mögliche und richtige Weg war, den die Bundesrepublik beschreiten konnte. So werden die Zweifel bleiben, zu Recht!

Die westdeutsche Eile war schließlich nicht nur unnötig, sondern auch nutzlos, weil die Ratifizierung durch die Vertragspartner so lange verzögert und schließlich durch Frankreich verhindert wurde, daß es erst am 23. Oktober 1954 zum neuerlichen Abschluß kam. Deswegen wirkt es geradezu grotesk, daß ausgerechnet die Deutschen im Frühjahr 1952 nicht die Zeit fanden, ein möglicherweise ihr nationales Schicksal bestimmendes Angebot mit der gebotenen Gründlichkeit zu prüfen. Diese bewußt scharfe Kritik an der damaligen deutschen Politik gebietet um so mehr zu erwähnen, daß es eine ganze Anzahl mutiger Persönlichkeiten gab, die sich dieser Linie Adenauers widersetzten. Die Namen der Unionspolitiker Jacob Kaiser und John Baptist Gradl stehen dafür. Aber es ging eben in diesem Stalin-Angebot nicht nur um den Aspekt der inneren Ordnung eines wiedervereinigten Deutschlands, sondern gleichermaßen um seine Stellung in einer »europäischen Friedensordnung«.

Der andere Pol des sowjetischen Vertragsentwurfs, die conditio sine qua non, war die »Neutralisierung« Deutschlands. Im Artikel 7 hieß es: »Deutschland verpflichtet sich, keinerlei Koalitionen oder Militärbündnisse einzugehen«.[32] Das war dann auch der vornehmliche Grund für die Zurückweisung durch Adenauer.[33] Noch heute wird diese sowjetische Forderung von den Verfechtern der Westbindung als unzumutbar gebrandmarkt. Konnte denn ernsthaft jemand von den Sowjets etwas anderes erwarten? Wenn sie schon, was sicher der alleinige Beweggrund für ihre Initiative war, die Verstärkung der NATO durch das westdeutsche Potential als eine Gefahr angesehen haben, um wieviel mehr mußten sie zu verhindern suchen, daß gar das militärische Potential eines wiedervereinigten Deutschlands gegen sie genutzt werden könnte. Was hätte sie denn sonst veranlassen sollen, die Ostzone aus ihrem Herrschaftsbereich zu entlassen und ihr gerade mühsam inthronisiertes SED-Regime zu opfern, wenn nicht die Gewähr, auf diese Weise die Konsolidierung der NATO durch den westdeutschen Verteidigungsbeitrag zu verhindern? Auch in dieser Frage der »Neutralisierung« war es geboten, die Bedingungen auszuloten, sie zu formulieren und nach Garantien zu suchen, um jedem Mißbrauch seitens der Sowjets einen Riegel vorzuschieben. Daß eine solche Aktivität unterlassen, ja mit geradezu allen Mitteln verhindert wurde, beweist deutlicher als alles andere: Den Verantwortlichen ging es eben vorrangig nicht um das bekundete Ziel der deutschen Einheit, sondern um die Westbindung. Eine solche Politik widersprach eindeutig dem, was sie dem deutschen Volk immer wieder verkündet hatten. Die Wahrhaftigkeit in der Politik blieb auf der Strecke. Selten ist die Diskrepanz zwischen dem öffentlichen Bekenntnis führender Politiker und ihrem tatsächlichen Handeln und Wirken zynischer verteidigt worden, als von Wilhelm Grewe, einem der engsten Mitarbeiter Adenauers. Zwar räumt Grewe diese Diskrepanz zwischen Anspruch und Wirklichkeit in der Deutschlandpolitik des damaligen Kanzlers ein, aber er verteidigt sie mit den Worten: »Wer diese Diskrepanz kritisiert (auch unter seinen engeren Mitarbeitern gab es in diesem Punkt Kritiker), der darf allerdings nicht außer acht lassen, daß die große Mehrheit des deutschen Volkes damals nichts anderes hören wollte«.[34] Sollte eine derartige Auffassung Schule machen, dann wird Demokratie keine Zukunft haben; denn die unabdingbare Voraussetzung für ihr Funktionieren ist Vertrauen. Vertrauen aber setzt Wahrhaftigkeit voraus.

Um eines kommen führende Politiker in der Demokratie

nicht herum: Sie müssen die Staatsbürger von ihren Zielen überzeugen. Gelingt ihnen das nicht, dann bleibt nur ein Ausweg: Rücktritt vom Amt. Erstaunlicherweise hat Adenauer selbst sich zum Problem der Wahrhaftigkeit in der Politik geäußert und dabei eine Stellung bezogen, die sich von der Grewes deutlich abhebt. In einem 1965 von Günter Gaus geführten Interview antwortete er auf die Frage, ob er stets die Wahrheit gesagt habe: ».. . der Politiker kann nicht immer alles sagen; da haben Sie recht. Aber das, was er sagt, muß wahr sein... Notlügen gibt es dabei nicht. Man ist immer in Not und würde dabei immer lügen, wenn Notlügen erlaubt wären.«[35]

Im Rahmen dieser Abhandlung kann die Stalin-Note nur insoweit Berücksichtigung finden, als sie für das gewählte Thema relevant ist. Das ist sie als Nachweis dafür, daß die Sowjets sehr wohl die deutsche Karte gespielt haben, als ihnen das opportun erschien. Und es gibt keine Garantie dafür, daß sie es nicht auch in Zukunft so handhaben werden.

Die Diskussion um die Stalin-Note, die damit verbundenen Chancen und Risiken, aber auch die Frage einer möglichen Neuauflage, ist Mitte der achtziger Jahre durch den Innsbrukker Historiker Rolf Steininger neu belebt worden. Er hat, nachdem 1983/84 die britischen Akten zugänglich wurden, seine Forschungen auf dieses Problem konzentriert. Sein Ergebnis lautet: Das Angebot war ernst gemeint, doch es ist nicht ausgelotet worden.[36] Natürlich hat Steininger auch harte Kritik auf sich gelenkt. Vor allem der bereits erwähnte frühere Botschafter Wilhelm Grewe ist mit ihm schwer ins Gericht gegangen.[37] Für Grewe war die vertane Chance nur eine »Chimäre«. Wie ein roter Faden zieht sich durch sein Buch der Vorrang der Westbindung der Bundesrepublik. Damit wird deutlich, wie wichtig, ja unverzichtbar die im 2. Kapitel geforderte klare Zieldefinition der Deutschlandpolitik ist. Wie soll man den richtigen Weg finden, wenn das Ziel nicht klar ist? Ob eine Korrektur der Zielsetzung »deutsche Einheit« durch »Westbindung« überhaupt verfassungsrechtlich zulässig wäre, das steht auf einem anderen Blatt. Wichtiger ist, daß eine gar auch noch offizielle Abkehr vom Ziel der Wiedervereinigung das Selbstverständnis dieses westdeutschen Staates zutiefst erschüttern müßte. Denn Westbindung kann nicht das Ziel sein, sondern nur der Umweg zum Ziel. So hat es Bundeskanzler Adenauer am Tage der Unterzeichnung der Westverträge in einer Rundfunkansprache an die Deutschen in der sowjetischen Besatzungszone verkündet.[38] Trotz vieler Irritationen gilt aber nach wie vor: Die Deutschen wollen in erster Linie frei sein, nicht westlich. Um so mehr, wenn es gar stimmen sollte, daß auch der Westen gegen die deutsche Einheit ist. Ob diese – wenn auch hinter vorgehaltener Hand – immer häufiger geäußerte Behauptung zutrifft, soll nachfolgend untersucht werden.

Der Westen steht im Wort

Ein Vertrag ist eine klare Sache. Schwarz auf weiß steht es geschrieben: Die Vertragsparteien verpflichten sich, sie versprechen, geben ihr Wort. Und das gilt, denkt der Normalbürger. Die internationale Diplomatie aber ist ein schlüpfriges Pflaster. Wilhelm Grewe, der ehemalige Botschafter der Bundesrepublik in Washington wie bei der NATO, muß es wissen: »Natürlich gibt es, in der Diplomatie wie auch sonst, bloße Lippenbekenntnisse, rein rethorische Deklamationen, die rasch vom Winde verweht werden. Auf der anderen Seite gibt es vertragliche Zusagen, die mit dem besten Willen zu voller Honorierung gegeben werden.« Eine Selbstverständlichkeit? Keineswegs, denn Grewe fährt fort: »Zwischen diesen beiden Polen gibt es eine dritte Kategorie von vertraglichen Versprechungen, bei denen man weiß, daß sich der Versprechende nicht in Unkosten stürzen wird, die der Versprechungsempfänger aber gleichwohl für nützlich hält, weil sie ihm selbst Handlungsspielraum geben und den Partner festlegen. Eben darum handelt es sich beim Deutschlandvertrag.«[39] Diese Ansicht ist katastrophal. Der Deutschlandvertrag gilt als eine der Grundlagen unseres Staates. Wenn da irgendeine Verpflichtung relativiert wird, was ist dieser Vertrag dann noch wert? Könnten da nicht umgekehrt auch die Westdeutschen eines Tages sagen, sie würden sich mit ihrem Beitrag zur westlichen Verteidigung »nicht in Unkosten stürzen«?

So wie die Deutschen ihre vertraglichen Verpflichtungen erfüllt haben und mit Sicherheit auch weiterhin erfüllen werden, so dürfen und müssen sie Gleiches von ihren Vertragspartnern erwarten. Derartige Verpflichtungen können und dürfen nicht als »Formelkram« abgetan werden. Weder in einer rechtsstaatlichen Ordnung noch in einer »Wertegemeinschaft«, wie sich der Westen so gern bezeichnet. Mögen rechtliche Normen und sich daraus ergebende Verpflichtungen mitunter mehr als unbequem sein: Sie gelten und müssen eingehalten werden.

Deswegen steht das Argument, auch unsere Verbündeten seien allen verbalen Bekenntnissen zum Trotz gegen die Wiedervereinigung, auf recht tönernen Füßen. Als schlagenden Beweis führen die Gegner der deutschen Einheit die bekannte Äußerung des italienischen Außenministers Andreotti ins Feld: »Wir alle sind damit einverstanden, daß es zwischen den beiden deutschen Staaten gute Beziehungen geben muß, aber auch hier soll man nicht übertreiben. Der Pangermanismus muß überwunden werden. Es gibt zwei deutsche Staaten, und so soll es bleiben.«[40]

Das hatte weltweite Kommentare des Inhalts ausgelöst: Der hat nur ausgesprochen, was alle denken. Sicher, diese Äußerung war ein schwerwiegender Verstoß gegen die so oft beschworene Bündnissolidarität, noch mehr gegen die Vertragslage. Und es war auch eine Verhöhnung der immer wieder gepriesenen westlichen Wertegemeinschaft. Aber: Der italienische Außenminister hat mit diesem Vorbehalt gegen die deutsche Wiedervereinigung niemals die Auffassung des italienischen Volkes wiedergegeben, dessen Streben nach nationaler Einheit doch so viele Parallelen zur deutschen Entwicklung aufweist. Und der berufene Sprecher des Westens ist er schon gar nicht. Da kommt es in erster Linie auf die Haltung der USA als der unbestrittenen Führungsmacht des westlichen Bündnisses an; aber auch auf Großbritannien und Frankreich, die zusammen mit den USA die Drei Mächte bilden, denen die völkerrechtliche Zuständigkeit und Verantwortung für Deutschland als Ganzes obliegt. So steht es im Deutschland-Vertrag, den sie mit der Bundesrepublik eingegangen sind. Danach ist die Position der Drei Mächte unstrittig. Sie wird durch die Rechtslage bestimmt: Ausgangspunkt sind das Londoner Protokoll vom 12. September 1944 und das ihm folgende Londoner Abkommen vom 14. November 1944, in dem die beiden angelsächsischen Mächte mit der Sowjetunion ihre Absicht zur gemeinsamen Besetzung Deutschlands begründet haben.

- In der Berliner Erklärung vom 5. Juni 1945 haben dann die vier Siegermächte die »oberste Regierungsgewalt in Deutschland« übernommen und zugleich bekundet, daß dies »nicht die Annektierung Deutschlands« bedeute.
- Im Potsdamer Abkommen vom 2. August 1945 (an dem Frankreich nicht beteiligt war) wurde zwar beschlossen, bis auf weiteres keine zentrale deutsche Regierung zu errichten, jedoch haben die Vertragspartner damit auch ihren Willen bekundet, an der Einheit Deutschlands festzuhalten.
- Schließlich haben sich die Drei Mächte im Deutschland-Vertrag vom 23. Oktober 1954 verpflichtet, mit der Bundesregierung zusammenzuwirken, »um mit friedlichen Mitteln ihr gemeinsames Ziel zu verwirklichen: Ein wiedervereinigtes Deutschland, das eine freiheitlich-demokratische Verfassung, ähnlich wie die Bundesrepublik, besitzt und das in die europäische Gemeinschaft integriert ist«. (Artikel 7 (2))
- Die gemeinsame Politik der NATO, deren Mitglied die Bundesrepublik in konsequenter Erfüllung der Pariser Verträge am 5. Mai 1955 wurde, hat ihre Grundlage im Harmel-Bericht. In diesem nach dem damaligen belgischen Außenminister benannten Dokument haben die Mitgliedstaaten im Dezember 1967 die künftigen Aufgaben der Allianz definiert. Darin heißt es: »Eine endgültige und stabile Regelung in Europa ist jedoch nicht möglich ohne eine Lösung der Deutschlandfrage, die den Kern der gegenwärtigen Spannungen in Europa bildet«: (Punkt 8) Daß mit dieser Lösung die »Wiedervereinigung« gemeint ist, geht aus dem weiteren Text unzweideutig hervor (Punkt 11).

Haben wir denn Grund, uns über die Deutschlandpolitik unserer Verbündeten zu beklagen? Es gibt keinen Hinweis, daß sie sich von ihren Verpflichtungen losgesagt hätten. Vielmehr haben sie sich immer wieder dazu bekannt. Überdies haben die

Drei Mächte, für »Deutschland als Ganzes« zuständig, jede Gelegenheit genutzt, an die Sowjetunion zu appellieren, die Deutschland spaltende Mauer niederzureißen. Erst kürzlich wieder haben sich deren Staats- und Regierungschefs im Zusammenhang mit ihren Besuchen in der früheren Reichshauptstadt aus Anlaß der 750-Jahrfeier Berlins in diesem Sinne geäußert.

Gleichwohl mag man sie kritisieren, nicht aktiver für die Wiedervereinigung Deutschlands gewirkt zu haben. Aber es wäre doch wohl in erster Linie Sache der deutschen Bundesregierung gewesen, solche Aktivität anzumahnen und mit konkreten Vorschlägen darauf zu drängen. Statt dessen haben sich aber gerade die Deutschen eher als Bremser betätigt. Als der Bundestagsabgeordnete Bernhard Friedmann den Bundeskanzler aufforderte, die deutsche Frage in die Abrüstungsdiskussion einzubringen, da reagierte dieser wie das ganze Bonner Establishment gereizt, weil ihnen das nun so gar nicht in den Kram paßte. Völlig unangebracht verstieg sich der Kanzler zu Treuebekenntnissen gegenüber den Verbündeten, als hätte Friedmann zum Verrat geblasen.[41] Und die für die deutsche Frage zuständige Ressortchefin, Bundesminister Dorothee Wilms, schalt ihren Parteifreund, er würde die äußerst schwierige Abrüstungsfrage »mit einem Aspekt der Wiedervereinigung« überfrachten.[42] Ganz anders reagierte der Bonner US-Botschafter Richard Burt: »Wir müssen uns überlegen, wie wir die Berliner Mauer beseitigen. Wir müssen auch nach Wegen zur Überwindung der deutschen Teilung und des sogenannten Eisernen Vorhangs in Europa suchen. Wenn wir unsere Kräfte nur auf Rüstungskontrolle konzentrieren, werden wir nicht zur eigentlichen Ursache der Ost-West-Spannungen kommen«.[43] Damit hat er genau den Standpunkt Friedmanns bestätigt.

Endgültig ins Nebelhafte tauchte Dorothee Wilms in einem Vortrag vor dem Institut für Internationale Beziehungen in Paris ab. Sie will die Wiedervereinigung nur dann anstreben, wenn sie im Rahmen eines vereinten Europas und bei Zustimmung aller Nachbarn möglich ist.[44] Ausgerechnet der für die deutsche Frage zuständige Ressortminister stellt einschränkende Bedingungen auf, die man allenfalls von einem französischen Minister erwartet hätte. Ein solcher aber würde es wohl schwerlich übers Herz bringen, dem Nationalstaat eine derartige Absage zu erteilen, nicht einmal dem von einigen Franzosen immer noch gefürchteten deutschen Nationalstaat. »Verwirrt fragen die Franzosen nach Bonns deutschlandpolitischen Zielen«[45] überschrieb Peter Ruge, der Pariser Korrespondent der WELT, seinen diesbezüglichen Kommentar.

Die Deutschen überschlagen sich geradezu in ihren Bekundungen, sie wollten »europäisch«, »zuverlässig«, »berechenbar« sein. Vor allem aber wollen sie beliebt sein; und gerade das sind sie nicht. Schon gar nicht werden sie mit dieser Unterwürfigkeit jemals Beliebtheit erlangen. Jedenfalls nicht bei nationalbewußten Bündnispartnern wie es alle anderen NATO-Mitgliedstaaten sind.

Warum nur nehmen die Deutschen ihre nationalen Interessen nicht wahr? Können oder dürfen sie es nicht? Sind sie derart abhängig, sind sie gar nicht souverän? Diese Fragen werden im zweiten Teil des Buches näher untersucht.

Wenn somit leider deutlich wird, daß die Alliierten mitunter deutscher sind als die Deutschen, das bedeutet nicht, sie würden die deutsche Wiedervereinigung heißen Herzens erstreben. Auch sie verfolgen in erster Linie nationale Interessen; und diese könnten durch die deutsche Einheit beeinträchtigt werden. Ihre mehr oder weniger verständlichen Vorbehalte gegen einen gesamtdeutschen Nationalstaat reichen von historisch begründeten Ängsten vor einem starken Reich in der Mitte Europas über die gefürchtete Konkurrenz einer gesamtdeutschen Wirtschaftsmacht bis hin zu der alles beherrschenden Frage nach der Rolle eines wiedervereinigten Deutschlands im Konzert des europäischen Kräftespiels. Analog zu der conditio sine qua non der Sowjets, daß im Falle einer Wiedervereinigung das Potential dieses Deutschlands nicht einem noch fortbestehenden westlichen Militärbündnis zugute kommen darf, muß aus der Sicht des Westens die Forderung lauten: Auf keinen Fall darf der Warschauer Pakt sich dieses Potentials bemächtigen. Diese Gefahr ist allerdings auch weitaus geringer, ja unwahrscheinlich. Bedenkt man, daß die Grundvoraussetzung für die Wiedervereinigung eine freie Willensentscheidung des deutschen Volkes ist, so rechnet wohl niemand damit, die Deutschen könnten sich für den Kommunismus entscheiden. Das macht es natürlich dem Westen wesentlich leichter, für das Selbstbestimmungsrecht der Deutschen einzutreten. Gleichwohl stoßen wir hier auf den Wesensunterschied zwischen Ost und West, zwischen Warschauer Pakt und NATO, zwischen den beiden Supermächten. Wird die Haltung des Ostens allein von machtpolitischen Erwägungen bestimmt, so kann sich der Westen – selbst wenn er es wollte – niemals von seinen erklärten Wertvorstellungen freimachen; mögen die Konsequenzen auch mitunter mehr als nur unbequem sein. Deshalb dürfen wir bei aller berechtigten Kritik an den drei Garantiemächten wie an den Bündnispartnern sicher sein: Sie werden sich dem erklärten Willen der Deutschen nicht entgegenstellen. Aber die Deutschen müssen sich erklären; mehr noch, sie müssen ihren Verbündeten Lösungsvorschläge unterbreiten, die nicht nur überzeugen, sondern sich im Vergleich zum Status quo vorteilhaft ausnehmen.

Diese Chance verbauen wir uns jedoch selbst, wenn wir jedwede deutsche Initiativen als »Sonderweg« abqualifizieren.

Immer werden damit gleich Gefahren an die Wand gemalt, Gefahren für die Deutschen, aber noch mehr für den Westen. Mitunter wird gar »Verrat« am westlichen Bündnis unterstellt. Der Historiker Thomas Nipperdey vertritt die These, jede nationale Geschichte sei letztlich die eines besonderen Weges.[46] Auch in einem Bündnis, kann es nicht anders sein, als daß seine Mitglieder »besondere« nationale Interessen verfolgen. Betrachten wir die NATO, dann erkennen wir »Besonderheiten« bei keinem anderen Mitgliedstaat so deutlich wie bei der Bundesrepublik: Aufgrund ihrer geographischen Lage wird sie in der Verteidigungsplanung unvermeidbar zur »Vorderen Kampfzone«, folglich zum Hauptstationierungsraum der alliierten Streitkräfte.

Die damit verbundenen Konsequenzen sind der breiten Öffentlichkeit erst im Zuge der Nachrüstung durch weitreichende Mittelstreckenraketen so richtig bewußt geworden. Nach dem Washingtoner Gipfel erfuhren die Deutschen, daß auf ihrem Territorium eine »Brandmauer« der nuklearen Kurzstreckenwaffen verbleiben soll, um die Sowjets daran zu hindern, die Überlegenheit ihrer konventionellen Streitkräfte auszuspielen.

Infolge der deutschen Niederlage im Zweiten Weltkrieg unterliegt die Bundesrepublik, obwohl formal gleichberechtigter NATO-Partner, gewissen Vorbehaltsrechten der Drei Mächte. Vor allem aber ist sie Teil der zwangsweise gespaltenen deutschen Nation. Zu Recht spricht Friedmann von einer »Sonderbehandlung« der Deutschen, die sie nicht nur berechtigt, einen besonderen Weg zu gehen, sondern diesen gebietet.[47] Niemand hat dazu aufgefordert, diesen gebotenen deutschen Sonderweg losgelöst vom Bündnis zu beschreiten – am wenigsten Friedmann. Manches Mißverständis bliebe uns erspart, würden wir mehr Disziplin im Gebrauch unserer deutschen Sprache üben.

Nicht Sonderwege sind verwerflich, ein »Alleingang« wäre es. Den könnte man in der Tat als Untreue brandmarken. Aber er steht außerhalb jeder realistischen Betrachtungsweise. Eine kommunistisch regierte DDR wird sich an einem deutschen Alleingang nicht beteiligen; gibt es doch keinen überzeugteren Gegner der Wiedervereinigung als die SED-Machthaber. Selbst wenn sie dazu bereit wären, sie könnten es nicht. Dort haben allein die Sowjets das Sagen. Und die wissen nur zu gut, daß jede Lösung der deutschen Frage zu allererst ein sicherheitspolitisches Problem ist, das nur im Zusammenwirken mit den USA bewältigt werden kann.

Hat auch das Argument, unsere westlichen Verbündeten würden die Wiedervereinigung nicht zulassen, nie so recht überzeugt, um so wirkungsvoller hat sich ein weiteres erwiesen: Die deutsche Einheit sei nur zu erreichen, wenn wir die Teilung Europas überwinden.

Flucht nach Europa

Franz Josef Strauß war ein vielbeschäftigter Mann. Er konnte nicht alles selber machen. Korrekturlesen gehörte sicher nicht zu seinen Aufgaben. Dem CSU-Chef wäre aufgefallen, was seine Mitarbeiter übersehen haben. In seiner in den Münchner Kammerspielen vorgetragenen »Rede über das eigene Land«

nahm Strauß Bezug auf den Deutschlandvertrag. Dabei zitierte er die in Artikel 7 (2) enthaltende Verpflichtung der Drei Mächte, für die deutsche Einheit einzutreten; für ein »wiedervereinigtes Deutschland, das eine freiheitlich-demokratische Verfassung hat, die derjenigen der Bundesrepublik ähnlich ist, und das in die europäische Gemeinschaft integriert ist. So weit, so gut. Die so präzisierte innere Verfassung eines deutschen Gesamtstaates entspricht voll unserer Forderung nach Freiheit und ihrer Rangfolge vor der Einheit. In der später veröffentlichten Rede erscheint nun diese »europäische Gemeinschaft« – großgeschrieben![48]

Ein kleiner Fehler nur, aber er verändert den Sinn dieses Vertrages völlig. Denn mit dem Vertragstext war nicht etwa die »EG« angesprochen, die damals noch gar nicht bestand, sondern eine nicht näher bestimmte – kleingeschriebene – europäische Ordnung. Andernfalls bedeutete dieser Artikel des Deutschlandvertrages eine Einschränkung, die in der Tat die Wiedervereinigung behindern, wenn nicht unmöglich machen würde. Europa – so lautet die Parole, will man das Geheimnis ein wenig lüften, wie denn die deutsche Einheit in »weiter Ferne« erreicht werden soll.

Aber Europa wird nicht nur als Veheißung verkündet, sondern auch gleich zur Bedingung erhoben: Nur über Europa sei die deutsche Einheit möglich. Dabei lassen diese Propheten offen, was für ein Europa sie da meinen. Mehr noch: Sie wissen keine Begründung für ihre Behauptung, der Weg zur deutschen Einheit führe nur über Europa. Durch gebetsmühlenhafte Wiederholungen gewinnen sie nicht an Überzeugungskraft.

Bohrt man tiefer, so wird erst einmal die Präambel des Grundgesetzes bemüht. Darin wird aber in bezug auf Europa nicht mehr und nicht weniger bekundet als der Wille, »als gleichberechtigtes Glied in einem vereinten Europa dem Frieden der Welt zu dienen«. Bei diesem (kleingeschriebenen!) »vereinten« Europa handelt es sich aber nicht um eine europäische Staatlichkeit, schon gar nicht um die erst später anvisierte westeuropäische Integration.

Über eines besteht kein Zweifel: Das Grundgesetz zielt auf

die Wiedervereinigung Deutschlands ab. Es gibt kein Verfassungsziel »westeuropäische Integration«. Das schließt nicht aus, eine auf die europäische Einigung gerichtete Politik zu betreiben. Jedoch muß diese dem Ziel der deutschen Einheit untergeordnet sein, schon gar nicht darf sie es behindern.

»Die westeuropäische Integrationspolitik würde die Grenze des verfassungsrechtlich Zulässigen jedenfalls dann überschreiten, wenn die Bundesrepublik einem westeuropäischen Bundesstaat mit Zuständigkeit für Außenpolitik beiträte«, so hat der Göttinger Staatsrechtslehrer Dietrich Murswiek die Gewichtigkeit von Deutschland- und Europapolitik zutreffend interpretiert.[49]

Auch der Deutschlandvertrag liefert keine Begründung dafür, die deutsche Wiedervereinigung von einer europäischen Einigung abhängig zu machen. Wie bereits dargelegt, ist darin nicht von einem staatlichen Zusammenschluß die Rede, schon gar nicht von einem westeuropäischen Bundesstaat. An einen solchen haben die damaligen westlichen Besatzungsmächte bei der Formulierung dieses Vertrages (1952) und bei seiner Neufassung (1954) schon deshalb kaum gedacht, weil sie selbst viel zu sehr in nationalstaatlichen Vorstellungen verhaftet waren. Und sie sind es immer noch. Gleichwohl hat sicher die Absicht mitgeschwungen, zumindest von französischer Seite, auf diese Weise die in die – wenn auch eingeschränkte – Souveränität entlassene Bundesrepublik einzubinden.

Erst 1957 erfolgte der entscheidende Schritt auf dem Wege zu einer westeuropäischen Integration. In den Römischen Verträgen vereinbarten die sechs westeuropäischen Staaten (also noch ohne Großbritannien, das erst 1973 beitrat) den Zusammenschluß zum Zweck der wirtschaftlichen Integration, (noch) nicht einer staatlichen. Dennoch hat die Bundesrepublik sogleich einen »Wiedervereinigungs-Vorbehalt« angemeldet, indem sie am 25. Februar 1957 zu Protokoll gab: »Die Bundesregierung geht von der Möglichkeit aus, daß im Fall der Wiedervereinigung Deutschlands eine Überprüfung der Verträge über den Gemeinsamen Markt und EURATOM stattfindet.«[50] Damit ist klar: Man hatte das Ziel der Wiedervereinigung nicht etwa als einen Anschluß Mitteldeutschlands an die durch die

Römischen Verträge begründete Europäische Wirtschaftsgemeinschaft (EWG) verstanden. Vielmehr sollte ein gesamtdeutscher Staat weitgehende politische Handlungsfreiheit auch in bezug auf die westeuropäische Integration haben; zumal es hier auf den Handlungsspielraum ankommt, der nur das Ergebnis einer Lösung sein könnte, bei der auch die Sowjets noch ein Wort mitzureden hätten. Daß die Deutschen, könnten sie frei entscheiden, an einer wirtschaftlichen Integration mit dem Westen festhalten würden, davon darf man ausgehen.

Stehen auch die Römischen Verträge einer deutschen Wiedervereinigung nicht entgegen, ihre Erweiterung zu einer europäischen politischen Zusammenarbeit kann sie sehr wohl behindern. Es gilt, die von Murswiek klar aufgezeigten Grenzen einer Integrationspolitik zu beachten. Aber: Alle bisherigen Erfahrungen in der Europa-Politik sprechen nicht dafür, daß ein westeuropäischer Bundesstaat in naher Zukunft entstehen könnte. Außer der Bundesrepublik ist kein anderer Mitgliedstaat gewillt, auf seine Souveränität zu verzichten. Wie man in Frankreich darüber denkt, bringt das nachfolgende Zitat deutlich zum Ausdruck: »Die Franzosen sind bereits allergisch gegen alles, was der Nationalstaat tut (oder unterläßt). Der Gedanke, daß sie noch einer zusätzlichen Behörde unterstellt sein sollten, irritiert sie, ohne daß sie sich dessen klar bewußt wären. Europa ist gut – solange es ein harmloser Begriff ohne Folgen bleibt. Doch ein Europa, das etwas tut, ein Europa, das zu einer Art Superstaat wird, kann nur Beunruhigung hervorrufen. Die Franzosen sind einigermaßen für Europa, ohne richtig dafür zu sein.«[51] Das zeigt sich vor allem dann, wenn es um Fragen der Verteidigung geht, also letztlich um Leben und Tod. Da ist es dann auch mit der Euphorie um die vielbeschworene deutsch-französische Verteidigungsgemeinschaft schnell zu Ende. Welche Aussichten für die Verwirklichung einer europäischen Verteidigungsgemeinschaft bestehen, damit werden wir uns im zweiten Teil des Buches eingehender auseinandersetzen.

Setzen wir den Fall, es käme dennoch zu einem politischen Zusammenschluß europäischer Staaten, als Folge dessen die Bundesrepublik ihre Zuständigkeit für die Außenpolitik auf eine europäische Behörde übertragen würde: Was sollte dann aus dem deutschen Ziel der Wiedervereinigung werden? Noch keiner der westdeutschen Politiker, die den europäischen Zusammenschluß forcieren, hat bisher eine Antwort darauf gegeben. Haben sie noch nicht darüber nachgedacht? Erwarten sie etwa, daß eine westeuropäische Institution für die deutsche Einheit streiten würde? Schon gar nicht überzeugt die illusionäre Hoffnung, ein solches Westeuropa würde einen Sog auf den Osten ausüben, dem dieser nicht widerstehen könnte. Ähnliche Hoffnungen haben viele Deutsche bewogen, als sie vor vier Jahrzehnten schweren Herzens der westdeutschen Staatsgründung zustimmten – wie später der Wiederbewaffnung. Diese Hoffnung hat getrogen. Der Weg zur deutschen Einheit kann nicht über Westeuropa führen. Aber wie sieht es mit einem Gesamteuropa aus?

Nicht erst seit der Stern Gorbatschows aufgegangen ist, gehört es zum Standardrepertoir der deutschen Politiker, von einem »Dach über ganz Europa« zu schwärmen. Keiner der Ganz-Europa-Anhänger hat aber bisher auch nur andeutungsweise verlauten lassen, auf welche Weise ein solches Europa zustandekommen könnte; geschweige denn, wie es funktionieren sollte. Aus gutem Grunde wohl verzichten diese Traumtänzer darauf, hier konkret zu werden. Wenn sie nämlich, was zu ihren Gunsten hier unterstellt werden soll, an der conditio sine qua non der Freiheit für ein wiedervereinigtes Deutschland festhalten, dann müssen sie ja auch Freiheit für das ganze Europa fordern. Wie aber sollte dies angesichts der realen Machtverhältnisse vor sich gehen? Niemand kann doch wohl ernsthaft glauben, die Sowjets, die sich – aus ihrer Position heraus verständlicherweise – seit über vier Jahrzehnten beharrlich weigern, auch nur die DDR freizugeben, würden gleich ganz Osteuropa aus ihrem Herrschaftsbereich entlassen. Das käme ja einer Gesamtkapitulation gleich. Und dazu haben die Sowjets nicht die geringste Veranlassung.

Es sind »Visionen jenseits des Zeithorizonts« wie Karl Feldmeyer zutreffend seine Kritik an der Ansicht von Frau Wilms überschrieben hat, eine derartige veränderte Lage könne dadurch eintreten, daß der Kommunismus als Ideologie und Herrschaftsanspruch verschwindet.[52]

So unrealistisch eine solche Vision auch einzustufen ist: Wir dürfen uns nicht darüber hinwegtäuschen, daß in diesem Fall in den osteuropäischen Staaten an die Stelle der kommunistischen Regierungen andere politische Kräfte treten würden, die mit größter Wahrscheinlichkeit handfeste nationale Interessen vertreten würden, die sicher nicht eine deutsche Wiedervereinigung begünstigten. So sehr wir auch den osteuropäischen Völkern Freiheit und Recht auf Selbstbestimmung wünschen, wir sollten nicht der Illusion verfallen, eine solche Entwicklung würde zwangsläufig zu einer gesamteuropäischen Einigung führen. Schon gar nicht dürfen wir Freiheit für ganz Osteuropa zu einer Bedingung für die deutsche Einheit in Freiheit erheben.

Es ist schon bedrückend, mit welcher Oberflächlichkeit und fehlender Sachkenntnis verantwortliche Politiker hier argumentieren; ganz zu schweigen von dem damit offenbarten Mangel an Verantwortungsbewußtsein für die weiterhin in Unfreiheit lebenden Deutschen. Vergrößert wird diese Misere noch, wenn neuerdings immer häufiger erklärt wird, nicht die deutsche Einheit sei unser Ziel, sondern allein das Überwinden der Grenzen. Das klingt dann so: »Wir wollen ein freies Europa, in dem Grenzen am Ende nur noch Verwaltungen, nicht aber Menschen trennen«.[53]

Will man damit die unrealistische Forderung nach Freiheit auch für ganz Osteuropa klammheimlich unterlaufen und sich stattdessen mit Freizügigkeit begnügen? Was sind das für »Verwaltungen«, die da übrig bleiben? Auch kommunistische? Solange die kommunistische Herrschaft in Mittel- und Osteuropa anhält, können die Grenzen nicht fallen. Sollten aber an ihre Stelle frei gewählte Regierungen treten, auch dann werden mit Sicherheit nicht die Grenzen fallen. Wohl werden sie, was Freizügigkeit des Personen- und Güterverkehrs betrifft, bald von der Qualität sein, die unter nicht-kommunistischen Staaten üblich ist. Was soll also das Gerede von der Durchlässigkeit der Grenzen? Es lenkt nur ab von dem eigentlichen Problem: der deutschen Wiedervereinigung.

Alle »Umwege« über Europa erweisen sich schließlich als Einbahnstraßen. Der einzig gangbare Weg, den man durchaus als »europäische Lösung« bezeichnen könnte, findet kaum

Beachtung, obwohl es der offiziell vorgezeichnete Weg ist. In dem sogenannten »Brief zur deutschen Einheit«, den die Bundesregierung im Zusammenhang mit der Unterzeichnung des Moskauer Vertrages der Regierung der UdSSR am 12. August 1970 zugestellt hat, heißt es, daß die Bundesrepublik an ihrem Ziel festhält, »auf einen Zustand des Friedens in Europa hinzuwirken, in dem das deutsche Volk in freier Selbstbestimmung seine Einheit wiedererlangt«.[54] Das kann doch, zumal dieser Brief an die Sowjetunion gerichtet war, nur bedeuten, diese Veränderung mit Zustimmung der Sowjets zu bewirken. Also bedarf es eines sicherheitspolitischen Ansatzes. Den läßt die Politik der Bundesregierung total vermissen.

Eine besondere Nuance der Forderung nach einer europäischen Lösung der deutschen Frage ist die Bedingung der Zustimmung all unserer Nachbarn. Das geht mitunter so weit wie bis zu der Behauptung, es dürfe im Grundgesetz kein Wiedervereinigungsgebot geben, »das dem Gebot der Verständigung mit unseren Nachbarn und dem Respekt vor ihrer eigenen Staatlichkeit widerstreitet«.[55] Da wird nun wirklich das Aufbauen künstlicher Hindernisse auf die Spitze getrieben. Man stelle sich vor, selbst die Sowjets würden der deutschen Einheit zustimmen – der Unterstützung der drei westlichen Siegermächte dürfen wir sicher sein – und dann kämen Polen oder Luxemburg mit Einwänden. Also sollten die Deutschen auf ihre Wiedervereinigung verzichten, gar Einspruch gegen eine darauf abzielende Politik der vier für Deutschland als Ganzes zuständigen Mächte erheben? Tiefer könnten wir als Nation nicht fallen – und dies noch selbstgewollt und völlig unnötig!

Ist sich die Mehrheit der Deutschen auch gar nicht so recht bewußt, in welche deutschlandpolitische Sackgasse dieses Gerede von der unabdingbaren Zustimmung der Nachbarn führt, ein wenig muckten sie schon auf, als Frau Wilms diese Forderung ins Spiel brachte. Als Folge der daraufhin einsetzenden öffentlichen Kritik[56] ist sie selbst davon abgerückt, indem sie erklärte, dies könne natürlich nicht ein Recht auf Mitbestimmung der Nachbarn in der deutschen Frage begründen.

Gleichwohl lenkt dieser häufige Einwand von der unverzichtbaren Zustimmung aller Nachbarn den Blick auf die Prioritäten, auf die wesentlichen Voraussetzungen für die Lösung der deutschen Frage. Nichts läuft ohne die Zustimmung von Ost und West. Mag man für »Ost« auch gleich die Sowjetunion setzen, denn die würde sich durch Einwände anderer Ostblockstaaten kaum beeindrucken lassen, auf der westlichen Seite sieht das ein wenig anders aus. Sicher kommt es auch hier in erster Linie auf die Amerikaner an; zumal es sich aus deren Sicht bei der deutschen Frage letztlich um eine die Zukunft Europas bestimmende sicherheitspolitische Frage handelt. Dennoch entscheiden hier nicht allein die USA. Sind doch die beiden nächstmächtigen Staaten der westlichen Welt, Großbritannien und Frankreich, als Siegermächte des Zweiten Weltkrieges gleichermaßen zuständig für Deutschland als Ganzes. Um die Zustimmung der Drei Mächte geht es auf westlicher Seite, alles andere tritt dahinter zurück. Mag man noch die Frage nach der Mitwirkung der NATO stellen: Da dürften sich keine Hindernisse auftun. Wird doch die Politik des westlichen Verteidigungsbündnisses entscheidend durch die genannten Drei Mächte bestimmt; ganz abgesehen davon, daß sich auch alle NATO-Mitgliedstaaten nicht nur zum Ziel der deutschen Einheit bekannt haben, sondern im bereits erwähnten Harmel-Bericht die Überwindung der deutschen Teilung als unverzichtbaren Schritt auf dem Wege ihrer Politik der Entspannung definiert haben. Bliebe die Europäische Gemeinschaft. Auch hier ist die Haltung der »großen« Mitgliedstaaten Frankreich und Großbritannien von ausschlaggebender Bedeutung. Stärker noch fällt der bereits genannte Wiedervereinigungsvorbehalt ins Gewicht, den die Bundesrepublik beim Abschluß der Römischen Verträge eingebracht hat. So mag deutlich geworden sein, wie unwichtig die Zustimmung »aller Nachbarn« ist, verglichen mit den hier aufgezeigten Prioritäten. Das kann und darf nicht heißen, uns dürfte die Einstellung unserer Nachbarn zur deutschen Frage gleichgültig sein. Um unser Ziel zu erreichen, müssen wir so stark sein wie nur möglich. Je mehr Zustimmung wir erfahren, um so größer ist unsere Chance. Aber wir müssen uns hüten, durch unbedachte und unpräzise Thesen eine für unsere Deutschlandpolitik nachteilige Situation heraufzubeschwören.

Überdies werden berechtigte Interessen unserer Nachbarn ohnehin zur Sprache kommen, wenn es darum geht, die »europäische Friedensordnung« zu gestalten, in die ein wiedervereinigtes Deutschland eingebettet sein muß.

Nicht zuletzt deshalb zielt dieses Buch darauf ab, den Blick auf den Zusammenhang der deutschen Frage mit der sicherheitspolitischen Lage in Europa zu richten.

5. Kapitel

Ganz andere Ziele

Nation ohne Staat?

Der frühere Bundespräsident Gustav Heinemann hatte in seiner Antrittsrede vor dem Bundestag gesagt, er liebe nicht den Staat, sondern seine Frau. Nun mag sich jeder darüber gefreut haben, daß der Bundespräsident sich in dieser Weise zu seiner Frau bekannte – aber es war eine nicht zu verkennende Absage an den Staat. Wenn schon das Staatsoberhaupt diesen Staat nicht liebt, wie sollen dann Soldaten ihr Leben dafür einsetzen? Und dazu werden sie verpflichtet!

So unverzichtbar wohlbedachte und ausgewogene Ordnungen, vor allem staatliche, für das menschliche Zusammenleben sind, sie allein genügen nicht. Stets kommt es darauf an, sie mit Leben zu erfüllen, die Herzen der Menschen dafür zu gewinnen. Auch der Staat braucht die Liebe seiner Bürger. Das Lebendige aber im Gefäß des Staates ist die Nation. Zugegeben, Nation ist ein schwieriger Begriff. Für unsere weiteren Überlegungen aber dürfen wir zugrundelegen, daß die Nation immer auf den Staat bezogen ist. Der große deutsche Staatsrechtslehrer Gerhard Leibholz hat das eindrucksvoll formuliert: Ein Volk wird »zur Nation durch einen Akt des Selbstbewußtseins und des Willens und nicht, wie man gelegentlich behauptet hat, durch Mystifizierung einer angeblich irrationalen Substanz«.[57]

Ist der Nationalstaat überholt? Diese These ist eine der Ausreden für das Unterlassen einer operativen Deutschlandpolitik. Sie paßt so richtig zu der Behauptung, die deutsche Einheit sei – wenn überhaupt – nur im Rahmen einer europäischen Einigung möglich. Nur wird dabei geflissentlich verschwiegen, daß gerade mit fortschreitender Integration der westeuropäischen Staaten das Bewußtsein nationaler Interessen wächst. Das erleben wir eindrucksvoll bei jedem der sogenannten EG-Gipfel.

Es bedarf wohl keiner besonderen Gabe des Hellsehens, um vorauszusagen: Allenfalls wird es ein »Europa der Vaterländer« geben, wie es de Gaulle vorschwebte, nicht aber ein »Vaterland Europa«, von dem Otto von Habsburg schwärmt.[58] Wir brauchen uns nur in der Welt umzublicken, um sehr schnell zu der Einsicht zu gelangen, daß der Wille zur Nation und zum Nationalstaat eher zu- als abnimmt.

Die Bundesrepublik zur Nation zu erheben oder aus der deutschen Nation herauszulösen, das wagt wohl niemand – wenigstens noch nicht. Auch in Österreich bestehen nach wie vor Zweifel, ob da eine eigene Nation entstanden ist. Trotz verständlicher Distanz zu Deutschland, wenn diese auch stärker durch den Ausgang des Zweiten Weltkrieges bestimmt ist als durch den 1938 erfolgten Anschluß, den die überwiegende Mehrheit der Österreicher damals bejahte. Dagegen hat sich die DDR – bewußt ist hier vom Staat und nicht von den in seinen Grenzen lebenden Menschen die Rede – nach dem Scheitern ihrer auf deutsche Einheit gerichteten Politik der Anfangsjahre immer stärker von der deutschen Nation gelöst. Hatte sie in ihrer Verfassung von 1968 noch das Ziel eines vereinigten sozialistischen Deutschlands in einer sozialistischen Staatengemeinschaft zum Ziel gesetzt, so hat sie schließlich in ihrer (bisher dritten) Verfassung von 1974 alle gesamtdeutschen Bezüge getilgt. Für sie gilt nun die These, daß die früher einheitliche deutsche Nation in eine sozialistische und in eine kapitalistische zerfallen sei.[59] Das mag uns schmerzen; doch die Erfahrung lehrt, daß Kommunisten sehr schnell zu einem Wandel ihrer Auffassungen und zum entsprechenden Handeln fähig sind, wenn sie die Stunde für gekommen halten.

Erweist sich die Absage an den Nationalstaat als wenig wirkungsvoll, so nehmen seine Verfechter Zuflucht zu einer Hilfskonstruktion: Zumindest der deutsche Nationalstaat habe sich überholt. Dazu führen sie eine zweifache Begründung ins Feld: Zum einen hätten die Deutschen die längste Zeit ihrer Geschichte in dezentralisierten staatlichen Gemeinschaften gelebt – und da noch besser. Als sie sich schließlich in einem Nationalstaat vereinten, der zum Glück nur 75 Jahre währte, habe ihnen dieser mehr Leid als Freud gebracht, vor allem aber sich unheilvoll für unsere Nachbarn ausgewirkt. Letzteres ist einer der typischen Anbiederungsversuche, zu denen wohl nur Deutsche fähig sind; wenn auch ohne Erfolg, denn sie bringen ihnen nichts ein als Verachtung.

War der deutsche Nationalstaat wirklich so unheilvoll für Europa, daß man sein Wiedererstehen verhindern müßte? Diese Behauptung läßt sich am ehesten durch die Gegenfrage ausräumen, ob denn die deutsche Teilung segensreich für unsere Nachbarn ist. Abgesehen von manchen Kreisen in westeuropäischen Nachbarstaaten, die das großdeutsche Trauma noch nicht überwunden haben, wird das niemand bejahen, der nicht die sicherheitspolitischen Konsequenzen verdrängt, die sich nun einmal aus der deutschen Teilung ergeben. Leider besteht eine weitverbreitete Neigung, die damit verbundenen Gefahren zu ignorieren, nicht nur in unseren Nachbarstaaten, mehr noch bei uns selbst. Die mit dem Status quo zusammenhängenden Probleme werden im zweiten Teil dieses Buches eingehender untersucht.

Die Antwort auf die Frage, ob nicht auch unsere östlichen Nachbarn trotz mancher leidvollen Erfahrung unter deutscher Besatzung oder Vorherrschaft dennoch eine Lösung vorziehen würden, bei der sie wie die Deutschen ihr Recht auf Selbstbestimmung ausüben könnten, mag unterschiedlich ausfallen. Mit Sicherheit kann sie erst gegeben werden, wenn die Menschen sich frei dazu äußern – und wir nicht auf die kommunistische Informationspolitik angewiesen sind.

Das Problem eines deutschen Nationalstaates in der Mitte Europas zu begreifen setzt Besinnung auf das Wesen staatlicher Zusammenschlüsse voraus. Unvermeidbar werden diese stets mit einem Zuwachs und mit einer Zusammenballung von Macht verbunden sein. Das traf nicht nur für das Deutsche Reich von 1871 zu, sondern ebenso für das zu gleicher Zeit geeinte Italien, aber es gilt auch für den erstrebten westeuropäischen Bundesstaat.

Macht ist weder gut noch böse, allein auf ihren Gebrauch kommt es an. Den Gefahren eines Mißbrauchs vorzubeugen, das ist unsere Aufgabe. Innenpolitisch bändigen wir diese

Macht durch Gewaltenteilung und verfassungskonforme Kontrolle. Den Aspekt der Außenwirkung hat man sicher zu lange vernachlässigt. Zwei Weltkriege haben die Menschen für diese Aufgabe sensibler gemacht. Dreizehn Jahre sind vergangen, seit die Schlußakte der Konferenz für Sicherheit und Zusammenarbeit in Europa verabschiedet wurde. Eine neue Epoche friedvoller Zusammenarbeit der europäischen Nationen hat sie jedoch nicht begründen können. Noch sind die Bekenntnisse zu den Menschenrechten und Grundfreiheiten nicht in die Tat umgesetzt worden. Vor allem nicht das Recht auf Selbstbestimmung für das deutsche Volk!

Wenden wir uns der Frage zu, ob der deutsche Nationalstaat auch für die Deutschen selbst eine unheilvolle Entwicklung gebracht hat, deren Wiederholung verhindert werden müsse. Tatsächlich waren die Deutschen durch ihr Schicksal zur »späten« Nation bestimmt. Darf man daraus folgern, sie hätten besser in der überkommenden Kleinstaaterei verharren sollen, durch die ihnen ein glücklicherer Verlauf ihrer Geschichte beschert worden wäre? Wer unsere bis ins 19. Jahrhundert währende staatliche Zerrissenheit preist, der verkennt zumindest, daß es stets das Establishment war, das davon profitierte und sich deshalb mit allen verfügbaren Mitteln dem Streben breiter Schichten des deutschen Volkes nach nationaler Einheit widersetzte.

Nach der Befreiung von der napoleonischen Herrschaft wurde offenkundig, daß immer mehr Deutsche damit nicht zufrieden waren, sondern nach Freiheit auch im Innern strebten. Diese aber war nur in der Einheit zu verwirklichen. Wie immer in der Geschichte bedurfte ein solches Volksbegehren zu seiner Verwirklichung der geistigen Führung. An die Spitze dieser Bewegung setzte sich die 1815 begründete Deutsche Burschenschaft. Sie erreichte ihren Höhepunkt in dem berühmten Wartburgfest vom 18. Oktober 1817. Die Gegner der deutschen Einheit waren in erster Linie Gegner der Freiheit; denn eine freiheitliche Ordnung hätte ihre Privilegien bedroht. In den Karlsbader Beschlüssen von 1819 verfügte Metternich, der Repräsentant der reaktionären Kräfte, die Auflösung der Deutschen Burschenschaft. Die fortschrittlichen Teile der deutschen Studentenschaft verfielen in tiefe Resignation. Wir können das nachempfinden, wenn wir uns den Text jenes Liedes vor Augen führen, das Daniel August von Binzer, einer der führenden Köpfe der Studentenbewegung, aus diesem Anlaß verfaßt hatte. In der früher weniger beachteten vierten Strophe, die aber unsere heutige Situation so zutreffend wiedergibt, heißt es: [60]

Was Gott in uns legte,
Die Welt hat's veracht't
Die Einigkeit erregte
Bei Guten selbst Verdacht.

Nachdem auch die Bewegung von 1848 gescheitert war und das deutsche Volk schließlich 1871 nach vielen Irrungen und Wirrungen seine Einheit – wenn auch nur eine kleindeutsche – erlangte, da fand es sich in jener staatlichen Ordnung zusammen, die so oft als »Nationalstaat Bismarckscher Prägung« kritisiert wurde. [61]

Was rechtfertigt eigentlich die Verdammung dieses Staates? Was war so schlecht an ihm? Brachte er nicht dem Volk eine für die damalige Zeit äußerst fortschrittliche Verfassung, die mehr Freiheiten gewährte als die meisten der deutschen Bundesstaaten? Diejenigen, welche unitarische Lösungen ablehnen, müssen doch zugestehen, daß die Reichsverfassung von 1871 den Einzelstaaten eine Fülle von Zuständigkeiten garantierte, die weit über unser heutiges Verständnis von bundesstaatlicher Regelung hinausging. Wohl niemand will das damalige, noch ständisch geprägte Gesellschaftssystem wiederbeleben. Es geht allein darum, den gesamtdeutschen Staat wieder handlungsfähig zu machen, der nach herrschender Lehre nicht untergangen ist. Seine große Bewährungsprobe als von den Deutschen gewollte staatliche Organisationsform hat dieses Bismarckreich in der Zeit nach der Niederlage am Ende des Ersten Weltkrieges bestanden. Dabei haben die Deutschen nicht – was nahelag – die Rückkehr zu Kleinstaaterei gewählt. Kaum jemand hätte sie daran gehindert. Sie haben dem Reich nicht nur die Treue gehalten, sondern der Zentrale viel mehr Zuständigkeiten übertragen als diese je hatte. Die Weimarer Reichsverfassung galt in aller Welt als eine der demokratischsten. Wenn damit gleichwohl nicht eine Entwicklung verhindert wurde, die zur Diktatur führte, so ist das nicht dem deutschen Nationalstaat anzulasten, sondern vielmehr der fehlenden Führung, die es nicht vermochte, die Mehrheit der Menschen an diesen republikanischen Staat heranzuführen.

Friedrich Meinecke, der große deutsche Historiker der ersten Hälfte dieses Jahrhunderts hat dies den deutschen Rechtsparteien angelastet: »Statt gemeinsam mit den Linksparteien auf dem einzigen uns verbliebenen Weg der Demokratie und Republik eine neue starke Staatsautorität wieder aufzurichten, haben die Rechtsparteien das Äußerste getan, um die Republik ihren Anhängern zu verekeln.«[62]

Verzicht als Buße

Die große Pest des Mittelalters hat unter der Reichsbevölkerung reiche Ernte gehalten. Auch die Seelen der Überlebenden hat sie verändert. In gespenstischen Geißler-Zügen wanderten Tausende über das Land. Sie fanden ihren Lebensinhalt künftig darin, Buße zu tun. Wofür war nicht ganz klar, es war auch nicht wichtig. Aber die Selbstkasteiung und das Peitschen des eigenen Körpers betäubten die Furcht vor weiteren Schicksalsschlägen. Ähnlichen Bußeifer gibt es auch unter den Deutschen von heute. Etwa wenn dazu aufgefordert wird, die Teilung der Nation hinzunehmen, um auf diese Weise für die Schuld am Zweiten Weltkrieg zu büßen. Zunächst einmal ist festzuhalten, daß die Verfechter der Teilung als Buße in dem Verzicht auf die Einheit der Nation ganz offenkundig einen Nachteil sehen; sonst könnte das Hinnehmen der Teilung ja wohl nicht als Buße deklariert werden. Das widerspricht aber der zumeist von den gleichen Kreisen aufgestellten Behauptung, der Nationalstaat sei unnötig oder gar ein Rückfall in längst überholte Formen des Zusammenlebens. Eine Buße müßte ja wohl zumindest schmerzhaften Verzicht bedeuten, wenn nicht noch mehr. Da stellt sich die Frage, wer sich denn anmaßt, die Deutschen auf diese Weise zu bestrafen. Das könnten doch allenfalls die Siegermächte des Zweiten Weltkrieges sein. Aber gerade die haben sich nie in diesem Sinne geäußert. Lassen wir einmal die Frage beiseite, ob die Siegermächte sich damit belasten würden, auf diese Weise vor aller Welt gegen völkerrechtliche Grundsätze zu verstoßen, ganz zu schweigen davon, ob die Besiegten eine solche unzulässige »Bestrafung« auf die Dauer hinnehmen würden. Ganz im Gegenteil haben die für Deutschland als Ganzes zuständigen und verantwortlichen Mächte sogleich nach Kriegsende bekundet, daß sie weder eine Annektion Deutschlands anstrebten noch seine Teilung. Wenn die Sowjets später von ihrem ursprünglichen Ziel der Wiederherstellung der deutschen Einheit abgerückt sind, dann nicht etwa, weil sie dem deutschen Volk mit der Teilung eine Strafe auferlegen wollten. Vielmehr begründen sie die deutsche Teilung mit der Schuldzuweisung an die westlichen Besatzungsmächte. Sie, die Sowjets, hätten dann notgedrungen das Beste daraus gemacht und den fortschrittlichen Kräften des deutschen Volkes die Chance zum Aufbau des ersten Arbeiter- und Bauernstaates der deutschen Geschichte eröffnet.

Gorbatschow spricht von einer »historisch geschaffenen Wirklichkeit«, und: »was in hundert Jahren sein wird, das soll die Geschichte entscheiden«.[63] Es ist also absurd, die deutsche Teilung als Strafexekution der Siegermächte hinzustellen. Niemand kann leugnen, daß es – völkerrechtlich unzulässige – Strafmaßnahmen gegenüber den besiegten Deutschen gab. Mögen auch während der Kriegszeit die späteren Siegermächte die Teilung Deutschlands als Strafe beabsichtigt haben. Als die deutsche Teilung dann Wirklichkeit wurde, war sie nicht mehr das Ergebnis solcher Revanchepolitik. Das schließt nicht aus, daß dieser Zustand von manchen Kreisen auf Seiten der Sieger als vorteilhaft empfunden wurde. Gerade jetzt wird aber vielen bewußt, welche möglichen Gefahren damit verbunden sind.

Wenn nicht die Siegermächte, wer sonst soll denn die »Teilung als Buße« verfügt haben? Es handelt sich offensichtlich um eine selbstauferlegte Strafe einiger westdeutscher Intellektueller. Mit Sicherheit rekrutieren sich die Verfechter der Buß-These aus solchen Gegnern der deutschen Einheit, die selbst gar nicht unter der Teilung leiden, sie schon gar nicht als Buße empfinden, sondern mit dieser Argumentation kokettieren.

Die Fragwürdigkeit, gar das Heuchlerische dieser These wird offenkundig, wenn man sich bewußt macht, daß gerade diejenigen nicht gefragt werden, sich ja auch nicht äußern können, die in Wirklichkeit seit über vier Jahrzehnten büßen müssen, indem sie die ganze Last der Teilung tragen: die Deutschen jenseits von Mauer und Stacheldraht. Die Gegner der deutschen Einheit in der Bundesrepublik büßen nur mit Phrasen.

Die Teilung ist nicht unser Schicksal. Die in Amt und Würden berufenen Mitglieder der Bundesregierung legen mit ihrer Ernennung den geforderten Eid auf das Grundgesetz ab. Sie schwören, ihre »Kraft dem Wohle des deutschen Volkes (zu) widmen, seinen Nutzen (zu) mehren, Schaden von ihm (zu) wenden, das Grundgesetz und die Gesetze des Bundes (zu) wahren und (zu) verteidigen.« (Artikel 56 GG). Wer diesen Eid leistet, der darf sich nicht mit einer als schicksalhaft empfundenen Teilung unseres Vaterlandes abfinden. Er ist verpflichtet, durch aktive Politik diese Teilung zu überwinden, das Schicksal zu meistern.

Neue Staatsräson: Westbindung

»Nach Westen« – das war die Losung für Millionen Menschen am Ende des Zweiten Weltkrieges. Auf der Flucht vor dem Ansturm der Roten Armee sahen sie dort ihre einzige Chance zum Überleben. Dieser Trend hielt auch nach Kriegsende an. Wer bis zum Mauerbau den Sprung in den Westen schaffte, fühlte sich auf der richtigen Seite. Der Westen bedeutete Freiheit und Sicherheit, aber auch Wohlstand. Aber der Drang der Deutschen in Richtung Sonnenuntergang entwickelte eine fragwürdige Eigendynamik. Heute gehört die »Westbindung« zu den am häufigsten gebrauchten Schlagworten in der deutschlandpolitischen Diskussion. Nur der »Frieden« rangiert da noch höher. Von letzterem haben die Menschen wenigstens einigermaßen konkrete Vorstellungen, wenn auch die damit verbundenen Bedingungen nur zu gern verdrängt werden – nicht nur bei uns, auch bei unseren Verbündeten. Dagegen ist die Westbindung ein Begriff, den fast ausschließlich die Deutschen in der Bundesrepublik im Munde führen. Fühlen sich die westeuropäischen Völker ganz natürlich dem Westen zugehörig, so buhlen die Westdeutschen darum, um sich aus ihrer unbequemen Mittellage davonzustehlen.

Aus der Entscheidung vieler einzelner für den Westen erwuchs schließlich die Adenauersche Politik einer Westbindung der Bundesrepublik. Daß dieser Schritt aber nicht als logische Folge akzeptiert wurde, dafür steht die leidenschaftliche Auseinandersetzung zwischen Regierung und Opposition Anfang der 50er Jahre. Damals standen die Westdeutschen im Zwiespalt zwischen dem Schutz, den ihnen der Westen vor der drohenden sowjetischen Gefahr verhieß und ihrer noch stark empfundenen Verantwortung für ihre Landsleute in der Ostzone. Wenn sie sich dann mehrheitlich für die Adenauersche Politik entschieden, dann nicht zuletzt deshalb, weil der Bundeskanzler sie überzeugte, daß die Westbindung keine Absage an die deutsche Einheit bedeute, sondern ein unvermeidbarer Umweg zum Ziel der deutschen Einheit sei. Wer jedoch einen Umweg einschlagen will, der darf die Hauptrichtung nicht aus den Augen verlieren. Genau das ist aber in der Deutschlandpolitik der folgenden Zeit eingetreten. Schließlich schwenkte man sogar auf die Abgrenzungspolitik der SED ein.

Westbindung wurde damals in erster Linie als Sicherheitspolitik verstanden und führte nach dem gescheiterten Zwischenspiel der Europäischen Verteidigungsgemeinschaft zur Aufnahme der Bundesrepublik in die NATO. Diese jedoch hat sich weder damals noch heute als eine Integration im Sinne der Überwindung nationaler Staatlichkeit verstanden. Wie jedes Bündnis ist sie ein Zusammenschluß von Nationen auf Zeit. Sie steht deshalb dem deutschen Ziel der Wiedervereinigung nicht entgegen: Mit dem Problem von »Bündnis und Nation« werden wir uns später eingehend auseinandersetzen. Fragen wir hier: Was ist das also für eine Westbindung, die unsere verantwortlichen Politiker als irreversibel erklären? Da bleibt doch nur noch die Europäische Gemeinschaft, die eben auf einen dauerhaften Zusammenschluß und dabei auf Integration der Mitgliedstaaten zu Lasten deren Souveränität abzielt. Man kann es nur als eine glückliche Fügung bezeichnen, daß diesem Bestreben der bisher unüberwindliche Widerstand der meisten westeuropäischen Nationalstaaten entgegensteht. Sonst würde die Bundesrepublik vor die Gretchenfrage ihrer Existenz gestellt: Westbindung oder deutsche Einheit? Entschiede sie sich für die Westbindung, so müßte sie sich – ganz im Gegensatz zu den anderen Mitgliedstaaten – völlig aufgeben. Denn sie würde damit gegen ihre eigene Verfassung verstoßen, die ihr als oberstes Ziel die Wiederherstellung der deutschen Einheit gebietet. Unvorstellbar, daß irgendein anderer europäischer Staat zu einer derartigen Selbstaufgabe bereit wäre. Die anderen würden die deutsche Selbstaufopferung zwar mehr oder weniger freudig hinnehmen, honorieren würden sie sie nicht.

Diese verhängnisvolle Konsequenz einer Westbindung wird natürlich verschwiegen, wenn Politiker von Europa schwärmen. Eine eindrucksvolle Worthülse der Werbestrategen für die Westbindung ist die »westliche Wertegemeinschaft«. Auch hier sagt keiner, was das nun eigentlich ist. Im Grunde geht es darum, eine auf Recht und Gesetz begründete freiheitliche Ordnung zu wahren. Diese ist aber kein Monopol des Westens. Wenn derzeit Freiheit gegen die kommunistische Bedrohung aus dem Osten nur im Bündnis mit dem Westen gewahrt werden kann, so muß und soll das auch nicht für alle Zeiten so sein. Den derzeitigen Zustand zu überwinden, und eine europäische Friedensordnung zu schaffen, ist ja das erklärte Ziel unserer Sicherheitspolitik. Ziehen wir also aus der jetzigen Situation, die es gerade zu überwinden gilt, nicht die falschen Folgerungen, die uns überdies gerade daran hindern würden, das übergeordnete Ziel zu erreichen. Die Westbindung kann und darf nicht mehr sein als Mittel zum Zweck; der Zweck aber ist die Freiheit und die Einheit der Nation. Die Deutschen wollen frei sein, nicht westlich.

Deutschland geteilt – Frieden gesichert?

Seit den sechziger Jahren ist das bis dahin stark ausgeprägte Verständnis für Freiheit, das sich weitgehend auf der persönlichen Erfahrung von Unfreiheit gründete, zumindest abgebröckelt. Gleichwohl wollen die Deutschen in der Bunderepublik nach wie vor nicht nur den Frieden erhalten wissen, sondern auch die freiheitliche Ordnung. Weit verbreitet ist die Meinung, dieses Ziel sei am ehesten zu erreichen, indem man den Status quo erhält. Von daher rührt die These: Die Teilung hinnehmen, das ist unser Beitrag zum Frieden.

Zu den erstaunlichsten Erscheinungen in der sicherheitspolitischen Diskussion dieser Tage gehört, daß die beiden Supermächte, die sich allein aufgrund ihrer räumlichen Entfernung vom Ort der Konfrontation in Mitteleuropa eher in Sicherheit wiegen dürften als ihre europäischen Verbündeten, die Gefahren offensichtlich höher einschätzen als jene. Die beiden Großen, die überdies die Macht haben, einen möglichen Krieg auf Europa zu begrenzen, scheinen sich dennoch ihrer friedensbewahrenden Rolle nicht ganz sicher zu sein. Sie sehen Gefahren, Kriegsgefahren. Und die wollen sie bannen, abbauen, ausräumen. Das haben sie aller Welt seit Reykjavik bewiesen. Vor allem auf westlicher Seite konnte man unschwer erkennen, daß die amerikanische Führungsmacht ihre Verbündeten drängen mußte, einer Reduzierung des Arsenals der nuklearen Waffen zuzustimmen. Natürlich war deren Widerstand nicht etwa darin begründet, daß sie den Krieg weniger fürchten als die USA. Aber die viel stärker bedrohten Europäer verdrängen die Gefahren, die mit dem Status quo verbunden sind. Als sich dann die Supermächte erst auf eine Null-Lösung einigten und schließlich gar auf eine doppelte, da wurde den europäischen NATO-Staaten so recht bewußt, daß damit die Gefahr eines auf Europa begrenzten Krieges eher gewachsen als vermindert war. Vordergründig mag ihnen das als eine Rechtfertigung für ihre Abneigung, wenn nicht für ihren Widerstand gegen jedwede Null-Lösung erscheinen, aber eben nur vordergründig. Zwei Gründe sprechen gegen diese Argumentation: Zunächst einmal hätten die Europäer dann nicht in das Horn stoßen dürfen, aus dem die Forderung nach der Null-Lösung tönte. Sie hatten etwas gefordert, was, wie schnell offenbar wurde, sie in Wirklichkeit gar nicht wollten. Und das nutzten die Sowjets freudig zu ihren Gunsten. Von größerem Gewicht aber ist das offenkundige Unvermögen der europäischen NATO-Partner, unaufhaltsame Veränderungen des Status quo wahrzunehmen und daraus die notwendigen Folgerungen im Hinblick auf die Sicherheitspolitik zu ziehen. Statt dessen frönnen sie einem Status quo, den es gar nicht gibt. Und auf dem Altar dieser vermeintlichen Sicherheit wollen dann westdeutsche Politiker noch die Einheit der deutschen Nation opfern – und damit die Freiheit der anderen.

Lassen wir uns nicht länger einreden, die deutsche Teilung diene dem Frieden. Denjenigen, die auf diese Weise den Status quo bewahren wollen, geht es in Wirklichkeit darum, die deutsche Einheit zu verhindern. Sie haben es sich im Status quo bequem gemacht und fürchten Veränderungen. Dieses Dilemma zu beseitigen ist ein Problem geistiger Führung.

Stillstand aus Angst

Das größte Hindernis auf dem Weg zur deutschen Einheit ist das Festhalten am Status quo. Mit diesem Begriff ist gleichermaßen der Zustand der deutschen Teilung wie die militärische Konfrontation der Blöcke mitten in Deutschland verbunden. Im zweiten Teil des Buches wird eingehend untersucht, welche Vor- und Nachteile der Status quo für uns Deutsche und für den Frieden in der Welt bedeutet. Hier geht es nur um die Frage nach den Motiven, die ausgerechnet Deutsche bewegen, für das Festhalten an diesem Zustand einzutreten. In unseren bisherigen Betrachtungen haben wir erkannt, daß diese Motive von der Ablehnung des deutschen Nationalstaats bis hin zur Friedenssicherung reichen. Nun wenden wir uns einem Motiv besonderer Art zu, das offensichtlich alle anderen überdeckt: die Angst vor Veränderungen.

Diese Angst ist größer und weiter verbreitet, als gemeinhin angenommen wird. Ja, sie bestimmt wohl die Grundeinstellung der meisten Deutschen in der Frage der Wiedervereinigung. Und sie begründet den offenkundigen Widerspruch in der Deutschlandpolitik.

Die Deutschen in der Bundesrepublik werden nicht müde, den Fortschritt zu preisen und nach immer mehr Wohlstand zu streben, nach weniger Arbeitszeit bei noch mehr Lohn, nach mehr persönlicher Freiheit und zugleich mehr Sicherheit. Dabei scheint ihnen nichts so wichtig zu sein wie die Wahrung des Besitzstandes. Aber sie wollen nicht wahrhaben, daß diese Sicherheit nur zu Lasten des Fortschrittes möglich ist; denn dieser erfordert nun einmal Veränderungen und ist mit Risiken verbunden. Daß diese Binsenwahrheit mißachtet, ja noch nicht einmal erkannt wird, ist auch eine Folge fehlender geistiger Führung. Das ist nicht verwunderlich, weisen doch die verantwortlichen Politiker eine solche Aufgabe weit von sich. Damit degradieren sie Politik zu einer administrativen Aufgabe.

Gleichwohl propagieren sie unentwegt Freiheit, verschweigen jedoch verschämt, daß Freiheit immer auch Bereitschaft zum Risiko bedingt. So hat sich in der Bundesrepublik eine Einstellung durchgesetzt, die dadurch gekennzeichnet ist, daß jedes Risiko gemieden, abgelehnt, ja verteufelt wird.

Man darf sich nicht wundern, daß in der deutschlandpolitischen Diskussion geradezu begierig alle nur denkbaren Risiken aufgegriffen und herausgestellt werden, die mit der Wiedervereinigung auftreten könnten. Zur Risikoscheu tritt die fehlende Opferbereitschaft. Eine fortschreitende Inflation der Begriffe offenbart sich darin, daß jeder noch so kleine persönliche Beitrag zu einer gemeinschaftlichen Aufgabe sogleich als »Opfer« deklariert und zumeist verweigert wird. Geht es aber um die Freiheit für die Deutschen jenseits von Mauer und Stacheldraht, dann wagt die politische Führung den Bundesbürgern kaum noch etwas abzufordern. Dabei wäre in diesem Falle wirklich Opferbereitschaft zu erwarten und zu fordern.

Zwar gibt es bisher wenige Fälle der offenen Ablehnung der Wiedervereinigung aus materiellen Gründen, gleichwohl schleichen sich in die Reihe der Gegenargumente zunehmend auch solche ein, die besorgt auf die wirtschaftlichen Konsequenzen einer Wiedervereinigung verweisen. Einerseits wird da argumentiert, die Bundesrepublik könne den gewaltigen Nachholbedarf der heruntergekommenen DDR-Wirtschaft gar nicht finanzieren, andererseits aber wird das Schreckgespenst einer gesamtdeutschen Wirtschaftsmacht an die Wand gemalt, die das europäische Gleichgewicht aus den Angeln heben würde.

Doch wird die Angst vor Veränderungen leider nicht allein von Risikoscheu und mangelnder Opferbereitschaft bestimmt, sondern mehr noch von dem Beharren des Establishments. Zumeist denkt man dabei nur an die SED-Funktionäre, die natürlich wissen, daß sie allein schon im Falle freier Wahlen in der DDR von ihren Posten hinweggefegt würden, erst recht in einem wiedervereinigten Deutschland. Aber auch die unbestreitbar freiheitliche Ordnung der Bundesrepublik hat nicht verhindert, daß gut gepolsterte Vorzugsstellungen entstanden sind, deren Inhaber sich dort eingenistet und zu einem beharrenden Establishment gemausert haben. Natürlich stünden im Falle der Bildung eines gesamtdeutschen Staates alle Institutionen des Bundes zur Disposition. Da wir auch und gerade für das wiedervereinigte Deutschland eine freiheitliche Ordnung voraussetzen, dürfen alle darauf vertrauen, daß die unvermeidbaren Umstellungen nicht nur nach Recht und Gesetz erfolgen, sondern auch die sozialen Auswirkungen für den einzelnen gebührend berücksichtigen. Das allzu menschliche Beharrungsvermögen sollte man nun nicht etwa den Bediensteten des Bundes anlasten, die von einer solchen Veränderung betroffen wären. Dieses Beharrungsvermögen erleben wir täglich, wenn es um Versetzungen von Soldaten und Beamten geht oder beim Wegfall von Arbeitsplätzen aufgrund wirtschaftlicher Strukturveränderungen. Nicht zuletzt wird dadurch auch die längst überfällige Neugliederung des Bundes in Länder verhindert – wie das Grundgesetz sie vorschreibt. In all diesen Fällen wird das Versagen von Führung sichtbar. Offenkundig vermögen es die Verantwortlichen nicht, die Menschen, zu deren Führung sie berufen sind, von zu treffenden Entscheidungen und den damit verbundenen Konsequenzen zu überzeugen; noch weniger wohl, Vertrauen dahingehend zu gewinnen, daß die unvermeidbaren Lasten gerecht verteilt werden. Gerechte Lastenverteilung heißt nicht gleichmäßige. Auch im Falle der Wiedervereinigung werden einige mehr auf sich nehmen müssen, andere weniger. Wer sich in führender Position dieses Staates befindet, von dem darf mit Fug und Recht erwartet werden, daß er sich diesem Gemeinwesen stärker verpflichtet fühlt und deshalb bereit ist, persönliche Interessen eher zurückzustellen als andere. Gerade an dieser Einsicht und Bereitschaft mangelt es. Nicht nur das Fußvolk braucht Führung, »die da oben«

haben sie mitunter noch mehr nötig. Führung erfordert nun einmal, Ziele zu setzen, Wege zu diesen Zielen aufzuzeigen und dorthin zu führen. Das setzt eine klare Beurteilung der Lage voraus. Auch in der deutschen Frage. Im zweiten Teil soll dieser Versuch unternommen werden.

6. Kapitel

Jenseits von Angebot und Nachfrage

»Der Mensch lebt nicht vom Brot allein!« Kaum ein anderes Bibelwort wird so häufig im Munde geführt. Und doch wissen die meisten gar nicht mehr, daß es der Bibel entstammt, wird doch selten weiterzitiert: »sondern von einem jeglichen Wort Gottes«. So ist es uns im fünften Buch Moses 8.3 überliefert. Daß wir nicht vom Brot allein leben, ist den meisten Menschen bewußt. Aber nur selten vermögen sie die Frage zu beantworten, was man denn sonst zum Leben braucht. Für den Christen dürfte das gar keine Frage sein; er weiß, daß er das Wort Gottes benötigt. Übersetzt in die weltliche Sprache von heute müßte die Antwort wohl lauten:

Der Mensch lebt von der Integration in die Gemeinschaft. Um Gemeinschaft mit anderen geht es also in unserem Leben – von der Familie bis hin zum staatlichen Gemeinwesen. Dabei sind wir stets Nehmende und Gebende zugleich. Auch dann, wenn es um die Wiederherstellung der deutschen Einheit geht.

In unseren vorangegangenen Betrachtungen sind wir immer wieder auf das Problem geistiger Führung gestoßen. Genauer: Es wurde offenkundig, daß der Mangel an geistiger Führung wohl das größte und entscheidende Hindernis auf dem Weg zur deutschen Einheit ist. Nicht die Weigerung der Sowjets, wie man so gern behauptet. Damit schiebt man doch nur den schwarzen Peter von sich.

Somit scheint es geboten, sich der Frage zuzuwenden, welche Bedeutung der geistigen Führung in unserem Streben nach Wiedervereinigung unseres Vaterlandes zukommt. Aber was ist das: geistige Führung?

Das gestörte Verhältnis der Deutschen zu ihrer Geschichte und zu all dem, was man mit »Gemeinschaft« umschreiben kann, wird immer dann offenkundig, wenn die Rede von »Führung« ist. Wegen ihrer bitteren Erfahrungen, die sie in der Vergangenheit mit politischer Führung gemacht haben, neigen die Deutschen dazu, Führung mit »Ver«-Führung gleichzusetzen und wenden sich gegen fast jede Autorität. An die Stelle der »Gemeinschaft« haben sie die »Gesellschaft« gesetzt. Und so sieht es dann auch aus. Ist doch letztere eine Sache des Verstandes, während Gemeinschaft nun einmal auch die Herzen der Menschen fordert. Und das Herz der Deutschen hat sich anderen Dingen zugewandt. Das mag auf den ersten Blick pathetisch klingen, und zeigt doch verhängnisvolle Wirkungen im Alltag unseres Zusammenlebens. Einer trage des anderen Last. Wie wenige sind dazu noch bereit! Wir gründen aber unsere äußere Sicherheit immer noch auf eine Strategie der Abschreckung, die unser aller Bereitschaft voraussetzt, das Leben für die höhere Sache der Freiheit zu riskieren.

Bei der auch sprachlichen Absage an die Gemeinschaft scheint weniger der Verstand den Ausschlag zugeben als das – tiefverletzte? – Gefühl. Als Volk wollen die Deutschen keine Gemeinschaft mehr sein, wohl aber als Europäer. Bei der EG, da geht ihnen die »Gemeinschaft« so schnell und so leicht über die Lippen. Aber da kann und darf man es ja auch bei Lippenbekenntnissen belassen. Wenn eines Tages dieser auf die EG gezogene Wechsel präsentiert wird, dann kommt das böse Erwachen. Dann nämlich, wenn die Mehrheit der ärmeren Europäer Gleichstellung fordern wird, was uns unvermeidbar zur Anpassung auf einem niederen Wohlstandsniveau zwingen müßte. Darauf sind die meisten Westdeutschen überhaupt nicht vorbereitet. Auch das ist ein Versäumnis geistiger Führung.

Aber bleiben wir zunächst einmal bei dem Problem der Führung schlechthin. Daß es beim Militär nicht ohne Führung geht, das ist selbst dem Laien klar. Dennoch ist man auch dort emsig bemüht, diese Binsenwahrheit ein wenig abzuschwächen. Dazu wird der sogenannte »autoritäre« Führungsstil verdammt und durch einen »kooperativen« ersetzt – koste es, was es wolle! Dabei weiß doch jederman, daß nicht nur beim Militär, wenn auch vornehmlich dort, gar zu oft Situationen eintreten, die weder einen »Kriegsrat« noch irgendein Palavern zulassen, sondern Entscheidungen fordern: sofort und konkret. Zu allen Zeiten haben sich militärische Führer des Rates ihrer Stäbe und Spezialisten bedient, wenn sie seiner bedurften – und die Zeit es erlaubte. Mit der zunehmenden Spezialisierung sind sie mehr denn je darauf angewiesen. Aber das ändert nichts an ihrer alleinigen Zuständigkeit und Verantwortung Das gilt gleichermaßen für den Bereich der politischen Führung.

Entscheidungen, ob sie nun im konkreten Fall »autoritär« getroffen oder durch einen Stab langfristig vorbereitet werden, sie machen nur einen Teil dessen aus, was wir unter Führung verstehen. Mit anderen Worten: Führung erschöpft sich nicht im Entscheiden, schon gar nicht ist Führung gleichzusetzen mit Befehl und Gehorsam, womöglich mit Kommandieren. Auch beim Militär nicht, wo doch der Grundsatz von Befehl und Gehorsam unverzichtbar ist. An diesem bewährten und unverzichtbaren Grundsatz rütteln heutzutage nicht nur Spinner, die sich als Intellektuelle ausgeben. Auch opportunistische Soldaten stoßen in dieses Horn. Kann man sich doch auf diese Weise den Politikern und der Öffentlichkeit als modern denkender Soldat empfehlen, der mit der Zeit geht. Natürlich kommt dem Aspekt der Menschenführung beim Militär größeres Gewicht zu als in den meisten anderen Lebensbereichen. Um den Begriff der Führung zu meiden, wird dieser Vorgang heutzutage gern als »Management« umschrieben. In den USA hat es seine Triumphe gefeiert. Doch gar zu bald hat man auch dort erkennen müssen, daß Führung mehr ist und mehr erfordert, als nur Management. Die Amerikaner haben schnell eingesehen, daß es ohne »Leadership« nicht geht.

Also doch Führung, »Menschenführung«, nämlich das richtungsweisende und steuernde Einwirken auf das Verhalten von Menschen. Mit anderen Worten: Es genügt eben nicht, Ziele zu setzen und Wege aufzuzeigen. Man muß die Menschen auch zu diesen Zielen hinführen. Das aber erfordert, sie von der Richtigkeit der Ziele, möglichst auch von der des Weges zu überzeugen. So es die Zeit erlaubt. Andernfalls hilft nur das Vertrauen der Geführten. Das ist ein kostbares Gut, schwer zu erwerben – und noch schwerer zu bewahren. Das trifft für alle Bereiche unseres Lebens zu, nicht nur für die Politik und nicht nur für das Militär. Dieses Überzeugen macht den Kern dessen aus, was man auf höherer Führungsebene als »geistige Führung« bezeichnet. Ist aber schon Führung diskreditiert, um wieviel mehr geistige Führung.

Man mag darüber streiten, ob der Begriff der geistigen Führung noch zeitgemäß ist, ob er nicht besser durch einen anderen zu ersetzen wäre. Aber man sollte sich hüten, mit dem womöglich nicht mehr angemessenen Begriff auch die Aufgabe abzuschütteln. Doch gerade das tun wir.

Auf die Frage nach der geistigen Führung hat kein Geringerer als Helmut Schmidt, damals noch Bundeskanzler, geantwortet, er fühle sich nur als »leitender Angestellter der Republik«. Die geistige Führung der Nation hat er »den gesellschaftlichen Kräften« zugewiesen.

Helmut Kohl bekannte gar, er »habe diese Debatte nie verstanden. Es gibt niemanden und keine Gruppe, die sozusagen ex cathedra sagen kann: Ich habe die geistig-moralische Führung. Aber selbstverständlich haben die Kirchen, die Schulen und die Universitäten einen Beitrag zu leisten, und selbstverständlich auch die Politik.«[64] Bleibt nur zu fragen, wer diese Beiträge zusammenfaßt und was dann daraus wird. Auffällig ist, daß auch in dieser Frage der geistigen Führung Helmut Kohl Kontinuität zu seinem Vorgänger Helmut Schmidt praktiziert.

Klarer und eindeutiger hat Franz Josef Strauß Stellung bezogen, indem er sagte: »Politiker haben nicht das Recht, die geistige Führung der Nation für sich zu beanspruchen, aber sie dürfen sich dieser Aufgabe auch nicht entziehen«.[65] Damit hat er sich sowohl zum Begriff wie zur Aufgabe geistiger Führung bekannt.[66]

Kein vernünftiger Mensch wird mit der Forderung nach geistiger Führung die Vorstellung verbinden, hier sollten Werte und ihre Anerkennung gesetzlich geregelt werden. Doch mit Fug und Recht wird erwartet, daß die verantwortlichen Politiker durch klare Sprache und klare Begriffe, vor allem mit Überzeugungskraft die Ziele »jenseits von Angebot und Nachfrage« aufzeigen. Mit diesem Titel hat der deutsche Nationalökonom Wilhelm Röpke, der geistige Vater der sozialen Marktwirtschaft, sein Alterswerk überschrieben. Ausgerechnet dieser Gelehrte, der wie kaum ein anderer auf die Kräfte des Marktes vertraute, fühlte sich am Ende seines wissenschaftlichen Wirkens zu dieser Mahnung verpflichtet: »Entscheidend sind die Dinge jenseits von Angebot und Nachfrage, von denen Sinn, Würde und innere Fülle des Daseins abhängen, die Zwecke und Werte, die dem Reiche des Sittlichen im weitesten Verstande angehören.«[67]

Die Besinnung auf Fragen auch jenseits von Angebot und Nachfrage sollte die zur politischen Führung Berufenen davor bewahren, dem »Zeitgeist« zu frönen und allein um ihrer Wiederwahl willen herkömmlichen Werten und Zielvorstellungen abzuschwören, oder diese gar der Lächerlichkeit preiszugeben. Vielmehr sollen und müssen sie den Forderungen gerecht werden, die der große Heidelberger Soziologe Max Weber im Revolutionsjahre 1919 in seiner berühmten Rede zum Thema »Politik als Beruf« aufgestellt hat: Leidenschaft, Verantwortungsgefühl und Augenmaß. Nur zu oft werden diese zitiert; kaum jemals findet Erwähnung, daß Max Weber im Umkehrschluß dazu Verantwortungslosigkeit als die Todsünde in der Politik gebrandmarkt hat.[68]

Mit großer Überzeugungskraft hat sich der in Hohenheim lehrende Sozialphilosoph Günter Rohrmoser in der Frage der geistigen Führung engagiert. Zu Recht wirft er der Regierung Kohl vor, sie habe eine historische Chance verspielt, indem sie ihrem zuvor angekündigten Versprechen einer geistigen Wende nicht nachgekommen ist. Statt dessen habe sie zugelassen, daß »die geistige Führung der Republik von den grünen und alternativen Bewegungen übernommen« wurde[69]

Übertragen wir nun die Forderung nach geistiger Führung auf die Deutschland-Politik und fragen:

Was können wir glauben?

Was sollen wir hoffen?

Was müssen wir tun?

So schrieb Gneisenau, einer der begabtesten militärischen Führer, 1807 aus dem belagerten Kolberg. Und diese drei kantischen Fragen stellen sich heute uns, die wir die deutsche Einheit wollen. Zunächst einmal ist nichts dringender geboten als Abkehr von den üblichen Lippenbekenntnissen. Viele haben dieses inzwischen erkannt. Deshalb muß die Regierung glaubhaft machen, daß sie die deutsche Einheit in Freiheit wirklich will. So sie diese will! Und nicht irgendwann »in weiter Ferne«, sondern zu dem frühestmöglichen Zeitpunkt. Es gilt, das Volk davon zu überzeugen, daß wir unbeirrt am Ziel der deutschen Einheit festhalten müssen, wenn wir es ernst meinen mit der Freiheit. Sonst verspielen wir auch das Recht auf Freiheit für uns. Das ist genau das, was vor 150 Jahren Johann Gottlieb Fichte als »Nationalerziehung« gefordert hatte.[70]

Wenn wir uns im Ziel wieder einig sind, dann erst muß deutlich gemacht werden, welche realen Machtverhältnisse unserem Streben nach Wiedervereinigung entgegenstehen. Und wir müssen alles daran setzen, diese herrschenden Machtverhältnisse zu unseren Gunsten zu verändern. Aber wir müssen auch bereit sein, für die Wiedervereinigung unseres Vaterlandes jeden Preis zu zahlen – bis auf den der Freiheit. Das setzt bei den verantwortlichen Politikern eine der wichtigsten Fähigkeiten zur Führung voraus: das Wesentliche zu erkennen und daraus Prioritäten für ihr Handeln abzuleiten. Auf den ersten Blick mag dieses manchem als eine Überforderung unserer führenden Politiker erscheinen. Wäre dem so, dann genügen sie eben nicht den Anforderungen, und wir müßten die Führung anderen übertragen. Aber bedenken wir, wieviel Einfallsreichtum dieselben Politiker entwickeln, wieviel Zeit und Kraft sie aufwenden, wenn es um vergleichsweise weniger bedeutende Fragen geht. Wie etwa bei Arbeitszeiten und Tarifen im öffentlichen Dienst, um steuerliche Privilegien für irgendeine potentielle Wählergruppe oder um die Quellensteuer. Um Existenzfragen der Nation handelt es sich da nun wirklich nicht. Wenn sich an diesen Fragen dennoch Leidenschaften entzünden, so ist dies letztlich auch das Ergebnis fehlender geistiger Führung. Die Politiker haben es versäumt oder nicht vermocht, diese umstrittenen Fragen in einem größeren Zusammenhang darzustellen und sie den Zielen jenseits von Angebot und Nachfrage unterzuordnen.

Auch dann, wenn sich unsere verantwortlichen Politiker nicht zu einer Politik der Wahrhaftigkeit in der deutschen Frage durchringen, sondern im Status-quo-Denken verharren, so leicht kommen sie nicht davon. Dann werden sie nämlich um so mehr mit der immer komplizierter werdenden Frage einer glaubwürdigen Verteidigungspolitik konfrontiert, die sie so gern verdrängen. Und die liegt auch »jenseits von Angebot und Nachfrage«. Denn da geht es um mehr als nur um Finanzmittel und Wehrpflicht. Es geht um den Willen zur Verteidigung. Und der erfordert geistige Führung. Würde Deutschland wiedervereinigt, so hätten wir damit zugleich das Problem der äußeren Sicherheit gelöst; denn die europäische Friedensordnung würde Wirklichkeit. Verharren wir dagegen im Status quo, dann stellt sich uns die Frage der künftigen Verteidigung im westlichen Bündnis mit all den ihr innewohnenden Problemen. Diese weiterhin ungelöst vor uns herzuschieben wird uns nicht länger erlaubt sein. Das wird bei der Betrachtung über »Bündnis und Nation« deutlich werden.

Wenn wir das Ziel der deutschen Einheit als eine Aufgabe jenseits von Angebot und Nachfrage erkennen, dann kommt es um so mehr auf überzeugende, auf klare Sprache und Begriffe an. Darauf wurde bereits im Zusammenhang mit dem Problem der Führung verwiesen. Hier geht es um die Konkretisierung dieser Forderung in bezug auf die Deutschlandpolitik. Wie wichtig dabei eine klare Sprache ist, mag ein Blick auf Redewendungen, Allgemeinplätze, auch Phrasen deutlich machen, die sich in der deutschlandpolitischen Diskussion eingebürgert haben.

– Ein geeintes Deutschland in einem geeinten Europa: Damit wird also das geeinte Europa zur Bedingung erhoben; aber es wird nicht gesagt, welches Europa gemeint ist und wie es zustande kommen soll.

– Freiheit vor Einheit: Damit werden andere verdächtigt, eine Einheit in Unfreiheit anzustreben. Aber man unterläßt es zu verdeutlichen, was Freiheit ist und erfordert: nämlich für die Freiheit aller Deutschen einzutreten. Statt dessen wird der Auffassung Vorschub geleistet, es gehe allein darum, Freiheit und Wohlstand der Bundesrepublik zu sichern.

- Die »absolute Bündnistreue«: Die hat es nie gegeben und wird es nie geben.
- Die »ewige Westbindung«: Aber niemand sagt, was das nun genau sei. Währt überhaupt irgend etwas ewig? Diese Westbindung wird dann noch mit einem »ohne Wenn und Aber« untermauert, als gäbe es in dieser Welt der Bedingungen nicht stets ein »Wenn« und ein »Aber«.
- Der Schwur, nichts könne uns von unseren Freunden trennen: Wirklich nichts? Und wie sieht das umgekehrt aus? Lassen sich unsere Freunde durch nichts von uns trennen? Ist es aufrichtig, ist es überhaupt zweckmäßig, den Begriff »Freunde« so zu verallgemeinern und damit abzuwerten?
- Das Verbot zu lauten Nachdenkens über die Wiedervereinigung, weil es das Vertrauen unserer Verbündeten gefährden könne: Wir können aber nirgendwo Vertrauen gewinnen, wenn wir uns so würdelos verhalten.
- Die Behauptung, die deutsche Frage stehe nicht auf der Tagesordnung der Weltpolitik: Auch damit wird der Eindruck erweckt, als liege es allein in der Zuständigkeit irgendeiner ominösen Macht, über diese Tagesordnung zu entscheiden. Es ist aber in erster Linie Sache der Deutschen, dafür zu sorgen, daß die deutsche Frage Tagesordnungspunkt wird.
- Die »fehlende Alternative«: Immer gibt es Alternativen. Auch das gehört zur Führung: Alternativen aufzuzeigen, sie gegeneinander abzuwägen und auf diese Weise die günstigste Möglichkeit herauszuarbeiten.
- Die Einschränkung, man könne und dürfe nur das »Mögliche und politisch Verantwortbare« tun: Aber man darf die eigenen Möglichkeiten nicht selbst beschränken; gerade das ist nicht verantwortbar!
- Die Prophezeiung, die Geschichte werde über die deutsche Frage entscheiden: Wer ist das, die Geschichte? Die Geschichte hat noch niemals entschieden – und sie wird das auch in Zukunft nicht tun. Entscheiden können nur Menschen. Die Geschichte vorzuschieben heißt nichts anderes, als sich vor der Verantwortung drücken.
- Die Warnung, wir dürften mit der Wiedervereinigung nicht das aufs Spiel setzen, was erreicht worden sei: Auf diese

Weise wird einem Sicherheitsdenken Vorschub geleistet, das mit dem Prinzip der Freiheit unvereinbar ist. Freiheit bedingt immer auch Risikobereitschaft.

– Keine »Überforderung« der anderen Seite: Ist es wirklich unsere Aufgabe, dafür zu sorgen, daß die DDR ein zuverlässiger und loyaler Partner im Warschauer Pakt bleibt? Da fragt man sich wirklich, in welcher Welt die Politiker leben, die so etwas artikulieren.

Ein Spiegelbild der miesen »Lage der Nation« bietet sich uns allwöchentlich im »Fragebogen« der Frankfurter Allgemeinen. Da liefern uns Persönlichkeiten, die man aufgrund ihrer beruflichen Stellung, ihrer Herkunft oder Bildung früher zur Elite der Nation gerechnet hätte, einen tiefen Einblick in ihr Denken und Fühlen. Die für unser Thema am ehesten relevante Frage »Welche militärischen Leistungen bewundern Sie am meisten?« wird überwiegend in einer Art und Weise beantwortet, die Zweifel aufkommen läßt, ob man es hier mit gebildeten Menschen zu tun hat. Die meisten Antworten spiegeln ein erschreckendes Maß an Gemeinschaftsfeindlichkeit wider, von einem völligen Mangel an politischem Urteilsvermögen ganz zu schweigen. Wie oft kann man da lesen: Kapitulation! Oder: Rückzug! Rafft sich dann der eine oder andere doch auf, eine anerkennenswerte militärische Leistung zu benennen, dann ist es fast immer eine solche unserer Kriegsgegner. Wie oft steht da zu lesen: »die alliierte Invasion 1944« oder »die Verteidigung Leningrads«! Haben denn die Deutschen keine militärischen Leistungen vollbracht, die erwähnenswert wären? Angelsachsen, Franzosen, gar die Sowjets würden da anders antworten.

Die Lippenbekenntnisse zur deutschen Einheit erfahren ihre Krönung in dem Beschwören der sogenannten »westlichen Wertegemeinschaft«. Sie wird zum Hauptargument gegen alle Lösungsvorschläge aufgebauscht, die auf eine Wiedervereinigung abzielen. Das führt zu zwei Fragen. Einmal: Was ist das eigentlich, die westliche Wertegemeinschaft? Zum anderen: Warum sollte die Wiedervereinigung Deutschlands – unter Bedingungen, wie sie der hier unterbreitete Lösungsvorschlag erfordert – das Abrücken von dieser Wertegemeinschaft bewirken oder gar das Aufgeben dieser Werte?

Bei dieser »westlichen Wertegemeinschaft« handelt es sich um eine Gruppe von Menschen, um Völker oder Staaten, die sich zu bestimmten Werten bekennen. Fragt man nach diesen Werten, so werden die allgemein bekannten Grund- und Menschenrechte genannt: von der Freiheit der Persönlichkeit, des Gewissens, des Glaubens und der Religion über die Meinungs-, Presse- und Versammlungsfreiheit bis hin zur freien Berufswahl. Auch die Sowjetunion hat sich mit der Unterzeichnung des sogenannten »Menschenrechtspaktes« der Vereinten Nationen dazu bekannt. Aber alle Welt weiß um die Diskrepanz von Anspruch und Wirklichkeit, vor allem in totalitären Staaten. Es geht also darum, ob diese – auf dem Papier anerkannten – Werte in der jeweiligen staatlichen Ordnung auch verwirklicht werden. Die vorherrschende Meinung lautet, daß dies nur in einer demokratischen Staatsform möglich ist. Eine Garantie ist damit noch nicht verbunden.

Letztlich dreht sich alles nur um den einen Wert: die Freiheit. Gerade die Diskussion um die deutsche Frage hat erneut erkennen lassen, wie einhellig zwar das Bekenntnis zur Freiheit ist, wie schwierig aber das Umsetzen in eine auf Verwirklichung der Freiheit gerichtete Politik.

Das Versagen der zur politischen Führung Berufenen in der Aufgabe geistiger Führung wird nirgendwo offenkundiger als in dem Unvermögen, den Wert der Freiheit zu verdeutlichen[71].

Geht es aber um die Gestaltung einer demokratischen Staatsordnung, dann weichen die Auffassungen schnell voneinander ab. Gleichwohl sollte Einigkeit darüber bestehen, daß eine Regierung vom Vertrauen des Volkes getragen sein muß und das Volk über hinreichende Möglichkeiten verfügt, die Regierung zum Rücktritt zu bewegen.

Besteht also das Wesen der Wertegemeinschaft in dem Grundwert der Freiheit und einer demokratischen Regierungsform, dann braucht sie sich nicht auf den Westen zu beschränken. Diese Voraussetzungen können unabhängig von der geographischen Lage und der geschichtlichen Entwicklung erfüllt werden. Ist westliche Wertegemeinschaft etwa gleich dem, was man als das westliche Bündnis bezeichnet, ob nun NATO oder Europäische Gemeinschaft? Auch das trifft nicht zu. Ganz abgesehen davon, daß allein in der kurzen Geschichte des westlichen Bündnisses nicht immer alle seine Mitglieder den aufgezeigten Grundsätzen entsprachen. Auch gibt es Staaten, die zur (westlichen) Wertegemeinschaft gerechnet werden, aber nicht der NATO angehören. Und wie wird das sein, sollten eines Tages ost-mitteleuropäische Länder freiheitliche Ordnungen gewinnen? Gehören sie dann zur westlichen Wertegemeinschaft?

Allein diese kurze Betrachtung mag deutlich gemacht haben, daß es sich bei der westlichen Wertegemeinschaft doch mehr um eine ideologische Überhöhung handelt als um wirkliches Zusammengehörigkeitsgefühl. Nichts, aber auch gar nichts rechtfertigt die Behauptung, diese Wertvorstellungen seien nur im westlichen Bündnis zu verwirklichen. Auch eine europäische Friedensordnung muß auf den Prinzipien von Recht und Freiheit basieren.

Wenden wir uns noch einmal der Bedeutung von Sprache und Begriffen in der deutschlandpolitischen Diskussion zu. Sind da große Worte unglaubwürdig und deshalb zu verwerfen? Im Gegenteil: Große Ziele bedürfen zu ihrer Verdeutlichung einer adaequaten Sprache. Doch müssen die Zielsetzungen aufrichtig und ernst gemeint sein. Auf die Wahrhaftigkeit der Politik kommt es an, insbesondere dann, wenn es um die Schicksalsfrage der Nation geht, um die deutsche Einheit. Bei all dem gibt es in der Sache kein entweder – oder, so hat Friedrich Karl Fromme geschrieben, aber die Forderung an die Politik, sich dennoch zu entscheiden.[71]

Was müssen wir tun? Besinnung und Umkehr sind gefordert! Gelingen sie nicht, dann wird dem westdeutschen Staat das Schicksal jenes Königreiches bestimmt sein, von dem uns die Bibel in Daniel 5 berichtet, daß es »gewogen und zu leicht befunden« wurde. Ob uns dieses Urteil zuvor durch eine Schrift an der Wand angekündigt wird?

Es gibt viele Bedingungen, die erfüllt sein müssen, wollen wir die Wiedervereinigung unseres Vaterlandes erreichen. Diese hier ist die wichtigste: Unsere Besinnung auf das Ziel und der Wille zum Handeln!

Teil 2: Die Lage

*»Der Schrägstrich durch Deutschland
markiert eine offene Wunde;
wir können noch so viel Antibiotika darauf streuen,
sie wird weiter eitern«*

Stefan Heym

1. Kapitel

Der Auftrag zwingt zum Handeln

Das große Ziel deutscher Politik ist uns in der Präambel des Grundgesetzes vorgegeben. Wenn es dort auch – dem Charakter einer Verfassung entsprechend – nur in groben Umrissen formuliert ist, es läßt keinen Zweifel daran, daß die »nationale und staatliche Einheit der Nation zu wahren« ist. Mehr noch, es fordert das gesamte deutsche Volk auf, »in freier Selbstbestimmung die Einheit und Freiheit Deutschlands zu vollenden«. Das »Wahrungsgebot« hat nur eine dem »Vollendungsgebot« dienende Funktion.[1] Immer häufiger versuchen Politiker, die hier geforderte Einheit auf eine solche der »Kulturnation« zu reduzieren, die der staatlichen Einheit nicht bedürfe. Der bekannte Publizist Herbert Kremp hat dieses »Gerede von der Kulturnation« zutreffend entlarvt: »Das ist nicht nur ein Rückzug aus der Geschichte, das ist der Versuch, die Deutschen in ein Reservat zu verbringen, in dem sie der reinen Anschauung lebend und den anderen zum Wohlgefallen ihre Zukunft zergrübeln.«[2]

Die in der Präambel des Grundgesetzes expressis verbis geforderte »Einheit Deutschlands« bedingt mehr als nur eine kulturelle Gemeinsamkeit. Dazu hat sich das Bundesverfassungsgericht in seinem berühmten Urteil zum Grundlagenvertrag unmißverständlich geäußert.[3]

In letzter Zeit erleben wir nicht nur ein stillschweigendes Abrücken von diesem Ziel der staatlichen Einheit, es wird bereits damit geliebäugelt, die Präambel des Grundgesetzes zu ändern – wie es etwa von dem früheren Bundesjustizminister Schmude gefordert wird. Das zeigt, wie sehr es einer Konkretisierung des Verfassungsgebotes bedarf. In der militärischen Führungslehre nennt man das die »Auswertung« eines erhaltenen Auftrages. Jedem angehenden militärischen

Führer wird anerzogen, einen ihm erteilten Auftrag im Hinblick auf die Ausführung zu überdenken. Eine Auswertung erfordert, unter Berücksichtigung der gegebenen Lage diejenigen Daten abzustecken, die den Handlungsspielraum begrenzen. Aus einem solchen gedanklichen Vorgang ergibt sich aber noch nicht der Weg zum Ziel, also noch keine Strategie. Vielmehr gilt es, in diesem durch den Datenkranz markierten Rahmen die bestmögliche Strategie zu entwickeln.

Übertragen wir nun diese Forderung auf unseren Auftrag, die Einheit und Freiheit Deutschlands in freier Selbstbestimmung zu vollenden, dann sind uns zwar einige Daten für dieses Ziel vorgegeben: nämlich Selbstbestimmung, Einheit und Freiheit. Nichts dagegen ist ausgesagt über die politischen Gegebenheiten, die wir zu berücksichtigen haben, um den bestmöglichen Weg zu finden. Wir selbst müssen erkennen, was uns in der Verfolgung dieser Zielsetzung behindert: die Zuständigkeiten der vier Siegermächte, deren Spaltung in antagonistische Blöcke, die Teilung Deutschlands und die Rolle der deutschen Teilstaaten in der militärischen Konfrontation von Ost und West.

Mitunter werden die Schöpfer des Grundgesetzes kritisiert, weil sie diesen in der Präambel niedergelegten Auftrag nicht näher konkretisiert haben. Das konnte ihre Aufgabe nicht sein; sie wäre auch unerfüllbar gewesen. Wie sich dann gezeigt hat, war es nicht vorstellbar, wann die Politiker der Bundesrepublik diesen Auftrag verwirklichen würden – und deshalb auch nicht die zu einem solchen Zeitpunkt geltenden Bedingungen. Wer vermochte aufzuzählen, was sich alles in den vier Jahrzehnten seit der Proklamation des Grundgesetzes geändert hat, das für die Erfüllung des uns gestellten Auftrages zu berücksichtigen ist! Es genügt, darauf hinzuweisen, daß die Sowjetunion zur gleichrangigen nuklearen Supermacht aufgerückt ist. Mag es zuvor möglich gewesen sein, die deutsche Einheit gegen ihren Willen durchzusetzen – seitdem läuft nichts mehr ohne ihre Zustimmung. Wir sollten den Vätern des Grundgesetzes vielmehr dankbar sein, daß sie diesen Auftrag ganz weit und doch eindeutig gefaßt, dabei aber den Handlungsspielraum offen gelassen haben, dessen die politische Führung in einer konkreten Situation bedarf. Sie haben damit – wohl unbewußt – genau dem entsprochen, was man in der militärischen Führungslehre als »Führen durch Aufträge« bezeichnet.

Beziehen wir diese, unsere derzeitige Situation bestimmenden Faktoren in den uns gestellten Auftrag ein, so gelangen wir zu folgender konkreter Forderung:

Die Bundesrepublik Deutschland – auch für die Deutschen handelnd, denen mitzuwirken verwehrt ist – muß mit aller Kraft und unter Nutzung jeder sich bietenden Möglichkeit bestrebt sein, mit Zustimmung und im Einvernehmen mit den vier Siegermächten die Voraussetzungen dafür zu schaffen, daß das deutsche Volk in Ausübung seines unverzichtbaren Rechtes auf Selbstbestimmung
– die staatliche Einheit wiedererlangt,
– sicherheitspolitisch in eine zu schaffende europäische Friedensordnung eingebunden ist,
– aber frei ist in der Gestaltung seiner inneren Ordnung.

Auf diese Weise haben wir den Auftrag des Grundgesetzes unter Berücksichtigung der aktuellen Lage konkretisiert. Dabei sind fünf Eckdaten deutlich geworden, die unseren Weg zum Ziel der deutschen Einheit markieren. Diese sind:
– die Zustimmung der vier Siegermächte,
– das Selbstbestimmungsrecht der Deutschen,
– die Wiederherstellung der staatlichen Einheit,
– eine europäische Friedensordnung,
– die freiheitliche Ordnung im Innern.

Schon die Reihenfolge macht deutlich, daß kein Weg an den vier Siegermächten vorbeiführt, die kraft ihrer originären Siegerrechte aus dem Zweiten Weltkrieg für Deutschland als Ganzes zuständig sind – aber auch verantwortlich. Aus dieser Verantwortung dürfen wir sie nicht entlassen. Um so mehr müssen wir sie drängen, ihren übernommenen Verpflichtungen nachzukommen, die Besetzung Deutschlands zu beenden und den Deutschen die volle Souveränität zurückzugeben. Das werden sie natürlich nur dann tun, wenn die Voraussetzungen für eine sicherheitspolitische Lösung gegeben sind, die es ihnen erlauben, ohne für sie nachteilige Folgen,

86

die deutschen Teilstaaten aus ihren Machtblöcken zu entlassen. Mit der formalen Übertragung von Souveränitätsrechten ist es da nicht getan.

Wenn Egon Bahr vehement kritisiert[4], daß die Bundesrepublik keine volle Souveränität besitzt und aus seiner Sicht konsequenterweise fordert, wir müßten, wenn das Selbstbestimmungsrecht uns wirklich wesentlich ist, dann auch Handlungsfreiheit für das Wesentliche einfordern, so bewegt er sich macht- und sicherheitspolitisch im luftleeren Raum. Insbesondere bleibt er die Antwort schuldig, was wir denn mit dieser Souveränität, sollten die westlichen Siegermächte sie uns übertragen, anstellen sollten, um das Selbstbestimmungsrecht für alle Deutschen durchzusetzen. Würde Bahr auch die Übertragung der vollen Souveränität an die DDR fordern, so wäre dem Selbstbestimmungsrecht der Deutschen ein noch größeres Hindernis in den Weg gelegt. Daß die Machthaber der SED kein Selbstbestimmungsrecht gewähren, es auch gar nicht gewähren können, solange sie an der Macht bleiben wollen, daran besteht wohl kein Zweifel. Nach kommunistischer Auffasung haben ja die Deutschen in der DDR ihr Recht auf Selbstbestimmung auch schon »verbraucht«, indem sie 1949 spontan den »ersten sozialistischen Staat« auf deutschem Boden begründeten. Sicher wäre nach dieser Ansicht der Weg zu einer »Vereinigung der beiden deutschen Staaten« – im deutschen »Alleingang« nach einem »Wandel durch Annäherung« – frei. Aber das ist nicht die Einheit, die wir wollen. Und es wäre auch keine Lösung der deutschen Frage im Rahmen einer europäischen Friedensordnung. Bedenken wir: Ohne eine europäische Friedensordnung wird es keine deutsche Einheit geben, weil nur auf diese Weise die sicherheitspolitischen Interessen der Supermächte, die hier das letzte Wort sprechen, gewahrt werden. Die drei Faktoren Selbstbestimmungsrecht, staatliche Einheit und freiheitliche Ordnung sind also geradezu unabdingbar miteinander verbunden: Das eine folgt aus dem anderen, wenn das Recht auf Selbstbestimmung gewährt wird. Aber es hängt von der Zustimmung der Siegermächte ab, daß dieser Prozeß in Gang gesetzt wird.

Wie dargelegt, muß eine sicherheitspolitische Lösung am Anfang stehen, die man gemeinhin als europäische Friedensordnung umschreibt. Unklar ist bisher, wie diese aussehen und wie sie zustande kommen soll. Dem Thema dieses Buches entsprechend werden wir uns im folgenden auf zwei Punkte konzentrieren: die Zustimmung von Ost und West – und die sicherheitspolitischen Rahmenbedingungen.

Die Einbindung in eine europäische Friedensordnung bedeutet logischerweise, daß ein wiedervereinigtes Deutschland in seiner außenpolitischen Handlungsfreiheit eingeschränkt sein wird. An dieser Bedingung scheiden sich nun in der Tat die Geister. Da werden mitunter auch die Gegner des Nationalstaates wach – und fordern ein Alles oder Nichts. Glauben denn jene, die für einen gesamtdeutschen Staat auch Bündnisfreiheit fordern, im Ernst, daß dies mit einer europäischen Friedensordnung vereinbar wäre? Werden sie in ihrer unrealistischen Forderung nach uneingeschränkter außenpolitischer Freiheit eines gesamtdeutschen Staates konkreter, dann wird deutlich, was sie wollen: Dem wiedervereinigten Deutschland sollen »keine Beschränkungen in bezug auf seine Bündniszugehörigkeit und seine Teilnahme an der militärischen Verteidigungsstruktur des (westlichen) Bündnisses auferlegt werden«. Dies und nicht weniger fordert etwa Wilhelm Grewe.[5] Seine Auffassung zu dieser Frage ist nicht verwunderlich, hat er doch unser gemeinsames Ziel »Frieden in Freiheit« mit einer dreifachen Dimension verknüpft: 1. Freiheit als Grundlage unseres inneren politischen und wirtschaftlichen Systems (also die Freiheit zur Gestaltung der inneren Ordnung). 2. Freiheit unserer nationalen Selbstbestimmung (also das Selbstbestimmungsrecht). Beidem ist zuzustimmen. Nicht aber, wenn Grewe darüber hinaus noch auf 3. »freier Wahl unserer Bündnispartner« besteht.[6]

Das bedeutet tatsächlich die Forderung nach einer absoluten Souveränität. Die aber kann es in einer europäischen Friedensordnung nicht geben.

2. Kapitel

Die Zustimmung der Sieger

Wenn hier von den »Siegermächten« die Rede ist, dann sind damit allein die vier Mächte (USA, Großbritannien, Frankreich und die Sowjetunion) gemeint, die – wie im vorigen Kapitel erläutert – für Deutschland als Ganzes zuständig und verantwortlich sind. Mitunter werden sie auch als die »Hauptsiegermächte« bezeichnet. In diesem Zusammenhang soll daran erinnert werden, daß diese Vier nach wie vor zugleich auch »Besatzungsmächte« sind. In einem beachtenswerten Aufsatz hat Theodor Schweisfurth, Völkerrechtler am Heidelberger Max-Planck-Institut, nachgewiesen, daß »Deutschland – noch immer ein besetztes Land«[7] ist. Wenn wir uns auch in der Rolle eines (fast) gleichberechtigten Bündnispartners gefallen und das Zusammenwirken mit den westlichen Siegermächten im NATO-Bündnis den Gedanken an die besatzungsrechtliche Lage als antiquiert erscheinen läßt, noch wehen die Flaggen der Vier vor dem Alliierten Kontrollratsgebäude in Berlin. Mag es auch derzeit politisch schwer vorstellbar sein, daß dieser Kontrollrat reaktiviert werden könnte, rechtlich wäre das – wie Schweisfurth dargelegt hat – nicht auszuschließen. Mit den Verträgen, die die drei Westmächte mit der Bundesrepublik und die Sowjetunion mit der DDR geschlossen haben, ist lediglich das Besatzungsregime (das ius in praesentiam) aufgegeben worden, die Rechtsbasis der Besatzung (das ius ad praesentiam) aber keineswegs erloschen. Der gegenseitige Austausch von Militärmissionen zwischen den vier alliierten Oberbefehlshabern in Deutschland, wie auch die von den Sowjets eifersüchtig verteidigte Bezeichnung GSSD (Gruppe der sowjetischen Streitkräfte in Deutschland), die sie gegenüber allen Bestrebungen der SED nach einer Umbenennung zugunsten »in der DDR« wahren, steht symbolisch für diesen Anspruch. Schließlich haben die Siegermächte mit dem Abschluß des Berlin-Abkommens vom 3. September 1971 die Existenz der Vier-Mächte-Kontrolle über Deutschland als Ganzes sichtbar für jedermann demonstriert.[8]

So wichtig, ja unverzichtbar es ist, sich dieser rechtlichen Zuständigkeit der Siegermächte für die Lösung der deutschen Frage zu erinnern, deren machtpolitische Interessen manifestieren sich in der militärischen Konfrontation mitten in Deutschland. Hier stehen sie sich als Führungsmächte der von ihnen in der Nachkriegszeit begründeten und organisierten Militärblöcke gegenüber.

Die immer wieder aufkommende Frage, ob die deutsche Teilung nun Ursache oder Folge dieser Ost-West-Spannung ist, bringt uns nicht viel weiter. Sie ist auch kaum zu beantworten. Es handelt sich vielmehr um eine Wechselwirkung. Die deutsche Teilung ist zwar im Londoner Protokoll als ein Ergebnis des alliierten Sieges auch vorgezeichnet gewesen, aus dieser, zum Zwecke der gemeinsamen Besatzung vereinbarten Aufteilung in Besatzungszonen sind aber zunehmend Spannungen zwischen den Sowjets und den Westmächten erwachsen. Diese wiederum haben eine Vertiefung der deutschen Teilung bewirkt und schließlich zur Gründung der deutschen Teilstaaten, ihrer Wiederbewaffnung und Einordnung in die antagonistischen Bündnissysteme geführt. Nicht zuletzt auch zur Politik der »Abgrenzung« seitens der DDR. So kann mit Fug und Recht behauptet werden, daß eine Überwindung der deutschen Teilung die Spannungen zwischen Ost und West, wenn nicht beenden, so doch nachhaltig mildern würde. Umgekehrt setzt die Bereitschaft der Siegermächte zu einer Lösung der deutschen Frage ihren Willen zur Entspannung voraus.

Damit sind wir zu dem Punkt vorgestoßen, an dem wir nicht nur Hoffnung schöpfen dürfen, sondern eine durchaus reelle Chance zur Wiedervereinigung erkennen: die Entschlossenheit der Supermächte zur Abrüstung. Der Gipfel von Reykjavik markiert diese Hinwendung der USA und der Sowjets zu einer Politik der Rüstungsbegrenzung und -kontrolle. Beide Supermächte wollen die militärische Konfrontation entschärfen, wenn nicht beenden. Diese Politik wird nicht nur von dem Bestreben bestimmt, die sich aus dem anhaltenden Rüstungswettlauf ergebenden finanziellen Belastungen zu reduzieren. Vielmehr noch ist dafür die Absicht bestimmend, die aus der militärischen Konfrontation entstehenden Gefahren für den Frieden zu reduzieren. Ganz offensichtlich sind die beiden – von der gefährdeten Zone geographisch weit entfernten – Großen darum mehr besorgt als die anderen Nationen, die gewissermaßen auf dem Pulverfaß sitzen: die Europäer und insbesondere die Westdeutschen. Die schreien nur nach Lösungen, die in Wirklichkeit eine Fortsetzung der militärischen Konfrontation mit anderen Mitteln darstellen – ob nun mit modernisierten Nuklearwaffen oder mit verbesserten konventionellen Waffen. Gleichwohl sind sie darauf bedacht, ihre wirtschaftlichen und finanziellen Lasten zu reduzieren. Die militärische Konfrontation zu beenden, auf diesen Gedanken scheinen sie gar nicht zu kommen. Denn das würde ja unvermeidbar eine Lösung der deutschen Frage erfordern. Und vor allem in diesem Punkt wollen die meisten Europäer den Status quo bewahren – weil es doch so bequem erscheint. Allerdings nur, wenn man die Augen vor den Konsequenzen verschließt.

Für die Bundesrepublik, die sich zu Recht zum Sprecher für alle Deutschen macht, hat sich hier eine geradezu einmalige Chance aufgetan. Ein bis dahin weitgehend unbekannter Abgeordneter des Deutschen Bundestages, Bernhard Friedmann, mußte daran erinnern. Statt ihm zu danken, fiel dem am Portepee gepackten Bundeskanzler Kohl nichts anderes ein, als diesen Appell als »blühenden Unsinn« abzutun. Das Echo in den Medien und insbesondere die Flut von Leserbriefen räumten indessen jeden Zweifel aus, wer hier blühenden Unsinn geredet hat.

Wenn auch kaum noch jemand bestreitet, daß die deutsche Frage nur in einem Prozeß der Entspannung – und dazu gehört unabdingbar Abrüstung – zu lösen ist, nicht ausgeräumt ist leider die irrige Auffassung, man dürfe die derzeitigen Bemühungen der Supermächte um Rüstungsbegrenzung und Abrüstung nicht auch noch mit deutschen Initiativen zur Wiedervereinigung »überfrachten«. Man kann sich schwerlich vorstellen, daß irgendeine andere Nation auf die Chance verzichten würde, alle Welt darauf aufmerksam zu machen, daß ausgerechnet ihr das von den Vereinten Nationen deklarierte Recht auf Selbstbestimmung vorenthalten wird. Und das nur, um Abrüstungsverhandlungen nicht zu »überfrachten«! Abgesehen davon, daß gerade die Überwindung der deutschen Teilung unverzichtbare Voraussetzung ist, um zu einer wirklichen Friedensordnung in Europa zu gelangen: Was die verantwortlichen westdeutschen Politiker nicht erkennen, nicht wahrhaben wollen und schon gar nicht überzeugend vertreten, das ist:

Die baldige Wiedervereinigung Deutschlands ist unverzichtbar. Für die Deutschen um der Freiheit willen, für die ganze Welt um des Friedens willen!

Paul Sethe, der an seinem Kampf für die deutsche Einheit zerbrochen ist, hat uns daran erinnert, »mit wie wenig Sentimentalität alle fremden Völker über die deutsche Einheit denken. Sie beurteilen sie kaltblütig nach ihren Auffassungen von ihrer eigenen Staatsräson. So, wie Staaten nun einmal sind, ist es sinnlos, sie deshalb anzuklagen«.[9]

Daß die Deutschen nur dann wirklich frei sind, wenn sie ihr Recht auf Selbstbestimmung ausüben können, und daß dieses auch die Freiheit zur Wiederherstellung der staatlichen Einheit einschließt, das ist in den vorangegangenen Kapiteln hinreichend ausgeführt worden. Jetzt geht es um den Nachweis, daß die Überwindung der deutschen Teilung gleichermaßen im Interesse von Ost und West liegt. Aus deren Sicht geht es weniger um die Deutschen, sondern um die Sicherung des Friedens.

Bevor wir diese Frage aus der unterschiedlichen Sicht der beiden Blöcke und ihrer Führungsmächte betrachten, sollen die ihnen gemeinsamen Interessen erörtert werden. Beide wollen keinen Krieg. Den wollen sie vermeiden, wenn auch nicht um jeden Preis. Das würde ja die Bereitschaft zur Kapitulation bedeuten – um der Erhaltung des Friedens willen. Dazu aber ist keine Seite bereit. Aber um fast jeden Preis wollen sie den Frieden erhalten! Wenn für sie auch Krieg kein Mittel der Politik mehr ist, Macht ist und bleibt ein Mittel der Politik. Zur Machtpolitik aber gehört auch die Fähigkeit zur Kriegsführung – und sei es nur zur Abwehr eines möglichen Angriffs. Deshalb sind beide Seiten gerüstet und rüsten weiter. Gleichwohl haben sie erkannt, daß ihnen aus dieser Politik nicht nur drückende wirtschaftliche Lasten erwachsen, sondern unvermeidbar auch Gefahren für den Frieden entstehen, die sie zumindest reduzieren wollen. Darin liegt das Grundmotiv für ihr Streben nach Abrüstung und Rüstungsbegrenzung. Wann immer sie sich in irgendeinem Teilgebiet der Rüstung über beiderseitige Beschränkungen einigen, werden sie zwangsläufig mit einem weiteren Problem konfrontiert: mit der Kontrolle. Verifikation ist hier das Stichwort. Es ist nicht nur bedeutend für die Abrüstung, auch für die Lösung der deutschen Frage könnte es eine Rolle spielen. Wir werden dieses Problem eingehender betrachten, wenn es gilt, die Vor- und Nachteile des Status quo mit denen einer deutschen Wiedervereinigung als erster Stufe einer europäischen Friedensordnung zu vergleichen. Wenden wir uns nun der Frage zu, wie die Wiedervereinigung Deutschlands aus der unterschiedlichen Sicht von Ost und West zu beurteilen ist. Dabei kommt es darauf an herauszuarbeiten, welche Vorteile der gegenwärtige Zustand für beide Seiten mit sich bringt und was sie dazu bewegen könnte, darauf zu verzichten. Mit anderen Worten, welche Vorteile sie in einer Wiederherstellung der deutschen Einheit sehen könnten.

Die Sowjets und die deutsche Einheit

Niemals würden die Sowjets der deutschen Einheit zustimmen, sich niemals aus der DDR zurückziehen, niemals das SED-Regime aufgeben? Daß diese These nicht haltbar ist, wurde im ersten Teil nachgewiesen. Jetzt geht es darum, die sowjetische Haltung zur deutschen Frage genauer zu untersuchen und zu einer Antwort zu gelangen, unter welchen Bedingungen wir ihre Zustimmung zur Wiedervereinigung erlangen können.

Unter den vier Siegermächten nehmen die Sowjets insofern eine Schlüsselstellung ein, als sie es sind, die uns bisher das Recht auf Selbstbestimmung verweigern, wenn sie sich auch damit herauszureden versuchen, mit der Gründung des ersten sozialistischen Staates auf deutschem Boden sei diesem Recht

Genüge getan, es sei »verbraucht«. Niemand nimmt ihnen das ab. Natürlich glauben sie selbst nicht daran und wären sicher froh, wenn sie einen annehmbaren Ausweg aus dieser für sie peinlichen Situation fänden, die so gar nicht mit den Lehren des großen Lenin zu rechtfertigen ist.

So beharrlich die Sowjets auch betonen, die deutsche Teilung sei endgültig und niemand dürfe an den Ergebnissen des Zweiten Weltkrieges rütteln, bei den zwei deutschen Staaten handele es sich »um eine historisch geschaffene Wirklichkeit«[10]: Sie lassen sich immer eine Hintertür offen. Was in fünfzig oder hundert Jahren sei, das könne man heute nicht wissen.[11] Und stets verweisen sie auf die in ihren Augen Schuldigen für die deutsche Teilung: die Westmächte! Diese waren es, die nach sowjetischer Auffassung in bewußter Verletzung des Potsdamer Abkommens die Spaltung Deutschlands betrieben und sie mit der Gründung eines westdeutschen Teilstaates besiegelt haben. In Verbindung mit dem – aus kommunistischer Sicht – westdeutschen Großkapital, das aus Macht- und Profitsucht nach Kräften daran mitgewirkt habe. Dem deutschen Volk machen sie diesen Vorwurf nicht! Diesen Standpunkt hat Gorbatschow in einem aufsehenerregenden Spiegelinterview vor dem Moskau-Besuch des deutschen Bundeskanzlers noch einmal betont. In ungewöhnlicher Länge schildert er da ein Gespräch, das er 1975 bei einem Besuch in der Bundesrepublik mit einem Tankwart geführt habe. Daraus geht seine Ansicht hervor, daß nicht die Sowjetunion, sondern die Politik der Amerikaner schuld ist an der deutschen Teilung.[12]

Auch Erich Honecker bekräftigte noch einmal diesen Standpunkt: »Als auf Befehl der Westmächte die Bundesrepublik Deutschland gegründet wurde, geschah das ausdrücklich gegen die Bestimmungen des Potsdamer Abkommens. Die damals wieder im Sattel sitzenden Kreise um Adenauer handelten nach der Devise: »Lieber das halbe Deutschland ganz, als das ganze Deutschland halb« und gaben damit jede Möglichkeit auf, daß ein anderer Weg beschritten werden könnte.«[13]

Das sowjetische Dilemma besteht nun einmal darin, daß nicht die geringste Hoffnung besteht, die Deutschen in der DDR würden sich bei freien Wahlen für das kommunistische

System entscheiden. Es ist eben nicht so, daß die Sowjets mit ihrem jahrzehntelangen Einfluß in der DDR auch nur Fuß gefaßt haben in Deutschland, was die Westmächte sicher von sich sagen können. Für die Sowjets ist eher das Gegenteil der Fall. Sie haben, von ihren deutschen Helfershelfern falsch beraten, in der DDR ein Regime deutscher Kommunisten etabliert, dem es nicht gelungen ist, das Vertrauen der Bevölkerung zu erlangen. Aber wer wollte das schon eingestehen?

Für die Sowjets ist also die deutsche Frage nicht nur eine machtpolitische, sondern auch eine Prestige-Frage. Wer die Sowjetunion zum Einlenken bewegen will, muß beidem Rechnung tragen: ihrem Sicherheitsbedürfnis und ihrem Prestige. Fragen wir also: Was bedeutet die deutsche Teilung für die Sowjets, was bringt ihnen das Beharren auf ihrem deutschen Teilstaat DDR? Machtpolitisch ist für sie von Vorteil, daß sie im Herzen Deutschlands stehen. Auf die Bedeutung des Raumes für die Macht hat Jordis von Lohausen hingewiesen, ein im Ruhestand lebender General des österreichischen Bundesheeres, der sich der Geopolitik verschrieben hat: »Nur eine günstige geographische Lage ermöglicht, die eigene Kraft ungeschmälert zur Geltung zu bringen«.[14] Mit ihrem Vordringen bis an die Elbe halten die Sowjets das westeuropäische Vorfeld der USA eng begrenzt. Ihnen kommt nicht nur das Territorium der DDR zugute, sondern auch deren wirtschaftliches und militärisches Potential. Auf den militärischen Beitrag der DDR zum Warschauer Pakt kann die Sowjetunion allerdings am ehesten verzichten. Denn die fünf Divisionen der Nationalen Volksarmee machen für die gewaltige Streitmacht der Sowjets allenfalls eine willkommene Ergänzung aus. Die Bedeutung , die der Bundeswehr im Rahmen der NATO zukommt, ist unvergleichlich größer. Aber die Nationale Volksarmee ist eben nur ein Faktor für die Beurteilung der sowjetischen Lage. Ein anderer, und dazu ein viel gewichtigerer, ist das Territorium der DDR.

Die Stationierung umfangreicher Truppenverbände auf dem Territorium der DDR ermöglicht der Sowjetunion eine blockierende Sicherung gegenüber gefährlichen Auflösungserscheinungen der kommunistischen Regime in Polen und der Tschechoslowakei. Zugleich rechtfertigen sie die andauernde Stationierung sowjetischer Truppen in diesen Ländern mit ihren Verpflichtungen als Besatzungsmacht in Deutschland; wenn sie auch den Gebrauch dieses Begriffes aus optischen Gründen peinlichst vermeiden. Jedoch ist in allen Verträgen, welche die Sowjetunion mit der DDR abgeschlossen hat, um deren »Souveränität« propagandistisch zu unterstreichen, der sowjetische Vorbehalt verankert, daß Rechte und Pflichten aus gültigen Abkommen nicht berührt werden. Damit ist natürlich das Recht der Besatzungsmacht – das ius ad praesentiam – gemeint.[15] Wenn dieses aus ihrem Sieg im Zweiten Weltkrieg herrührende originäre Siegerrecht der Sowjets aufgrund der eingetretenen Entwicklung auch faktisch auf die DDR begrenzt ist, de jure gewährt es den Sowjets immer noch eine Zuständigkeit für Deutschland als Ganzes. Der französische Deutschland-Experte Alfred Grosser hat eine Abnahme des sowjetischen Interesses an der deutschen Frage konstatiert, gleichwohl wertet er das »unveränderte Festhalten an der bestehenden Viermächte-Verantwortung (als) ein deutliches Anzeichen dafür, daß man auch auf östlicher Seite bestrebt ist, sich ein Mitspracherecht zu sichern für den Fall, daß die deutsche Frage eines Tages als Teil einer weitergreifenden Veränderung der politischen Szenerie in Europa erneut an Aktualität gewinnen könnte«.[16] Was soll die Sowjets bewegen, auf all die genannten Vorteile zu verzichten? Wie können sie dafür entschädigt werden? Und mit Entschädigung alleine ist es nicht getan. Die Sowjets sind keine Wohltäter. Wer ihre Zustimmung zu einer derartigen Veränderung erlangen will, der muß ihnen etwas bieten. Wenn sie sich auf ein solches Geschäft einlassen, dann wollen sie hinterher besser dastehen als zuvor. Sie wollen etwas gewinnen.

Allerdings muß sich der Gewinn nicht in Heller und Pfennig auszahlen. Auch langfristige Perspektiven werden in die Rechnung miteinbezogen, denn die Sowjets denken in weiten Zeiträumen. Sie haben einen langen Atem.

Damit ist aber nicht gesagt, allein die Sowjets wären in diesem Geschäft die Gewinner, der Westen aber in jedem Fall der

Verlierer. Was kann der Westen bieten, was insbesondere die Deutschen?

Der Kieler Völkerrechtler Wolfgang Seiffert hat eine eindrucksvolle Darstellung der Gründe geliefert, welche die Sowjets zu einer Wende in ihrer Deutschland-Politik bewegen können.[17] Dabei stellt er voran, die offensive Status quo-Politik der Sowjetunion sei gescheitert. Um so mehr müsse sie auf eine Lösung bedacht sein, die ihr Vorteile aus dem wirtschaftlichen und technischen Potential eines wiedervereinigten Deutschlands eröffne. Der Verlust der DDR würde dadurch aufgewogen, daß auch die Bundesrepublik in einem gesamtdeutschen Staat aufgehe. Dieser werde sich zwar zur westlichen Wertegemeinschaft bekennen, aber keine Bedrohung für die Sowjets darstellen.

Das ist eben die Kunst der Politik: eine Lösung zu präsentieren, bei der sich alle als Gewinner fühlen können; und Sache der Diplomatie ist es, das Feld dafür vorzubereiten.

Man kann es nicht oft genug wiederholen: Die Sowjets können und werden nicht dulden, daß das militärische Potential Gesamtdeutschlands dem Westen zugute kommt – und damit gegen sie selbst wirken könnte. Es fiele ihnen aber nicht allzu schwer, auf die Nationale Volksarmee zu verzichten, der Verlust des mitteldeutschen Territoriums träfe sie da schon schwerer. Aber das alles muß aufgewogen werden durch einen möglichen Gewinn. Dieser bestünde für die Sowjets in dem viel gravierenderen Nachteil, den eine solche Lösung für den Westen bedeutet: im Verlust der Bundeswehr und im Verzicht auf das westdeutsche Territorium für die NATO.

Auch im ökonomischen Bereich erhofft sich die Sowjetunion bei dieser Neugestaltung beträchtliche Vorteile. Sie will von dem Potential und den weltweiten Wirtschaftsbeziehungen Deutschlands profitieren. Deshalb kann es sehr wohl in sowjetischem Interesse liegen, das wiedervereinigte Deutschland im Verbund der westeuropäischen Wirtschaftsgemeinschaft zu belassen. Aber nach ihrer Interessenlage darf das wirklich nur eine Wirtschafts-Gemeinschaft sein – ohne jede militärische Komponente. Wenn man sich diese sowjetischen Interessen vor Augen führt, dann scheidet ein Punkt schon völlig aus: Bündnisfreiheit des gesamtdeutschen Staates. Ebenso ein Fortbestehen des NATO-Vorfeldes auf deutschem Boden.

Anders ausgedrückt: Die Sowjets werden die DDR nur dann freigeben, wenn auch der Westen die Bundesrepublik zumindest aus der militärischen Organisation der NATO entläßt.

Ist das nun die gefürchtete und verdammte »Neutralisierung«? Sicher nicht, es kommt allein auf die exakte Definition und die Absicherung der beiderseitigen Vorteile an. Auf den Begriff der Neutralität in der deutschlandpolitischen Diskussion werden wir später näher eingehen. Aber: Nicht nur machtpolitische Überlegungen spielen für die Sowjets eine Rolle, auch das Prestige ist für sie von Bedeutung. Allein schon ein Abrücken von ihrem nun seit Jahrzehnten beharrlich verkündeten Standpunkt, die deutsche Frage sei entschieden, fordert ihnen einiges ab. Und hat nicht zudem Chruschtschow in seiner berühmten Berliner Rede vom 26. Juli 1953 verkündet, niemals dürfe die soziale Struktur der DDR verändert werden?[18] Es muß den Sowjets also schon um sehr viel mehr gehen, um über diesen Schatten zu springen. Entscheidend ist für sie ihre Sicherheit, und dazu gehört in erster Linie eine Reduzierung der Kriegsgefahr. Bekommen sie diese Chance zu einem für sie akzeptablen Preis, dann werden die Sowjets nicht zögern, die deutsche Karte ins Spiel zu bringen. Auch in der Gorbatschow-Ära werden sie Stalins Tagesbefehl zum Tag der Roten Armee am 23. Februar 1942 nicht vergessen, in dem der berühmte Satz enthalten ist: »Die Hitler kommen und gehen, das deutsche Volk aber, der deutsche Staat bleibt.«[19]

Daß die Sowjets die deutsche Karte im Ärmel haben, wird immer offensichtlicher. Niemand kann sagen, wann sie diese Karte ausspielen werden, schon gar nicht, in welcher Konstellation. Vieles spricht dafür, daß die Sowjets diesem Spiel den Anstrich einer Friedensoffensive geben werden. Es wird also – wie in diesem Buch – um eine sicherheitspolitische Initiative gehen. An Andeutungen der zu erwartenden Stoßrichtung hat die Sowjetunion es nicht fehlen lassen: atomwaffenfreies Europa und Abzug der ausländischen Stationierungstruppen. Natürlich zielen die Sowjets darauf ab, die Amerikaner aus Europa zu verdrängen, zumindest deren Einfluß auf die westeuropäische Politik zu reduzieren. Angesichts einer in den westeuropäischen Nationen weit verbreiteten Neigung zur Abrüstung, die gleichermaßen durch Wunschvorstellungen wie durch mangelnde Bereitschaft zu Verteidigungsleistungen bestimmt ist, bietet sich für sowjetische Initiativen ein fruchtbares Wirkungsfeld.

Was antworten wir denn auf die Forderung der Sowjetunion nach einem Abzug aller ausländischen Truppen aus den europäischen Ländern? Sind wir da nicht etwas zu vorschnell mit einer Absage? Sicher ist hinter diesem Vorschlag unschwer die Absicht zu verkennen, die Amerikaner aus Europa zu verdrängen. Die sowjetischen Truppen brauchten sich nur ein paar hundert Kilometer nach Osten zu bewegen. Damit würde ganz Europa – auch ohne Stationierung sowjetischer Truppen – zum Einflußgebiet der Sowjetunion werden. Gleichwohl stellt sich die Frage, was wir dieser Lösung entgegenzuhalten haben. Nur auf dem Status quo zu beharren, das reicht nicht. Wie sehr das berechtigte Unbehagen an diesem Zustand in breiten Kreisen der Öffentlichkeit wächst, erleben wir seit Jahr und Tag.

Schon deshalb ist es geboten, einen derartigen sowjetischen Vorschlag nicht ungeprüft zu verwerfen – schon gar nicht, ihm unbedacht zuzustimmen. Prüfen heißt Rückfragen. Die an die Sowjets zu richtenden Fragen beziehen sich darauf, was das für ein Europa sein soll, das da nach der Auflösung der Blöcke entsteht: Wer gehört dazu? Wie weit reicht diese europäische Friedensordnung? Schließt sie alle mittel- und osteuropäischen Staaten ein, auch die westeuropäischen? Wenn ja, dann kann sie nicht von heute auf morgen entstehen, sondern nur im Rahmen eines Prozesses. Und dieser muß ja wohl dort beginnen, wo sich heute die Blöcke in militärischer Konfrontation gegenüberstehen: mitten in Deutschland! Da zeigt sich, daß eine solche Ordnung nicht möglich ist ohne eine Lösung der deutschen Frage. Eine europäische Friedensordnung ist undenkbar bei gleichzeitigem Festhalten an der deutschen Teilung. Für die Deutschen bedingt eine solche Friedensordnung, daß sie ihnen in freier Selbstbestimmung die Wiederherstellung der staatlichen Einheit ermöglicht – wie es im Brief zur deutschen Einheit heißt. Damit stellt sich die Frage, ob in einer europäischen

Friedensordnung die Staaten frei wären in der Gestaltung ihrer inneren Ordnung. Das ist in der Tat eine conditio sine qua non.

Umgekehrt sieht es mit der außenpolitischen Freiheit aus. Denn ex definitione kann es für die der europäischen Friedensordnung angehörenden Staaten keine uneingeschränkte Souveränität geben. Weder dürfen sie militärischen Bündnissen angehören – noch können sie frei sein, ihren militärischen Status zu bestimmen. Volle Souveränität würde ja auch die Möglichkeit einschließen, Atommacht zu werden. Eine solche Entwicklung kann niemand wollen. In diesem Zusammenhang stellt sich die Frage, ob die Atommächte Großbritannien und Frankreich diesem Europa angehören könnten. Würden sie es überhaupt wollen?

Mit diesem Aspekt wird erneut deutlich, daß die europäische Friedensordnung nur in einem langwierigen Prozeß entstehen könnte. Alles spricht dafür, daß es in der ersten Stufe um die Wiedervereinigung Deutschlands, danach um eine mitteleuropäische Friedensordnung ginge. Geht man von einer solchen Stufenordnung aus, so wird auch das damit unvermeidbare Problem der Kontrolle deutlicher. Weder die Supermächte noch die jeweils betroffenen Europäer selbst könnten eine solche Entwicklung sich selbst überlassen. Es wäre ein langer Weg, bis die Europäer die Kontrolle in eigener Zuständigkeit übernehmen könnten; denn das setzt (gesamt-)europäische Instanzen voraus. Bis dahin werden die Supermächte nicht darauf verzichten, diese Entwicklung zu kontrollieren, die ja überhaupt nur aufgrund einer Vereinbarung zwischen ihnen zustande kommen könnte. Sie würden sich auch darüber verständigen müssen, in welcher Form diese Kontrolle auszuüben wäre. Da es sich, wie gesagt, nur um einen Prozeß handeln könnte, der mit der Wiedervereinigung Deutschlands beginnen müßte und dann auf Mitteleuropa auszudehnen wäre, ergibt sich von selbst ein befristetes Fortbestehen der (langsam zu reduzierenden) Blöcke und damit die zunächst noch fortwährende Anwesenheit sowjetischer und amerikanischer Truppen in Europa. Aus diesen Basen heraus würden beide Supermächte die werdende europäische Friedensordnung überwachen, aber auch garantieren. Die in der Anfangszeit gewonnenen Erfahrungen der Supermächte hinsichtlich ihrer Kontrolltätigkeit dürften künftige Regelungen für die europäische Friedensordnung bestimmen.

Diese Hinweise für unsere Reaktion auf zu erwartende – viele sagen: zu befürchtende – sowjetische Vorschläge lassen erkennen:

1. Weder unbedachte Zustimmung noch kategorische Ablehnung bringen uns weiter. Prüfung ist geboten.
2. Immer geht es darum, die Sowjets zu verbindlichen Aussagen über ihre Vorstellungen von der Gestaltung einer europäischen Friedensordnung zu drängen.
3. Eine solche Friedensordnung muß Freiheit im Innern gewährleisten, außenpolitisch aber Einbindung der Mitgliedstaaten zur Sicherung des Friedens einschließen. Das bedingt auch, den militärischen Status der einzelnen Staaten festzulegen und ihn zu kontrollieren.
4. Diese Kontrolle wird und muß solange den Supermächten vorbehalten bleiben, bis die europäischen Staaten eigene Instanzen entwickeln. Mit der Kontrolle garantieren die Supermächte diese Entwicklung.
5. Freiheit im Innern bedingt vor allem das Recht auf Selbstbestimmung. Deshalb ist eine europäische Friedensordnung nicht denkbar ohne eine Lösung der deutschen Frage. Diese muß am Anfang der Entwicklung stehen, weil nur dann ein Auseinanderrücken der Blöcke möglich ist.
6. So wie eine europäische Friedensordnung nur im Rahmen eines langwierigen Prozesses möglich ist, so auch der Abzug der ausländischen Truppen. So wichtig und unverzichtbar es ist, das Ziel zu nennen, wir werden es nur dann erreichen, wenn wir uns über den Weg einigen.

Kein Weg führt vorbei an der Wiederherstellung der deutschen Einheit!

Was hat es nun mit der Behauptung auf sich, auch der Westen sei – entgegen seiner verbalen Bekundungen – in Wirklichkeit nicht nur gegen die deutsche Einheit, sondern verhindere sie auch?

Um zu einer schlüssigen Antwort zu gelangen, müssen die Positionen des Westens untersucht und seine Interessen dargelegt werden. Welches sind aus der Sicht des Westens die unverzichtbaren Bedingungen, damit er einer Wiedervereinigung Deutschlands zustimmen kann? Der Westen, das umfaßt natürlich mehr als die rechtlich allein zuständigen drei westlichen Siegermächte: die USA, Großbritannien und Frankreich. Aber die Interessen des westlichen Bündnisses insgesamt werden in der deutschen Frage durch diese drei Mächte vertreten. Dabei steht außer Frage, daß die USA als westliche Führungsmacht hier das größte Gewicht haben. Gleichwohl spiegelt diese Begriffswahl – hier der Westen, dort die Sowjets – die unterschiedliche Struktur der beiden Blöcke wider, auf die bereits hingewiesen wurde.

Fragen wir also: Was bedeutet die deutsche Teilung für den Westen? Dabei verstehen wir in diesem Falle unter dem »Westen« das westliche Bündnis ohne die Bundesrepublik. Für die Sowjets handelt es sich dabei wie dargestellt sowohl um eine machtpolitische als auch um eine Prestige-Frage. Dagegen ist es für den Westen ausschließlich eine macht-, besser: eine sicherheitspolitische Frage. An Prestige kann er nur gewinnen. Die deutsche Wiedervereinigung wird ein Triumph der Freiheit sein. Der Westen wird zwar die Bundesrepublik als Bündnispartner der NATO verlieren, nicht aber sein Gesicht. Im Gegenteil!

Mit der deutschen Teilung und der daraus herrührenden Einbeziehung des westdeutschen Staates in das westliche Bündnis wurde den Sowjets eine Einflußnahme auf den größten und wichtigsten Teil Deutschlands verwehrt. Allein der Westen nutzt das militärische Potential und das Territorium Westdeutschland für seine Sicherheitspolitik. Die Bundesrepublik ist zum westeuropäischen Eckpfeiler der west-

lichen Allianz geworden. Die aus dem Zweiten Weltkrieg herrührenden Siegerrechte sind für die Westmächte von geringerer Bedeutung als für die Sowjets. Gleichwohl bilden auch für
sie diese Rechte eine nicht zu unterschätzende Rückversicherung für den, wenn auch nur theoretisch denkbaren Fall, daß
es notwendig wäre, sich die erwähnten Vorteile einmal auch
gegen den Willen der Bundesrepublik zu sichern.[20] Wie die Sowjets genießen die Westmächte auch ihrerseits das Recht, auf
diese Weise entscheidenden Einfluß auf irgendwelche Veränderungen zu nehmen, die Deutschland als Ganzes betreffen.
Überdies bietet die deutsche Teilung dem Westen den Vorteil,
die Bundesrepublik auch politisch einzubinden und damit immer noch vorhandene Befürchtungen auszuräumen, ein vom
Bündnis unabhängiger deutscher Staat könnte sich zu einer
Gefahr für seine westlichen Nachbarn entwickeln. Gerade dieses Argument hat für die eigentlichen Siegermächte nur geringe Bedeutung; zumindest für die USA und Großbritannien.
Wohl spielt es für Frankreich noch eine gewisse Rolle; aber
vornehmlich aus sicherheitspolitischer Sicht. Denn die Franzosen machen keinen Hehl daraus, daß es ihnen vor allem darauf ankommt, sich des westdeutschen Vorfelds zu versichern.
Alle jüngsten Bemühungen Frankreichs, mit der Bundesrepublik besondere Beziehungen auf militärischem Gebiet herzustellen, sind vornehmlich dadurch bestimmt. Dieses aus französischer Sicht verständliche Interesse gilt es zu beachten,
wenn man Frankreichs Zustimmung für die deutsche Wiedervereinigung erreichen will – und wir benötigen sie. Sie wird
erteilt werden, wenn wir den Franzosen klar machen, daß sie
ihr Glacis nicht verlieren werden, sondern es im Gegenteil
noch erweitern können, nämlich bis an die künftige deutsche
Ostgrenze.

Wie bei den Sowjets, so fragen wir nun auch in bezug auf
den Westen: Was kann ihn bewegen, auf diese beachtlichen
Vorteile zu verzichten, die ihm die deutsche Teilung ein-
bringt? Auch für den Westen kommt es auf die Gegenleistung
an. Dabei ist aber das Selbstbestimmungsrecht der Deutschen
unbestreitbar. Selbst dann, wenn die damit verbundene Konsequenz, nämlich die Wiederherstellung eines gesamtdeut-

schen Staates, manchem im Westen gar nicht willkommen, vielleicht sogar ein Trauma ist. In dieser Frage aber kann der Westen gar nicht aus seiner Haut. Solange er Freiheit auf seine Fahnen schreibt – und was sonst sollte seine Parole sein – kann er das Selbstbestimmungsrecht nicht opfern. Unbestritten wäre es ein Triumph unseres Freiheitsideals, wenn sich die Deutschen in der DDR in freier Wahl für eine demokratische Ordnung entscheiden. Das wird der Idee der Freiheit neuen Auftrieb geben und die Hoffnungen darauf in ganz Europa stärken!

Vor allem aber wäre dies der erste Schritt auf dem Wege zu einer europäischen Friedensordnung, die dem Westen mehr wert sein muß als die aufgezeigten Vorteile, die ihm die Spaltung Deutschlands bringt. Wenn Egon Bahr uns ermahnt, der europäische Friede sei wichtiger als die deutsche Einheit, dann muß das auch in bezug auf mögliche Vorbehalte unserer Nachbarn gegenüber der deutschen Einheit gelten. Auch die müssen zurückstecken, wenn durch die deutsche Wiedervereinigung eine euopäische Friedensordnung verwirklicht werden kann.[21] Wenn auch im Westen das Gefühl der Bedrohung durch die Sowjetunion abgeschwächt worden ist, diesem Frieden traut man doch nicht ganz. Man will weg von der militärischen Konfrontation, vor allem aber von den dadurch bedingten Verteidigungslasten. Daß der verhältnismäßig geringe Teil des Bruttosozialprodukts, den die westlichen Staaten für Zwecke der Verteidigung ausgeben, schon als zu große Bürde empfunden wird, ist Ausdruck des eigentlichen Problems. Dieses hat der Westen bisher nicht zu lösen vermocht, er hat es noch nicht einmal angepackt. Es ist ein geistig-moralisches Problem. Dem Westen fehlt es weder an Menschen noch an Geld, sondern nur an einem: am Willen. Dieses Problem, das wir in seiner grundlegenden Bedeutung bereits im ersten Teil aufgezeigt haben, bestimmt auch das Verhältnis von Bündnis und Nation.

3. Kapitel

Bündnis und Nation

Bedrohung und Zusammenschluß

Der Status quo ist durch das Aufeinanderprallen der Supermächte und ihrer Blöcke mitten im geteilten Deutschland markiert. Wenn wir dennoch – so auch in diesem Buch – zumeist auf der einen Seite vom »Westen« sprechen, auf der anderen Seite aber von den »Sowjets«, so kommt darin die unterschiedliche Rolle der Führungsmächte in den jeweiligen Bündnissen zum Ausdruck. Niemand wird bestreiten, daß im Warschauer Pakt trotz mancher Auflockerungen allein die Sowjets das Sagen haben. In der NATO ist das anders. Das liegt in erster Linie an dem westlichen Grundverständnis von einem freiwilligen Zusammenschluß freier Nationen. Wobei zu bemerken ist, daß im Falle des Beitritts der Bundesrepublik zur NATO diese Entscheidung nicht ganz so frei war. Sie wurde wesentlich dadurch bestimmt, daß der westdeutsche Staat nur auf diesem Wege seine, wenn auch eingeschränkte, Souveränität erlangen konnte. Daß sie danach eine breite Zustimmung durch die westdeutsche Bevölkerung erfahren hat, steht außer Zweifel.

Anders als im Ostblock können im westlichen Bündnis die Mitgliedstaaten ihre nationalen Interessen auch gegenüber der Führungsmacht mit Nachdruck vertreten, und sie machen davon reichlich Gebrauch. Das kennzeichnet im wesentlichen die unterschiedliche Struktur der beiden Blöcke. Doch verdienen auch andere Unterschiede Beachtung. Anders als der Warschauer Pakt besteht die NATO nicht nur aus einer Supermacht und kleinen Bündnispartnern, sondern aus Mitgliedstaaten von sehr verschiedener Größe und unterschiedlichem politischen Gewicht.[22] Zwei von ihnen, Frankreich und Großbritannien, sind sogar Atommächte; und sie gehören zu den vier für Deutschland als Ganzes zuständigen Siegermächten des Zweiten Weltkrieges. Daß auch diese beiden immer noch großen und relativ unabhängigen Mächte Mitglied des westlichen Bündnisses geworden sind, ist sichtbarer Ausdruck des freiwilligen Zusammenschlusses der NATO. Niemand konnte sie dazu zwingen – es war die Konsequenz ihrer Beurteilung der Lage. Darin aber stimmten nach dem Zweiten Weltkrieg die westeuropäischen Staaten überein: Sie fühlten sich durch die militärisch übermächtige Sowjetunion und deren aggressive Politik, die sich vor allem in der Berliner Blockade offenbarte, in einem Grade bedroht, daß sie allein im Zusammenschluß zu einem Bündnis eine Chance für ihre Selbstbehauptung sahen.

Ein derartiger Zusammenschluß war ja nun weiß Gott nichts Neues. Immer in der Geschichte haben sich solche Gruppierungen gebildet, wenn die Machtverhältnisse es geboten. Nüchterne Überlegungen hinsichtlich Bedrohung und Kräftevergleich finden wir auch im Neuen Testament. In Lukas 14,31 können wir nachlesen, wie Jesus sagte:»Oder welcher König wird sich in einen Streit begeben und sitzt nicht zuvor und ratschlägt, ob er könne mit zehntausend begegnen dem, der über ihn kommt mit zwanzigtausend, wo nicht, so schickt er Botschaft, wo jener noch ferne ist, und bittet um Frieden.« Da geht es also nur um einen Kräftevergleich. Wenn die eigenen Kräfte nicht ausreichen, dann bleibt nur die Kapitulation.

Die westeuropäischen Mächte haben nicht die Kapitulation gewählt, sondern die einzig mögliche Alternative, durch Zusammenschluß ein etwaiges Gleichgewicht der Kräfte herzustellen. Aber auch das war nur möglich unter Führung und mit entscheidender Hilfe der außereuropäischen Führungsmacht USA. Ja, selbst mit den Amerikanern zusammen sah man sich noch nicht in der Lage, Westeuropa mit Aussicht auf Erfolg zu verteidigen. So blieb nur der Ausweg, das geschlagene Deutschland mit einzubeziehen und den westdeutschen Teilstaat wiederzubewaffnen, um dessen militärisches Potential und Territorium für die gemeinsame Verteidigung zu nutzen. Zögernd folgten die Westdeutschen dieser Aufforderung. War ihnen auch bewußt, daß sie nur durch aktive Beteiligung an der gemeinsamen Verteidigung den begehrten Schutz gegenüber der sowjetischen Bedrohung erlangen konnten, daß sie nur als Bündnispartner das Besatzungsregime abschütteln konnten, dem stand die bittere Erkenntnis einer Vertiefung der deutschen Teilung entgegen. Der damalige Bundeskanzler Adenauer vermochte die Mehrheit der Deutschen davon zu überzeugen, daß nur auf dem Wege dieser Westbindung die deutsche Einheit zu erreichen war. Sie vertrauten ihm, und sie folgten ihm. Ob er dieses Vertrauen verdiente, ob er es gerechtfertigt hat, darüber bestehen aufgrund der jüngsten Forschungsergebnisse des Historikers Josef Foschepoth allerdings tiefe Zweifel.[23] Aber auch im Lager der Westmächte herrschte keine Einmütigkeit über die (west-) deutsche Wiederbewaffnung. Nur mit dem Konzept einer integrierten westeuropäischen Armee[24] vermochte man die schier unüberwindlichen Vorbehalte auszuräumen , die vor allem seitens der Franzosen vorgebracht wurden. Als es dann aber zum Schwur kam und die französische Nationalversammlung darüber zu entscheiden hatte, da scheiterte das Konzept an jenem denkwürdigen 30. August 1954. Ganz offensichtlich fiel es den Franzosen schwerer, auf die eigene nationale Armee zu verzichten, als das Wiedererstehen einer deutschen Armee zu verhindern. Streitkräfte sind eben nach wie vor sichtbarer Ausdruck nationaler Souveränität. Darauf ist Frankreich stärker bedacht als alle anderen Nationen. Nichts hat sich daran geändert – und nichts deutet auf eine Änderung der französischen Haltung hin. Sie wird der euphorischen Begeisterung der Bundesbürger für eine europäische Integration noch manche bittere Enttäuschung bereiten. Dabei haben die Franzosen niemals Zweifel daran aufkommen lassen, daß es ihnen in erster Linie um Frankreich geht.

Mit der ihnen eigenen Neigung zum Perfektionismus haben die Westdeutschen das damals eher widerwillig akzeptierte Bündnis mehr und mehr zu einer heiligen Kuh gemacht. Egon Bahr hat diesen Zustand recht zutreffend mit den Worten beschrieben: »Die NATO wird von Helmut Kohl eher zur

Staatsräson erklärt als die deutsche Einheit, und das entspricht zwar nicht dem Grundgesetz, aber einem verbreiteten Gefühl der Westdeutschen.«[25] Fragt man sich, wie es dazu kommen konnte, so lassen sich die vielschichtigen Strömungen wohl am besten als eine »Flucht aus der nationalen Vergangenheit« zusammenfassen. Die Westdeutschen suchen einen Ersatz für die Nation. Willig folgen sie, wenn führende Politiker verkünden, dies sei das westliche Bündnis. Stellt sich diesem Wunschtraum ein Unbehagen an der Führungsmacht USA entgegen, so nimmt man Zuflucht zu einem »europäischen Pfeiler«. Der wird dann noch enthusiastischer verklärt als das Bündnis mit den USA, weil es in Europa (noch) keine Führungsmacht gibt – und deshalb auch keinen Buh-Mann.

Kein anderer Mitgliedstaat käme auch nur auf den Gedanken, in der NATO mehr zu sehen als einen zweckmäßigen Zusammenschluß. Auf diesem Wege, womöglich nur auf diesem Wege, sieht man die nationalen Interessen am besten gewahrt. Bündnisse sind nach wie vor Mittel zum Zweck. Zweck ist – wenigstens für alle anderen – die Nation. Wer aber diese Binsenwahrheit in Deutschland ausspricht, stößt auf Unverständnis oder erntet Spott.[26] Dieselben Politiker, welche die Nation als Wert verwerfen, versteigen sich zu einem mitunter peinlichen Pathos, wenn es um »Europa« oder die »westliche Wertegemeinschaft« geht.Sie sollten sich darauf besinnen, daß in der Geschichte alle Bündnisse auseinandergebrochen sind, wenn ihnen die Niederlage drohte. Allein die beiden Weltkriege bieten dafür bedrückende Beispiele. Diese bittere Erkenntnis soll und darf uns nicht daran hindern, unsere Sicherheit im westlichen Bündnis zu suchen. Mehr noch: die Wiederherstellung der deutschen Einheit mit Unterstützung unserer Verbündeten durchzusetzen. Aber wir müssen uns der Möglichkeiten und Grenzen von Bündnissen bewußt werden.

Erklärtermaßen will die NATO mehr sein als ein herkömmliches Bündnis. Führende Politiker betonen das bei jeder passenden oder auch unpassenden Gelegenheit. Etwas mehr ist sie auch, viel mehr aber nicht; einmal abgesehen von der im Artikel 2 des NATO-Vertrages propagierten politischen und wirtschaftlichen Zusammenarbeit, die eine reine Absichtserklärung geblieben ist. Was die NATO von einem herkömmlichen Bündnis unterscheidet, das sind ihre Existenz bereits in Friedenszeiten und die sogenannte »Integration«. Beide Kriterien gilt es näher zu betrachten, um zu einer sachgerechten Einschätzung der NATO zu gelangen.

Daß die NATO bereits im Frieden als funktionsfähiges Bündnis besteht, ist folgerichtige Konsequenz ihrer obersten Zielsetzung, einen Krieg zu verhindern und Frieden und Freiheit zu bewahren. Daß sie ihre Funktionsfähigkeit durch Integration der militärischen Beiträge ihrer Mitgliedstaaten demonstrieren will, ist Ausdruck ihrer in erster Linie auf Abschreckung gerichteten Strategie. Damit ist sie über den Grad der Kooperation herkömmlicher Koalitionen hinausgewachsen. Aber auch nicht viel mehr. Denn die so viel gepriesene »Integration« entpuppt sich bei näherer Betrachtung eben doch als recht bescheiden. Sie bedeutet nicht etwa eine Integration der militärischen Potentiale – abgesehen von einigen wenigen Teilbereichen, die aber mehr für die Ausnahme von der Regel stehen.[27] In Wirklichkeit ist die NATO nicht mehr und nicht weniger als die Summe der nationalen Streitkräfte, welche die Mitgliedstaaten für die gemeinsame Verteidigung zur Verfügung stellen. Dieses »Assignieren«, wie es in der NATO-Terminologie bezeichnet wird, bedeutet aber keineswegs eine »Unterstellung« im Sinne der deutschen militärischen Fachsprache, sondern ist ein Zur-Verfügung-Stellen für einen bestimmten Zweck.[28] Aus militärischer Sicht mag man derartige Einschränkungen bedauern, weil sie die so wichtige Flexibilität der Operationsführung empfindlich einengen. Gleichwohl drückt sich darin das verständliche Mißtrauen der Nationen gegenüber NATO-Befehlshabern aus, die der unmittelbaren nationalen Einwirkung und Kontrolle entzogen sind. Die so viel gepriesene Integration der NATO beschränkt sich in Wirklichkeit auf wenige NATO-Stäbe. Das sind die Führungsstäbe[29] oberhalb der rein nationalen Korps, also die Heeresgruppen und die NATO-Kommandos Europa-Nord, Mitte und Süd, darüber das Oberste Alliierte Hauptquartier Europa (SHAPE). Das Personal dieser Führungsstäbe setzt sich anteilig aus allen an der gemeinsamen Verteidigung beteiligten Nationen zusammen. Aber auch diese Männer sind nicht etwa »NATO«-Soldaten. Sie sind und bleiben Soldaten ihrer Nation, was schon äußerlich an ihren Uniformen erkennbar ist. Aufgrund nationaler Entscheidungen und nur für eine begrenzte Zeit werden sie in die NATO-Stäbe kommandiert. Wie stark, ja wie dominierend die nationale Anbindung dieser Militärs ist, das läßt sich nicht eindrucksvoller demonstrieren als am Beispiel des Obersten Alliierten Befehlshabers in Europa, des sogenannten SACEUR. Dieser stets amerikanische General, in dessen Händen im Ernstfall das Schicksal des europäischen Kontinents liegt, ist nicht nur NATO-Befehlshaber, sondern immer zugleich auch nationaler oberster Befehlshaber aller amerikanischen Truppen in Europa. Im NATO-Jargon bezeichnet man das als einen Posten mit »zwei Hüten«. Unter seinem nationalen Hut, als nationaler amerikanischer Befehlshaber, verfügt der SACEUR unmittelbar über die in Europa stationierten US-Truppen – und über einen direkten Draht zum amerikanischen Präsidenten. Als solcher unterliegt er keinerlei Weisungen seitens der NATO-Gremien, schon gar nicht ihrer Kontrolle. Welche Bedeutung dieser doppelten Funktion im Ernstfall zukommt – mit allen Chancen und Risiken für die anderen NATO-Mitgliedstaaten, das bedarf wohl keiner weiteren Erörterung. Wir haben uns damit bereits einem jedem Bündnis eigentümlichen Problem genähert: dem der Führung. Wegen der diesem Problem zukommenden Bedeutung werden wir es im folgenden Kapitel eingehender betrachten.

Mögen somit die Grenzen und Möglichkeiten des NATO-Bündnisses insoweit deutlich geworden sein, wie sie für unser Thema relevant sind. Für die deutsche Frage, für unsere Entscheidung zwischen Bündnis und Nation, müssen wir uns auch jene Probleme bewußt machen, die dem Bündnis innewohnen – wie jedem übernationalen Zusammenschluß zum Zwecke der Verteidigung. Diese lassen sich am besten in drei Problemkreisen zusammenfassen: Führung – Strategie – Lastenverteilung.

Ohne Führung geht es nicht, auch nicht in einem Bündnis. Das einzusehen, fällt besonders denen schwer, die sich zwar der Vorteile eines solchen übernationalen Zusammenschlusses versichern wollen, also des Schutzes gegenüber einer Bedrohung, dennoch aber auf uneingeschränkter nationaler Souveränität beharren. Sie meinen, diesen Konflikt durch eine »gemeinsame« Führung lösen zu können. Dieser weltfremden Auffassung leistet die NATO Vorschub, indem sie – wenn auch aus gutem Grunde –« immer wieder ihr Selbstverständis als ein Bündnis souveräner und gleichberechtigter Nationen betont. Diese Gleichberechtigung manifestiert sich in dem höchsten Gremium des Bündnisses, dem NATO-Rat. Hier sind alle Mitgliedstaaten mit gleicher Stimme vertreten, und Beschlüsse können nur einstimmig gefaßt werden. Das klingt in der Tat überzeugend – und ermutigend für kleinere Bündnispartner. Doch muß die Frage gestellt werden: Kann man so ein Bündnis führen? Sind unter solchen Bedingungen die notwendigen Beschlüsse möglich? Ist es für eine Supermacht wie die USA oder auch für die Mehrheit der Mitglieder akzeptabel, wenn von ihnen als richtig und erforderlich angesehene Entscheidungen allein an der Weigerung eines kleinen Staates scheitern? Das kann doch auf die Dauer nicht gutgehen. Dennoch: Bisher hat es funktioniert – schlecht und recht.

Doch damit können und dürfen wir uns nicht zufrieden geben. Die allein entscheidende Frage ist, ob das Bündnis mit diesen Selbstbeschränkungen seinen Aufgaben auch dann gerecht werden kann, wenn es »drauf ankommt«, wenn keine Zeit zum mühseligen Überzeugen widerstrebender Bündnispartner verfügbar ist, wenn die Entscheidung drängt: im Ernstfall.

Der Ernstfall beginnt aber nicht erst mit dem Krieg, sondern bereits mit einer Spannungszeit. Das unterscheidet unsere Lage von der vergangener Zeiten. Sicher dürfen wir es uns nicht so leicht machen, wie es der frühere Bundespräsident Heinemann in sicher guter Absicht versuchte, indem er den Frieden schon zum Ernstfall erklärte. Was selbst in einer

Spannungszeit, die man im Englischen so treffend als »short of war« bezeichnet, an Problemen auf uns zukäme, hätte mit der Behaglichkeit jetziger Friedenszeiten wenig gemeinsam. Jedoch wäre es unbegründeter Optimismus, sich damit zu trösten, im Falle eines Falles würden wir diese Probleme schon lösen. Nichts rechtfertigt die Hoffnung, daß dann die NATO-Bündnispartner, beseelt von dem gemeinsamen Ziel der Friedenserhaltung, schon mehr Einsicht zeigen und deshalb bereitwilliger zusammenarbeiten werden. Schon lange bevor der erste Schuß fällt, werden uns die Sowjets mit einer Welle psychologischer Kampfführung überziehen, deren Wirkung wir uns kaum vorstellen können. Ihr Ziel wird darauf gerichtet sein, das Bündnis zu spalten, insbesondere aber die Bundesrepublik von ihren Verbündeten zu trennen.

In Krisen- oder gar Kriegszeiten wird der Westen weder die Zeit, schon gar nicht die Kraft aufbringen, die mangelhafte Führungsfähigkeit zu korrigieren, die er heute als angeblich unlösbares Problem hinnimmt. Unbekannt ist dieses Problem jedenfalls nicht. Zuletzt hat der frühere deutsche Stellvertreter des Obersten Alliierten NATO-Befehlshabers in Europa, General Gerd Schmückle, darauf hingewiesen. Er hat konkrete Vorschläge unterbreitet, wie wir diesem Dilemma vorbeugen könnten. Ohne Erfolg! Denn Schmückle rüttelt am Prinzip der Einstimmigkeit und der Gleichheit. Nüchtern stellt er fest, daß im Spannungsfall die Musik allein in Washington spielt.

Wer von den anderen Bündnispartnern mitreden will, der muß in der Führungszentrale adäquat vertreten sein. Dazu hält er es für zweckmäßig, daß sich in Krisenzeiten die stellvertretenden Regierungschefs der vier größeren NATO-Mitgliedstaaten (das sind: Frankreich, Großbritannien, Italien und die Bundesrepublik) in Washington versammeln, um dort unter der Leitung der Führungsmacht USA ein Krisenkabinett zu bilden. Die kleineren Bündnispartner würden durch den Generalsekretär der NATO vertreten. Schmückle kennt die NATO zu gut, um nicht den Haupteinwand gegen seinen Lösungsvorschlag gleich selbst zu präsentieren. Die nicht vertretenen Regierungen werden sich übergangen fühlen und darauf drängen, ebenfalls Mitglieder dieses Krisenkabinetts zu werden. Er verweist darauf, daß die Nukleare Planungsgruppe eine ähnliche Entwicklung genommen habe: Erst begrenzte man sie auf wenige Mitglieder, da war sie effektiv. Als schließlich alle mitredeten, wurde diese Institution geschwächt und ihrer ursprünglichen Bestimmung beraubt. Mag der Vorschlag Schmückles inzwischen vergessen sein: Man wird sich seiner erinnern, sollten wir in eine derartige Krisenzeit geraten. Dann wird man im Hau-Ruck-Verfahren diese oder eine noch viel einschneidendere Lösung aufoktroyieren. Zumindest es versuchen. Es bleibt gar kein anderer Ausweg. Aber der Zusammenhalt des Bündnisses, der dann ohnehin auf dem Prüfstand stünde, würde noch zusätzlich strapaziert.

Niemand darf sich der Illusion hingeben, es würde schon nicht so schlimm kommen. Vielmehr sollte man darüber nachdenken, wie furchtbar die Belastung für den Zusammenhalt des Bündnisses wäre, müßten und würden sich die USA als Führungsmacht dann über die Bedenken kleinerer Verbündeter hinwegsetzen.

Auch so prominete Politiker und profunde Kenner der Allianz wie Helmut Schmidt und Henry Kissinger haben sich wiederholt zu dieser Frage geäußert. Dabei haben sie sich nicht auf die politische Führungsspitze beschränkt, sondern diese im Zusammenhang mit der nachgeordneten militärischen Führung betrachtet. Denn auch in der NATO ist eines unbestritten: der Primat der Politik. Dieser wird durch den NATO-Rat und damit durch die Mitgliedstaaten ausgeübt. Dessen ständiger Repräsentant ist der Generalsekretär, der stets durch einen europäischen Mitgliedstaat gestellt wird. Seit dem 1. Juli 1988 wird dieser Posten mit dem früheren Bundesverteidigungsminister Wörner erstmalig von einem Deutschen besetzt. Die von Kissinger schon vor Jahren unterbreiteten Vorschläge[31] zielen darauf ab, einen Amerikaner zum Generalsekretär zu ernennen, um auf diese Weise den politischen Entscheidungsprozeß besser mit dem Weißen Haus zu koordinieren. Dafür sollte der bisher stets amerikanisch besetzte Posten des SACEUR, also des Obersten Alliierten Befehlshabers in Europa, künftig den Europäern überlassen werden. Kissinger meint, dies würde das Vertrauen der Europäer in die Verteidigungsplanung stärken. Unmittelbar vor dem Ausscheiden des amerikanischen Generals Rogers aus dem Amt des SACEUR im Sommer 1987 hat Kissinger seinen Vorschlag wiederholt, diesen Posten mit einem Europäer zu besetzen.[31] Auch Helmut Schmidt hat sich in dieser Frage engagiert. Konkreter als Kissinger vertritt er die Ansicht, der oberste militärische Befehlshaber in Europa sollte ein Franzose sein; vorausgesetzt, Frankreich würde seine konventionellen Streitkräfte re-integrieren.[32] Die Forderung nach einem europäischen SACEUR hatte zuerst de Gaulle erhoben. Seine Epigonen haben sich diese zu eigen gemacht. Natürlich verstehen sie darunter, daß dieses Amt besser einem Franzosen zukäme.

Damit sind wir von dem Problem der politischen Führung zu dem der militärischen gelangt. Das Wesen militärischer Führung besteht darin, daß sie personal und konkret ist. Auch in einem Bündnis kann und darf es keine »kollektive« oder »geteilte« Führung geben, kein Führen durch Ausschüsse. Wie ein roter Faden zieht sich durch die Geschichte der Koalitions-Kriegsführung das Ringen der Nationen um die Frage, wer der Generalissimus sein solle, welche Vollmachten man ihm zugesteht und wie man ihn kontrolliert. Immer hat es sich als zweckmäßig, ja als unumgänglich erwiesen, der vorherrschenden Macht oder der in einem Bündnis anerkannten Führungsmacht auch den militärischen Oberbefehl zuzugestehen. Nur auf diese Weise vermochte man deren Potential optimal für den gemeinsamen Zweck zu nutzen.

Welche Veränderungen die Machtverhältnisse im Westen im Verlauf dieses Jahrhunderts erfahren haben, das läßt sich eindrucksvoll am Beispiel des alliierten Oberbefehls demonstrieren. Im Ersten Weltkrieg stellte noch Frankreich den Generalissimus, was schon 1917 nach dem Engagement der USA auf dem westeuropäischen Kriegsschauplatz nicht mehr ganz unbestritten hingenommen wurde. Im Zweiten Weltkrieg stellte sich die Lage ganz anders dar. Da mußte auch das schon seit Kriegsbeginn kämpfende und die Hauptlast tragende Großbritannien den Oberbefehl wie selbstverständlich an die USA abtreten, als diese in den Krieg eintraten.

Für die NATO schließlich war der Aufbau der militärischen

Organisation nicht zuletzt davon abhängig, daß sich der im Zweiten Weltkrieg als Generalissimus anerkannte amerikanische General Eisenhower wiederum für den Oberbefehl in Europa zur Verfügung stellte. Die Führungsrolle der USA war unbestritten. Wer heute darauf abzielt, den amerikanischen SACEUR durch einen Europäer zu ersetzen, muß sich bewußt sein, daß er damit einen »schwachen Kaiser« inthronisieren würde. Das aber täte der militärischen Führung nicht gut. Und auch der politischen Zielsetzung nicht! Daß nach wie vor die Frage der nationalen Zugehörigkeit des Oberbefehlshabers von entscheidender Bedeutung ist, beweist mehr als alles andere, wie weit wir von einer wirklichen Integration entfernt sind. Wie früher handelt es sich bei der NATO um ein Bündnis von Nationen. Mag deren Souveränität aufgrund der realen Machtverhältnisse auch stark eingeschränkt sein, um so eifersüchtiger wachen sie darüber.

Da beim Militär immer nur einer führen kann – und dies gilt für alle Führungsebenen – , stellt sich die Frage, auf welche Weise die Nationen auf den jeweiligen NATO-Befehlshaber einwirken können, dem sie ihre Truppen »unterstellt«, das heißt assigniert haben. Da bleiben ihnen nur zwei Wege. Der eine Weg führt von »oben« über die politischen Instanzen, die diesem NATO-Befehlshaber Weisungen erteilen; sei es direkt (an den SACEUR) oder indirekt (über den SACEUR auf die ihm unterstellten NATO-Befehlshaber). Der andere, ein mehr inoffizieller Weg, führt über die dem Stab eines NATO-Befehlshabers angehörigen Offiziere der jeweiligen Nationen. Bewußt hat man ja diese »integrierten« Stäbe geschaffen, in denen Soldaten all der Nationen zusammenwirken, deren Truppen diesem Kommando unterstellt sind. Das ist unzweifelhaft ein geeignetes Instrument, um das Vertrauen der unterstellten nationalen Truppen in die für sie weitgehend anonyme NATO-Führung zu stärken. Viel mehr ist es aber auch nicht. Die von den Medien so oft und gern präsentierten Bilder von dem harmonischen Zusammenwirken der Militärs in verschiedenen Uniformen trügen. Sie täuschen darüber hinweg, daß diese integrierten Stäbe in ihrem personellen Umfang Mammutgebilde sind und allein deshalb schon kostenaufwendig und äußerst schwerfällig arbeiten. Allen öffentlichen Bekenntnissen und Verlautbarungen zum Trotz fühlen sich die dorthin kommandierten Soldaten in erster Linie als Vertreter ihrer Nationen; und die Nationen betrachten sie als ihre Abgesandten. Sonst wären die Nationen auch nicht so zielstrebig darauf bedacht, einen möglichst hohen personellen Anteil in diesen NATO-Stäben zu erlangen. Diesen nationalen Wünschen weitgehend zu entsprechen, ist ein entscheidender Grund für das Aufblähen der NATO-Hauptquartiere, die dadurch in ihrer Effizienz mehr einbüßen als gewinnen. Diese Kritik gilt natürlich nicht nur den militärischen Stäben, sondern gleichermaßen den zivilen NATO-Gremien wie denen der Europäischen Gemeinschaft. Symbolisch für dieses nationale Streben nach mehr Einfluß ist die Einrichtung von Stellvertreter-Posten. Kann man schon nicht den ersten Mann stellen, so will man wenigstens über einen Stellvertreter mitreden. So haben sich die Deutschen mit dem – nur von wenig Sachkundigen hochgelobten – Posten eines Stellvertreters des Obersten Alliierten Befehlshabers in Europa abfinden lassen. Der kostet viel Geld, hindert sie an der Forderung nach viel einflußreichen Stellen im nachgeordneten Bereich und bringt nichts.

Aus gutem Grund kannte die deutsche Armee früher keine Stellvertreter – auf keiner Führungsebene. Wenn ein militärischer Führer ausfiel, so trat der nächstniedere Führer an seine Stelle: Der dienstälteste Regimentskommandeur übernahm die Führung der Division, ein Bataillonskommandeur trat an dessen Stelle. Die Stellvertreter in der NATO sind zu einem überhaupt nicht bestimmt: zur Stellvertretung.[34] Am konkreten Beispiel des SACEUR heißt das: Weder sind die Amerikaner gewillt, einen General anderer Nationalität in diesem Amt zu dulden – noch sind die anderen Mitgliedstaaten bereit, einen anderen als einen amerikanischen SACEUR zu akzeptieren.

Die Bündnispartner wollen Einfluß auf die Führung nehmen. Letztlich können sie das aber nur über die gemeinsame Strategie. Denn diese wird im politischen Führungsgremium der NATO beschlossen, im NATO-Rat oder im Verteidigungs-Planungsausschuß.[35] Und dort sind alle gleichberechtigt vertreten. Strategie ist heutzutage Sache der Politiker, nicht der Militärs. Sie hat sich von einer militärischen zu einer politischen Kategorie gewandelt. Politiker entscheiden, Militärs führen aus. Aber die Politiker können natürlich nur sachgerecht entscheiden, wenn sie dieses Metier hinreichend beherrschen und nicht allein auf den Rat der Militärs angewiesen sind. Deshalb sind Grundkenntnisse der Strategie heute unerläßlich, will man zu einer politischen Urteilsbildung gelangen. Das gilt auch für die Frage der Deutschlandpolitik, die von der europäischen Sicherheitspolitik nicht zu trennen ist.

4. Kapitel

Das Problem einer gemeinsamen Strategie

Das Schlachtfeld des Bündnisses

Die Auffassung, daß es Aufgabe der Politiker ist, über die Strategie, das heißt über den Einsatz von Macht bei der Durchsetzung politischer Ziele, zu entscheiden, war nicht immer unumstritten. Heute ist sie es. In Deutschland hat vor allem Helmut Schmidt schon frühzeitig und mit großem Nachdruck diese Forderung vertreten.[36] In seinen späteren Veröffentlichungen hat er das Konzept einer »Grand Strategy«, also einer »Gesamtstrategie«, vorgestellt. Auf diese Frage hat er sich in seinem Buch *Eine Strategie für den Westen* konzentriert. Unter einer Gesamtstrategie wird die Zusammenfassung von Außenpolitik, Wirtschaftspolitik und Militärstrategie verstanden. »Die Ziele,... die jede Staatengruppe sich setzt, müssen in allen drei Bereichen konsistent sein.«[37] Von einem solchen Gesamtkonzept kann aber im NATO-Bündnis keine Rede sein. Die NATO beschränkt sich nach wie vor auf eine Strategie, die allein darauf gerichtet ist, Frieden und Freiheit für ihre Mitgliedstaaten zu erhalten. Das allein ist schon ein so hohes Ziel, daß es Wege und Kräfte erfordert, die weit über den Rahmen einer klassischen Militärstrategie hinausgehen.

Es würde den Rahmen dieses Buches sprengen, auch nur in groben Zügen die Entwicklung der NATO-Strategie bis heute zu schildern. Vielmehr müssen wir uns auf die Frage konzentrieren, welche Bedeutung das Problem der gemeinsamen Strategie für die mit dem Status quo verbundenen Risiken hat. Denn es sind doch diese Risiken, auf welche es hinzuweisen gilt – uns und die Siegermächte – , um so die Notwendigkeit einer Abkehr von der militärischen Konfrontation zugunsten einer europäischen Friedensordnung deutlich zu machen.

Solange die NATO eine auf dem nuklearen Monopol der USA beruhende Strategie der massiven Vergeltung verfolgen konnte, hat sich die Öffentlichkeit kaum mit diesen Fragen befaßt. Erst nachdem Anfang der 60er Jahre die Sowjets auch in der nuklearen Bewaffnung gleichgezogen hatten und der Westen – wenn auch nur zögernd – von der Strategie des Alles oder Nichts Abschied nehmen mußte, konnte das Problem der NATO-Strategie nicht länger aus der allgemeinen politischen Diskussion ausgeklammert werden. Schon Ende der 50er Jahre hatte einer der bekanntesten und sicher auch einer der begabtesten amerikanischen Militärs, der General Maxwell D. Taylor, in seinem bahnbrechenden Buch *Die undeutliche Posaune*[38] diese Wende zu einer Strategie der flexiblen Reaktion eingeläutet. Nicht länger konnte und durfte dem potentiellen Aggressor allein mit dem großen Atomschwert gedroht werden. Das war nicht mehr glaubwürdig. Denn die USA würden nicht bereit sein, für jedweden sowjetischen Übergriff in Europa ihre eigene Existenz aufs Spiel zu setzen. Das aber müßten sie riskieren, wollten sie eigene Atomwaffen gegenüber einem sowjetischen Gegner einsetzen, der nunmehr fähig war, mit gleicher Münze zurückzuzahlen. Um diesem Zugzwang zu entgehen, entschieden sich die Amerikaner für eine neue Strategie, die es ihnen offenließ, jeweils der konkreten Lage entsprechend zu reagieren: »anywhere, any time with weapons and forces appropriate to the situation«.[39] Wenn die NATO sich die US-Strategie auch erst 1967 offiziell zu eigen machte, eines war schon vorher klar: Man würde auf einen sowjetischen Angriff, der sich ja angesichts deren Überlegenheit zumindest anfangs auf konventionelle Streitkräfte begrenzen dürfte, solange wie nur möglich mit einer Abwehr durch eigene konventionelle Streitkräfte reagieren. Zeitpunkt, Ort und Art des Übergangs zu einer Reaktion mit nuklearen Waffen, also des Überschreitens der nuklearen Schwelle, blieben und bleiben offen. Mit dieser Ungewißheit, der »uncertainty«, für den Aggressor meint man, über ein zusätzliches Element der Abschreckung zu verfügen. Aber diese Ungewißheit wirkt auch gegenüber den eigenen Verbündeten.

Wer – wie es die NATO-Strategie der flexiblen Reaktion in

ihrem Namen zum Ausdruck bringt – flexibel reagieren will, der muß schnell entscheiden und handeln können. Erinnern wir uns der zuvor dargelegten Schwerfälligkeit einer auf Konsens abgestellten politischen Führung der NATO und der einer integrierten militärischen Führung. Um wieviel mehr wird diese ohnehin eingeschränkte Führungsfähigkeit belastet, sollte es um die Entscheidung des Ersteinsatzes nuklearer Waffen gehen, damit um eine Entscheidung über Leben und Tod. Auf diesen mit Sicherheit zeitraubenden Entscheidungsprozeß Einfluß zu nehmen, müssen alle Bündnispartner bedacht sein, weil sie nur auf diese Weise – wenn überhaupt – mitwirken können; insbesondere die Bundesrepublik, die ja unvermeidbar Schlachtfeld würde, wahrscheinlich dann auch nukleares Schlachtfeld. Die in der englischen Terminologie entwickelte Unterscheidung einer sogenannten Triade von konventionellen, taktisch-nuklearen und strategisch-nuklearen Waffen muß für deutsche Ohren wie ein Hohn klingen, wenn sie auch nicht darauf abzielt. Dieses Zwischenstück der taktisch-nuklearen Waffen, die auch als Theatre Weapons (Gefechtsfeldwaffen) bezeichnet werden, mag aus der Sicht des amerikanischen Kontinents seine Berechtigung haben. Bildet es doch gewissermaßen eine letzte Sicherung vor dem weltweiten nuklearen Krieg, der das Ende der Menschheit bewirken würde. Ganz anders sieht es für die Europäer aus. Für sie dürfte dieses Ende auch schon mit einem aus der Sicht der Supermächte begrenzt-nuklearen Krieg gekommen sein. Noch mehr für die Deutschen, für die der Einsatz auch nur eines einzigen Atomsprengkörpers eine qualitative Veränderung des Krieges bewirken würde, nach der es fraglich wäre, ob Verteidigung noch einen Sinn hätte.

Manche, nicht nur Anhänger der Friedensbewegung, stellen diese Frage nach dem Sinn der Verteidigung nicht erst im Hinblick auf eine mögliche Eskalation zum nuklearen Krieg, sondern bereits in bezug auf die Verteidigung mit ausschließlich konventionellen Waffen. Und sie beantworten diese Frage sogleich auch mit der Ablehnung, indem sie behaupten, dabei würde unvermeidbar das zerstört, was verteidigt werden solle. Mit dieser Argumentation muß man sich schon auseinandersetzen.[40] Da genügt nicht der Hinweis, die Politik der NATO sei ja gerade auf Friedenserhaltung gerichtet. Nein, wer die NATO und deren Strategie bejaht, der muß sich auf Kriegsführung einstellen und diese rechtfertigen. Denn die Wirksamkeit der geltenden Strategie der Abschreckung hängt entscheidend davon ab, daß sie glaubhaft ist. Glaubwürdigkeit aber setzt die Fähigkeit und den Willen zur Verteidigung voraus. Auch Verteidigung ist Krieg. Mit dieser Frage werden wir uns weiter unten auseinandersetzen. Hier geht es nur darum, ob Verteidigung und Krieg überhaupt noch zu akzeptieren sind oder ob die Behauptung stimmt, damit würde all das zerstört werden, was zu verteidigen man vorgibt. Damit stellt sich die Frage, was eigentlich verteidigt werden soll. Da hilft dann kein Herum- und Herausreden, es gelte, die westliche Wertegemeinschaft zu verteidigen. Niemand kommt darum herum, daß in einem Krieg – selbst wenn er allein mit konventionellen Waffen geführt würde – Zerstörungen großen Ausmaßes unvermeidbar sind. Hier mag uns noch die Erinnerung an die letzte Phase des Zweiten Weltkrieges genügen, um uns die Leiden von Menschen und die Zerstörungen an Werten vorzustellen. Für den einzelnen, für manche Familie, für ein Dorf oder eine Stadt ist damit schon das zerstört worden, was man eigentlich verteidigen wollte. Dennoch sind diese Verluste oder Zerstörungen, so schwer sie auch wiegen mögen, offenbar doch akzeptabel, um einer höheren Zielsetzungen willen. Welche aber ist das? Sie kann nur diejenigen Menschen und deren Hab und Gut umfassen, die sich als eine Schicksalsgemeinschaft empfinden. Eine Schicksalsgemeinschaft aber darf und muß fordern, daß die ihr zugehörenden Glieder für sie kämpfen – bis hin zum Opfer des eigenen Lebens. Das ist nach wie vor die Nation. Nur den Deutschen fällt es so schwer, das zu erkennen und zu akzeptieren, für fast alle anderen Nationen ist es nach wie vor eine Selbstverständlichkeit.

Selbst Franz Josef Strauß fragte seinerzeit in einer Fernsehdiskussion zweifelnd nach[41], warum denn die Australier in beiden Weltkriegen mit ins Feld gezogen seien. Und er fügte zu Recht hinzu: »Sie werden es heute wohl nicht mehr tun«. Offensichtlich schätzte er die Bindung der westlichen Wertegemeinschaft doch nicht als so stark ein, daß sie Australien dazu bewegen könnte, wiederum an der Seite des britischen Mutterlandes zu streiten, wie sie das 1914 und auch noch 1939 für selbstverständlich hielten.

Die distanzierte Haltung der Deutschen zur Schicksalsgemeinschaft der Nation ist vornehmlich dadurch bestimmt, daß sie zwar in zwei Weltkriegen der ganzen Welt ein bisher nicht dagewesenes Beispiel für eine nationale Schicksalsgemeinschaft geboten, sich dann aber aufgrund tiefer Enttäuschung von der Nation abgewandt haben. Da sie jedoch nach wie vor in einer Welt der Nationalstaaten leben, können sie sich auch dieser Realität nicht entziehen. Dieses Bewußtsein zu fördern, ist eine Aufgabe geistiger Führung. Doch die dazu Berufenen versuchen statt dessen, das westliche Bündnis zu einer Schicksalsgemeinschaft hochzustilisieren. Wissen sie nicht, was sie da tun? Abgesehen davon, daß hier das einseitige Bekenntnis der Westdeutschen wenig nutzt, die anderen werden sich hüten, dem zu folgen, sieht man von rein verbalen Bekundungen bei Festansprachen ab. Um so mehr sollten gerade wir uns der Konsequenzen bewußt sein, die sich zwangsläufig ergeben müßten, sollten wir es ernst meinen mit einer Schicksalsgemeinschaft des Westens. Der Hinweis auf die Erfahrungen mit der Schicksalsgemeinschaft der Nation sollte deutlich gemacht haben, daß damit unvermeidbar die Opferbereitschaft von Teilen für das Ganze verbunden ist – bis hin zur Selbstaufopferung. Gerade bei der geostrategisch so exponierten Lage der Bundesrepublik können wir viel eher als andere Bündnispartner mit einer Lage konfrontiert werden, in der allein unser Opfer die Voraussetzung für das Überleben der anderen Bündnispartner schaffen würde. Die »Brandmauer« der nuklearen Kurzstreckenwaffen, auf die wir noch zu sprechen kommen, weist in diese Richtung. Seien wir doch ehrlich: Wir sind nicht bereit, uns für das Bündnis zu opfern, auch dann nicht, wenn man dieses als westliche Wertegemeinschaft verklärt. Da brauchen wir uns gar nicht zu schämen. Alle anderen NATO-Partner würden die Forderung, ihre nationale Existenz für das Bündnis zu opfern, entrüstet von sich weisen. »Für einen Staat gibt es keine Opferpflicht. Kein Staat ist willens, sein Bestehen auf dem Altar der Vertragstreue zu opfern.« So hat es der große deutsche Staatsrechtslehrer Heinrich Triepel formuliert.[42]

Damit sind wir wiederum auf das Problem von Bündnis und Nation gestoßen. Ist denn ein Bündnis gar nichts, mag mancher nun fragen. Darf es denn nichts von seinen Mitgliedern verlangen? Wozu wäre es dann noch nütze? Da ist es an der Zeit zu wiederholen: Bündnisse sind Mittel zum Zweck. Der Zweck aber ist die Freiheit und die Wohlfahrt der Nation. Können Nationen diesen Zweck nur im Rahmen eines Bündnisses erreichen, wie zum Beispiel die Behauptung ihrer Existenz angesichts einer übermächtigen Bedrohung, dann werden und müssen sie als Mitgliedstaaten eines Bündnisses nicht nur zu dessen Erfolg beitragen, wie es in der heute üblichen Sprache so unverbindlich ausgedrückt wird, sondern sie müssen gegebenenfalls ihre ganze Kraft für Ziel und Zweck dieser Allianz einsetzen. Doch hat dieser Einsatz seine Grenze dort, wo die Existenz der Nation bedroht ist. Ein Blick in die Geschichte der Koalitionen zeigt, daß Bündnisse immer dann auseinandergebrochen sind, wenn sich diese Existenzfrage stellte.

So war es mit Frankreich und Großbritannien 1940, so bröckelte die Achse nach dem durch die Schlacht bei Stalingrad markierten Wendepunkt auseinander. Auch lehrt uns die Geschichte, Bündnispartner nicht zu überfordern. Was die Bundesrepublik als Mitglied der NATO betrifft, überfordert sie sich wohl eher selbst, indem sie sich den Blick auf die bitteren Konsequenzen der geltenden Strategie verstellt und lieber Wunschträumen nachhängt. Wenden wir uns deshalb dem Problem zu, das zum Inbegriff dieser Konsequenzen geworden ist, der Verteidigung.

Flexible Reaktion: Angriff und Verteidigung

Militärische Konfrontation erfordert, sich auf einen Krieg einzustellen. Daß wir den Begriff des Krieges schamhaft meiden und statt dessen lieber vom »Verteidigungsfall« sprechen, beseitigt leider nicht die Kriegsgefahr, die mit dem Status quo verbunden ist, schon gar nicht mildert diese sprachliche Kosmetik die Schrecken und Leiden eines möglichen Krieges, die wir uns kaum noch vorzustellen vermögen. Gleichwohl handeln wir entsprechend unserer politischen Zielsetzung, einen Krieg nach Möglichkeit zu verhindern, nur folgerichtig, wenn wir uns darauf vorbereiten. Si vis pacem para bellum. Aber wir tun es halbherzig, mitunter widerstrebend. Dabei erschweren wir unsere Aufgabe durch unklare Begriffe. Ist schon »Verteidigung« in Mißkredit geraten, der »Angriff« wird derart verteufelt, daß man ihn am liebsten aus dem militärischen Vokabular verbannen möchte. Ein beredtes Beispiel dafür war das Bestreben der damaligen politischen Leitung des Bonner Verteidigungsministeriums, der Neufassung der Heeresdienstvorschrift »Truppenführung« im Jahre 1973 die Genehmigung zu verweigern, weil darin ein Kapitel »Angriff« enthalten ist. Daran läßt sich erkennen, wie sehr es verantwortlichen Politikern an Grundvorstellungen über militärische Führung ermangelt. Wer aber den Primat der Politik über das Militär ausübt, der muß sich schon diese Grundlagen zu eigen machen. Zumal in einer Bündnisarmee, deren Führungsmacht und deren meiste Mitglieder nicht das geringste Verständnis für derart traumatische Vorbehalte deutscher Politiker gegenüber den Erfordernissen militärischer Führung aufbringen. Schon Clausewitz hat den Zusammenhang von Angriff und Verteidigung dadurch unterstrichen, daß er sein der »Verteidigung« gewidmetes sechstes Buch mit einem Kapitel »Angriff und Verteidigung« einleitete. Wenden wir uns nun diesen beiden Gefechtsarten zu, um sie in ihrer Bedeutung für den Status quo und für die militärische Konfrontation zu untersuchen. Dabei werden wir sehen, daß es noch eine dritte, weitgehend unbekannte Gefechtsart gibt: die Verzögerung.

»Verteidigung« ist nicht verteufelt – wie etwa »Neutralität«. Verteidigung ist eher »in«. In der politischen wie in der militärischen Sprache begegnen wir diesem Begriff auf Schritt und Tritt. Schon in Artikel 87a des Grundgesetzes heißt es: »Der Bund stellt Streitkräfte zur Verteidigung auf.« Das wird zu Recht als ein Auftrag verstanden. Kritiker an der deutschen Sicherheitspolitik interpretieren diesen Artikel jedoch lediglich als eine Zuständigkeit des Bundes (in Abgrenzung gegenüber einer möglichen Zuständigkeit der Länder) und behaupten, daraus ergäbe sich keineswegs eine Verpflichtung für den Bund, Streitkräfte zu unterhalten.[43]

Der Begriff der Verteidigung hat sich so sehr durchgesetzt, daß er den früher gebräuchlichen Begriff des Krieges verdrängt hat. So sprechen wir heute vom Verteidigungsminister, vom Verteidigungs-Etat, von Verteidigungspolitik, vom Verteidigungsbündnis. Sicher ist es gut, daß wir auf diese Weise auch im politischen Sprachgebrauch bekunden: Krieg soll nicht länger ein Mittel der Politik sein. Aber wir dürfen uns nicht den Blick dafür verstellen, daß auch Verteidigung Krieg ist; Krieg mit allen Schrecken und Leiden – nicht etwa eine mildere Form des Krieges. Noch mehr: Wir dürfen nicht etwa durch unpräzise Begriffswahl Arglosigkeit schüren und die für unsere Verteidigung notwendigen Vorbereitungen behindern oder gar unterlassen. Daß diese Gefahr nicht von der Hand zu weisen ist, wird offenkundig, wenn manchen selbst der Begriff der Verteidigung zuwider ist – und sie statt dessen nur noch von »Abschreckung« reden. Unwidersprochen durch den anwesenden Verteidigungsminister und den Generalinspekteur behauptete 1981 der SPD-Politiker Horst Ehmke auf einer unter dem Motto »Soldat und Gesellschaft« großangelegten Tagung des Bundesverteidigungsministeriums, »daß von Verteidigung heute nicht mehr geredet werden kann. Könnten wir uns darüber nicht einigen?« Weiter forderte er: »Unter den heutigen Bedingungen der nuklearen Waffen ist zu reden von Abschreckung. Es ist zu reden von Kriegsverhütung.«[44] So entschieden dieser Auffasung zu widersprechen ist, Ehmke hat damit nur zum Ausdruck gebracht, was viele denken. Aber man muß hinzufügen: Man denkt so, weil die für die politische Führung der Bundesrepublik Verantwortlichen es seit Jahrzehnten unterlassen haben, der Bevölkerung reinen Wein über die geltende Strategie einzuschenken. Diese aber beruht auf dem unabdingbaren Zusammenhang von Abschreckung und Verteidigung. Die gewollte Kriegs-Verhinderung, genauer: das Bewahren von Frieden in Freiheit, indem man einen möglichen Aggressor von seinem Vorhaben abschreckt, das wird nur gelingen, das kann nur dann gelingen, wenn diese Abschreckung auch glaubhaft ist. Glaubhaft aber ist sie nur, wenn der Wille und die Fähigkeit zur Verteidigung für den Aggressor klar erkennbar sind. Der hat ein feines Gespür dafür, ob wir es wirklich ernst meinen oder ob wir uns nur an die Hoffnung klammern, der Kelch möge noch einmal an uns vorübergehen. Wer – wie Ehmke es hier ausgedrückt hat – Verteidigung für unmöglich und zwecklos hält, der reduziert die Abschreckung auf Null – und fordert einen entschlossenen Angreifer geradezu heraus, uns zu erpressen, uns zur Kapitulation aufzufordern. Inzwischen empfinden einige selbst schon den Begriff »Abschreckung« als zu aggressiv; sie versuchen, ihn durch »Abhaltung« zu ersetzen.[45].

Kehren wir zurück zum Problem der Verteidigung. Soweit auf der Ebene nationaler Politik gesprochen wird, kommt damit auch die defensive Grundhaltung zum Ausdruck. Für die Bundesrepublik entspricht dies dem in Artikel 26 GG verankerten Verbot eines Angriffskrieges. Dieses Verbot gilt selbst dann, wenn die Zielsetzung eines Angriffskrieges noch so edel zu begründen ist, etwa mit der Befreiung anderer. Tun wir eine solche Hypothese nicht so leichtfertig ab! Würden wir selbst auf Befreiung hoffen, dann wäre unser Urteil wahrscheinlich ein anderes. Denken wir auch daran, daß bei den Volksaufständen in der sowjetisch besetzten Zone 1953, in Budapest 1956 und in Prag 1968 manche Hoffnung mitschwang, der Westen würde zu Hilfe eilen, zumindest Druck auf die gegen die Aufständischen vorgehende Sowjetunion ausüben. Aber ist der Westen nicht selbst da vor der Demonstration militärischer Macht zurückgeschreckt, wo es um seine

126

ureigensten Rechte ging, nämlich bei der Blockade Berlins 1948? Er hat sich darauf beschränkt, den Zugang auf dem Luftwege zu erzwingen. Und es ist noch einmal gut gegangen. Niemand sollte jedoch die Illusion haben, es wäre bei einer ähnlichen Lage unter heutigen Bedingungen noch einmal möglich, Berlin über einen längeren Zeitraum aus der Luft zu versorgen.

Was aber die Einheit und Freiheit der Deutschen betrifft, haben wir dieses Ziel unmißverständlich als eine »Wiedervereinigung in Frieden und Freiheit« definiert. Der damalige Bundestagspräsident Eugen Gerstenmaier hat einmal die Rangfolge der Werte, nämlich 1. Freiheit – 2. Friede – 3. Einheit, begründet, indem er darlegte, daß wir «der Erhaltung des Friedens den Vorrang geben vor der Wiederherstellung unserer Einheit, das heißt, wir wollen, selbst wenn wir es könnten, Deutschlands Freiheit nicht um den Preis eines neuen Krieges wiederherstellen«.[46] Bemerkenswert an dieser Darstellung ist, daß Gerstenmaier die Wiederherstellung der deutschen Einheit als «Deutschlands Freiheit« interpretiert hat.

Bedeutender aber ist diese Aussage insoweit, als jeglicher Gedanke an eine gewaltsame Wiedervereinigung kaum jemals so deutlich ausgeschlossen wurde. Auch ist nicht bekannt, daß eine Gewaltlösung jemals erwogen worden ist; abgesehen von der SED-Propaganda wie sie unter anderem in der Biographie Erich Honeckers durchschlägt.[47] Um so unverständlicher ist es, daß sich auf unserer Seite Politiker und Publizisten immer wieder bemüßigt fühlen, im Zusammenhang mit der deutschen Frage an den Frieden zu appellieren. So erst kürzlich Egon Bahr. Er meinte mahnen zu müssen: »Der europäische Friede ist wichtiger als die deutsche Einheit«.[48] Ist darin nicht der zumindest versteckte Vorwurf enthalten, denjenigen, die für die deutsche Einheit streiten, sei der Friede weniger wichtig? Haben wir uns bisher mit dem Begriff der Verteidigung in seiner politischen Bedeutung befaßt, wenden wir uns nunmehr der militärischen Betrachtungsweise zu. Hier würde Verteidigung in der extremsten Form, im reinsten Sinne des Wortes bedeuten, sich hinter einem möglichst starken Festungswall zu verschanzen und von dort aus den Angreifer abzuwehren. Doch selbst der militärische Laie ist leicht davon zu überzeugen, daß es dem Angreifer (fast) immer gelungen ist und immer wieder gelingen wird, eine solche Verteidigung zu durchbrechen. Die Kriegsgeschichte lehrt, daß der Angreifer nun einmal die Initiative hat. Er kann sowohl eine für den Durchbruch erforderliche Überlegenheit seiner Kräfte konzentrieren, als auch Ort und Zeitpunkt des Angriffs bestimmen. Der Angreifer wird also immer, so er nur will, die Verteidigung durchbrechen. Da nützt auch keine zweite oder dritte Verteidigungslinie – wie die großen Schlachten des Ersten Weltkrieges bewiesen haben. Welche Chance bleibt da dem Verteidiger überhaupt noch? Etwa nur die, durch einen vorbeugenden Angriff, einen »pre-emptive strike« – wie es in der englischen Fachsprache heißt, der ihm drohenden Gefahr zuvorzukommen? Wohl jeder Angriffskrieg ist damit begründet worden. Auch der deutsche Angriff auf die Sowjetunion am 22. Juni 1941. Erst in jüngster Zeit ist ein Streit der Historiker darüber entbrannt, ob die Rote Armee sich nicht doch – wie die nationalsozialistische Führung damals behauptete – in der Bereitstellung für einen Angriff auf Deutschland befand. Ob die Wahrheit je zu ermitteln ist, mag dahingestellt sein, am Ergebnis des Zweiten Weltkrieges wird sich nichts ändern.[49]

War schon früher die Berechtigung für einen vorbeugenden Angriffskrieg umstritten, angesichts der Massenvernichtungswaffen ist Krieg kein Mittel der Politik mehr, ein Angriffskrieg schon gar nicht. Nach wie vor aber gibt es Streitkräfte, gewaltiger bewaffnet und ausgerüstet denn je zuvor. Damit existiert zwangsläufig auch eine ernstzunehmende Bedrohung. Somit stellt sich nach wie vor die Frage einer wirksamen Verteidigung. Bleibt aber dem Verteidiger die Option eines vorbeugenden Angriffs verwehrt, nicht nur aus völkerrechtlichen und moralischen Gründen, sondern auch aus pragmatischen Erwägungen, um so mehr ist er herausgefordert, nach Lösungen zu suchen, wie er auf den als geradezu unvermeidbar geschilderten Durchbruch eines Angreifers reagieren kann.

Sehen wir einmal von der Möglichkeit ab, dem potentiellen Angreifer mit einer sofortigen nuklearen Reaktion zu drohen.

Eine solche Drohung machte den Kern der schon erwähnten Strategie der massiven Vergeltung aus, zu der sich die NATO offiziell noch bis 1967 bekannt hatte. Solange die USA über das nukleare Monopol verfügten, konnte sich die Kritik an dieser Strategie darauf beschränken, man würde mit Kanonen auf Spatzen schießen. Nachdem aber in den 60er Jahren die Sowjets in der nuklearen Rüstung mit den USA gleichgezogen hatten, also ein nukleares Patt entstanden war, hatte die Strategie der massiven Vergeltung ihren Sinn eingebüßt. Folgerichtig wandelte man sie in die Strategie der flexiblen Reaktion um. Damit ließ man offen, wie man auf einen sowjetischen Angriff reagieren würde. Eine Ungewißheit – eine uncertainty – für den Aggressor, aber auch für die Verbündeten. Dennoch besteht – mit an Sicherheit grenzender Wahrscheinlichkeit – die Gewißheit, daß der Westen nicht gleich den großen atomaren Hammer schwingen wird, sollten die sowjetischen Angriffsspitzen die innerdeutsche Grenze überschreiten. Im Gegenteil, es geht ja gerade darum, die Ausweitung des somit einmal begonnenen Krieges zu begrenzen; sowohl räumlich als auch in seiner Intensität. Deshalb kommt es darauf an, eine unter den gegebenen Bedingungen wirksame Verteidigung zu gewährleisten. Wiederum stellt sich die Frage: Wie können sowjetische Angriffskräfte, wenn man ihnen schon den Durchbruch nicht verwehren kann, wenigstens daran gehindert werden, schon nach 48 Stunden am Rhein zu stehen. Diese Schreckensvision hat der belgische Generalmajor Close vor zehn Jahren in einem aufsehenerregenden Buch ausgemalt.[50]

Darauf gibt es nur eine Antwort, die uns die Kriegsgeschichte lehrt: Ausreichende Reserven in der Tiefe, weit hinter der vorderen Verteidigung, bereitzuhalten, die so beweglich sein müssen, daß sie die durchgebrochenen Feindkräfte im Gegenangriff zerschlagen können. Doch die Welt, in der wir leben, ist gekennzeichnet durch die Knappheit der Mittel. Das gilt auch fürs Militär. Die verfügbaren Streitkräfte erscheinen niemals ausreichend. Wenigstens nicht denjenigen, die für eine bestimmte Aufgabe verantwortlich sind. Hier geht es um die Verteidigung. Wieder können wir auf eine uralte

Streitfrage verweisen: Wie groß soll der Anteil der Streitmacht sein, den man in Reserve hält? Da gibt es eine einfache und überzeugende Faustregel: Je schwächer man ist, je weniger Truppen insgesamt für die Verteidigung verfügbar sind, um so mehr Reserven gilt es in der Tiefe bereitzuhalten – für Gegenangriffe.

Hat die NATO diese Lehre beherzigt? Nein, sie hat sich – gewissermaßen gegen alle Regeln der Kriegskunst – für die entgegengesetzte Lösung entschieden. Fast alle ihre für die Verteidigung verfügbaren Truppen reiht sie wie an einer Perlenschnur entlang der innerdeutschen und der deutsch-tschechischen Grenze auf.

Dahinter verfügt sie kaum noch über Reserven. Waren nun die Planer etwa so dumm, daß sie die gefährlichen Konsequenzen eines derartigen Verteidigungskonzepts nicht erkannt haben? Natürlich nicht. Diese Planung ist ein klassisches Beispiel für den Vorrang politischer Gesichtspunkte gegenüber militärischen Grundsätzen. Mit anderen Worten: Hier herrscht der Primat der Politik. Der politische Gesichtspunkt der Absicht grenznaher Verteidigung durch Truppen möglichst aller beteiligten Nationen gibt den Ausschlag. Auf diese Weise soll dem Aggressor eine hohe Geschlossenheit des Bündnisses demonstriert werden. Aber dies geht zu Lasten der militärisch so wichtigen Rückversicherung die am besten durch Reserven in der Tiefe zu gewinnen ist.

Forward Defence nennt die NATO das – und die Deutschen haben aus der früher gebräuchlichen Übersetzung »Vorwärtsverteidigung« eine»Vorne«-Verteidigung gemacht, um jedweder Absicht eigener Angriffshandlungen in das Territorium des Gegners einen Riegel vorzuschieben. So richtig es im deutschen Interesse ist, die Verteidigung grenznah aufzunehmen, um auf diese Weise dem Angreifer den Zugriff auf das eigene Territorium und die eigene Bevölkerung (möglichst lange) zu verwehren, was nutzt das, wenn der Feind den Durchbruch erzielt – egal, an welcher Stelle – und dann doch bald am Rhein steht, wenn auch nicht schon nach den erwähnten 48 Stunden? Denn der NATO fehlt es an ausreichenden Reserven, um die feindlichen Angriffskräfte durch Gegen-

130

angriffe zu zerschlagen. Dann hilft nur noch der frühzeitige Rückgriff auf die atomaren Waffen – und damit die Eskalation vom konventionellen zum nuklearen Krieg. Alle für die Verteidigung Westeuropas verantwortlichen amerikanischen Oberbefehlshaber, die sogenannten SACEUR, haben bei jeder sich bietenden Gelegenheit betont, daß sie im Ernstfall gezwungen sein werden, aufgrund des Mangels an Truppen frühzeitig den Ersteinsatz nuklearer Waffen zu fordern, also die berühmte nukleare »Schwelle« zu überschreiten. Von Washington aus betrachtet ist das mit Sicherheit nur ein begrenzter nuklearer Krieg. Selbst Paris und London mögen da noch auf eine Begrenzung hoffen, die nicht über sie hinwegschwappt. Für die Deutschen wäre es der Anfang vom Ende. Mag es auch nur ein einziger Atomsprengkörper sein, der da zum Einsatz käme, vielleicht ein solcher ganz geringen KT-Wertes[51], er würde dennoch die Qualität des Krieges verändern – ohne Umkehr.

Nach der allzu menschlichen Hoffnung, daß nicht sein kann, was nicht sein darf, hat man wenig darüber nachgedacht, wie es in einem solchen Falle weitergehen könnte. Die seriöse Literatur zu dieser Frage weist nicht viel auf. Und was sie hervorgebracht hat, das wurde kaum zur Kenntnis genommen oder schnell verdrängt. Auf zwei Autoren sei hingewiesen, die mit ihrer unterschiedlichen Auffassung vom Bild eines dritten Weltkrieges zwar das wahrscheinliche Spektrum nicht vollständig abgesteckt, gleichwohl Szenarien aufgezeigt haben, die durchaus im Bereich des Möglichen liegen. Das sind der britische General Sir John Hackett und der deutsche Generalmajor Werner Ebeling. Sir John Hackett[52], von 1966 bis 1968 Oberbefehlshaber der britischen Rheinarmee und damit zugleich Befehlshaber der für die Verteidigung Norddeutschlands zuständigen NATO-Heeresgruppe Nord, war durch die britische Regierung vorzeitig in den Ruhestand versetzt worden, weil er in einem an die TIMES gerichteten Leserbrief Kritik an der Kürzung des britischen Verteidigungsetats geübt hatte.[53] 1978 trat er mit seinem *Der dritte Weltkrieg*[54] betitelten Buch an die Öffentlichkeit und erregte zumindest europaweites Aufsehen. Zum ersten Mal hatte ein sachkundiger Militär den wahrscheinlichen Verlauf eines Krieges in Europa dargestellt. Der SPIEGEL lieferte einen Vorabdruck. Bei Hackett brach der dritte Weltkrieg 1985 aus. Sein Szenario war optimistisch; denn die NATO hatte frühzeitig auf warnende Stimmen gehört und vorgesorgt, insbesondere natürlich die Briten. So stand für die Verteidigung Mitteleuropas ein zusätzliches zweites britisches Korps zur Verfügung (in der geltenden Planung stellen die Briten lediglich ein Korps), mit dessen Hilfe die durch die Sowjets auf den Rhein zurückgedrängten NATO-Truppen die Kraft zum Gegenangriff aufbrachten. Die Sowjets und der Warschauer Pakt wurden wieder über den Rhein zurückgeworfen. Dann aber geschieht das Erstaunliche. Während Amerikaner und Bundeswehr im Bewußtsein ihrer Überlegenheit den Angriff fortsetzen wollen, um die DDR und die osteuropäischen Staaten von der sowjetischen Herrschaft zu befreien, drängen alle anderen NATO-Verbündeten darauf, »das-Ganze-halt« zu blasen. Sie fürchten die nukleare Reaktion der Sowjets, aber auch die deutsche Wiedervereinigung. Dennoch wird die nukleare Schwelle überschritten: Denn die Sowjets werfen die erste Atombombe, und zwar auf Birmingham. Die Briten reagieren mit einem Gegenschlag auf Minsk. Nach diesem atomaren Schlagabtausch kommt man schnell zu einem Waffenstillstand. Das Sowjet-Imperium bricht auseinander, die weitere Entwicklung läßt Hackett offen. Sehr optimistisch klingt sein letzter Satz nicht: »Der Zusammenbruch der UdSSR in den letzten Tagen des August 1985 brachte keineswegs den endgültigen Frieden in der Welt, doch er beendete den Krieg in Europa.« Also ein Status quo ante, könnte man fragen und sich getrost Gedanken über den vierten Weltkrieg machen.

Hackett hat in seinem Buch das Problem des Ersteinsatzes von nuklearen Waffen damit gelöst, daß er diesen Entschluß einer in Panik geratenen Sowjet-Führung zuschob. Dagegen zeichnet Ebeling ein Kriegsbild, in dem es gar nicht erst zum Einsatz von Atomwaffen kommt. Ebeling, Mitte der 60er Jahre General des Erziehungs- und Bildungswesens des deutschen Heeres, hat sein Buch *Schlachtfeld Deutschland* betitelt. Darin entwirft er ein Szenario, das leider wohl eher der heutigen Realität entspricht als das Hackettsche. Bei Ebeling gibt es eben nicht die von den Militärs so ersehnten Reserven, um die durchgebrochenen Truppen des Warschauer Paktes in einem großangelegten Gegenangriff zurückzuwerfen. Um so mehr ist die NATO-Führung herausgefordert, zu ihrem Atomschwert zu greifen, um einem weiteren Vorstoß des Feindes Einhalt zu gebieten. Aber dazu rafft sie sich dann doch nicht auf. Es mag von Vorteil sein, den auf diese Frage bezogenen Passus aus dem Ebelingschen Buch zu zitieren: »Zu spät kann nur als letztes verbliebenes Mittel ein nuklearer Gegenschlag in Betracht kommen. Auf Anfrage von SACEUR lehnen alle europäischen Regierungen ab, obwohl sie kein Veto-Recht haben. Vor allem die Bundesrepublik sieht keinerlei Nutzen in dieser Wahl. Bei dieser Lage weiß sie nur zu gut, daß der Einsatz atomarer Waffen eine freiwillige Räumung der besetzten Bundesrepublik nicht erzwingen wird, jedoch infolge entsprechender Gegenmaßnahmen zu einer furchtbaren Zerstörung und unzähligen Opfern führen muß.« Und er folgert: »Europa ist von den USA aufgegeben, die nicht gewillt sind, einem ohnehin verlorenen Europa zuliebe einen selbstgefährdenden interkontinentalen Atomschlag zu führen.«[55] Damit hat Ebeling den entscheidenden Punkt herausgearbeitet, um den sich die verantwortlichen Politiker, mitunter aber auch die Militärs, herumdrücken: Solange wir uns aufgrund des Fehlens ausreichender konventioneller Streitkräfte in die Abhängigkeit von Nuklearwaffen begeben, werden wir gefordert sein, sehr bald nach Beginn eines Krieges zu diesem letzten Mittel Zuflucht zu nehmen. Werden die nuklearen Waffen zu spät eingesetzt, dann bringen sie nur noch Zerstörung, aber überhaupt keine Hoffnung mehr, den Aggressor zum Einlenken zu bewegen. Wer sich aber dazu entschließt, die nukleare Schwelle frühzeitig zu überschreiten, der übernimmt damit die Verantwortung für eine wahrscheinliche Eskalation, die mit Sicherheit das Ende Deutschlands bewirken wird, wahrscheinlich sogar des Lebens auf dieser Welt.

In jüngster Zeit ist wiederum ein Brite, William Jackson, mit beachtenswerten Gedanken über das Bild eines dritten Weltkrieges an die Öffentlichkeit getreten.[56] Es ist schon erstaunlich, daß gerade die, welche am meisten davon betroffen wären, die Deutschen, sich in dieser Frage kaum zu Wort melden.

Wollen wir uns aus diesem Teufelskreis befreien, müssen wir über andere Lösungen nachdenken. Eine mögliche Alternative zu präsentieren , ist der Zweck dieses Buches.

Wir haben erkennen müssen, daß schon auf dieser militärstrategischen Ebene eine »reine« Verteidigung im Sinne völlig passiven Verhaltens gar nicht möglich ist, will man sich gegenüber einem zumindest in konventioneller Rüstung überlegenen Angreifer behaupten. Um so weniger trifft das für die darunter liegenden Führungsebenen, die operative und taktische Führung zu. Das, was vorstehend im ganz großen Rahmen als »Gegenangriff« beschrieben worden ist, gilt gleichermaßen für Korps, Divisionen, Brigaden, Bataillone und Kompanien. Sie alle müssen, obwohl militärstrategisch für die Verteidigung eingesetzt, auch für die Führung eines Angriffs ausgerüstet und ausgebildet sein. Damit wenden wir uns dieser Gefechtsart zu, dem Angriff.

Unverzichtbar: Der Angriff

Der Zweck des Angriffs ist es, »Kräfte des Feindes zu vernichten oder zu zerschlagen und Raum zu nehmen«.[57] Wegen dieser ihm ex definitione innewohnenden Aggressivität steht der Angriff wohl auch derart in Mißkredit. Vor allem werden da die untere militärische Ebene und damit die weniger gefährlichen Waffen kritisiert.

Daß Flugzeuge – ob nun zur Interdiction (Abriegelung) oder nur zum Zwecke der Aufklärung – tief in das feindliche Territorium eindringen, wird zumeist als diesem Kampfmittel eigentümlich hingenommen. Um so mehr richtet sich die ganze Aversion gegen die nach vorn stürmenden Infanteristen und Panzer. Aber die können ja nicht tatenlos zusehen, wenn feindliche Kräfte in die Tiefe des eigenen Territoriums vorstoßen, das zu schützen ihnen aufgetragen ist.

Der Grund für diese sprachliche und geistige Verwirrung

liegt in erster Linie in dem weit verbreiteten Unvermögen, zwischen Führungsebenen zu differenzieren. Diese Differenzierung aber ist Voraussetzung dafür, eine defensive Strategie mit Aussicht auf Erfolg zu betreiben. Denn dazu bedarf es der Entschlossenheit und der Fähigkeit, auch anzugreifen, sollte die Lage es erfordern. Die Chance für eine erfolgreiche Verteidigung, zumal gegen einen mit überlegenen Kräften angreifenden Feind ist um so größer, je eher und nachhaltiger es gelingt, dessen Angriffsverbände schon frühzeitig zu zerschlagen, bevor sie gegen die eigenen Verteidigungsstellungen anstürmen. Diese logische Folgerung militärischer Lagebeurteilung hat ihren Niederschlag in dem sogenannten FOFA- (Follow-On-Forces-Attack) Konzept[58] gefunden; zu deutsch: Angriff auf die nachfolgenden Streitkräfte. Um das zu bewirken, muß man über die Fähigkeit verfügen, die feindlichen Angriffskräfte frühzeitig aufzuklären und sie durch weitreichende Waffen zu zerschlagen. Die entrüstete Ablehnung, die dieser Plan in der deutschen Öffentlichkeit erfuhr, war eben vornehmlich Ausdruck des Unvermögens, aber auch des mangelnden Willens, sich mit militärischen Denkweisen vertraut zu machen. Dabei haben Zehntausende heute noch lebender Infanteristen des Zweiten Weltkrieges am eigenen Leibe erfahren, daß sie sich gegen einen mit weit überlegenen Kräften angreifenden Feind immer dann am wirkungsvollsten Entlastung verschaffen konnten, wenn sie über Granatwerfer verfügten. Nur mit deren Hilfe war es ihnen möglich, die feindlichen Bereitstellungen zum Angriff zu zerschlagen. Was auf dieser untersten Ebene der Kriegsführung mit Selbstverständlichkeit praktiziert wurde und wird, ist im Prinzip nichts anderes als das, was manche friedensbewegte Strategen heute als »Enthauptungsstrategie« verketzern. Verzichtet man auf derart vorbeugende Gegenmaßnahmen, so setzt man sich der vollen Wirkung der feindlichen Angriffskraft aus, mit allen dadurch zu erwartenden eigenen Verlusten und mehr noch der Gefahr, daß dem Feind der Durchbruch gelingt, den zu verhindern ja gerade der Zweck der Verteidigung ist. Und diese Konsequenz trifft für alle Ebenen der militärischen Führung zu, von der Gesamtverteidigung bis hinunter zur Kompanie.

Gegen durchgebrochene Feindkräfte aber bleibt nur noch ein Mittel: der Gegenangriff – sehen wir von der zuvor ausgiebig geschilderten Problematik des Einsatzes nuklearer Waffen ab. Für den Soldaten aber ist es dann völlig gleichgültig, ob dies – von höherer Warte aus betrachtet – ein »Gegenangriff« ist: Er greift an. Dazu muß er ausgerüstet und ausgebildet sein. Daß diese Fähigkeit zu militärischen Operationen eine unabdingbare Voraussetzung für eine erfolgreiche Verteidigung ist, verkennen all jene, die das Heil in einer »Nicht-Angriffsfähigkeit« suchen.[59] Damit werden wir uns noch auseinandersetzen.

Kampf um Zeit: Verzögerung

Es waren vor allem die Erfahrungen der deutschen militärischen Führung, die in beiden Weltkriegen gegen weit überlegene Feindkräfte kämpfen mußte, die dazu geführt haben, eine dritte Gefechtsart zu entwickeln, die man heutzutage »Verzögerung« nennt.[60] Das ist nicht etwa ein geordneter Rückzug, sondern ein »hinhaltender Kampf«. Es geht dabei darum, einen mit überlegenen Kräften angreifenden Feind, so man sich dagegen nicht durch wirksame Verteidigung behaupten kann, oder – aus taktischen Erwägungen heraus – zu diesem Zeitpunkt und an dieser Stelle nicht behaupten will, Zeit zu gewinnen. Das heißt, man ist bestrebt, den Schwung des feindlichen Angriffs zu brechen, ihn möglicherweise in eine bestimmte Richtung zu lenken, dabei die eigene Kampfkraft zu erhalten, um zu einem späteren Zeitpunkt und unter günstigeren Bedingungen wieder zur Verteidigung oder zum Gegenangriff überzugehen.« Noch der durch seinen Widerstand gegen die nationalsozialistische Herrschaft bekannt gewordene Generaloberst Beck, bis 1938 Chef des Generalstabes des Heeres, führte den Begriff des »hinhaltenden Widerstandes« ein. Dieser Begriff hat sodann Eingang in die Führungsvorschrift des deutschen Heeres gefunden, mit der die deutschen Soldaten in den Zweiten Weltkrieg gezogen sind.[61] Erst die Bundeswehr hat aufgrund der im Kriege gewonnenen Erfahrungen die Gefechtsart »Verzögerung« entwickelt. Was das ist, läßt sich wohl kaum besser erklären als am Beispiel der deutschen Operationsführung im Osten nach der Wende von Stalingrad. Jedermann weiß: Danach ging es zurück. Aber das war kein Rückzug, schon gar nicht eine Flucht wie die der Großen Armee Napoleons 1812. Es war ein hinhaltender Kampf. Es war ein Kampf um Zeit. Um Zeit zu gewinnen, mußten Teile der Ostfront immer wieder hartnäckig verteidigen oder gar Gegenangriffe führen, wenn auch die Front insgesamt unter dem zunehmenden Druck der unentwegt angreifenden Sowjets immer weiter nach Westen zurückgedrängt wurde. Auch der mit strategischen Fragen nicht vertraute Soldat hat dies so empfunden und gekämpft, um Zeit zu gewinnen. Das Tragische liegt darin, daß die ihm abverlangten Opfer und Leiden umsonst waren, weil die deutsche politische Führung die so schwer erkämpfte Zeit nicht genutzt hat.

Betrachten wir auch diese Gefechtsart unter dem Gesichtspunkt der NATO-Verteidigung in Mitteleuropa. Militärstrategisch bietet sie keine Chance. Ein Blick auf die Karte genügt, um zu erkennen, daß wir über keinen Raum verfügen, den wir aufgeben könnten. Das zuvor erläuterte Szenario des Generals Hackett, das Ausweichen der NATO bis zum Rhein, mag aus britischer Sicht eine Lösung sein, für einen Deutschen ist sie nicht akzeptabel. Gleichwohl könnte die »Verzögerung« regional und für einzelne Truppenteile, etwa für Divisionen und Brigaden sehr wohl die angemessene Gefechtsart sein, wenn es wirklich darum geht, Zeit zu gewinnen. Hoffentlich um einen Zeitgewinn mit der Zielsetzung, das Heranführen von Reserven aus Übersee zu ermöglichen; hoffentlich nicht um einen Zeitgewinn, damit der Einsatz von Atomwaffen vorbereitet werden kann.

Dazu aber würde und müßte es kommen, wenn wir an der derzeitig geltenden Strategie der Flexiblen Reaktion festhalten, ohne die dafür erforderlichen konventionellen Streitkräfte bereitzustellen.

Es geht um eine neue Strategie?

Die meisten Politiker werden nicht müde, die geltende Strategie – und damit die auf nuklearen Waffen beruhende Abschreckung – zu preisen, mit deren Hilfe es nun schon seit über vier Jahrzehnten gelungen sei, uns Frieden und Freiheit zu erhalten. Was wollen wir denn mehr, könnte man fragen. Warum eine Strategie aufgeben, sie auch nur in Frage stellen, die sich als so erfolgreich erwiesen hat? Manche ihrer Verfechter fügen dann auch gleich hinzu, es gebe gar keine Alternative.[62]

Es sprechen aber eine Reihe gewichtiger Gründe dafür, die geltende Strategie zumindest einer eingehenden Prüfung zu unterziehen. Und diese Gründe sind den Verantwortlichen nur zu gut bekannt. Erstens ist es die seit Jahr und Tag insbesondere von Helmut Schmidt, einem der profundesten Kenner der NATO-Strategie-Diskussion, vorgebrachte Kritik, daß die Strategie der Flexiblen Reaktion zunehmend der Akzeptanz seitens der Bevölkerung ermangelt.[63] Zweitens – im Zusammenhang damit – ist in der öffentlichen Meinung eine wachsende Aversion gegen Nuklearwaffen schlechthin nicht zu übersehen, die es sehr ernst zu nehmen gilt. So haben auch die beiden großen Kirchen ihre Kritik an dem nuklearen Potential als Mittel der Abschreckung verstärkt und erklärt, daß sie eine auf diesen Waffen basierende Strategie nur noch für eine begrenzte Zeit akzeptieren können.[64] Und drittens sind durch die Abrüstungsvereinbarungen der Supermächte im Bereich der Raketen mittlerer Reichweite Veränderungen eingeleitet worden, die ein Festhalten an der bisherigen Strategie ausschließen.

Da hilft es den Befürwortern auch nichts, die Möglichkeit einer weiten Interpretation der geltenden Strategie zu nutzen, die der Bezeichnung »Flexible Reaktion« ex definitione innewohnt. Die damit angestrebte Flexibilität hängt letztlich von der Verfügbarkeit eines breiten Spektrums an Waffen und Streitkräften ab. Daran aber fehlt es.

Bei all den Lobpreisungen für das Bündnis darf nicht verschwiegen werden, daß dieses trotz zahlreicher verbaler Bekundungen nicht die Kraft aufgebracht hat, seine konventionelle Rüstung wenigstens so zu verstärken, daß es nicht in den Zugzwang zum frühzeitigen Ersteinsatz nuklearer Waffen gerät. Erstaunliche Geschlossenheit hat die NATO dagegen ausgerechnet dort bewiesen, wo es um Verstärkungen im nuklearen Bereich ging, nämlich bei der sogenannten Nachrüstung, also der Aufstellung der Pershing II und der Marschflugkörper Anfang der 80er Jahre. Aber dabei tragen ja auch die Amerikaner und die Deutschen die Hauptlast: Erstere in finanzieller Hinsicht, wir in der Stationierung.

Die Schmidtsche These von der mangelnden Akzeptanz der geltenden Strategie trifft insofern den Kern des Problems, als eine in erster Linie auf Abschreckung bedachte Strategie eben nur dann wirksam sein kann, wenn ihre Glaubwürdigkeit von dem Willen der Bevölkerung zur Verteidigung getragen wird. Gerade daran fehlt es bei uns weitgehend. Wie kann das auch anders ein, wenn man immer nur von »Friedenserhaltung« spricht und auf die Frage des Wie allenfalls auf die abschreckende Wirkung der Streitkräfte und ihrer Waffen verweist. Die Erfordernisse einer wirksamen Verteidigung aber werden tunlichst verschwiegen, um die Bundesbürger nicht in ihrer Ruhe und in ihren Wunschträumen zu stören. Dieses Versäumnis betrifft vor allem die Bereiche der Zivilverteidigung[65] und die des Sanitäts- und Gesundheitswesens.[66] Keine Bundesregierung hat sich darum gesorgt, dem Volk die geltende Strategie zu erläutern – auch nicht die Regierung Schmidt. So hat immer mehr die Angst vor der eigenen Strategie um sich gegriffen.[67]

Statt dessen war man mehr darauf bedacht, die Bedrohung herunterzuspielen. Veränderungen im kommunistischen Machtbereich werden sogleich im Sinne eigener Wunschvorstellungen interpretiert. Nach Moskau wie zu einer Wallfahrt eilende deutsche Politiker meinen, als ganz neue Erkenntnis mitzubringen, daß auch die Sowjets keinen Krieg wollen. Wer so daherredet, hat die kommunistische Strategie überhaupt nicht verstanden, geschweige denn den Unterschied von »capabilities« (Fähigkeiten) und »intentions« (Absichten). Die Fähigkeiten zum Einsatz militärischer Macht werden allein durch die verfügbaren Waffen und Streitkräfte bestimmt. Die Absichten dagegen, mögen sie derzeit noch so friedlich sein, können sich schnell ändern. Wichtiger jedoch ist, daß die Sowjets es eben meisterhaft verstehen, die ihnen verfügbare militärische Macht zu nutzen: nicht zum Zwecke des Krieges, sondern in der Verfolgung ihrer politischen Zielsetzungen. Auch dann, wenn sie damit eine geschickte Politik der Abrüstung betreiben.

Eine Lagebeurteilung erfordert vor allem, voraussehbare Entwicklungen zu erkennen, zu bewerten und in bezug auf die eigenen Entschlüsse zu berücksichtigen. Was da auch auf unserer Seite an Hoffnungen und Wunschvorstellungen hinsichtlich Veränderungen in der sowjetischen Politik zur Grundlage eigener Entscheidungen erhoben wird, widerspricht zutiefst der gebotenen Nüchternheit einer Beurteilung der Lage. Dabei wollen viele Politiker noch nicht einmal zur Kenntnis nehmen, welche Grenzen selbst Gorbatschow seiner Perestroika und Glasnost in aller Offenheit setzt. Betont er doch unentwegt, daß er den »Umbau« im Geiste Lenins betreibt und daß er nicht daran denkt, dem Sozialismus abzuschwören.[68] Wollte sich die Sowjetunion – wie so viele Illusionisten zu erkennen meinen – wirklich in ihren Wertvorstellungen ändern und dem Westen anpassen, dann könnte sie das nicht besser unter Beweis stellen, als damit den Deutschen das Recht auf Selbstbestimmung zu gewähren. Während der vorangegangenen Betrachtungen sind wir immer wieder zu der Erkenntnis gelangt, daß diese Möglichkeit nur im Zusammenhang mit einem Überwinden des Status quo besteht. Solange aber die durch den Status quo bedingte militärische Konfrontation in Europa anhält, sind die NATO und damit die ihr angehörende Bundesrepublik gefordert, eine ihren Zielen entsprechende Strategie zu verfolgen. Nur so ist es möglich, sich gegenüber der im Prinzip unveränderten sowjetischen Bedrohung zu behaupten. Aber man muß begreifen, daß es sich dabei nicht um eine unmittelbare Drohung mit Krieg handelt – die aus Sicht der Sowjets auch gar nicht angebracht ist – , sondern allein um die Verfügbarkeit militärischer Macht.

Ob man nun von einer »neuen« Strategie spricht oder sich mit einer »Modifizierung« der geltenden Strategie begnügen

140

will: Im Kern geht es um die Rolle der Atomwaffen. Durch das Aufkommen dieser Massenvernichtungsmittel hat sich das Wesen des Krieges verändert. Obwohl ihre Wirkung mit dem Einsatz über Japan 1945 aller Welt demonstriert wurde, hat das weder Politiker noch Militärs daran gehindert, diese revolutionierende Waffe noch lange Zeit als eine Weiterentwicklung der Artillerie zu verniedlichen. Das scheint zum Glück überwunden. Um so nachhaltiger stellt sich die Frage, welche Rolle wir diesen Waffen in unserer Strategie zuweisen. Können oder dürfen wir ganz auf sie verzichten? Dürfen wir sie gar verbannen? Die Sowjets tun sich da leichter. Können sie sich doch auf eine beachtliche Überlegenheit an konventionellen Streitkräften und auf eine vorteilhafte geopolitische Lage stützen. Diese Position erlaubt es ihnen, mit kaum noch zu überbietendem propagandistischen Aufwand ein »atomwaffenfreies Europa 2000« zu fordern. Das hat seine Wirkung nicht verfehlt. Besonders in der Bundesrepublik haben sie damit eine nicht unbeträchtliche Anhängerschaft gefunden.

Wäre diese auch bei uns zunehmende Bewegung für ein atomwaffenfreies Europa wenigstens von dem Willen begleitet, auf kompensierende Maßnahmen zu drängen, um die Fähigkeit zur Verteidigung auch ohne Atomwaffen zu erhalten, dann würde auch sie sehr schnell mit der Erkenntnis konfrontiert werden, daß in der einseitigen Ablehnung der Atomwaffen zugleich auch die Gefahr der Verharmlosung eines »nur« mit konventionellen Waffen geführten Krieges liegt. Die Erinnerung an die Zerstörung Dresdens sollte genügen, um jeder Versuchung entgegenzuwirken, den konventionellen Krieg zu verniedlichen. Die Wirkung konventioneller Waffen ist zudem seit dem Zweiten Weltkrieg gewaltig gesteigert worden.

Selbst dann, wenn die Supermächte gewillt wären, auf alle nuklearen Waffen zu verzichten, sich gar hinsichtlich einer diesbezüglichen Kontrolle einigen würden, so dürfte dennoch niemand der Illusion erliegen, die Menschheit könnte in den Zustand nuklearer Unschuld zurückkehren. Das nukleare Know-how können wir nicht beseitigen.

Daß die Sowjets auf nukleare Waffen verzichten könnten, steht außer Zweifel. Kann es der Westen auch? Derzeit stellt seine nukleare Rüstung den unverzichtbaren Ausgleich für den Mangel an konventionellen Waffen.

Zu den Erscheinungen der anhaltenden Ost-West-Auseinandersetzung gehört auch der Streit darüber, über welche Kräfte beide Seiten nun wirklich verfügen. Die seit 15 Jahren andauernden Wiener MBFR-Verhandlungen[69] sind bisher daran gescheitert, daß man sich nicht über die gegenwärtigen Truppenstärken einigen konnte. Dieses Dilemma offenbart ein Problem, das zugleich der Schlüssel zu allen Rüstungskontrollvereinbarungen ist: die Nachprüfbarkeit. In der Strategie-Diskussion spricht man von »Verifikation«. Wir werden dieses Problem im Zusammenhang mit der Frage der Abrüstung eingehender betrachten.

Egon Bahr hat aus diesem Disput die einzig richtigen Konsequenzen gezogen, indem er immer wieder ermahnt, sich nicht in einem fruchtlosen Datenstreit über das Ist zu verzehren, sondern sich vielmehr auf das künftige Soll zu einigen, das heißt, auf »Zieldefinition«[70], auf die Größenordnungen, die man sich gegenseitig zugestehen will.

Gleichwohl besteht wenig Zweifel, daß die Sowjets dem Westen in der konventionellen Rüstung zwei- bis dreifach überlegen sind. Diese Überlegenheit wird vor allem in der Zahl der Kampfpanzer und Artilleriegeschütze offenkundig.[71] Natürlich sind derartige Vergleiche umstritten – und werden es immer sein. Der Westen tut sich dabei – wie fast immer – besonders schwer. Denn »bei der Zählung westlicher Kräfte muß auf das Prestigebedürfnis und die Selbständigkeit der Verbündeten Rücksicht genommen werden, auf östlicher darf penibel gezählt und gewogen werden. Ein Erbsenzählen ist das Ganze also gerade nicht«. So hat ein namhafter Journalist, Günter Gillessen, dieses Problem zutreffend beschrieben.[72]

Aber nicht nur Politiker scheinen mitunter der Versuchung zu erliegen, die so notwendige Bestandsaufnahme feindlicher Kräfte als »Erbsenzählerei« abzutun. Auch hohe Militärs sind davor nicht gefeit. Das hat im August 1988 ausgerechnet der Chef des Amtes für »Studien und Übungen« der Bundeswehr der Öffentlichkeit offenbart. Ansatzpunkt seines »ganz undiplomatischen Plädoyers« für eine neue Sicherheits- und Verteidigungspolitik[73] bildet eine geharnischte Kritik an dem »Bedrohungspessimismus« seiner Kameraden. Die Beurteilung eigener Unterlegenheit, bemängelt der Flottillenadmiral Schmähling, stütze sich im allgemeinen auf nackte Zahlen und Waffensysteme. Es offenbare »schlichtes militärisches Denken, die außenpolitische Macht eines Staates oder Bündnisses von der Zahl seiner Panzer und Raketen ableiten zu wollen«. Denn künftig werden allein die Wirtschaftskraft und die innere Stabilität für die internationale Rolle von Staaten und Bündnissen ausschlaggebend sein. So weit der Admiral. Dem ist zumindest entgegenzuhalten, daß wir froh sein sollten, wenn wenigstens die Soldaten noch nüchtern denken und nicht dem Rausch der Abrüstungseuphorie verfallen. Ein führender Militär sollte wissen, daß selbst für eine rein militärische Lagebeurteilung niemals allein die Zahlen von Waffen genügen, sondern diese nur die unverzichtbare Grundlage der folgenden Bewertung bilden. Ganz falsch aber liegt der Admiral mit seiner Vision, künftig käme es allein auf die Wirtschaftskraft und die innere Stabilität an. Voraussetzung für deren Entfaltung ist eben nicht zuletzt die äußere Sicherheit. Umgekehrt gründet sich die militärische Macht eines Staates auf dessen wirtschaftliches Potential und auf sein soziales Gefüge. Uns soll hier nicht die Frage interessieren, ob ein hoher Militär in so exponierter Stellung sich in dieser Weise von der geltenden Strategie distanzieren darf. Mit Sicherheit sind dadurch offenkundige Mängel in der Führerausbildung der Bundeswehr deutlich geworden.

Gerade die in letzter Zeit erkennbare Hinwendung der Überlegungen für eine Verstärkung der konventionellen Rüstung führt zwangsläufig dazu, daß der Komponente »Verteidigung« im Sinne der Kriegsführung wieder mehr Beachtung geschenkt wird. Ist doch das Undenkbare eines Nuklearkrieges mit Flucht in die »Abschreckung« verbunden, wobei man dies mit einer Sperre zum Nachdenken darüber koppelt, was denn geschieht, sollte die Abschreckung versagen – »if deterrence fails«. Jedwede Kriegsführung mit konventionellen Streitkräften würde natürlich die Lasten und Leiden überwiegend den Europäern zuweisen, während die Supermächte weitgehend verschont blieben. Um so empfindlicher reagieren die Europäer auf derartige Pläne. Wie groß das Erschrecken ist, werden sie mit den Realitäten der Sicherheitspolitik konfrontiert, dafür liefert das Bekanntwerden der amerikanischen Studie über »discriminate deterrence« – was frei übersetzt als »differenzierende Abschreckung« bezeichnet wird – ein bemerkenswertes Beispiel. In dieser Studie, die in den USA von einer unabhängigen Arbeitsgruppe erstellt wurde, der so prominente Mitglieder wie Henry Kissinger, der ehemalige Sicherheitsberater Zbigniew Brzezinski, der frühere Generalstabschef John Vessey und auch der Staatssekretär im US-Verteidigungsministerium Fred Iklé (deshalb auch die gelegentliche Benennung mit »Iklé-Studie«) angehörten, wurden Gedanken zum Kriegsbild der Jahrtausendwende entwickelt – natürlich aus der Sicht der USA. Aber wir wären gut beraten, zur Kenntnis zu nehmen, wie maßgebende Persönlichkeiten der amerikanischen Führungsmacht die voraussehbaren Entwicklungen beurteilen. Es sollte uns nicht überraschen, daß die Amerikaner darauf abzielen, sich einen größeren Handlungsspielraum zu verschaffen, den sie im Augenblick offensichtlich zu stark eingeengt sehen. Deshalb trachten sie nach einer Loslösung von der euro-strategischen Denkweise der gegenseitigen Abschreckung. Daß man nicht für alle Zeiten in dieser Denkweise und damit im Status quo verharren kann, das wollen die Europäer und insbesondere die Deutschen nicht wahrhaben. So konnte es nur hilfreich sein, daß sie durch diese Studie einmal wachgerüttelt wurden. Natürlich blieben protestierende Kommentare seitens der Westdeutschen nicht aus. Unter der Überschrift »Eine solche Strategie hätte fatale Konsequenzen für die Sicherheit Westeuropas« hat Lothar Rühl, früherer Staatssekretär im Verteidigungsministerium, scharfe Kritik an diesen amerikanischen Gedankenspielen geübt.[74]

Mögen, abgesehen von der dem Autor eigenen brillanten Formulierung, seine Argumente noch so überzeugen, sie ändern nichts an dem Dilemma, in dem gerade wir Deutsche uns in dieser Strategiediskussion befinden: Wir wissen nicht, was wir wollen. Wir weigern uns beharrlich, die realen Machtverhältnisse zur Kenntnis zu nehmen. Statt dessen flüchten wir uns

144

in Wunschvorstellungen. Und diese verbinden wir noch dazu mit dem Status quo, der Inbegriff der Teilung unseres Vaterlandes ist. Aber er ist zugleich der Vulkan der Kriegsgefahr, auf dem zumindest die Supermächte nicht länger tanzen wollen.

Es ist nicht Sache der Bundesrepublik, eine neue Strategie des Westens zu entwickeln. Doch ihr nationales Interesse – das zu definieren sie sich so schwer tut und statt dessen leider in eine europäische Illusion flüchtet – gebietet es, mit ganzer Kraft auf diese künftige Strategie der NATO Einfluß zu nehmen. Will die NATO in dieser geistigen Auseinandersetzung, die unsere Gegenwart bestimmt, bestehen, so muß sie ein Gesamtkonzept vorweisen. Man könnte sagen: Sie braucht zunächst eine Strategie zur Entwicklung einer neuen Strategie. »Stimmengewirr ist keine Strategie«, so hat Herbert Kremp die derzeitige Strategiediskussion zutreffend beschrieben.[75]

Spätestens seit dem Gipfel von Reykjavik ist für jedermann erkennbar, daß wir nicht einfach so weitermachen können wie bisher, wollen wir nicht den Sowjets die Initiative überlassen und uns damit begnügen, auf ihre Schachzüge zu reagieren – nach kräfteverzehrenden Diskussionen im eigenen Lager, versteht sich. Daß die NATO nicht die Kraft aufbringt, sich auf ein neues Konzept zu einigen, offenbart den fehlenden Konsens im Bündnis.

Die meisten Europäer wollen ja gar keine neue Strategie, sie wollen ihre Ruhe haben – und ihren Wohlstand. Was soll da das Gerede von einer »Bedrohung«, die sie gar nicht mehr als solche empfinden, sondern vielmehr als eine zweckorientierte Schwarzmalerei von Militärs und Rüstungsindustrie verhöhnen. Und man will auch nicht hören, wenn ein so anerkannter Stratege wie Helmut Schmidt die Lage nüchtern beurteilt: »Gegenwärtig ist die Gefahr eines großen Krieges in Europa nicht sehr groß, aber sie ist nicht gleich Null. Durch beiderseitige Abrüstung wird sie jedoch nicht kleiner. Die Geschichte generationenlanger russischer Expansion wird uns vor der Illusion bewahren, die heutige Sowjetunion für einen Wohltäter der Menschheit zu halten. Sie ist morgen wie heute ein gefährlicher mächtiger, großer Nachbar. Aber sie ist nicht

unser Feind. Und die Sowjetunion, zumal unter dem gegenwärtigen Kremlführer Michail Gorbatschow, ist kein kriegs-
lüsterner Staat.«[76]

Diese Einschätzung der Lage durch den Alt-Bundeskanzler
offenbart die Veränderungen, die sich seit der Begründung
der NATO eingestellt haben. Aber nach wie vor sind wir bedroht und müssen uns dagegen behaupten. Dazu bedürfen wir
einer neuen Strategie. Im nuklearen Zeitalter können wir die
Verfügbarkeit der Massenvernichtungswaffen nicht übersehen.
Um so mehr müssen wir darauf bedacht sein, uns aus ihrer
Abhängigkeit zu befreien. An konkreten Vorschlägen dazu
mangelt es nicht.[77]

Die Betrachtung der Bündnisprobleme hat deutlich gemacht, wie schwierig und zeitraubend der Prozeß ist, eine
neue Bündnisstrategie zu formulieren und zu implementieren.
Aber die Sowjets werden keine Nachsicht üben, wenn wir mit
unseren Hausaufgaben nicht fertig werden. Um so mehr erfordert es unser nationales Interesse, darauf Einfluß zu nehmen.
Vor allem dürfen wir uns nicht mit dem militärischen Aspekt
der gemeinsamen Strategie begnügen. Für uns Deutsche
kommt es darauf an, im Sinne des Harmel-Berichts darauf
hinzuwirken, daß die deutsche Teilung überwunden wird.

5. Kapitel

Einer trage des anderen Last

Der Zusammenschluß souveräner Nationen zu einem Bündnis
dient allein dem Zweck, vereint auf eine gemeinsame Zielsetzung hinzuwirken. Für die NATO ist dieses gemeinsame Ziel
die Behauptung gegenüber der sowjetischen Bedrohung. Aber
es ist nicht damit getan, sich zu einem gemeinsamen Ziel zu
bekennen, sondern dieser Zusammenschluß erfordert auch
eine gemeinsame Strategie. Auf die Fülle der Probleme, die
sich in diesem Zusammenhang stellen, wurde im vorigen Kapitel hingewiesen. Dabei ist schon deutlich geworden, daß die
Frage der Bereitstellung ausreichender Mittel für die Verteidigung in einem Bündnis weitaus problematischer ist als im nationalen Bereich. Schon eine rein nationale Verteidigung wird
immer ein (inner-)politisches Ringen um die Zuteilung eines
entsprechenden Anteils aus dem Gesamtumfang der stets
knappen Resourcen auslösen. In Friedenszeiten bedarf es der
vollen Überzeugungskraft einer Regierung, um die Zustimmung der Staatsbürger zu dem von ihr vorgelegten Verteidi-
gungshaushalt zu erlangen. Der Steuerzahler wie der Wehrpflichtige werden stets versucht sein, diese Aufgabe von sich
zu schieben, zumindest die geforderte Belastung so niedrig
wie nur möglich zu halten.

In einem Bündnis stellt sich unvermeidbar die Frage der La-
stenverteilung unter den Mitgliedstaaten.[78] Auch das gehört
zum Wesen eines solchen Zusammenschlusses. Nicht erst die
NATO wird mit diesem Problem konfrontiert, auch frühere
Koalitionen mußten sich damit auseinandersetzen. Die beiden
Weltkriege liefern uns eindrucksvolle Beispiele für mögliche
Lösungen. Damals wählte man den Weg, die für die gemein-
same Kriegsführung erforderlichen Mittel vornehmlich durch
Teilung der Aufgaben aufzubringen. Im Ersten Weltkrieg teil-

ten sich die Mittelmächte – Deutschland, Österreich-Ungarn, Bulgarien und die Türkei – die anfallenden Lasten durch Zuweisung der Verantwortung für bestimmte Kriegsschauplätze. Daß dennoch deutsche Truppen fast überall präsent waren, spiegelte die Rolle Deutschlands als Führungsmacht wider. So war es auch im Zweiten Weltkrieg.

Auf der Seite der Gegner hat im Ersten Weltkrieg Frankreich die Hauptlast getragen. Es stellte die meisten Truppen, sein Territorium bildete den Hauptkriegsschauplatz, und der Generalissimus der Alliierten war ein Franzose. Doch schon damals entschieden die USA den Krieg durch ihr Eingreifen, vor allem aufgrund ihres wirtschaftlichen Potentials. Auch im Zweiten Weltkrieg überwog die Lastenverteilung durch regionale Aufgabenteilung, doch wiederum wurde der Krieg durch das Eingreifen der USA entschieden.

Für die Lastenverteilung innerhalb der NATO jedoch stellte sich eine ganz andere Ausgangslage. Zweck dieses Bündnisses ist es doch gerade, einen Krieg zu verhindern. Die deshalb auf Abschreckung angelegte NATO-Strategie macht es ungleich schwerer, die Staatsbürger und die Steuerzahler von dem erforderlichen Bedarf der Mittel für die Verteidigung zu überzeugen. Man könnte die ganze bisherige Geschichte der NATO als einen immerwährenden Versuch der Führungsmacht USA beschreiben, die anderen Mitgliedsstaaten zu höheren Verteidigungsleistungen zu bewegen.[79] Ohne nennenswerten Erfolg. Die trotz aller verbalen Treueschwüre ablehnende Haltung der Bündnispartner läßt sich in drei Gründen zusammenfassen. Erstens schätzen sie die Bedrohung unterschiedlich ein. Dabei ist es erstaunlich, daß gerade diejenigen Staaten, die aufgrund ihrer geopolitischen Lage am meisten exponiert sind, sich offensichtlich weniger bedroht fühlen. Zweitens fehlt es – auch international – an der erforderlichen Akzeptanz der geltenden Strategie. Und drittens tendieren offenbar die kleineren Bündnispartner in bezug auf die gemeinsame Verantwortung zu einem Verhalten, das mehr dem des Steuerzahlers im nationalen Bereich ähnelt: Man bekennt sich zwar zu der gemeinsamen Aufgabe, genießt den Schutz der Gemeinschaft, versucht aber die Lasten auf andere abzuwälzen. So verhalten sich Trittbrettfahrer.

Wie hoch sollen oder müssen die gemeinsamen Lasten sein? So hoch, daß die Mittel für die gemeinsam beschlossene Strategie bereitgestellt werden können. Hier aber liegt für die NATO bereits die Wurzel des Übels. Schon zu ihrem Beginn hat der sogenannte Zeitweilige Ratsausschuß am 18. Dezember 1951 die verhängnisvolle These aufgestellt, daß der Aufbau der Verteidigung nur auf der Grundlage sozialer und wirtschaftlicher Stabilität erfolgen könne. Haben sich die Sowjets schon damals in ihren Zielsetzungen nicht durch unsere sozialen Probleme beirren lassen, unsere Sorgen – ob berechtigte oder eingebildete – dürften sie auch künftig nicht nachsichtig stimmen. Sie werden uns dafür keinen Bonus gewähren, sollte es je zu einer Machtprobe kommen.

Vergleichen wir einmal, was wir zu Beginn der fünfziger Jahre als für unsere soziale und wirtschaftliche Stabilität erforderlich angesehen haben mit dem, was wir heute als unerläßlich betrachten! Dann wird deutlich, daß es da wohl keinen Sättigungsgrad gibt. So wundert man sich nicht, daß sich durch die Jahrzehnte der NATO-Geschichte die stereotype Entschuldigung der Mitgliedstaaten zieht: We cannot afford it! – Wir können es uns nicht leisten! Was in Wirklichkeit heißt: Wir sind nicht gewillt, das zu leisten, was das Bündnis von uns fordert!

Auf der Suche nach Lösungen, auf welche Weise die einzelnen Bündnispartner besser zu motivieren sind, stößt man auf die Aufgabenteilung, wie sie am Beispiel der beiden Weltkriege demonstriert wurde. Wäre es nicht sinnvoll, zum Beispiel den Dänen die Verantwortung für die Ostsee zuzuweisen, die Briten auf die Nordsee und die Atlantikküste zu konzentrieren und dafür der Bundeswehr einen größeren Sektor in der Verteidigung Mitteleuropas zu überantworten? Womöglich könnte man dafür den BENELUX-Staaten die Luftverteidigung anvertrauen? Ähnliche Vorschläge sind wiederholt präsentiert worden. Doch sie sind allesamt gescheitert, weil sie dem unbestrittenen Grundsatz der NATO widersprechen, zum Zwecke der Abschreckung ein Höchstmaß an Gemeinsamkeit in der Verteidigung zu demonstrieren. Dieses Ziel jedoch wird am ehesten erreicht, wenn möglichst viele Nationen mit ihren Streitkräften in der Vorneverteidigung präsent sind. In der vorhergehenden Betrachtung über das Problem der Verteidigung wurde hervorgehoben, daß dabei militärische Erfordernisse hinter politisch begründeten Erfordernissen zurückzutreten haben. Aber die politische Führung muß sich der dadurch bedingten Nachteile und Gefahren bewußt sein. Sie darf nicht überrascht sein, sollten diese voraussehbaren Gefahren eintreten. Und sie muß Lösungen parat haben, ihnen dann zu begegnen.

Scheidet somit eine Lastenverteilung durch Aufgabenverteilung wegen der übergeordneten politischen Zielsetzungen aus, es bleibt die Frage, nach welchen Kriterien die Beiträge der Mitgliedstaaten zu bestimmen wären. Zu sehr haben wir uns schon daran gewöhnt, deren Leistungsfähigkeit zugrunde zu legen. Ganz so selbstverständlich ist das jedoch nicht. Sehr wohl könnte man auch dem Versicherungsprinzip folgen und den unterschiedlichen Grad der Bedrohung zum Kriterium erheben. Zumindest indirekt schlägt das auch immer wieder durch, wenn es unseren Verbündeten opportun erscheint, der Bundesrepublik größere Lasten aufzubürden. Gleichwohl ist die wirtschaftliche Leistungsfähigkeit, ausgedrückt im Bruttosozialprodukt pro Kopf, als Bemessungsgrundlage unbestritten. Doch geht die NATO nicht etwa so weit, von daher eine verbindliche Quote für die Verteidigungsbeiträge der Mitgliedstaaten festzulegen. Vielmehr nimmt das Bündnis es hin, daß seit eh und je die Nationen aufgrund ihrer eigenen Einschätzung einen recht unterschiedlichen Prozentsatz ihres Bruttosozialprodukts für die Verteidigung ausgeben. Dabei fällt auf, daß die USA mit einem Satz von 5 bis 8 Prozent an der Spitze liegen, während Kanada kaum über 2,8 Prozent hinauskommt. Die Bundesrepublik bleibt in dieser Rechnung mit etwa 3,5 Prozent unter dem NATO-Durchschnitt, der bei etwa 4 Prozent liegt. Dabei bestreitet niemand, daß gerade die Bundesrepublik einen beachtlichen Betrag zur gemeinsamen Verteidigung leistet. Wie kann das angehen, betrachtet man diesen geringen Prozentsatz?

Damit stoßen wir auf das Problem des Input-Output-Vergleichs. Hohe Verteidigungsausgaben bedeuten noch lange nicht, daß damit auch eine hohe Leistung erbracht wird. Da stellt sich zunächst einmal die Frage, was als Verteidigungsausgabe anerkannt wird. Nach einem 1952 ganz generell gefaßten Beschluß sind das alle Ausgaben für die nationalen Streitkräfte. Der Nachteil einer derart pauschalen Formulierung besteht darin, daß die Nationen frei sind, hohe Ausgaben für Gehälter, Garden, bunte Uniformen und Betreuungseinrichtungen zu tätigen, möglicherweise zu Lasten der Bewaffnung, Ausrüstung und Ausbildung – und dafür noch Anerkennung durch das Bündnis ernten. Nach dieser Formel werden zwar auch Ausgaben für Streitkräfte angerechnet, die außerhalb des Bündnisgebietes eingesetzt werden, nicht aber solche für die Zivilverteidigung. Zu welchen Verzerrungen diese gar zu grobe Rechnung führen kann, wird am Beispiel der Bundesrepublik besonders deutlich. Deren Aufwendungen für Berlin, die auch die Ausgaben für die dort stationierten alliierten Truppen einschließen, finden in der NATO-Rechnung keine Berücksichtigung. Auch nicht die Militärhilfe für die Türkei, Griechenland und Portugal, schon gar nicht die Ausgaben für Zwecke der Zivilverteidigung, welchen bei der exponierten Lage der Bundesrepublik große Bedeutung zukommt. Sicher ist auch diese Nicht-Anrechnung nach NATO-Kriterien ein Grund für die sträfliche Vernachlässigung der Zivilverteidigung, wenn auch nicht der einzige; auf keinen Fall ist dieses Versäumnis deshalb zu entschuldigen.

Zu Recht fordert Rupert Scholz einen »bündnispolitischen Burden-Sharing-Begriff«.[80] Und zu Recht erwartet die Bundesrepublik, daß auf diesem Wege ihre spezifischen Leistungen angemessen berücksichtigt werden, also gerade die schwer oder gar nicht quantifizierbaren Beiträge für die gemeinsame Verteidigung.[81]

Aber selbst dann, wenn die genannten Aufwendungen der Bundesrepublik künftig angemessene Berücksichtigung finden sollten, wäre damit das Problem des Vergleichs der Verteidigungsleistungen noch nicht gelöst. Es bleibt die Frage, wie man in einen solchen Vergleich diejenigen Leistungen einbeziehen kann, die nicht oder nur sehr schwer quantifizierbar sind. Darunter fällt vor allem die allgemeine Wehrpflicht, zu deren Wesensmerkmalen die Unentgeltlichkeit gehört. Der geringe Sold der Wehrpflichtigen verursacht nur verhältnismäßig geringe Personalausgaben. Dagegen verschlingen Freiwilligenheere einen beachtlichen Aufwand an Personal-kosten. Das führt zwangsläufig dazu, daß Nationen ohne Wehrpflicht zahlenmäßig zwar viel geringere Streitkräfte unterhalten, gleichwohl im NATO-Vergleich mit hohen Verteidigungsausgaben glänzen. Natürlich werden diese Bündnispartner – das sind vor allem die Angelsachsen – nicht müde, auf die bessere Qualität ihrer Berufssoldaten zu verweisen. Ob die auch wirklich besser sind, darüber ließe sich streiten. Wir Deutschen hätten allen Grund, daran zu erinnern, daß wir in beiden Weltkriegen überwiegend aus Wehrpflichtigen bestehende Massenheere ins Feld geschickt haben, die in ihren militärischen Leistungen den Berufsarmeen in nichts nachstanden. Auch sollte nicht übersehen werden, daß der Verzicht auf die Wehrpflicht diese Regierungen natürlich von einer innerpolitischen Last befreit, an der die Bundesrepublik – aber nicht nur sie – nach wie vor zu tragen hat. Schließlich fällt auch der psychologische Faktor ins Gewicht. Nationen mit allgemeiner Wehrpflicht identifizieren sich stärker mit der Aufgabe der Verteidigung als andere. Das Steuerzahlen allein genügt wohl nicht für die Verteidigungsbereitschaft einer Nation. Auch besteht die Gefahr, das aus nationaler Sicht zu bequeme Konzept einer Berufsarmee könnte in der Allianz Schule machen. Für die NATO-Strategie wäre das verhängnisvoll.[82] Ein nur aus Berufsarmeen bestehendes NATO-Bündnis wäre kaum in der Lage, das unumgängliche Minimum an Divisionen zu stellen, die für eine wirksame Verteidigung erforderlich sind. Vor allem fehlte es an den notwendigen Personalreserven im Mobilmachungsfall; ein Faktor, der schon heute die angelsächsischen Kontingente nicht unwesentlich begrenzt.[83] Mit so wenigen Streitkräften könnte man kaum abschrecken. Abschreckung ist aber erklärtermaßen das vorrangige Ziel.

Eine weitere, für die gemeinsame Verteidigung nur schwer quantifizierbare Leistung erbringt die Bundesrepublik als Stationierungsraum für die rund 400 000 alliierten Soldaten und etwa dieselbe Anzahl von Zivilpersonal und Angehörigen. Das erfordert die Bereitstellung von Unterkünften, Übungsplätzen und Verkehrswegen. Auch die überwiegend auf deutschem Boden gelagerten nuklearen Waffen stellen eine beachtliche politische Belastung dar, die schwerlich quantifizierbar ist, die aber gleichwohl Berücksichtigung bei der Bewertung des deutschen Verteidigungsbeitrages verlangt.

An die Grenze der Quantifizierbarkeit stoßen wir, wenn es darum geht, das für die geplante Operationsführung erforderliche deutsche Territorium als Verteidigungsleistung zu bewerten. Diese den Deutschen aufgebürdete Last läßt sich nicht allein mit dem Hinweis auf die schicksalhaft bedingte geostrategische Lage Deutschlands abtun. Denn die Vorneverteidigung liegt im Interesse aller Bündnispartner.

Mit diesen Beispielen haben wir uns bereits von einem Vergleich reiner Aufgaben, also Inputs, ab- und den konkreten Leistungen im Sinne von Outputs zugewandt. Der NATO ist es bisher nicht gelungen, sich auf einen Vergleich dieser Leistungen zu einigen. Aber gerade darauf kommt es an. Zur gemeinsamen Verteidigung trägt allein das bei, was geleistet wird, und nicht der Aufwand. Die NATO ist eben doch keine integrierte Streitmacht. Zu gern weisen Atlantiker auf die sogenannten »integrierten« Aufgaben hin: wie zum Beispiel NICSMA (NATO Integrated Communications System Management Agency), AWACS (Airborne Warning And Control System) und das NATO-Infrastruktur-Programm. Aber diese gemeinsam betriebenen Projekte bilden die Ausnahme von der Regel.[84] Und sie ermuntern aufgrund ihrer hohen Kosten nicht gerade zur Nachahmung. Im großen und ganzen jedoch besteht die NATO aus nationalen Kontingenten, die – wie bereits zuvor erwähnt – erst bei einer bestimmten Alarmstufe den NATO-Befehlshabern zur Verfügung gestellt werden. Dennoch obliegt diesen NATO-Befehlshabern bereits im Frieden die Verantwortung für die Verteidigungsplanung. Das schließt die Zuständigkeit ein, diejenigen Mittel zu fordern, derer sie zur Erfüllung der ihnen gestellten Aufträge bedürfen. Zu diesen Mitteln gehören Umfang, Bewaffnung und Ausrüstung der ihnen assignierten (nationalen) Truppen. Dazu wird alle zwei Jahre eine Military Appreciation, also eine militärische Beurteilung, des NATO-Militärausschusses erstellt. Daraufhin verabschieden die NATO-Verteidigungsminister eine Ministerial

Guidance, eine Weisung, auf deren Grundlage dann die NATO-Befehlshaber in enger Zusammenarbeit mit den betroffenen Nationen sogenannte Force Proposals, also Streitkräftevorschläge, erarbeiten. Sodann verabschiedet sie der Verteidigungs-Planungsausschuß als Streitkräfteziele jeweils für einen Zeitraum von fünf Jahren.[85]

Dieser, wenn auch verkürzt dargestellte, Vorgang mag einen Einblick in den diffizilen Entscheidungsprozeß des Bündnisses vermitteln. Der wäre noch hinzunehmen, würde er nur zum Erfolg führen. Leider hat die Erfahrung gezeigt, daß sich die Mitgliedstaaten bei der Verwirklichung dieser Planungen oft nicht daran halten, was sie im Verteidigungs-Planungsausschuß mitbeschlossen haben. Zumeist wird diese Abkehr von den gemeinsamen Beschlüssen mit dem Hinweis auf die angespannte wirtschaftliche Lage begründet. Und diese Entschuldigung ist noch nicht einmal zurückzuweisen, hat doch die NATO – wie zuvor ausgeführt – selbst den Grundsatz aufgestellt, die soziale und wirtschaftliche Stabilität sei Voraussetzung für eine wirksame gemeinsame Verteidigung.

In dem Bestreben, den wenig ergiebigen Input-Vergleich wenigstens in Teilbereichen durch einen Vergleich der Outputs zu verbessern, besteht eine auffällige Neigung zu einem Vergleich der Mannschaftsstärken. Sicher ist dies eine willkommene Gelegenheit für jene Nationen, die aufgrund der von ihnen praktizierten allgemeinen Wehrpflicht oder bedingt durch ein niedriges Lohnniveau umfangreiche Streitkräfte unterhalten, ihren Beitrag zur gemeinsamen Verteidigung wirkungsvoll zu demonstrieren. Die Mitgliedstaaten mit kleineren Berufsarmeen versäumen natürlich nicht, auf die vermeintlich höhere Qualität ihrer Truppen hinzuweisen. Beim Vergleich der Verteidigungsbeiträge auf den Personalumfang abzuheben, ist eine zumindest fragliche Methode. Denn in unseren Tagen ist es nicht möglich, den Kampfwert von Streitkräften allein nach der Kopfstärke zu bestimmen. Dieses Kriterium war in der Zeit Friedrichs des Großen angebracht. Schon in beiden Weltkriegen kam es mehr darauf an, welche und wieviele Rohre eine Division an den Feind brachte und

154

über welche Munitionsausstattung sie verfügte, weniger auf den Personalumfang. Das darf uns aber nicht zu der irrigen Auffassung verführen, die Zahl der Soldaten spiele überhaupt keine Rolle. Erinnern wir uns, mit welchem Nachdruck Clausewitz auf die Überlegenheit der Zahl als dem Prinzip des Sieges hingewiesen hat.[86] Nicht nur, daß Soldaten unentbehrlich für die Bedienung von Waffen und Gerät sind; mehr noch kommt es auf ihr Können an, das heißt auf ihren Ausbildungsstand, auf ihren Willen, auf ihre Führung. Streitkräfte sind eben mehr als die Summe von Soldaten und Waffen: Letztlich geht es um den Geist der Armee. Damit haben wir die Grenze des Quantifizierbaren überschritten. Die Frage der Lastenverteilung wird ein Kernproblem des NATO-Bündnisses bleiben. Mit größter Wahrscheinlichkeit wird es das Spannungsverhältnis zwischen der Führungsmacht USA und den europäischen Mitgliedsstaaten künftig noch mehr bestimmen als bisher. Die amerikanische Regierung wird ihrer Nation nicht länger so drückende Verteidigungslasten auferlegen können, die sie nur mit Hilfe einer ins Unermeßliche wachsenden Verschuldung finanzieren kann. Noch weniger dürfte ein amerikanischer Präsident in der Lage sein, seinem Volk zu erklären, daß die USA sich das Geld zur Finanzierung dieser Verteidigungsausgaben gerade von den westeuropäischen Ländern und Japan borgen müßten, zu deren Schutz sie diejenigen US-Streitkräfte einsetzen, die sie mit dem geborgten Geld unterhalten müssen.[87] Die Führungsmacht ist es leid, die Europäer erinnern, mahnen, bitten zu müssen.

Dabei verfügt sie über ein äußerst wirkungsvolles Druckmittel: Die Drohung mit der Reduzierung ihrer in Europa stationierten Truppen. Zu oft haben amerikanische Politiker mit dieser Karte gepokert; die Europäer nehmen es nicht mehr ernst. Aber sie könnten sich täuschen.[88]

Wenn sich dann gar die Auffassung breitmacht, man käme auch ohne die Amerikaner aus, zeugt das von einer erschreckenden Unkenntnis des Wesens der Abschreckung. Auch da kommt es nicht allein auf die Zahl der Streitkräfte an, sondern auf deren Qualität. Diese Qualität wird auch durch die Nationalität bestimmt. Konkreter: Die Wirksamkeit der Abschreckung wird nicht zuletzt dadurch bestimmt, daß amerikanische Divisionen in der Vorneverteidigung engagiert sind. Sie sind eben nicht so ohne weiteres durch westeuropäische Divisionen zu ersetzen, wie Egon Bahr meint, der sich darüber mokiert, daß »Westeuropa davor zittert, daß es hier zwei amerikanische Divisionen weniger geben könnte«.[89] Selbst wenn die Westeuropäer den Willen zur Aufstellung von weiteren zwei Divisionen aufbrächten, wofür es nicht die geringsten Anzeichen gibt, die Sowjets würden solchen »Ersatz«-Divisionen nicht den Wert beimessen wie den amerikanischen. Diese würden weniger oder gar nicht abschrecken.

Sollten die USA gar darauf dringen, daß wir einen gleichen Anteil unseres Bruttosozialprodukts für die Verteidigung ausgeben wie sie, so würde das bei derzeit 6,9 Prozent für uns eine Größenordnung von 138 Milliarden DM bedeuten. Das wären dann etwa 50 Prozent des gesamten Bundeshaushalts![90] William H. Taft hat uns schon wissen lassen, was da auf uns zukommt.[91]

Auch die vorstehende Betrachtung der Frage der Lastenverteilung im Bündnis hat erkennen lassen, daß es nur eine wirksame Lösung gibt: Die Überwindung der militärischen Konfrontation. Vor allem aber sollte all denen, welche die deutsche Wiedervereinigung wegen damit möglicher finanzieller Belastungen ablehnen, bewußt geworden sein, daß es den so oft gepriesenen Schutz durch das Bündnis nicht zum Null-Tarif gibt. Im Gegenteil: Gewaltige Belastungen werden auf uns zukommen. Und dennoch gibt es keine Sicherheit, solange die militärische Konfrontation fortbesteht. Vor allem aber sollte dieser Exkurs über das Problem der Lastenverteilung verdeutlichen, daß ein Bündnis nicht mehr ist, auch nicht mehr sein kann, als eine Interessengemeinschaft. Weder die kommunistische Bedrohung macht die NATO zu einer Schicksalsgemeinschaft noch ihre Verklärung als »westliche Wertegemeinschaft«. Schicksalsgemeinschaft ist nur eine Nation. Wenn viele Deutsche das nicht mehr erkennen oder zumindest nicht wahrhaben wollen, so ist das die Folge fehlender geistiger Führung. Ein Stück Charakterlosigkeit ist es aber auch.

6. Kapitel

Die Zauberformel Abrüstung

Abrüstung ist so etwas wie eine Zauberformel.[92] Herbert
Kremp hat sie einmal als »Ansprache an die Seelen« bezeichnet. Wer könnte schon wagen, dagegen zu sein? Verheißt sie
doch die Lösung fast all der Probleme, die in den vorhergehenden Kapiteln aufgezeigt wurden. Käme es wirklich dazu, daß
wir Schwerter zu Pflugscharen und Spieße zu Sicheln machen,
wie uns der Prophet Jesaja (2,4) verheißen hat, dann brauchten
wir uns nicht mehr um eine neue Strategie zu sorgen, die leidige Frage nach der Führung im Bündnis stünde nicht mehr an
und es gäbe keine Verteidigungslasten mehr, die es zwischen
den Bündnispartnern gerecht zu verteilen gilt. Nicht zuletzt die
Lasten der Verteidigung – und das sind mehr als nur die finanziellen Belastungen für den Steuerzahler – haben den Wunsch
breiter Kreise nach allgemeiner Abrüstung so mächtig werden
lassen, daß kaum ein Politiker es wagt, sich dem zu widersetzen. So wird denn die verständliche, wenn auch höchst unrealistische Hoffnung geschürt, Gorbatschow würde mit seiner
Politik der Perestroika schon unseren Wunschvorstellungen
entgegenkommen. Er wird, so meint man, seine für uns so bedrohliche Überlegenheit an konventionellen Streitkräften
abbauen. Dazu werde er um so eher bereit sein, als er seine ohnehin zu knappen Ressourcen dringend für die wirtschaftliche
Sanierung des kommunistischen Systems benötige. Das allein
aber wird den Machthaber im Kreml kaum dazu bewegen, uns
diesen Gefallen zu tun. Da müßten wir ihm schon ganz andere
Anreize bieten. Weiß er doch nur zu gut, daß für seinen westlichen »Sicherheitspartner« die Frage der Verteidigungslasten
ganz offensichtlich das Problem ist, mit dem er ihn am ehesten
aus den Angeln heben kann. Diesen Trumpf wird er sicher
nicht verschenken.

Mancher mag fragen: Ist es denn nicht zu begrüßen, daß auch im Westen eine starke Neigung vorherrscht, die Ausgaben für Rüstung und Militär zu reduzieren? Nein, wenigstens dann nicht, wenn es dabei allein darum geht, die Verteidigungslasten zu reduzieren, und nicht um den eigentlichen Zweck von Abrüstung. Sie soll darauf gerichtet sein, die Kriegsgefahr zu reduzieren. Ginge es bei der Abrüstung wirklich um die Sicherung des Friedens, dann müßte man notfalls sogar bereit sein, auch noch mehr Mittel für das Militär aufzuwenden, wenn es diesem Ziel dient. Da wird mancher aufmerken: Ist das nicht ein Widerspruch? Kann man denn noch mehr für Rüstung ausgeben und zugleich die Kriegsgefahr bannen? Ja, das ist genau das Problem, das sich uns gegenwärtig stellt. Wenn nämlich die immer wieder verkündete These stimmt, daß wir mit der Gründung der NATO und aufgrund der dadurch bedingten enormen Rüstung den Frieden erhalten haben, dann ist dies doch der schlagende Beweis dafür, daß hohe Verteidigungslasten sich lohnen. Oder im Umkehrschluß: Keine oder viel geringere Ausgaben für die Rüstung hätten uns möglicherweise um Frieden und Freiheit gebracht.

Wenn heute weitgehende Übereinstimmung dahingehend besteht, daß es trotz bisher erfolgreicher Friedenssicherung so nicht weitergeht, daß wir aufgrund der veränderten Bedingungen nach neuen Wegen suchen müssen, um Frieden und Freiheit zu bewahren, dann darf Ausgangspunkt unserer Überlegungen für neue Wege der Sicherheit eben nicht die Reduzierung der Verteidigungslasten sein, sondern allein das Ziel der Friedenssicherung. Für die Deutschen aber muß dieses Ziel immer im Kontext von Einheit und Freiheit der Nation betrachtet werden.

Fragen wir konkreter, wie eine Friedenssicherung aussehen könnte, die womöglich noch Mehrkosten verursacht, also höhere Verteidigungslasten bewirkt. Das läßt sich wohl kaum überzeugender demonstrieren als am Beispiel der Ausgewogenheit von nuklearer und konventioneller Rüstung. Rein wirtschaftlich betrachtet, stellt sich nukleare Rüstung eben kostenwirksamer dar. Bezogen auf den Aufwand erlaubt sie größere Wirkung – für Abschreckung und Verteidigung. »More bang for a buck«, mehr Feuerzauber für einen Dollar, so lautete deshalb in den fünfziger Jahren auch ein Slogan, mit dem die Angelsachsen die starke Reduzierung ihrer konventionellen Streitkräfte zu rechtfertigen versuchten, um sich von nun an auf die kostenwirksameren Nuklearwaffen abzustützen. Wie schon bei der Betrachtung der strategischen Zusammenhänge dargelegt, haben wir uns damit jedoch in eine starke Abhängigkeit von den nuklearen Waffen begeben, die uns geradezu erpreßbar machen könnte. Das ist der gewichtigste Grund, weshalb die geltende Strategie immer weniger akzeptiert wird und somit an Glaubwürdigkeit verliert. Wir müssen umdenken. Was wäre da naheliegender, als die Nuklearwaffen drastisch zu reduzieren und dafür unsere konventionelle Rüstung zu verstärken? Wie das die NATO seit zwei Jahrzehnten fordert – allerdings vergebens. Denn das kostet Geld, viel Geld. Hunderte von Panzern, Geschützen und Flugzeugen müßten her, um die dann fehlenden Atomraketen zu ersetzen. Nicht ersetzen könnten sie jedoch die abschreckende Wirkung des Atoms. Konventionelle Waffen vermögen eben nicht im gleichen Ausmaß abzuschrekken wie die mit Massenvernichtung drohenden Atomwaffen.

Diese These machen sich Regierungen und Steuerzahler begierig zunutze, um ihre Säumigkeit in der konventionellen Rüstung zu entschuldigen: Eine konventionelle Abschreckung sei ja ohnehin nicht möglich. Und sie fahren fort, wir könnten uns eine derart umfangreiche konventionelle Rüstung auch gar nicht leisten. Sie würde unser Land in ein Heerlager verwandeln. Deutsche Politiker und Publizisten vergessen nicht, warnend hinzuzufügen: Das könnte womöglich eine »Militarisierung der Gesellschaft« bewirken. Mit einem Wort: Dies sei politisch gar nicht durchsetzbar. Ist dem wirklich so? Scheitert die Chance, daß wir uns aus der teuflischen Abhängigkeit von den nuklearen Waffen freimachen, allein an der mangelnden Einsicht von Wählern und Steuerzahlern? Sollte es nicht vielmehr die vornehmste Aufgabe politischer Führung sein, die Bürger von der Notwendigkeit der Erfordernisse einer als richtig erkannten Politik zu überzeugen und nicht einen bequemen, aber gefährlichen Weg einzuschlagen, um dem Steuerzahler zu gefallen und damit – vielleicht – dessen Stimme für die nächste Wiederwahl zu gewinnen?

Übertragen wir diese Herausforderung an die politische Führung auf die Frage der konventionellen Verstärkung unserer Rüstung. Wenn es denn stimmt, daß wir Gorbatschow nur deshalb zum Abzug seiner SS-20 Raketen bewegen konnten, weil wir in der nuklearen »Nachrüstung« Entschlossenheit bewiesen haben (daß der Kreml-Boß den Spieß umgedreht und uns gleich die für ihn so günstige »doppelte Null-Lösung« verpaßt hat, sei nur am Rande erwähnt), dann wäre es doch nur konsequent, eine derartige Taktik der Entschlossenheit auch in der Frage des Gleichgewichts der konventionellen Streitkräfte anzuwenden. Zeigen wir ihm doch, daß wir nicht bereit sind, seine unbestrittene Überlegenheit an Divisionen, an Panzern, Kanonen und Kampfflugzeugen als gegeben hinzunehmen. Verweigern wir ihm, sich in der sicheren Überzeugung zu wiegen, der Westen würde die Kraft dazu ohnehin nicht aufbringen!

Diese Forderung nach Beseitigung des konventionellen Ungleichgewichts bedeutet nicht, nach einem numerischen Gleichgewicht zu streben. Wir brauchen nicht die gleiche Anzahl von Soldaten, Panzern, Kanonen und Flugzeugen wie der Warschauer Pakt. Aber wir müssen nach einem annähernden Gleichgewicht streben, das uns in die Lage versetzt, einem Angriff mit Aussicht auf Erfolg standzuhalten, ohne zu einem frühzeitigen Einsatz nuklearer Waffen gezwungen zu sein.

Daß die Sowjets sich in ihrer konventionellen Überlegenheit als unangefochten betrachten, dafür gibt es einen interessanten Hinweis. Auf einer Tagung des bekannten Bergedorfer Gesprächskreises, die im März 1987 in Moskau stattfand, brachte der CDU-Politiker Volker Rühe die Sprache auf diesen Punkt. Daraufhin erteilte ihm der sowjetische Professor Arbatow eine Abfuhr, die einem intellektuellen k.o. gleichkam: »Was das Gleichgewicht bei den konventionellen Waffen angeht, so bleibt mir ein Geheimnis: Der Westen behauptet, die Sowjetunion verfüge bei den konventionellen Waffen über eine Überlegenheit. ...Ich stelle nur fest: Sie haben in Westeuropa ein sehr viel größeres Bruttosozialprodukt als wir. Ihr wissenschaftlich-technisches Niveau liegt auch keinesfalls unter dem unseren. Sie haben auch eine größere Bevölkerung. Was ich nicht verstehe, ist, daß Sie sich nach 40 Jahren immer noch darüber beklagen, daß die Balance bei den konventionellen Waffen zu unseren Gunsten ausfällt. Warum ergreifen Sie dann keine entsprechenden Maßnahmen? Kein Abkommen hindert sie daran. Wenn sie befürchten, daß wir mehr Panzer haben, warum bauen Sie dann keine Panzer? Sie haben eine bessere Traktorindustrie, eine bessere Autoindustrie. Sie haben mehr Geld. Offenbar gefällt es Ihnen besser, sich immer beklagen zu können.« [93] Herr Rühe, der anschließend wiederum das Wort ergriff, ging mit keinem Wort auf diese Ausführungen von Arbatow ein, sondern begnügte sich damit, »die nicht zu übersehenden Ansätze zu mehr Freiheit« aufgrund der Perestroika zu preisen. [94]

Das Unvermögen des Westens, eine neue Strategie zu entwickeln oder aber die bisherige Strategie neu zu beleben, (ver)führt dazu, das Heil in der Abrüstung zu suchen. Dieser Ausweg erscheint um so verlockender, als er gleichermaßen der Sehnsucht nach Frieden wie den Wünschen nach Entlastung von Militärausgaben entspricht. Und das in einer Zeit, da – wie es scheint – auch die sowjetische Politik in diese Richtung zielt. Da übersieht man nur zu gern, daß es sich für die Sowjets möglicherweise nur um ein Zwischenziel handelt. Von dem großen Ziel des Marxismus-Leninismus, alle Welt mit dem Heil seiner Lehre zu beglücken, will man im Westen nichts mehr hören. »Wandel durch Annäherung«, den wir seit der Tutzinger Rede Egon Bahrs von 1963 so erfolgreich praktizieren, daß wir unser Versagen in der Deutschlandpolitik mit dem Hinweis entschuldigen, drüben könne man schließlich auch leben, diesen Wandel meinen wir nun auch bei den Sowjets zu erkennen. Honi soit, qui mal y pense!

Den Ansatzpunkt für die begehrte Abrüstung liefert die Rüstungskontroll-Politik. Diese ist – mit Clausewitz gesprochen – nichts anderes, als eine Fortsetzung der Konfrontation mit anderen, in diesem Fall mit weniger Mitteln. Ganz nach dem Motto des Bundeskanzlers Kohl »Frieden schaffen – mit weniger Waffen«. Nur müßte seit der doppelten Null-Lösung auch der strategische Laie erkannt haben, daß weniger Waffen noch lange nicht mehr Sicherheit bedeuten, wenigstens nicht für alle

Beteiligten. Rüstungskontroll-Politik muß also, will sie erfolgreich sein, in eine Gesamtstrategie eingebettet werden, so man
über eine solche verfügt. Auch in diesem Bereich, der internationalen Politik bekommt man nichts ohne Gegenleistung. Angesichts ihrer konventionellen Überlegenheit verfügen die
Sowjets in diesem Poker über eine gute Ausgangsbasis. Zu verschenken haben sie nichts. Auch dann nicht, wenn sie einseitige Vorleistungen anbieten. Das sind nichts als wohlkalkulierte
taktische Züge im Rahmen ihrer Gesamtstrategie. Denn im
Gegensatz zu uns haben sie eine solche. Hat man sich auch bei
den Wiener MBFR-Verhandlungen seit über 15 Jahren vergeblich bemüht, wenigstens eine symbolische Truppenreduzierung
zu erreichen, der vermeintlich große Durchbruch wurde 1987
in einem anderen Bereich der Rüstungskontrollpolitik erzielt:
mit der doppelten Null-Lösung. Da bejubelte die deutsche
Bundesregierung plötzlich die Lösung, die sie zuvor energisch
abgelehnt hat. Daß die Deutschen bei dieser Lösung schlechter
dastehen als zuvor, darf man kaum noch laut sagen, will man
nicht als Störenfried weiterer Abrüstungsschritte gebrandmarkt werden. Aber niemand kann leugnen, daß es Gorbatschow mit dieser INF-Lösung gelungen ist, das Mittelstück aus
der nuklearen Abschreckung des Westens herauszubrechen.
Was ist das anderes als ein Abkoppeln von den weitreichenden
strategischen Nuklearwaffen der USA, an die wir doch durch
die heiß umstrittene »Nachrüstung« gerade »angekoppelt« werden sollten? Geblieben sind uns die nuklearen Kurzstreckenwaffen, die unsere westeuropäischen Verbündeten als eine
»Brandmauer« preisen. Eine solche mag es für sie auch sein,
denn sie bildet nun einmal den Ausgleich für den Mangel an
konventionellen Streitkräften auf westlicher Seite. Nur bewirkt
diese Brandmauer leider auch die erhöhte Gefahr eines begrenzten nuklearen Krieges, dessen Folgen in erster Linie diejenigen zu tragen hätten, deren Land unvermeidbar zum
Schlachtfeld würde: die Deutschen. Der Slogan: Je kürzer die
Reichweiten (der nuklearen Waffen) – desto toter die Deutschen, trifft also durchaus den Kern dieses Problems. Daß unsere Verbündeten diese deutschen Bedenken nicht gern hören
und ihnen entgegenwirken, ist verständlich, aber deshalb für

uns noch lange nicht akzeptabel. So war der aus Bonn scheidende britische Botschafter Sir Julian Bullard eifrigst bemüht, Äußerungen deutscher Politiker und Publizisten hinsichtlich der erhöhten Bedrohung der Bundesrepublik nach der doppelten Null-Lösung zu relativieren. Jedoch fiel ihm dazu nichts Besseres ein, als darauf zu verweisen, auch Großbritannien und Portugal seien einer besonderen Bedrohung ausgesetzt, nämlich aufgrund ihrer langen Küsten.[95] Wahrlich ein Vergleich, der nicht nur hinkt.

Niemand kann bestreiten, daß die Bonner Politik mit der doppelten Null-Lösung in das Dilemma geraten ist, entweder mit der »Sonderbedrohung« zu leben, die mit dem Stichwort »Brandmauer« zutreffend umschrieben ist, oder aber die eigene Unterlegenheit an konventionellen Streitkräften zu beseitigen; ob nun durch Verstärkung der eigenen Rüstung oder aufgrund einer Reduzierung der sowjetischen Überlegenheit.

Die beiden Supermächte haben offensichtlich andere Sorgen. Sie wenden sich in der nächsten Abrüstungsrunde erst einmal ihren weitreichenden strategischen Waffen zu, mit dem Ziel, diese um 50 Prozent zu kürzen. Uns Deutsche bringt das keinen Schritt weiter. Auch die bevorzugten Projekte der SPD-Abrüstungspolitik, atomwaffenfreie Korridore und chemiewaffenfreie Zonen, vermögen da keine Abhilfe zu schaffen. Die Verfechter letzterer Lösung sind jede Antwort schuldig geblieben, wie eine solche Maßnahme kontrolliert werden sollte. Ganz abgesehen davon, daß die Konzentration von Abrüstungsbemühungen auf eine spezifische Waffenart möglicherweise dem falschen Eindruck Vorschub leistet, die verbleibenden Waffen seien weniger gefährlich.

Für eine atomwaffenfreie Zone hat sich vor allem Egon Bahr engagiert. Als Mitglied der sogenannten Palme-Kommission verficht er die Forderung nach einem atomfreien Korridor mit einer Tiefe von 150 km beiderseits der Demarkationslinie[96]. Zwar hat die Kommission auf die damit zusammenhängenden Probleme verwiesen (wie das konventionelle Ungleichgewicht und die Kontrolle einer solchen Zone), aber auch sie hat keine befriedigenden Antworten zu geben vermocht. Ihre Feststellung, das Gleichgewicht der konventionellen Kräfte in Europa sei »schwierig einzuschätzen«[97], ist keine neue Erkenntnis. Man muß Bahr zugute halten, daß er in seinem jüngsten Buch die Konsequenzen gezogen hat, indem er eingesteht: »Ohne die Bereitschaft zum konventionellen Gleichgewicht ist eine atomwaffenfreie Zone in Europa nicht möglich.«[98] Allerdings wäre es mit der Bereitschaft allein noch nicht getan.

So nimmt es nicht wunder, daß sich die Abrüstungsinitiativen immer mehr auf den weiten Bereich der konventionellen Rüstung konzentrieren. Auf diesem Gebiet hat sich in den vergangenen Jahren vor allem die sozialdemokratische Opposition versucht. Ein aufsehenerregender Vorstoß blieb dem früheren Staatssekretär im Bonner Verteidigungsministerium, Andreas von Bülow, vorbehalten. In seiner Studie, die in der Öffentlichkeit als »Bülow-Papier« diskutiert wurde, hat er zunächst einmal die Bedrohung heruntergespielt[99]. Wenn Bülow auch richtigerweise darauf verweist, daß Militärs – allein schon um ihre Forderung nach mehr Mitteln zu unterstreichen – eine gewisse Neigung zu worst case scenarios (zur Annahme des schlimmsten Falles) eigen ist, seine eigene Bedrohungsanalyse ist deshalb nicht glaubwürdiger. Sie leidet vor allem darunter, daß Bülow sich offenbar dazu verleiten ließ, das Kriterium der Mannschaftsstärken überzubewerten. Dabei dürfte eine zumindest fragwürdige Studie des Brigadegenerals a.D. Christian Krause von Einfluß gewesen sein, die dieser zur Frage des konventionellen Kräftegleichgewichts im Auftrag der Friedrich-Ebert-Stiftung erstellt hat.[100] Darin versucht Krause, die größere Anzahl von Divisionen des Warschauer Paktes zu relativieren, wenn nicht zu rechtfertigen, indem er auf die fast doppelten Personalstärken westlicher Divisionen verweist. Während eine sowjetische Division etwa 11 000 bis 13 000 Mann stark ist, verfügt eine NATO-Division über rund 20 000 Mann. Daraus jedoch eine Überlegenheit der westlichen Divisionen abzuleiten, hätte einem gelernten Militär nicht passieren dürfen. Wissen doch heutzutage schon interessierte Laien, daß der Kampfwert militärischer Verbände in erster Linie durch die Zahl und Qualität ihrer Kampfpanzer, Schützenpanzer und Geschütze bestimmt wird und nicht durch die Anzahl der Soldaten. Die unbestritten weitaus größeren Personalstärken westlicher, vor allem amerikanischer Divisionen bewirken noch lange keinen gesteigerten Kampfwert. Letztlich sind sie nur Ausdruck der höheren Ansprüche von Soldaten, die einer westlichen Industriegesellschaft entstammen: Mammutstäbe und Versorgungstruppen. Im Vergleich zu den mehr auf Taille geschnittenen sowjetischen Panzerdivisionen sind die westlichen Divisionen durch ihre umfangreichen Versorgungstruppen[101] eher belastet und unbeweglicher als kampfkräftiger.

Bülow wird nicht müde zu betonen, die Sowjetunion wolle keinen Krieg. Er offenbart damit, daß er dies nicht begriffen hat oder es nicht wahrhaben will: Es geht nicht um Krieg, sondern um Machtpolitik. Die Fähigkeit zur Kriegsführung, die in den zuvor erwähnten »capabilities« der Sowjets offenkundig wird, ist Ausdruck dieser Machtpolitik. So hat es nicht überrascht, daß die Bülowschen Thesen eine vernichtende Kritik erfuhren.[102] Überraschenderweise wurde Bülow sogleich auch verdächtigt, Neutralisierungstendenzen zu verfolgen. Der Bonner Welt-Journalist Werner Kahle brachte dabei den fast schon vergessenen Oberst von Bonin ins Spiel.[103] Bonin, damals einer der führenden Köpfe im Amt Blank, dem Vorläufer des Bonner Verteidigungsministeriums, erregte 1955 großes Aufsehen, als er in einer Denkschrift die beabsichtigte Aufstellung einer so umfangreichen 500 000 Mann-Bundeswehr und deren Integration in die NATO kritisierte. Jetzt hat der Historiker H. Brill Leben und Werk des kürzlich verstorbenen Obersten von Bonin in einer Biographie gewürdigt. [104] Da wird deutlich, daß es nicht gerechtfertigt ist, Bülows Initiative dem Wirken Bonins gleichzusetzen. Denn von einem ist bei Bülow nun wirklich nicht die Rede: von der deutschen Einheit. Bonin ging es um die Verteidigung Westdeutschlands, nicht um das NATO-Bündnis. Damit geriet er in einen unlösbaren Konflikt zum Primat der Politik. Er mußte scheitern – aber das war kein Grund, ihn in derart entwürdigender Form zu entlassen. In die Geschichte der Bundeswehr wird er als ein Außenseiter eingehen, aber als ein Mann von Charakter, dem Deutschland wichtiger war als das Bündnis.

Die deutsche Einheit spielt auch bei der anderen großen Abrüstungsinitiative aus dem Lager der SPD nicht die geringste

Rolle, die vom August-Bebel-Kreis ausging. Dieser Kreis, der sich zum Ziel gesetzt hat, eine Brücke zwischen kritischen Intellektuellen und der SPD zu schlagen, hat 1985 eine von dem Hamburger Friedensforscher Dieter S. Lutz erarbeitete Studie zum Thema »Elemente einer neuen Friedens- und Sicherheitspolitik der SPD«[105] vorgelegt. Da geht es um eine sogenannte Neue Europäische Friedensordnung (NEFO). Das ist aber nicht etwa eine solche Friedensordnung, wie sie im Brief zur deutschen Einheit vorgezeichnet ist. Der August-Bebel-Kreis begnügt sich damit, den Status quo sicherer zu machen. Die deutsche Einheit ist da kein Ziel mehr. Da bleibt nur die Frage: Was ist aus dieser großen Partei August Bebels geworden? Deren »Wende« in ihrer deutschlandpolitischen Grundhaltung hat Friedmann schonungslos offengelegt.[106]. Werden in den zuvor genannten SPD-Entwürfen auch Ziele vertreten, die jeden deutschen Patrioten entsetzen müssen, das Studium dieses Papiers ist dennoch ein intellektueller Genuß, verglichen mit dem Geschwafel des sogenannten Geißler-Papiers und auch des nachfolgenden Papiers der CDU, in denen die deutsche Frage betreffend nur Allgemeinplätze und Lippenbekenntnisse aneinandergereiht sind.[107] Wenn auch nicht verkannt werden soll, daß es sich bei diesen CDU-Papieren um Grundsatzerklärungen handelt und nicht um Strategie-Entwürfe. Aber gerade das hätte Kürze und Präzision erfordert.

In der Frage der konventionellen Abrüstung vertritt die Bundesregierung die These: Wer mehr hat – der muß auch mehr abrüsten. Das ist nichts anderes als die mit einfachen Worten umschriebene Forderung nach »asymetrischer« Abrüstung. Dieser fromme Wunsch wird auch als »Genscher-Formel« deklariert, ja man spricht sogar von einem »Genscher-Plan«.[108] Im Kern geht es dabei um die Forderung, die Sowjets sollten ihre Fähigkeit zum »raumgreifenden Angriff und zur Überraschung« beseitigen. Das bezeichnet man in der sicherheitspolitischen Diskussion als »Invasionsfähigkeit«. Wie problematisch es ist, diese zu bestimmen, das hat Wulf W. Lapins in einer Studie herausgearbeitet.[109] Letztlich geht es doch immer um eine Überlegenheit an konventionellen Streitkräften. Aber wie groß muß diese sein, um von einer Invasionsfähigkeit zu sprechen?

Selbst die klassische Faustregel einer dreifachen Überlegenheit des Angreifers vermag nicht zu überzeugen. Wie Lapins am Beispiel des deutschen Angriffs auf Frankreich 1940 hervorhebt, war eine derartige Überlegenheit damals keineswegs gegeben.[110] Andere Faktoren, wie ein hoher Ausbildungsstand der Truppe, überlegene Führungsfähigkeit und nicht zuletzt der so schwer zu beurteilende Geist der Armee, kommen hier ebenfalls zum Tragen, mitunter geben sie sogar den Ausschlag. Eine Begriffsbestimmung der Invasionsfähigkeit allgemeiner Art hat Hans-Jürgen Rautenberger geliefert, indem er sie auf die beiden Kriterien »großräumige Offensivfähigkeit« und »strategische Überraschung« reduziert hat.[111] Diese zu beseitigen ist das Ziel einer »Nicht-Invasionsfähigkeit«, die häufig ungenau auch als »Nicht-Angriffsfähigkeit« bezeichnet wird. Damit begibt man sich jedoch in eine argumentative Sackgasse, in der schließlich auch Waffen hinsichtlich ihrer Eignung zum Angriff oder zur Verteidigung eingeteilt werden. Ein hoffnungsloses Unterfangen, dem aber Politiker immer wieder erliegen.

Daß Egon Bahr von dem Begriff der strukturellen Nicht-Angriffsfähigkeit nicht lassen kann, ist bekannt. Aber was hat die CDU nur dazu getrieben, allen negativen Erfahrungen mit diesem irreführenden Begriff zum Trotz, in ihrem Papier die Produktion von »Verteidigungswaffen« zu propagieren?[112] Das zeigt, daß es auch in der Rüstungskontroll-Politik wohl mehr um die politische Optik geht, denn um ein übergeordnetes Ziel. Nicht Abrüstung kann ein Ziel sein, sondern nur die Beseitigung der Spannungen. Und dazu muß, wie es der Harmel-Bericht formuliert hat, die deutsche Teilung überwunden werden.

Sicher dürfen wir nicht verkennen, daß es auch Wechselwirkungen zwischen Rüstung und politischen Spannungen gibt. Wenn auch die Rüstung Ausdruck bestehender Spannungen ist, so entstehen aus ihr gleichwohl zusätzliche Spannungen. Abrüstungsschritte können deshalb durchaus zur Entspannung beitragen. Wichtiger ist jedoch, daß sie vom Willen zur Entspannung getragen sind. Allerdings droht die Gefahr neuer Spannungen, wenn Abrüstungsmaßnahmen nicht von wirksamen Kontrollen begleitet werden.

Verifizieren heißt, die Wahrheit feststellen. Verifikation bildet das Kernproblem aller Rüstungskontroll-Politik. Da es aber nicht um eine totale Abrüstung geht, sondern lediglich um eine Rüstungsbegrenzung, also um eine Reduzierung der Rüstung, stellt sich unvermeidbar die Frage nach dem Ist des gegenwärtigen Rüstungszustandes. Die Frage lautet: Was haben beide Seiten an Soldaten und Waffen? Nur dann, wenn man sich zuvor darüber einigt, kann man eine Reduzierung um einen bestimmten Prozentsatz beschließen. Bei Raketen ist das gelungen – und wird auch künftig möglich sein. Da weiß man ziemlich genau Bescheid über das, was der andere hat. Denn hier genügen technische Aufklärungsmittel. Aber im Bereich der konventionellen Streitkräfte, wenn es um die Zahlen von Panzern, Kanonen und Soldaten geht, dann muß vor Ort gezählt werden. Die kann man nicht durch Aufklärungssatelliten erfassen. Daran sind letztlich die seit 15 Jahren andauernden Wiener MBFR-Verhandlungen gescheitert.[113] Die Lehren, die es daraus zu ziehen gilt, sind eindeutig. Wer nicht nur Abrüstung um der Abrüstung willen, sondern das wirkliche Ziel der Entspannung verfolgt, der muß zu wirksamen Kontrollen bereit sein und auch darauf bestehen. Wirksam jedoch sind nur »unkontrollierte« Kontrollen. Lange Zeit haben sich die Sowjets gegen jedwede Kontrolle vor Ort gesperrt. Wenn Gorbatschow nun signalisiert hat, daß er auch darüber mit sich reden ließe[114], dann bedeutet dies noch lange nicht, daß er wirksame Kontrollen akzeptieren wird. Wie sehr sich die Sowjets dagegen sträuben, haben die Stockholmer KVAE-Verhandlungen (Konferenz über Vertrauens- und Sicherheitsbildende Maßnahmen und Abrüstung in Europa) von 1986 gezeigt. Welche Kontrollmaßnahmen demzufolge als zumutbar betrachtet werden, kann man im Schlußdokument nachlesen: »Jedem Teilnehmerstaat wird gestattet, ein Ersuchen um eine Inspektion an einen anderen Teilnehmerstaat zu richten«, und: »Kein Teilnehmerstaat ist verpflichtet, auf seinem Territorium ... mehr als drei Inspektionen pro Kalenderjahr zuzulassen.[115]

Damit stoßen wir auf die grundverschiedenen Positionen von

Ost und West in der Verifizierung. Die offene Gesellschaft des Westens hat damit keine Probleme. Der Osten kann sich nicht in gleichem Maße öffnen, ohne sein System zu gefährden oder gar aufzugeben. Das können wir nicht gutheißen, aber wir müssen diese Position in unsere Überlegungen einbeziehen. Nur dann können wir Lösungen finden, die für beide Seiten annehmbar sind.

Wirksame, das heißt unkontrollierte Kontrolle in der konventionellen Abrüstung ist vor allem dort vonnöten, wo die Gefahr am größten ist: mitten in Deutschland. Deshalb bietet sich auch hier ein Auseinanderrücken der Blöcke als Voraussetzung für eine gegenseitige Kontrolle vereinbarter Rüstungsbegrenzung an. Ein wiedervereinigtes Deutschland wäre eine ideale Zone für unbegrenzte Kontrollmaßnahmen. Mit ihrer Erweiterung zu einer europäischen Friedensordnung könnte sie entsprechend ausgedehnt werden. Das Unvermögen der verantwortlichen Politiker, das Problem der Verifizierung zu lösen, verführt sie immer mehr dazu, sich von den »capabilities« ab- und den »intentions« zuzuwenden. Denn bei letzteren stellt sich nicht die leidige Frage des Zählens, Messens und Wägens[115] – wie bei einer Inventur. Da kann man sich mit unverbindlichen Absichtserklärungen begnügen. Selbst ein so profunder Kenner der Materie wie der Kölner Politikwissenschaftler Karl Kaiser scheint der Versuchung der »intentions« erlegen zu sein. Forderte er doch, »zunächst müßte über die Militärdoktrinen gesprochen werden«.[116] Da sind natürlich die Sowjets, die Kontrollen-vor-Ort meiden wie der Teufel das Weihwasser, hell begeistert. Auf der Berliner Tagung der Warschauer Paktstaaten im Mai 1987 wurde mit großem Paukenschlag zu einem Vergleich der Militärdoktrinen aufgefordert.[117] Und der Westen stimmte freudig zu. Dabei haben die meisten unserer Politiker nicht die geringste Ahnung, was das eigentlich ist, eine Militärdoktrin. Es handelt sich eben nicht um ein Synonym für Strategie. Nach sowjetischer Terminologie ist die Doktrin der Strategie übergeordnet; und innerhalb der Doktrin hat der politische Teil Vorrang. In ihm interpretiert die Sowjetunion nämlich den defensiven Charakter ihrer Streitkräfte. Erst kürzlich hat der sowjetische Marschall V. G. Kulikow die sowjetische Auffassung über Sinn und Zweck einer Militärdoktrin noch einmal verdeutlicht.[119] Da läßt er keinen Zweifel daran, daß es um das »gemeinsame Bemühen der sozialistischen Bruderstaaten geht, den zuverlässigen Schutz der von ihren Völkern gewählten Gesellschaftsordnung« zu sichern.

»Unter dieser Doktrin ist ein System grundlegender Auffassungen zur Verhinderung eines Krieges, zum militärischen Aufbau, zur Vorbereitung ihrer Länder und ihrer Streitkräfte wie auch der Vereinten Streitkräfte auf die Abwehr einer Aggression zu verstehen. Natürlich gehören dazu auch die Auffassungen über die Methoden der Führung des bewaffneten Kampfes zur Verteidigung des Sozialismus.«[120]

Und weiter: »Zwischen der politischen und der militärisch-technischen Seite besteht eine völlige Übereinstimmung. In dieser Übereinstimmung kommt der dialektische Zusammenhang zwischen der Friedenspolitik der sozialistischen Staaten und ihrer Bereitschaft sowie Entschlossenheit zum Ausdruck, ihre sozialen Errungenschaften zu verteidigen.«[121]

Da überrascht es nicht, daß Kulikow seine Ausführungen mit der Behauptung beschließt, daß die USA und die NATO sich einem Vergleich der Militärdoktrinen in Wahrheit nur aus einem einzigen Grunde entziehen:»Das ist der unverhüllt aggressive, offensive Charakter der Militärdoktrinen der USA und des Nordatlantikpaktes.«[122] Man fragt sich, was ein solcher Vergleich bringen soll? Mit Sicherheit neue Konferenzen und vermehrte Stellen für Büro-Offiziere. Davon haben wir aber schon viel zu viele!

Eine Variante der Abrüstungsinitiativen im terminologischen Bereich erleben wir in dem Bestreben, den Begriff des »Feindbildes«[123] abzubauen. Sowohl Helmut Schmidt als auch sein Nachfolger als Verteidigungsminister Georg Leber halten sich zugute, der Bundeswehr das Feindbild verboten und damit einen alten Zopf abgeschnitten zu haben. Schlagen sie da nicht auf einen Buh-Mann ein? So anerkennenswert das Bemühen sein mag, einer möglichen Erziehung zum Haß entgegenzuwirken, der Ansatz ist mit Sicherheit nicht der richtige. Wer nur ein wenig von der militärischen Ausbildung in der Bundeswehr versteht, der weiß, daß dort nicht zum Haß erzogen wird. Schon gar nicht durch den beim Militär üblichen Begriff »Feind«. Zum Wesen des Soldaten gehört nun einmal, sich auf den Kampf vorzubereiten. Dazu bedarf es der Fiktion eines Gegners, der in wohl allen Armeen der Welt als »Feind« bezeichnet wird. Auch das für alle NATO-Streitkräfte gültige Befehls-Schema beginnt mit der Ziffer »Enemy Forces« (Feindkräfte). Eine derartige »Kosmetik« dürfte also weniger dem Ziel der Abrüstung dienen als einer zunehmenden Verunsicherung des Soldaten.

Dieses Kriterium der »Ausbildung« ist natürlich im politischen Bereich nicht relevant. Unstrittig ist, daß ideologisch verbrämte Feindbilder den gewollten Prozeß der Entspannung behindern. Aber das darf nicht dazu führen, durch unbedachten Abbau von Feindbildern die Illusion zu schüren, es herrsche da eitel Freundschaft. Solange die Sowjets dem deutschen Volk unter Mißachtung der auch von ihnen anerkannten Grundsätze des Völkerrechts die Selbstbestimmung verweigern, ist es doch wohl nicht ganz falsch, dies als einen »feindlichen« Akt zu bezeichnen? Wenn Marion Gräfin Dönhoff fordert, »zur Abrüstung gehört eben auch die Abrüstung der Feindbilder«[124], dann ist das nur richtig, wenn man auch aufhört, sich in den praktischen Fragen der Politik wie ein Feind zu verhalten.

In dieses Bemühen um Abbau von Feindbildern gehört auch das sogenannte »SPD-SED-Papier«. Dieser Versuch, durch ein gemeinsames Dokument der SPD-Grundwertekommission und der Akademie für Gesellschaftswissenschaften beim Zentralkomitee der SED, friedliche Koexistenz mit geistiger Auseinandersetzung zu verbinden, hat auch der SPD-Führung scharfe Kritik aus den eigenen Reihen eingebracht.[125]

Ein Ausweichen auf die »intentions« stellten auch die Bestrebungen der No-First-Use-Bewegung, also des Verzichts auf den Ersteinsatz nuklearer Waffen dar. Sie wurde im Frühjahr 1982 von vier prominenten Amerikanern (McGeorge Bundy, George F. Kennan, Robert S. McNamara und Gerard Smith) mit dem Ziel ausgelöst, den Westen zu einer weltweiten Verzichtserklärung hinsichtlich eines Ersteinsatzes seiner nuklearen Waffen zu bewegen.[126] Angesichts der offenkundigen Unterlegenheit des Westens in der konventionellen Rüstung und seines Unvermögens, diesen Mangel zu beheben, käme ein solcher Verzicht einer Kapitulation gleich. Diesen Standpunkt haben vier Deutsche (Karl Kaiser, Georg Leber, Alois Mertes und Franz-Joseph Schulze) in einer Gegenschrift überzeugend dargelegt.[126] Natürlich hätte es sich bei einer derartigen Verzichtserklärung eben nur um eine Änderung der »intentions« gehandelt. Die nuklearen »capabilities« wären ja erhalten geblieben. Dennoch sollte man es sich nicht so leicht machen, eine solche Verzichts-Erklärung als ein Stück Papier abzutun, das im Ernstfall keine Bedeutung hätte. Für den Westen wäre daraus sehr wohl eine starke Bindung entstanden. Diese notfalls einfach abstreifen zu wollen, würde zu einer starken Belastung des westlichen Bündnisses führen, die keine verantwortungsbewußte Führung leichtfertig heraufbeschwören sollte.

Wie fragwürdig dennoch eine Strategie ist, die sich wegen ungenügender konventioneller Streitkräfte nicht nur auf nukleare Waffen abstützen muß, sondern wahrscheinlich sogar zu einem frühzeitigen Ersteinsatz – einem Early First Use – gezwungen wäre, darauf wurde im Zusammenhang mit der Frage einer neuen Strategie hingewiesen.

Fast alle Abrüstungsinitiativen sind auf eine »vertikale« oder selektive Rüstungsbegrenzung gerichtet: Man ist um Reduzierung oder gar Beseitigung einzelner Waffensysteme bemüht. Damit lädt man sich nicht nur kaum lösbare Probleme der Verifizierung auf, man verharrt auch in der Konfrontation. Aus deutscher Sicht heißt das: Solche Bestrebungen dienen nicht dem Ziel, die deutsche Teilung zu überwinden. Dazu bedarf es einer »horizontalen« Abrüstungskonzeption. Denn alle Bemühungen um Abrüstung werden zum Scheitern verurteilt sein, wenn wir uns nicht auf die Ursachen der Spannung besinnen und diese anpacken. Für uns Deutsche, deren vornehmstes Streben darauf gerichtet sein sollte, auf die Wiederherstellung der deutschen Einheit hinzuwirken, bietet sich eine geradezu einmalige Chance, zumindest unsere Verbündeten für dieses Ziel zu gewinnen, wenn nicht sogar die Sowjets: Indem wir sie immer wieder auf die mit der militärischen Konfrontation verbundenen Gefahren hinweisen. Diese können nur ausgeräumt werden, wenn die Blöcke auseinanderrücken.

Aber anstatt diese Chance zu nutzen, verkündet die Bundesregierung, man dürfe die Abrüstungsverhandlungen nicht noch durch die deutsche Frage »überfrachten«. Und alle nicken mit dem Kopf? Nein. Zumindest der neue Verteidigungsminister Rupert Scholz hat in einem Interview darauf hingewiesen,daß gegenseitige Sicherheit wechselseitiges Vertrauen bedinge. Das aber setze die Gewährung von Menschenrechten voraus.[128] Auch im Schluß-Kommunique der Warschauer Paktstaaten vom Juli 1988, das einer neuen Abrüstungsinitiative gleichkommt, wird die Verwirklichung der Menschenrechte ausdrücklich gefordert.[129] Was sind Menschenrechte, wenn nicht das Recht auf Selbstbestimmung gewährt wird? Daran sollten wir Gorbatschow jeden Tag aufs Neue erinnern.

Er könnte sich dem auf die Dauer nicht verschließen. Doch zu Recht wird er uns die Gegenfrage stellen, welche Garantien wir ihm geben können, damit das bestehende Gleichgewicht in Europa nicht zu seinen Ungunsten verändert wird. Mit diesem Buch wird der Versuch gewagt, darauf eine Antwort zu geben.

7. Kapitel

Die NATO und die deutsche Einheit

Wer es wagt, über die Wiederherstellung der deutschen Einheit nachzudenken, gar mit einer Lösung aufzuwarten, muß sich darauf gefaßt machen, mit der Frage konfrontiert zu werden: Wie hältst Du's mit der NATO? Schlimmstenfalls wird ihm gleich Verrat an der westlichen Wertegemeinschaft vorgeworfen.

Selbst dann, wenn es gelingt, eine Lösung zu präsentieren, bei der es an der Einheit in Freiheit nichts mehr zu deuteln gibt, wird dennoch die besorgte Frage erklingen: Und was soll dann aus der NATO werden? Darin spiegelt sich das schon erwähnte Mißverständnis vieler Deutscher über Sinn und Zweck eines Bündnisses wider. Kein Wunder: Wird ihnen doch seit Jahrzehnten eingetrichtert, diese Westbindung sei unwiderruflich. Das erinnert fatal an die entsprechende Bindungsklausel, mit der die DDR-Verfassung in ihrem Artikel 6 (2) das Bündnis mit der Sowjetunion für »immer und unwiderruflich« erklärt.

Viele wollen nicht wahrhaben, daß alle unsere Verbündeten die NATO wie jedes Bündnis als Mittel zum Zweck sehen. Zweck ist immer noch die Freiheit und die Wohlfahrt der Nation. Als de Gaulle meinte, diesen Zweck auf andere Weise besser zu erreichen, zögerte er nicht, Frankreich aus der militärischen Organisation herauszulösen und scherte sich nicht darum, welche Nachteile sich daraus für das Bündnis ergaben, vom Schicksal der Deutschen ganz zu schweigen. An diesem, 1966 geschaffenen Zustand wollen die Franzosen nichts ändern – unbeschadet aller Bekenntnisse zu einer besseren Zusammenarbeit. Die Spanier haben es vorgezogen, der militärischen Organisation erst gar nicht beizutreten, nachdem sie den Beitritt zur NATO mehr als Pflichtübung vollzogen, um auf diese Weise die Zustimmung der westeuropäischen Partner zur für sie vorteilhaften EG-Mitgliedschaft zu erlangen.[130] Wie unterschiedlich der Status der einzelnen NATO-Mitglieder innerhalb des Bündnisses ist, hat Friedmann in seinem Buch herausgearbeitet.[131]

Wer die NATO mißbrauchen will, um ein Bollwerk gegen die deutsche Einheit zu errichten, hat freilich die Rechnung ohne den Wirt gemacht. Die NATO ist dies nicht, sie will es nicht sein, und sie darf es nicht sein.

Wiederbewaffnung und NATO-Beitritt wurden eben von der Mehrheit der Westdeutschen nicht als Absage an die Wiedervereinigung empfunden. Adenauer hatte es verstanden, die Fragestellung »Wiederbewaffnung oder Wiedervereinigung« durch seine Zauberformel »Wiedervereinigung durch Westintegration« auszuräumen. Und Westintegration hieß eben Wiederbewaffnung in der Form eines Verteidigungsbeitrages im Rahmen des westlichen Bündnisses.[132] Aber auch die NATO hat sich niemals als eine Organisation zum Zweck der Erhaltung des Status quo verstanden, schon gar nicht zur Zementierung der deutschen Teilung. Im Gegenteil.

Abgesehen davon, daß sich die Mitgliedstaaten in der Präambel des NATO-Vertrages zu den Grundsätzen der Vereinten Nationen und damit zum Selbstbestimmungsrecht bekennen, haben sie ihre gemeinsame Politik in bezug auf Deutschland 1967 im Harmel-Bericht konkretisiert. In Punkt 8 bekunden sie ihre Entschlossenheit, eine europäische Friedensordnung in Europa anzustreben. Diese sei »jedoch nicht möglich ohne eine Lösung der Deutschlandfrage, die den Kern der gegenwärtigen Spannungen in Europa bildet. Jede derartige Regelung muß die unnatürlichen Schranken zwischen Ost- und Westeuropa beseitigen, die sich in der Teilung Deutschlands am deutlichsten und grausamsten offenbaren.«[133]

Mehr konnten wir Deutschen wirklich nicht erwarten. Um so unglaublicher ist es, daß in jüngster Zeit deutscherseits Stimmen laut werden, die eine Neufassung des Harmel-Berichts fordern. Sind hier die Gegner der deutschen Einheit am Werk?

Gerade in diesen Monaten könnten wir uns mehr denn je auf die im Harmel-Bericht formulierten Grundsätze berufen, um die deutsche Frage in die Abrüstungsgespräche einzubringen, wie Friedmann es gefordert hat. Denn seit dem Gipfel von Reykjavik ist offenkundig, daß die Supermächte sich neu arrangieren wollen. Der Status quo in der bisherigen Form erscheint ihnen zu unsicher. In der Suche nach mehr Sicherheit denken sie natürlich in erster Linie an ihre eigene Sicherheit. An uns liegt es, darauf zu dringen, daß unsere nationalen Interessen da nicht zu kurz kommen. Die NATO steht dem nicht entgegen.

Wenn aber die deutsche Wiedervereinigung kommt, was soll dann aus der NATO werden? Verweilen wir einen Augenblick bei dieser Frage, die manchem Deutschen offenbar mehr Sorgen bereitet als die nach dem Schicksal des eigenen Vaterlandes. Auch die NATO ist vergänglich. Gleichwohl wird mit der deutschen Einheit nicht etwa schon ihr Ende gekommen sein; denn sie ist vonnöten für das Entstehen und für die Entwicklung einer europäischen Friedensordnung. Die deutsche Wiedervereinigung ist ja nur der erste Schritt auf diesem Wege. Mit jeder (schrittweisen) Erweiterung dieser Zone zwischen den Supermächten werden die Blöcke um ein Stück dahinschmelzen, bis sie ihre Funktion vollends erfüllt haben. Der Weg dahin ist lang – nicht aber der zur deutschen Einheit. Denn die Überwindung der deutschen Teilung muß am Anfang dieses Prozesses stehen – nicht am Ende. So haben es alle unsere NATO-Partner im Harmel-Bericht anerkannt.

8. Kapitel

Irrlicht am Horizont: Eine neue EVG

Die NATO ist kein Hindernis auf dem Weg zur deutschen Einheit. Sie versteht sich als Bündnis souveräner Nationen und will deren Souveränität schützen und bewahren. Eine westeuropäische Union dagegen wäre unvereinbar mit dem deutschen Ziel der Wiedervereinigung. Zielt ein derartiger Zusammenschluß doch gerade darauf ab, die Nationalstaaten zu überwinden. Und das, bevor die Deutschen ihre nationale Einheit überhaupt wieder zurückgewonnen haben. Noch hat niemand Antwort auf die Frage geben können, wie eine »Wiedervereinigung« dann noch möglich sein soll, wäre die Bundesrepublik erst einmal in einem westeuropäischen Bundesstaat aufgegangen. Zum Glück sind wir davon weit entfernt, denn außer der Bundesrepublik ist kein Staat wirklich bereit, zugunsten irgendeiner europäischen Institution auf seine Souveränität zu verzichten.

Wie aber ist in diesem Zusammenhang eine westeuropäische Verteidigungsgemeinschaft zu beurteilen, von der in letzter Zeit immer mehr die Rede ist? Diese wird in erster Linie als eine Interessengemeinschaft der westeuropäischen Staaten gegenüber der NATO-Führungsmacht USA verstanden. Viele sehen darin aber den Hebel, mit dessen Hilfe die politische Integration Westeuropas voranzutreiben wäre. Letztlich wäre das also nichts anderes als eine Neuauflage der 1954 an der französischen Nationalversammlung gescheiterten EVG. Auch dieses damalige Projekt war von einer doppelten Zielsetzung bestimmt: gemeinsame Verteidigung und westeuropäische Integration. Das entscheidende Motiv für die damalige EVG ist jedoch unstrittig: Auf diese Weise wollte man einen gewichtigen westdeutschen Beitrag zur europäischen Verteidigung einfordern, gleichwohl aber die zu dieser Zeit noch unerwünschte

Mitgliedschaft der Bundesrepublik in der NATO verhindern. Schließlich zeigte sich, daß die Franzosen nicht bereit waren, eine derart enge Bindung einzugehen, wie die EVG sie von ihnen gefordert hätte. Zwischen diesen beiden Übeln entschied sich Frankreich lieber für das Wiederaufleben einer nationalen deutschen Armee, als eine Beschränkung seiner nationalen Souveränität in bezug auf die Wehrhoheit hinzunehmen. Denn die Zuständigkeit über die Landesverteidigung, somit die Entscheidung über Fragen von Leben und Tod, ist nach wie vor Ausdruck der Souveränität.

Doch auch nach dem Scheitern der EVG ist der Ruf nach einer »europäischen Verteidigung« niemals verstummt, was immer auch darunter verstanden wurde oder wird; ob nun eine Neuauflage der EVG oder nur eine engere Kooperation der Westeuropäer zum Zwecke der gemeinsamen Sicherheit. Den Ansatzpunkt dafür bildet die Westeuropäische Union (WEU). Diese aus dem – damals gegen Deutschland gerichteten – Brüsseler Pakt von 1948 entwickelte Organisation diente dazu, die 1955 in die NATO aufgenommene Bundesrepublik dennoch in einen westeuropäischen Rahmen einzubinden. Das galt vor allem in bezug auf Rüstungsbeschränkungen, die mit dem NATO-Vertrag nicht zu vereinbaren sind. Anders als der WEU geht es der NATO gerade darum, ihre Mitglieder zu möglichst großen Verteidigungsleistungen anzuhalten und nicht, sie zu gängeln.

Als Frankreich 1966 die militärische Integration der NATO verließ, bekannte es sich durch seine Zugehörigkeit zur WEU weiterhin zur gemeinsamen Aufgabe der westeuropäischen Verteidigung. Jedoch führte das nicht etwa dazu, diese Institution zu reaktivieren. Eine Parallelorganisation oder auch eine Substruktur zur NATO ist unerwünscht. Man begnügt sich mit einem »Rat« der WEU-Außenminister. Jürgen Schwarz, ein Kenner der WEU-Probleme, gelangte zu dem Urteil, die WEU sei ungeeignet als Nukleus für eine neue EVG.[134] Zur Wahrung ihrer Interessen in der NATO haben sich die europäischen Mitgliedstaaten längst organisiert, nämlich in der sogenannten EURO-Group.[135] Weder die Aktivierung der Europäischen Gemeinschaft noch die Europäische Politische Zusammenarbeit

(EPZ) haben irgendwelche Initiativen in Fragen der gemeinsamen Verteidigung bewirkt. Im Gegenteil, man hat die Sicherheitspolitik bewußt aus allen europäischen Institutionen ausgeklammert. Nicht nur das neutrale Irland steht solchen Bestrebungen entgegen. So bedurfte es schon erheblicher Einwirkungen seitens der WEU-Länder, um Spanien endlich im Herbst 1988 zum Beitritt zu bewegen. Hatte sich Spanien doch nach seinem spektakulären NATO-Anschluß 1982 beharrlich geweigert, dem auch die erwartete Integration in die militärische Organisation der NATO folgen zu lassen. Wenn DIE WELT in einem Artikel den WEU-Beitritt zu einer stärkeren Bindung hochstilisierte, als es die NATO-Mitgliedschaft sein könne, dann läßt dies zumindest Zweifel an einer seriösen Interpretation aufkommen. Wenn auch der WEU-Vertrag eine engere Beistandsverpflichtung enthält als der NATO-Vertrag, von weitaus größerer Bedeutung ist die Tatsache, daß die militärische Organisation der NATO (der Spanien sich nach wie vor verweigert) alle Vorkehrungen für eine gemeinsame Verteidigung trifft, während die WEU bewußt auf eine solche Organisation verzichtet.[136] Wenn nun in den achtziger Jahren Wiederbelebungsversuche der WEU einsetzen, so ist dies auf zwei Gründe zurückzuführen. Einmal verspricht man sich davon, auf diesem Wege die Interessen der europäischen Mitgliedstaaten innerhalb der NATO wirksamer vertreten zu können. Zum anderen verbinden manche politischen Kräfte, vor allem solche in der Bundesrepublik, damit die Hoffnung, auf diesem Wege Frankreich in die gemeinsame Verteidigung einbinden zu können.

Wenden wir uns zunächst letzterem Argument zu. Das ist und bleibt ein frommer Wunsch; denn Frankreich läßt sich nicht einbinden. Nur die Westdeutschen wollen das nicht wahrhaben. Die Franzosen dagegen sind nicht gewillt, die Entscheidung über ihr nationales Geschick einem Bündnis zu opfern. Denn »die Erinnerung an den Abzug der britischen Truppen aus Frankreich im Jahre 1940 nährt bei den Franzosen die Schreckensvorstellung eines zweiten Dünkirchen, bei dem die UdSSR den Yankees gerade ein paar Stunden zum Räumen des Kontinents ließe.«[137] Dennoch wissen sie nur zu gut, daß angesichts der sowjetischen Bedrohung, die von den Franzosen viel realistischer eingeschätzt wird als von den Deutschen, die Sicherheit Frankreichs entscheidend davon abhängt, daß sie sich des deutschen Vorfelds sicher sein dürfen. »Unsere Sicherheit hört nicht an unseren Grenzen auf. Ohne zu übertreiben, Frankreich ist ein Land von weltweiter Bedeutung. Es obliegt ihm, einzuschätzen, wo sein vitales Interesse liegt und wo nicht, wenn seine Integrität, seine Unabhängigkeit und seine Freiheit auf dem Spiel stehen« – so präzisierte Präsident Mitterand im Januar 1988 nochmals den französischen Standpunkt.[138] Daß Frankreich überdies auf den Schutz des amerikanischen Atomschirms nicht verzichten kann, darüber bestand nicht einmal in den düsteren Tagen der Alleingänge de Gaulles der geringste Zweifel. Um dieser beiden unabdingbaren Voraussetzungen willen ist die französische Politik bereit, in anderen Fragen zurückzustecken. Nicht etwa, um in die militärische Organisation der NATO zurückzukehren. Dazu besteht nicht die geringste Neigung, und zwar bei keiner nennenswerten politischen Gruppierung in Frankreich. Um so mehr aber liebäugeln die Franzosen mit allen möglichen Lösungen, die ihnen einen Einfluß auf die westdeutsche Verteidigungspolitik sichern könnten.[139] Auch diesen Versuch haben sie schon frühzeitig unternommen; nämlich mit dem vor 25 Jahren abgeschlossenen deutsch-französischen Vertrag, dem sogenannten Elysee-Vertrag. De Gaulle verstand diesen Vertrag als die Anerkennung der führenden Rolle Frankreichs unter Zurückstellung der USA. Weiterblickenden deutschen Politikern wurde zum Glück schnell bewußt, daß diese französische Erwartung mit den deutschen Interessen unvereinbar war. Wir konnten und durften die USA aus ihrer Verantwortung für die Bundesrepublik und für Deutschland als Ganzes nicht entlassen. Durch Vorschalten einer Präambel, die der atlantischen Bindung den Vorrang einräumt, hat der Deutsche Bundestag der französischen Zielsetzung einen Riegel vorgeschoben. In dieser Erklärung wurde zum Ausdruck gebracht, daß die »Rechte und Pflichten aus den von der Bundesrepublik abgeschlossenen multinationalen Verträgen unberührt« blieben. Expressis verbis wurde die Partnerschaft zwischen Europa und den USA erwähnt, ja sogar die von de Gaulle abgelehnte Einbeziehung Großbritanniens in die Europäische Gemeinschaft. Damit wurde der Vertrag seiner von de Gaulle gewollten Substanz beraubt. Grollend wandte sich der General ab.

Erst mit fortschreitender Enttäuschung der Westdeutschen in bezug auf die amerikanische Führungsmacht wuchs auch ostwärts des Rheins die Neigung zu einem »Bündnis im Bündnis«.[140] Sie manifestiert sich in dem Sinneswandel des damaligen Bundeskanzlers Helmut Schmidt, der öffentlich bekannte, er habe sich von einem Anglophilen über einen Amerikanophilen zum Frankophilen entwickelt.[141] Der Altbundeskanzler hat es nicht bei diesem Bekenntnis belassen, sondern – wie es seine Art ist – dem auch handfeste Vorstellungen hinsichtlich einer Änderung der Verteidigungskonzeption der NATO folgen lassen. In der Suche nach einer Lösung, durch welche die konventionelle Option des Westens gestärkt würde und damit die nukleare Schwelle angehoben werden könnte, hat Helmut Schmidt die französische Armee entdeckt. Bei der Darstellung, wie diese bisher in der westlichen Verteidigungsplanung ausgeklammerte Streitmacht für die gemeinsame Verteidigung genutzt werden kann, begnügt sich Schmidt nicht mit symbolischen Akten – wie die Bundesregierung mit der Aufstellung einer deutsch-französischen Brigade. Dieses Projekt hat denn auch Egon Bahr zutreffend kommentiert: »Die Schwalbe einer Brigade macht noch keinen Sommer einer europäischen Streitmacht. Verteidigungsfähigkeit kann nicht symbolisch hergestellt werden.«[142] Der Alt-Bundeskanzler dagegen geht gleich aufs Ganze. Er schlägt vor, daß die Bundeswehr 18 und die Franzosen 12 Divisionen in eine gemeinsame Streitmacht einbringen. Diese wäre dann von einem französischen Oberbefehlshaber zu kommandieren. Diesem Kommando schlägt Schmidt gleich noch fünf BENELUX-Divisionen hinzu. Die insgesamt 35 Divisionen erscheinen ihm für eine westeuropäische Verteidigung angemessen.[143] Was jedoch die französischen Nuklearwaffen betrifft, so sollen diese in nationaler Zuständigkeit verbleiben. Die dafür erforderlichen beträchtlichen finanziellen Aufwendungen jedoch werden als französischer Beitrag für die gemeinsame westeuropäische Verteidigung angerechnet. Mit anderen Worten: Der französische Staatspräsident entscheidet über Leben und Tod – auch der Deutschen. Die hätten zwar nichts zu melden, dafür aber zu zahlen. Immer wieder klammern sich die Deutschen an die unerfüllbare Hoffnung, Frankreich würde auf seine Strategie einer »Rundum-Verteidigung« verzichten, und damit auf seine Kurzstreckenwaffen. Diese können aufgrund ihrer begrenzten Reichweite eben nur Ziele auf deutschem Boden ansteuern.[144] Die Entscheidung darüber hat sich Mitterand ausdrücklich vorbehalten, wie er es in seiner Aachener Rede vom 20. Oktober 1987 mit diplomatischem Geschick formuliert hat: »Man darf nicht von der Annahme ausgehen, daß Frankreich beabsichtige, im Falle eines Konfliktes – der heute nicht wahrscheinlich ist... auf deutschem Boden eine Warnung an den Gegner zu richten. ...Deutschland ist ein befreundetes Land, es ist ein Verbündeter, Deutschland – das steht außer Frage! – könnte kein Angreiferland sein.«[145] Das steht ja nun wirklich außer Frage! Aber was um so mehr zur Debatte steht, ist, daß die Masse der potentiellen sowjetischen Angriffskräfte in der DDR stationiert ist – und das ist auch Deutschland! Und unsere Pflicht ist es, unsere Bündnispartner immer wieder daran zu erinnern! Träte diese sowjetische Streitmacht je zum Angriff an, dann würde das deutsche Territorium, das französische Vorfeld, unvermeidbar zum Schlachtfeld.

Wie derartige Lösungen aus deutscher Sicht zu beurteilen sind, kann man bei Egon Bahr nachlesen: »Gerade die Erfüllung des französischen Wunsches, sich gegen gesamtdeutsche Versuchungen seines östlichen Nachbarn zu versichern und die Bundesrepublik unlösbar an sich zu binden, kann Paris nicht billiger als durch die Europäisierung seiner konventionellen Streitkräfte bekommen. Die Verantwortung Westeuropas verträgt nicht die Kombination, daß nationale Tradition in Paris blühen und in Bonn verdorren soll.«[146]

Wenn auch der Schmidtsche Vorschlag für uns Deutsche nicht akzeptabel ist, die dadurch ausgelöste Diskussion hatte ihr Gutes: Sie hat deutlich gemacht, wo die Grenzen französischer Bereitschaft für eine militärische Zusammenarbeit liegen. Und diese sind so eng gezogen, daß von einer »Gemeinschaft« zum Zwecke der Verteidigung keine Rede sein kann. Wer hingehört hat, konnte es aus dem Munde des französischen Staatspräsidenten erfahren, als dieser während seines Staatsbesuches im Herbst 1987 in Aachen sagte: »... meine Aufgabe ist es auch, vorherzusehen und darüber zu wachen, daß mein Land in nichts hineingezogen wird, daß es nicht getroffen, zerstört, beherrscht werden kann. Ich habe also, solange die Dinge so stehen, mit der französischen Regierung für den Schutz Frankreichs und der Franzosen zu sorgen.«[147] Da ist keine Rede von einer Verteidigungsgemeinschaft. Die würde ja auch eine wirkliche Union beider Staaten voraussetzen und damit deren Verzicht auf nationale Staatlichkeit. In Frankreich ist jedoch kein ernstzunehmender Politiker dazu bereit.

Gleichwohl wäre es von Interesse zu erfahren, wie unsere Politiker sich in einem solchen Fall die Lösung der deutschen Frage vorstellen. Die Realität sieht so aus: Für eine engere deutsch-französische Zusammenarbeit bleibt nur die Alternative: »Bündnis im Bündnis«; genauer: eine deutsch-französische Sub-Organisation innerhalb der NATO. Daß es ohne die NATO nicht geht, auch das hat Mitterand in seiner Aachener Rede bekannt: »Aber ihr Deutschen dürft euch deshalb nicht einfach an Frankreich wenden und sagen: Also ist es eure Aufgabe, uns zu schützen. ... Hier ist zu sagen, daß diese Aufgabe dem Bündnis zukommt«, womit er die NATO meint. Für einen Franzosen besteht keine Illusion über den Wert von Bündnissen: Sie sind Mittel zum Zweck – nicht mehr und nicht weniger!

Darum gilt es zu überlegen, welche Auswirkungen ein deutsch-französisches Bündnis, also eine Sub-Organisation, auf die NATO hätte. Diese Frage stellt sich schon jetzt in bezug auf die viel gepriesene deutsch-französische Brigade. An diesem Beispiel läßt sich eindrucksvoll das Problem demonstrieren, das sich bei einer Realisierung der Schmidtschen Vorschläge in seiner ganzen Vielfalt stellen würde. Man muß sich nämlich fragen: Was geschieht eigentlich, sollten deutsch-französische Verbände in Kampfhandlungen verwickelt werden, die aus militärischer Sicht den frühzeitigen Einsatz von Atomwaffen erfordern, um eine anderenfalls aussichtslose Verteidigung gegen eine erdrückende Übermacht zu gewährleisten? Könnte nicht der französische Staatspräsident versucht sein, der Anforderung seiner Militärs zu entsprechen und damit die Eskalation zum nuklearen Krieg auszulösen, der sich dann weder Freund noch Feind entziehen könnten? Glaubt etwa jemand, die der Bundesrepublik zugesagte »Konsultation« biete eine Garantie gegen derartige Gefahren? Die Westdeutschen aber sind derart versessen auf deutsch-französische Zusammenarbeit, daß sie sich schon damit zufrieden geben, wenn ihnen auch nur eine Konsultation seitens des französischen Präsidenten in Aussicht gestellt wird.[148] Das alles wird die Deutschen nicht aus ihrer Rolle befreien, die ihnen im Rahmen der französischen Verteidigungskonzeption zugewiesen ist: Das Vorfeld zu verteidigen! Das französische Glacis-Denken ist keineswegs Ausdruck einer anti-deutschen Haltung, es ist lediglich nüchterne Politik. Gerade in Frankreich wird Politik nicht als Moral gedacht, sondern als rationales Handeln.[149]

Es wäre unredlich, die Möglichkeit zu unterschlagen, daß sich – zumindest theoretisch – eine ähnliche Situation auch für die unabhängige britische Atomstreitmacht stellen könnte. Praktisch jedoch dürfte diese Gefahr äußerst gering sein. Nicht nur aufgrund der Integration der britischen Streitkräfte in das NATO-Bündnis, sondern gleichermaßen wegen der auch in nuklearen Fragen engen britisch-amerikanischen Zusammenarbeit.

Wenden wir uns dem anderen, dem eigentlichen Aspekt der WEU-Belebung zu, der Intensivierung westeuropäischer Zusammenarbeit in Verteidigungsfragen. Diese hat ihren Niederschlag in einem Dokument gefunden, das die Außenminister der WEU-Staaten am 26./27. Oktober 1987 unter dem Titel »Plattform: Europäische Sicherheitsinteressen«[150] verabschiedet haben. Diese »Plattform« spiegelt das ganze Dilemma wider. Fast drei Jahre hat es gedauert, diese gemeinsame Sicherheits-Charta zu formulieren, nachdem man sich bereits 1984 in einer »Deklaration von Rom« zu einer Wiederbelebung der WEU entschlossen hatte. Und was ist dabei herausgekommen? Absichtserklärungen, große Worte, aber nichts Konkretes. Schließlich hat man sich zu der gemeinsamen Erklärung durchgerungen: »Die Mitgliedstaaten der WEU beabsichtigen, in vollem Umfang ihrer Verantwortung gerecht zu werden.« Das Studium dieser »Plattform« räumt auch den letzten Zweifel aus: Eine westeuropäische Verteidigungsgemeinschaft ist und bleibt eine Illusion. Denn sie setzt nun einmal einen wirklichen Zusammenschluß der Staaten zu einer Gemeinschaft voraus. Und den will niemand – die Westdeutschen ausgenommen.

Überdies wird bei allen Vorschlägen hinzugefügt: Es geht nicht ohne die USA. Wären aber die westeuropäischen Nationen von dem aufrichtigen Willen zu einer Verteidigungsgemeinschaft beseelt, dann sollte man sich doch einmal die Frage stellen: Warum geht es eigentlich nicht ohne die USA? Westeuropa verfügt über ein hinreichendes Potential, um eine eigenständige Verteidigungsorganisation zu entwickeln. Es verfügt über genügend Menschen – und gewaltige wirtschaftliche Ressourcen. Nur an einem fehlt es ihm, daran aber völlig: am politischen Willen. Nicht die geringsten Anzeichen sind erkennbar, daß hier ein Wandel eintreten könnte. Die Westeuropäer kann man allenfalls zu einem gemeinsamen »Binnenmarkt« motivieren, vorausgesetzt, daß ihr Besitzstand gewahrt bleibt; nicht aber zu einer Organisation der gemeinsamen Verteidigung. Da keine politische Kraft gewillt ist, die dafür notwendigen Voraussetzungen zu schaffen, sollte man aufhören, sich und anderen Sand in die Augen zu streuen. Als »Traum von der Europa-Armee« hat Adelbert Weinstein, der bekannteste deutsche Militärjournalist, schon vor einigen Jahren solche Ideen bloßgestellt.[151]

Auf der Suche nach einer praktikablen Lösung, wie eine europäische Verteidigungsgemeinschaft aussehen könnte, haben alle Fachleute mit Spannung das für den Herbst 1988 angekündigte Buch des Brigadegenerals a.D. Wolfgang Schall erwartet. Ihm, einem der brillantesten deutschen Generalstabsoffiziere, der frühzeitig den aktiven Dienst quittierte, um in die Politik zu gehen, hätte man den großen Wurf zugetraut. Als gewählter Abgeordneter des Europa-Parlaments konnte er Einblicke in die komplexen Zusammenhänge europäischer Sicherheitspolitik gewinnen. Aber sein nun vorgelegtes Buch erschöpft sich leider in der Darstellung dieser Problematik im

Geflecht der europäischen Institutionen. Die Vision einer europäischen Verteidigungsgemeinschaft sucht man vergeblich, von einem Zusammenhang mit der deutschen Frage ganz zu schweigen. Daß selbst Schall darauf verzichtet hat, konkrete Vorstellungen über eine militärische Organisation zu entwikkeln, kann nur das Resultat negativer Erfahrungen hinsichtlich der Möglichkeiten und Grenzen europäischer Zusammenarbeit sein.[152]

Somit bleibt nur, die verfügbaren Kräfte darauf zu konzentrieren, die NATO so funktionsfähig zu erhalten, daß sie die ihr zugewiesene Aufgabe erfüllen kann, aus einer gesicherten Verteidigungsfähigkeit heraus auf eine Entspannung in Europa hinzuwirken. Aber nach dem Verständnis der NATO ist nicht Entspannung das Endziel: »Das höchste politische Ziel der Allianz ist es, eine gerechte und dauernde Friedensordnung mit geeigneten Sicherheitsgarantien zu erreichen.« Und: »Jede derartige Regelung muß die unnatürlichen Schranken zwischen Ost- und Westeuropa beseitigen, die sich in der Teilung Deutschlands am deutlichsten und grausamsten offenbaren.« So steht es im Harmel-Bericht.[153]

Wenden wir uns deshalb der Frage zu, welche Möglichkeiten sich bieten, um die deutsche Frage in diesem Sinne zu lösen.

9. Kapitel

»Lösungen«, die keine sind

Bei der vorausgegangenen Beurteilung der Lage sind wir vom Auftrag des Grundgesetzes ausgegangen, haben ihn in bezug auf die konkreten Machtverhältnisse ausgewertet und sodann die unserem Ziel entgegenwirkenden Faktoren betrachtet. Auf dieser Basis gelangen wir nun zu den Lösungsvorschlägen. Diese werden in der gebotenen Kürze vorgestellt, Vor- und Nachteile herausgearbeitet und diese gegeneinander abgewogen. In der Reihenfolge ihrer Wertigkeit im Hinblick auf das gesteckte Ziel werden die verschiedenen Möglichkeiten nachfolgend präsentiert. Dabei werden alle Modelle, die – wie nachgewiesen wird – nicht zum Ziel der deutschen Einheit führen und deshalb abzulehnen sind, in einem Kapitel zusammengefaßt. Erst daran anschließend wird der Lösungsvorschlag präsentiert.

Alle nur denkbaren Vorstellungen über eine Lösung der deutschen Frage werden erörtert. Bewußt wird auch der Status quo in die Betrachtung einbezogen, wenn er auch ex definitione nicht als Lösung der deutschen Frage gelten kann. Um so mehr kommt es darauf an, die diesem Zustand eigentümlichen Vor- und Nachteile herauszuarbeiten. Nur so ist es möglich, der gefährlichen Tendenz entgegenzuwirken, den Status quo als ein für die Deutschen durchaus erträgliches Schicksal zu beschönigen.

In diesem Kapitel werden folgende Lösungsmöglichkeiten untersucht:
1. Der Status quo
2. Rückzug nur der Sowjets
3. Das Österreich-Modell für die DDR
4. Konföderation – Endlösung oder Übergang?

Weder Einheit noch Frieden: Der Status quo

Was der Status quo bedeutet, weiß ein jeder: Deutsche Teilung und militärische Konfrontation der Blöcke auf deutschem Boden. Das kann ex definitione keine Lösung der deutschen Frage sein; wenigstens nicht im Sinne unserer Zielsetzung der deutschen Einheit in Freiheit. Gleichwohl dürfen wir nicht die Tendenz unterschätzen, im Status quo die optimale Lösung zu erblicken. Sie wird vor allem von denjenigen begrüßt, die die deutsche Teilung zementieren wollen. Ihr Argument: Auf diese Weise wird der Frieden in Europa am besten gesichert.

Wenn wir den Status quo dennoch in die Lösungsvorschläge einbeziehen, so geschieht dies allein in der Absicht, seine Vor- und Nachteile herauszuarbeiten. Daß der Status quo der deutschen Einheit entgegensteht, ist offenkundig. Daß er aber nicht einmal die Erhaltung des Friedens garantiert, um dessentwillen ihm viele anhängen, das gilt es hier deutlich zu machen.

Der Status quo, wie er sich uns heutzutage darstellt, wurde nicht etwa schon am 8. Mai 1945 begründet, auch nicht am folgenden 1. Juli, als die Siegermächte ihre Besatzungszonen entsprechend dem Londoner Abkommen von 1944 einnahmen. Diese Daten sind nur Meilensteine auf dem Wege der Entwicklung zur deutschen Teilung. Ihnen folgten die getrennten Währungsreformen und die Berliner Blockade, die Gründung der deutschen Teilstaaten, ihre Wiederbewaffnung und die damit verbundene Integration in NATO und Warschauer Pakt; schließlich der Mauerbau als Symbol der kommunistischen Abgrenzungspolitik. Natürlich kann man – wie es der Heidelberger Politologe Hans-Joachim Arndt tut – den Status quo auch auf 1945 zurückführen, um so mehr muß man dann dessen Veränderung durch die nachfolgenden Ereignisse betonen.[154] Fruchtlos ist dagegen der Streit, ob die deutsche Teilung Ursache oder Ergebnis der Spannungen zwischen den Westmächten und den Sowjets ist: Es handelt sich jedenfalls um eine Wechselwirkung. Mit Sicherheit hat die zunehmende Abgrenzung der sowjetischen Besatzungszone vom Westteil Deutschlands die Beziehungen zwischen den Siegermächten bis hin zur militärischen Konfrontation verschärft. Umgekehrt wurde durch die Einbeziehung der deutschen Teilstaaten in die antagonistischen Blöcke die Spaltung Deutschlands vertieft.

Von daher stellt sich die Frage, ob nicht mit der in den 70er Jahren eingeleiteten Entspannung zwischen den Supermächten auch die deutsche Teilung wieder abgebaut worden ist. So jedenfalls behaupten es die Verfechter einer Politik der kleinen Schritte. Dafür können sie unübersehbare »menschliche Erleichterungen« ins Feld führen. Doch kann niemand leugnen, daß durch diese Politik der SED-Staat, das Symbol der Teilung und der Unfreiheit, gestärkt wurde. Inzwischen hat ihn alle Welt anerkannt – und auch wir haben ihm mit dem Empfang Honeckers in Bonn im September 1987 die äußeren Weihen erteilt.

Westdeutsche Politiker werden nicht müde, Berechenbarkeit und Bündnisloyalität beider deutscher Staaten zu fordern. Wissen sie eigentlich, was sie da tun? Sie nehmen nicht nur hin, daß drüben Deutsche zum Haß gegen uns erzogen werden; sie fordern auch noch, daß diese Deutschen die ihnen aufgezwungenen Pflichten gewissenhaft erfüllen – bis hin zum Bruderkrieg! Was ist das anderes als eine Verherrlichung des Status quo um der eigenen Bequemlichkeit willen – unter Verzicht auf Einheit und Freiheit der Deutschen!

Zum Status quo gehört nicht nur die deutsche Teilung, sondern auch die Gefahr, daß im Falle eines Krieges Deutsche auf Deutsche schießen müßten. Auch dieses Problem verdrängen wir nur zu gern. Werden wirklich die Deutschen aufeinander schießen? Ja, sie müßten es und sie täten es. Sie hätten gar keine andere Wahl. Eine entsetzliche Vorstellung. Dennoch ist die Fragestellung irreführend. Sie suggeriert ein Bild vom Kriege, das aus der Zeit vor dem Ersten Weltkrieg stammt. Aus einer Zeit, da die Armeen im allgemeinen mit Waffen ausgerüstet waren, deren Schußentfernung es ermöglichte, ja bedingte, den Gegner mit bloßem Auge zu erkennen. (Daß man sich damals kaum Gedanken darüber machte, ob dieser Gegner ein Landsmann war, steht auf einem anderen Blatt.)

Das heutige Kriegsbild dagegen ist durch Waffen mit großer Reichweite gekennzeichnet. Weder Artilleristen noch Panzerbesatzungen sehen das »Weiße im Auge des Gegners«, wie es noch im Zweiten Weltkrieg die Verleihung der Nahkampf-spange zur Voraussetzung machte. Von Flugzeugbesatzungen und Raketenbedienungen ganz zu schweigen.

Das Problem »Deutsche schießen auf Deutsche« gilt also nur noch in einem übertragenen Sinne. Verkennen wir bei der Diskussion dieser Frage auch nicht, daß es zum Wesen und zur Pflicht des Soldaten gehört – in jeder Armee auf dieser Welt –, auf den Gegner zu schießen; genauer: ihn zu bekämpfen. Und diese Pflicht besteht völlig unabhängig davon, welcher Nationalität dieser Gegner ist oder gar welcher Gesinnung.

Wenn dennoch immer wieder das Gespenst des deutschen Bruderkrieges in Gestalt der Mahnung auftaucht, daß dann Deutsche auf Deutsche schießen müßten, so ist das Ausdruck des Unbehagens an der Teilung des Vaterlandes. Die Politiker sind aufgerufen, auf die Überwindung dieses unerträglichen Zustandes hinzuwirken. Das kann und darf aber nicht heißen, das Problem von Krieg und Frieden bestehe nur wegen des möglichen deutschen Bruderkrieges. Vielmehr stimmt die mit der deutschen Teilung verknüpfte Gefahr des Bruderkrieges die Deutschen in besonderem Maße sensibel für die Tragik, die jedem Krieg eigen ist. Für den Christen wie für den Humanisten ist auch derjenige Gegner ein Bruder, der nicht Deutscher ist.[155]

Was sind nun die Vorteile des Status quo, die ihm eine beträchtliche Anhängerschaft einbringen? Allem voran steht: Man braucht nichts zu tun, weder Verbündete bedrängen noch die Sowjets herausfordern; und schon gar nicht die Westdeutschen in ihrer Bequemlichkeit stören. Es besteht kein »Handlungsbedarf«, wie es im Bonner Jargon heißt.

Den Sowjets bliebe der schmerzhafte Verzicht auf ihr SED-Regime erspart und alle damit verbundenen so gefährlichen Rückwirkungen auf das sozialistische Lager. Auch militär-strategisch können die Sowjets weiterhin ihren vorgeschobenen Posten im Herzen Europas behaupten und von dort aus durch Stationierung sowjetischer Truppen den Zusammenhalt ihres Blocks sichern. Darauf müssen sie um so mehr bedacht sein, wenn schwierige Umstellungen innerhalb des eigenen Systems, die sie mit Glasnost und Perestroika eingeleitet haben, zusätzliche Unruhe im eigenen Lager bewirken. Die haben jetzt wirklich andere Sorgen. Das kann und darf aber nicht heißen, wir dürften sie jetzt nicht stören, sie nicht noch mit der Forderung nach dem Selbstbestimmungsrecht der Deutschen belasten. Meint man vielleicht, sie würden uns dieses als Morgengabe gewähren, wenn sie erst einmal ihrer jetzigen Sorgen ledig sind? Die Sowjets werden ihre Politik der Koexistenz fortsetzen, die westdeutsche Träumer als eine Garantie des Status quo interpretieren.

Die westlichen Siegermächte dürften nur allzu froh sein, wenn sie von der Einlösung ihrer Verpflichtung zur Wiederherstellung der deutschen Einheit entbunden werden. Der NATO bliebe erspart, ihren westeuropäischen Eckpfeiler einzubüßen. Denn der mit einer Auflösung des Status quo verbundene Verlust der Bundesrepublik, ihrer Streitkräfte und ihres Territoriums müßte für das westliche Bündnis eine ernsthafte Situation heraufbeschwören, die einer Existenzkrise gleichkäme. Eine derartige Herausforderung könnte der Westen nur im Rahmen eines neuen Aufbruchs und unter entschlossener Führung der USA bewältigen. Gleichwohl wäre eine solche »challenge« für den Westen auch von Vorteil; denn derzeit stehen die Zeichen mehr auf Resignation und Desintegration der NATO denn auf Zuversicht.

Die erstaunlicherweise gerade von westdeutscher Seite immer wieder in den Vordergrund gespielten Nachbarn schließlich werden die Zementierung des Status quo unterschiedlich beurteilen. Mögen auch die meisten von ihnen aufatmen, wenn ihnen der immer noch gefürchtete deutsche Nationalstaat erspart bleibt, zumindest die östlichen Nachbarn müßten aber damit auch ihre Hoffnungen auf die ersehnte Befreiung von der kommunistischen Herrschaft begraben. Denn die Erfüllung solcher Hoffnungen setzt grundlegende machtpolitische Veränderungen in Mitteleuropa voraus: die Verwirklichung einer europäischen Friedensordnung und damit die Wiederherstellung der deutschen Einheit. Daß die in den kleineren Nachbarstaaten immer noch schlummernden Ressentiments gegen einen deutschen Nationalstaat ausgerechnet durch westdeutsche Politiker unentwegt geschürt werden, gehört zu den für alle Welt unfaßbaren Erscheinungen deutscher Nachkriegspolitik.

Und alle Gegner der deutschen Einheit reiben sich die Hände! Voran die SED-Machthaber und das Heer der Funktionäre, die nichts mehr fürchten als eine freie Willensäußerung ihrer Untertanen, über deren Ergebnis niemand zu rätseln braucht.

In der Bundesrepublik ist das anders. Da kann man sich frei äußern, da bekennt man sich zur Freiheit. Aber meint man es auch ernst damit? Auch hier gibt es inzwischen eine beträchtliche Zahl von Nutznießern der deutschen Teilung. Und so gehört sicher zu den (wenn auch recht fragwürdigen) Vorteilen des Status quo, daß man die satten Bundesbürger nicht aus ihrer Behäbigkeit zu reißen brauchte. Daß die voraussehbare sicherheitspolitische Entwicklung ihnen bald mehr abverlangen wird als die Wiedervereinigung ihres Vaterlandes, werden wir bei der Betrachtung der Nachteile erkennen.

Die Bundesregierung mag es überdies als Vorteil werten, daß die Abrüstungsgespräche der Supermächte nicht noch mit der deutschen Frage »überfrachtet« und auch von daher die Nachbarn nicht beunruhigt werden. Damit wäre wenigstens Frau Bundesminister Wilms ihrer immer wieder geäußerten Sorge enthoben. Vor allem aber brauchte man keine schwer einschätzbaren Risiken einzugehen, schon gar nicht sich mit der Fülle schwerwiegender Detailfragen befassen, die uns eine Wiedervereinigung unvermeidbar aufgeben würde: von der Währungsreform über die Eigentumsregelung bis hin zur Neuordnung des öffentlichen Dienstes, von der Aufstellung einer gesamtdeutschen Armee ganz zu schweigen.

Wiegen diese Vorteile nicht so schwer, sind sie nicht so überzeugend, daß mögliche Nachteile des Status quo dahinter geradezu verblassen müssen? Ja, wenn da das schlechte Gewissen nicht wäre! In Anlehnung an den berühmten Müller von Sanssouci möchte man hinzufügen: Und nicht das Bundesverfassungsgericht! Hat man nicht jahrzehntelang in alle Welt hinausposaunt, nichts könne uns von unseren Brüdern und Schwestern trennen, die gegen ihren Willen durch Mauer und Stacheldraht von uns getrennt wurden? Hat nicht Adenauer für uns alle gesprochen, als er ihnen zurief: »Harret aus und hoffet auf uns! Wir werden wieder zusammenkommen. Nichts kann uns abhalten, dieses Ziel zu verfolgen.«[156] Nun scheinen manche geneigt, die Menschenrechte anderer zugunsten ihrer Bequemlichkeit zu verschachern. Sicher, viele versuchen dieses sie mitunter doch noch plagende Gewissen damit zu beruhigen, daß man ja so viele menschliche Erleichterungen erreicht habe. Und die verantwortlichen Politiker liefern beflissen die Rechtfertigung: Man müsse das »Mögliche und das Verantwortbare« tun. Mehr sei eben im Augenblick nicht drin. Dabei verlieren sie kein Wort darüber, was sie tun würden, wäre mehr drin; und auch nicht, was sie tun werden, um die Ungunst des Augenblicks zu überwinden. Und was das »Verantwortbare« betrifft, muß man fragen: Ist es zu verantworten, 17 Millionen Deutsche abzuschreiben und sie mit ein paar Reiseerleichterungen abspeisen zu wollen? Dürfen wir uns damit begnügen, für sie mehr Freiheiten unter fortdauernder kommunistischer Herrschaft zu fordern? Wo wir doch genau wissen, daß dies niemals die Freiheit sein kann, die wir meinen, schon gar nicht die Freiheit zur Einheit. Ein erschreckendes Beispiel für diese Haltung hat Theo Sommer geliefert, als er anläßlich des Honecker-Besuches im Herbst 1987 mit einem Leitartikel »Deutschland doppelt – nicht getrennt«[157] appellierte, wir sollten uns mit einer »bescheideneren« Lösung begnügen, statt weiter nach der staatlichen Einheit zu rufen. Die immer auf das »Verantwortbare« pochenden Politiker müssen sich fragen lassen: Wer übernimmt denn die Verantwortung für die jahrzehntelange Irreführung – um nicht zu sagen für den Betrug – der Deutschen in der Bundesrepublik, denen man immer noch vorgaukelt, auf dem Wege über die Westintegration würden wir die deutsche Einheit wiedererlangen? Kein Geringerer als der längst verstorbene SPD-Politiker Fritz Erler, einer der großen Streiter für die deutsche Einheit, hat bereits 1964 diesem voraussehbaren Sich-Davonstehlen aus der Verantwortung einen Riegel vorgeschoben. Schon damals hat er vor der Illusion einer Politik der kleinen Schritte gewarnt: »Es muß aber gesagt werden, daß die Linderung der menschlichen Not nicht erkauft werden darf mit einer Schwächung der Position der Deutschen im

Ringen um die Gesamtlösung des Problems und um die Bewahrung der Freiheit des freien Teils Berlins. Das sind die Grenzen unserer Politik, die nicht überschritten werden können. Wir dürfen nicht in die Illusion verfallen, daß die Milderung der menschlichen Nöte etwa identisch sei mit der Lösung des Hauptproblems. Diese beiden Dinge müssen wir sorgsam getrennt sehen. Noch so viel Überwindung von menschlichen Nöten schafft das politische Problem der Selbstbestimmung, das kommunistische Regime und die Mauer selbst nicht aus der Welt.«[158]

Alle unsere Politiker, die sich ihrer Verpflichtung für eine aktive Deutschlandpolitik so gern mit dem Hinweis auf das »Verantwortbare« entziehen, müssen sich daran erinnern lassen, daß Max Weber dem Verantwortungsbewußtsein als einer unabdingbaren Forderung die »Verantwortungslosigkeit« gegenübergestellt und sie zur Todsünde in der Politik erklärt hat.[159]

Es bedarf keiner prophetischen Gabe, um vorauszusagen, daß dieser westdeutsche Staat in seinem inneren Gefüge zerbrechen wird, sollte er sich von der Grundpflicht lossagen, die er sich selbst ins Stammbuch, sprich: in seine Verfassung, geschrieben hat. Und wir sind auf dem besten Wege in diese verhängnisvolle Richtung.

Aber es ist nicht nur dieses Problem der Wahrhaftigkeit in der Politik, das alle vermeintlichen Vorteile des Status quo aufhebt. Denn davon sind nur die Deutschen betroffen. Für sie ist der Status quo unvereinbar mit dem erklärten Ziel der Einheit und Freiheit. Für alle anderen, für die Siegermächte, für die europäischen Staaten (aber damit auch für die Deutschen selbst) ist die Überwindung des Status quo die Voraussetzung für die Sicherung des Friedens. Denn Status quo bedeutet Fortdauer der militärischen Konfrontation, des gegenseitigen Mißtrauens und damit der Rüstung und des Rüstungswettlaufs. Und für die Deutschen überdies: Hinnehmen der Sonderbedrohung, die sich aus ihrer geostrategischen und aufgrund ihres völkerrechtlichen Status ergibt. Das schließt auch die umstrittene Feindstaatenklausel der Vereinten Nationen ein.[160] Fritz Erler hat schon 1959 in einem damals viel beachteten Aufsatz zum Thema »Disengagement und die Wiedervereinigung Deutschlands« geschrieben:[161] »Es gibt nur ein Motiv, das in der Welt immer wieder anklingt, um die Deutschlandfrage doch im Sinne einer Überwindung der Spaltung zu lösen: Die Furcht vor einem aus der Fortdauer der Spaltung sich ergebenden Konflikt.« Solange die militärische Konfrontation anhält, müssen beide Seiten argwöhnisch darüber wachen, daß der Gegenseite kein waffentechnischer Durchbruch gelingt, der das Gleichgewicht zu deren Gunsten verschieben und damit das eigene Lager der Erpressung aussetzen würde. Da es aber in der waffentechnischen Entwicklung keinen Stillstand gibt, sind beide Seiten gezwungen, vorsorglich selbst auf einen solchen Durchbruch hinzuarbeiten. Selbst dann, wenn sie von dem Willen beseelt sein sollten, im Falle des Gelingens keinen Gebrauch von dem erreichten Vorteil zu machen. Daß der Frieden auf die Dauer nicht allein mit militärischen Mitteln gesichert werden kann, entspricht ja auch der Auffassung der Bundesregierung. Nur darf sie sich nicht allein auf Fortschritte in der Abrüstung verlassen, das genügt eben nicht. Im Zusammenhang damit stellen sich eine Fülle von Problemen, wie wir bei der bisherigen Betrachtung erkannt haben. Die Verifizierung ist nur eines davon, wenn auch das herausragendste.

Damit tangieren wir die bereits betrachteten Probleme des westlichen Bündnisses, die sich uns unerbittlich stellen werden:[162] die Führung im Bündnis (und damit die Frage des westdeutschen Einflusses auf Entscheidungen über Leben und Tod), die Lastenverteilung und vor allem die gemeinsame Strategie. Letzteres liegt gewissermaßen schon auf dem Tisch, das erstere werden uns die Amerikaner durch ihren neuen Präsidenten präsentieren. Wer gar der Illusion nachhängt, den mit der Lösung dieser Probleme verbundenen Forderungen durch eine Flucht in west-»europäische Lösungen« zu entkommen, der wird vom Regen in die Traufe gelangen. In der NATO tragen die USA die Hauptlast, in Europa wird sie den Deutschen aufgeladen werden. Nicht einmal dann, wenn es gelingen sollte, aufgrund gegenseitiger Vereinbarung eine drastische Reduzierung des Rüstungsstandes zu erreichen, werden die Gefahren militärischer Konfrontation ausgeräumt. »Frieden schaffen mit weniger Waffen« führt eben nicht zu einem Frieden ohne Spannungen, ohne Konfrontation, ohne Waffen. Auch reine Infanterieheere, wie sie sich in der Vergangenheit ohne Panzer und Raketen gegenüberstanden, verursachten Spannungen und Kriegsgefahr. Mögen heute auch beide Seiten fest entschlossen sein, Krieg um (fast) jeden Preis zu vermeiden, um so mehr werden sie bestrebt sein, alle verfügbaren Mittel unterhalb dieser Schwelle für einen möglichen Krieg bereitzuhalten, um ihre Ziele zu verfolgen, also Machtpolitik zu betreiben.

Dieses Pokern um Vorherrschaft zeigt sich nirgendwo so deutlich wie in dem Ringen um Berlin. Mit dem Status quo bleibt uns das Problem des geteilten Berlin, des anomalen Zustandes der von der DDR eingemauerten Westsektoren und der Verbindungswege von und nach Westen.[163] Daß in der Berlin-Frage die Sowjets am längeren Hebel sitzen, scheint bei uns zunehmend in Vergessenheit zu geraten. Selbst bei der Berliner Blockade 1948, in einer Zeit eindeutiger strategischer Überlegenheit des Westens aufgrund seiner atomaren Monopolstellung, waren allenfalls die Amerikaner entschlossen, den Zugang nach Berlin notfalls mit Waffengewalt zu erzwingen. Zumindest muß die Frage erlaubt sein, ob sie es heute noch wären. Beruht nicht das westliche Bündnis auf dem Konsens, niemals den ersten Schuß abzugeben, sondern nur auf einen Angriff zu reagieren? In Berlin könnten die Sowjets eine Situation heraufbeschwören, mit der sie dem Westen den schwarzen Peter des Angreifers zuschieben – oder aber ihn zur Kapitulation zwingen. Da hilft es wenig, sich mit dem Hinweis in Sicherheit zu wiegen, die Zeiten des Kalten Krieges seien längst vorbei. Wenn die politische Großwetterlage es erfordert oder erlaubt, werden die Sowjets nicht zögern, diesen Trumpf auszuspielen.

Zumindest die Lage Berlins erinnert uns daran, daß Deutschland immer noch ein besetztes Land ist.[164] Wem die Zukunft Berlins am Herzen liegt, wird den besatzungsrechtlichen Status der Stadt nicht nur hinnehmen, sondern gutheißen. Aber doch nicht als einen Dauerzustand, sondern als

Mahnung, die deutsche Einheit wiederherzustellen. Rupert Scholz bezeichnet den besonderen Status Berlins als eine »Klammerfunktion«, die wiederum nicht zur Disposition der beiden deutschen Staaten steht, vielmehr als völkerrechtlich begründeter Tatbestand nur zur Disposition der Alliierten. Der besatzungsrechtliche Status von ganz Berlin verkörpert mit anderen Worten ein Stück deutscher Einheit«.[165]

Daß aber auch im übrigen Deutschland nur das Besatzungs- regime beendet ist, nicht aber das Recht der Siegermächte zur Besetzung – das ius ad praesentiam – , dessen sind sich wohl nicht einmal alle verantwortlichen deutschen Politiker immer bewußt. Die Bevölkerung aber fühlt mitunter, daß es mit der Souveränität des westdeutschen Staates wohl doch ein wenig hapert. So bei der im Sommer 1988 ausgelösten Diskussion um die Übungs-Tiefflüge der Luftwaffe. Da mag sich der deutsche Verteidigungsminister noch so um Beschränkungen bemühen, die Alliierten sind daran nicht gebunden. Dieser Zustand eingeschränkter Souveränität, den keine selbstbe- wußte Nation auf die Dauer hinnehmen würde, ist eben den meisten Deutschen gar nicht bewußt. Und die verantwort- lichen Politiker scheinen froh zu sein, wenn sie niemand danach fragt. Nicht so Egon Bahr, der diesen Mißstand zwar vehement kritisiert, ihm jedoch durch den Abschluß von Friedensverträgen mit beiden deutschen Staaten beikommen will.[166] Das wäre dann wirklich das Ende der deutschen Ein- heit. Schlimm genug, daß Bahr sich damit abfinden will. Will er nicht erkennen, daß dies auch eine Absage an die Freiheit bedeutet?

Die vorstehende Gegenüberstellung der Vor- und Nachteile hat deutlich gemacht, daß der Status quo keine Lösung ist. Nicht für die deutsche Frage – aber auch nicht für die Siche- rung des Friedens. Eine der gefährlichsten Argumentationen – verhängnisvoll vor allem für die deutsche Sache, aber auch für die langfristige Interessenlage des Westens – zielt darauf ab, den Status quo zur Voraussetzung für eine erfolgreiche Ent- spannungspolitik zu erheben.[167] Aber diese Rechnung geht nicht auf. Unstrittig ist es in den vergangenen vier Jahrzehn- ten gelungen, einen Krieg in Europa zu vermeiden. Man mag dies auch einer geschickten Status quo-Politik zurechnen. Dennoch muß man fragen: Ist nicht vielleicht der Frieden auch trotz des Status quo gewahrt worden?

Wichtiger aber ist die Einsicht, daß wir uns über die »eminente Spannungsanfälligkeit und reale Labilität eben dieses Status quo nicht hinwegtäuschen« dürfen. So hat es Rupert Scholz zutreffend formuliert.[168]

So offenkundig es ist, daß die Deutschlandpolitik der Bundesrepublik eine Status quo-Politik ist, das erklärte Ziel ist nach wie vor die Überwindung dieses Zustandes. Diese Aufgabe aber weisen die derzeit verantwortlichen Politiker künftigen Generationen zu. Doch nichts spricht dafür, daß die Zeit für die Deutschen arbeitet.[169] Wer die deutsche Einheit will, der muß jetzt handeln, und nicht in ferner Zukunft!

Das fordert überzeugende Lösungsvorschläge. Aber auch den Mut, aller Welt zu verkünden, daß die Deutschen nicht gewillt sind, sich mit Teilung und Unfreiheit abzufinden. Dies steht voll im Einklang mit dem erklärten Ziel deutscher Politik, auf eine Friedensordnung hinzuwirken, in der das deutsche Volk seine Einheit wiedererlangt. Wie eine solche Ordnung beschaffen sein muß und wie sie zu erreichen ist, soll im dritten Teil dieses Buches aufgezeigt werden. Zuvor aber gilt es, sich mit anderen Lösungsvorschlägen auseinanderzusetzen, die immer wieder ins Spiel gebracht werden, die uns aber nicht zum Ziel führen.

Die große Illusion: Nur die Sowjets ziehen ab

Nur noch selten wird eine Lösung der deutschen Frage mit dieser Forderung verbunden: Die Sowjets sollten die DDR freigeben, aber die NATO mit ihren Streitkräften in ihrer derzeitigen Position verbleiben, also auf dem Gebiet der jetzigen Bundesrepublik. Diese angesichts der realen Machtverhältnisse völlig unrealistische Vorstellung steht in so eklatantem Widerspruch zu der Grundbedingung für eine Zustimmung von Ost und West, daß sie eigentlich keiner weiteren Erörterung bedürfte. Wenn sie dennoch in die Gruppe der – allerdings abzulehnenden – Möglichkeiten einbezogen wird, so geschieht dies vor allem deshalb, um auf diese Weise die Unvereinbarkeit solcher Vorstellungen mit dem erklärten Ziel einer europäischen Friedensordnung aufzuzeigen.

Unterstellen wir, daß auch die – sicher nur wenigen – Anhänger einer solchen »Lösung« das Selbstbestimmungsrecht der Deutschen wollen und damit die Wiederherstellung der staatlichen Einheit. Dann muß man folgern, daß auch dieser Fall kein Fortbestehen der Bundeswehr oder der Nationalen Volksarmee erlaubt, sondern eine gesamtdeutsche Streitmacht erfordert. Diese könnte natürlich nicht dem westlichen Bündnis zugehören – will man das Illusionäre dieser Lösung nicht noch bis zu einer Kapitulation der Sowjets ausdehnen. Aber welchen Sinn und Zweck sollte dann diese gesamtdeutsche Streitmacht haben? Im westdeutschen Teil der Republik hätte sie keine Aufgabe, da stünden ja NATO-Streitkräfte. Allenfalls könnte sie die Sicherung der Pufferzone zwischen NATO und Warschauer Pakt übernehmen. Das wäre das Territorium der bisherigen DDR. Würde diese dann nicht so etwas sein wie eine »unbesetzte Zone«. Denken wir an die Besetzung Frankreichs 1940, dann könnte hier aus der DDR womöglich gar das »freie« Deutschland werden? Denn das deutsche Staatsgebiet wäre in zwei Teile gespalten: in das von der NATO besetzte westdeutsche Territorium und das von fremden Truppen entblößte Mitteldeutschland.

Verlassen wir diese unrealistischen Gedankenspiele. Der Vorteil dieses Modells liegt unbestritten darin, daß ihr die Zustimmung des Westens sicher wäre. Denn der Westen würde nichts von seiner Machtposition einbüßen, sie im Gegenteil festigen. Auch die meisten Deutschen würden zustimmen. Brächte sie nicht die ersehnte Freiheit für die Landsleute in der DDR? Und überdies die staatliche Einheit, wenn auch die Fortdauer der Stationierung ausländischer Truppen im Westen? Aber gerade diese wird ja von nicht wenigen begehrt, weil sie allein darin eine Garantie gegenüber möglichen sowjetischen Überblicken erblicken.

Die Zweiteilung des wiedervereinigten Deutschlands wäre aber zugleich auch ein schwerwiegender Nachteil dieses Modells. Entscheidend jedoch ist, daß diese für die Sowjets unannehmbar wäre. Was sollte sie bewegen, eine solche Lösung zu akzeptieren, die einer Kapitulation gleichkäme? So ähnelt dieses Konzept mehr den Vorstellungen von Dulles und Adenauer hinsichtlich eines Roll back der Sowjetunion. Solche Hoffnungen jedoch entbehren spätestens seit dem Gleichziehen der Sowjets in der nuklearen Rüstung vor über einem Vierteljahrhundert jeder Grundlage. Vor allem aber ist dieser Vorschlag unvereinbar mit dem Ziel einer europäischen Friedensordnung.

Zu kurz gegriffen: Modell Österreich für die DDR

In den letzten Jahren mehren sich wieder die Stimmen, die eine sogenannte »Österreich-Lösung« propagieren, um auf diese Weise die deutsche Frage zu beantworten. So neu ist dieses Modell nicht. Schon Adenauer hat es ins Spiel gebracht; aber auch der berühmte Heidelberger Philosoph Karl Jaspers wollte sich damit begnügen.[170]

Detlev Kühn, der Präsident des Gesamtdeutschen Instituts, hat darauf hingewiesen, wie verpönt dieser Gedanke in den 50er Jahren war. Thomas Dehler, so sagte er, hätte ihn schlicht als Landesverrat bezeichnet.[171]

Unter der »Österreich-Lösung« verstehen ihre Befürworter, für die DDR eine freiheitliche Ordnung durchzusetzen, die der parlamentarischen Demokratie westlicher Vorstellung entspricht. Gelingt dies, so sagen sie, sei unserer wesentlichen Forderung genüge getan, nämlich den Menschen Freiheit zu verschaffen. Daß es sich um eine eingeschränkte Freiheit handeln würde, darüber spricht man nicht.

Nicht mehr und nicht weniger als das Recht auf Selbstbestimmung bliebe den Deutschen in der DDR versagt – aber auch uns; denn die Option für die deutsche Einheit wäre nicht möglich. So nimmt es nicht wunder, daß es überwiegend Verfechter des Status quo und Gegner der deutschen Einheit sind, die für das Österreich-Modell plädieren. Letztlich wäre es also eine Neuauflage des »Anschlußverbots«, das die Alli-

200

ierten den Österreichern im Staatsvertrag von 1955 auferlegt haben. Daß dieses Verbot auch für die Österreicher eine zumindest recht fragwürdige Beschränkung ihres Selbstbestimmungsrechts bedeutet, steht auf einem anderen Blatt. Weder damals noch heute würde sich in Österreich eine Mehrheit für den »Anschluß« an Deutschland finden. Aber wer kann wissen, ob dies für alle Zukunft so sein wird? Ist nicht das, was wir in diesen Monaten in Gestalt der EG-Diskussion in Österreich erleben, eine Art »Anschluß«-Begehren in zeitgemäßer Form? Und woher nehmen die Sieger das Recht, einem Volk für alle Zeiten das Recht auf Selbstbestimmung zu verwehren?

Ganz anders sieht das in bezug auf die DDR aus. Denn bis heute besteht nicht der geringste Zweifel, daß sich die dort lebenden Deutschen, könnten sie frei wählen, mit überwältigender Mehrheit für eine Wiedervereinigung entscheiden würden. Das dem Österreich-Modell innewohnende »Anschlußverbot« wäre also ein »Wiedervereinigungsverbot«.

Vergessen wir nicht, daß jede Lösung der deutschen Frage, also auch die »Österreich-Lösung«, der Zustimmung der für Deutschland als Ganzes verantwortlichen vier Siegermächte unterliegt. Können diese uns wirklich einen Verzicht auf das Selbstbestimmungsrecht abfordern? Für die Sowjets ist das eine reine Frage der Zweckmäßigkeit. Anders stellt sich diese Frage für den Westen. Dabei geht es um den Kern dessen, was die sogenannte westliche Wertegemeinschaft ausmacht. Sicher kann man einwenden, im Falle Österreichs seien die Westmächte auch über ihren Schatten gesprungen. Das fiel ihnen damals auch nicht sonderlich schwer, weil es keine nennenswerte Opposition gegen das Anschlußverbot gab. In der deutschen Frage ist das ganz anders.

Am nachhaltigsten wäre von einem Verzicht auf das Selbstbestimmungsrecht die Bundesrepublik betroffen. Der westdeutsche Staat, der sich zu Recht zum Anwalt für die Freiheit aller Deutschen macht, manchmal sogar für die Freiheit in aller Welt, würde in seiner Glaubwürdigkeit erschüttert werden: nicht nur seinen Bürgern gegenüber, sondern weltweit, selbst bei denen, die eine »Österreich-Lösung« begrüßen.

So gewichtig diese Argumente gegen diesen Vorschlag auch sein mögen, sie rechtfertigen noch keine Ablehnung. Denn da bleibt die Frage: Ist es zu verantworten, eine Ordnung, die den Deutschen in der DDR die Freiheit wiederbrächte, nach der sie sich seit Jahrzehnten sehnen, nur deshalb zu verwerfen, weil damit der Verzicht auf die deutsche Einheit gekoppelt wäre? Kaum!

Selbst die leidenschaftlichsten Verfechter der deutschen Einheit müßten hier zurückstecken, wenn sie es ernst meinen mit der Freiheit für die Deutschen drüben. Doch wird ihnen diese Entscheidung erspart bleiben; denn dieses Angebot wird nicht kommen.

Theodor Schweisfurth hat sehr treffend zum Ausdruck gebracht, wie unrealistisch das Österreich-Modell zu beurteilen ist, indem er es als »eine Zumutung für die Sowjetunion« abqualifiziert.[172] Ein derart vernichtendes Urteil aus berufenem Munde fordert dazu heraus aufzuzeigen, wie oberflächlich mit der »Österreich-Lösung« operiert wird, indem man nur den Faktor der freiheitlichen Ordnung hervorhebt, allenfalls noch das Verbot der Wiedervereinigung erwähnt. Das allein macht eben noch nicht eine Lösung aus, die sich mit dem Markenzeichen »Österreich« schmücken dürfte. Der Kern dieser 1955 zwischen den vier Besatzungsmächten und der Republik Österreich ausgehandelten Vereinbarung bestand in dem Abzug der Besatzungstruppen und in der von Österreich erklärten künftigen Neutralität. Davon wird kaum gesprochen, wenn man bei uns diese Lösung als Modell für die deutsche Frage diskutiert. Wer aber davon ausgeht, die sowjetischen Truppen könnten ruhig in der DDR verbleiben, darf nicht vorgeben, eine »Österreich-Lösung« zu verfechten. Beides, freiheitliche Ordnung und Fortdauer der sowjetischen Besatzung, ist mit diesem Markenzeichen nicht vereinbar. Ungeachtet dessen muß man bezweifeln, ob eine freiheitliche Lösung in diesem Sinne überhaupt zu verwirklichen wäre, wenn sowjetische Truppen im Land blieben. Alle Erfahrung spricht dagegen. Wichtiger noch ist die Frage, was die Sowjets bewegen sollte, einer Politik zuzustimmen, die ihnen abverlangt, unter ihren Bajonetten die Umwandlung der DDR zu einem

202

demokratischen Staat westlicher Prägung zuzulassen? Denken wir nur an die unvermeidbaren Rückwirkungen auf die anderen Staaten des sozialistischen Lagers, denen die Sowjets dann schwerlich eine ähnliche Entwicklung verwehren könnten.

Diese (in Wirklichkeit »halbe«) Österreich-»Lösung«, von der vor allem jene träumen, die nur ihr schlechtes Gewissen gegenüber den Deutschen in der DDR beruhigen wollen, im übrigen aber auf Erhaltung des Status quo bedacht sind, hat keine Chance. Sie erweist sich bei näherer Betrachtung als eine Illusion. Wer nun diese »Lösung« zu retten versucht, indem er ein Verbleiben der Sowjets in der DDR akzeptiert, um auf diese Weise den Abzug der Westmächte aus der Bundesrepublik zu vermeiden, der muß sich den Vorwurf gefallen lassen, daß er die mit dem Prädikat »Österreich« versehene Hoffnung für eine freiheitliche Lösung verraten hat. Denn das, was dann noch übrig bleibt, ist in der Tat nicht mehr als eine Politik »menschlicher Erleichterungen« – und die haben wir schon. Wurde uns dafür auch ein viel zu hoher Preis abverlangt, wenigstens nicht der, auf das Selbstbestimmungsrecht des deutschen Volkes zu verzichten.

Wenden wir uns nun der »ganzen« Österreich-Lösung zu, die allein diesen Namen verdiente. Die würde den Abzug der Sowjets bedingen. Über das Ergebnis der dann in der DDR folgenden freien Wahlen haben zumindest die Sowjets keine Illusionen. Sie brächten eine vernichtende Absage an den Kommunismus und würden das SED-Regime hinwegfegen. Eine frei gewählte DDR-Regierung müßte den Austritt aus dem Warschauer Pakt vollziehen. Was aber brächte eine solche Lösung den Sowjets? Sie würde deren Niederlage bedeuten. Es gibt nur eines, das sie dafür begeistern könnte: adäquate Gegenleistungen des Westens.

Damit sind wir zum eigentlichen Problem des Österreich-Modells vorgestoßen: Es würde eine nachhaltige Veränderung des Status quo bewirken. Nur eines bliebe vom Status quo erhalten: die (erzwungene) Existenz von zwei deutschen Staaten auf dem Territorium des Deutschen Reiches – und sonst gar nichts. Beide deutsche Staaten müßten frei sein von ausländischen Truppen, beide müßten aus ihrer derzeitigen Blockbindung entlassen werden. Was unterscheidet eine solche Lösung dann noch von der erstrebten Freiheit und Einheit? Allein das Verbot, sich zu einem gesamtdeutschen Staat zusammenzuschließen. Wer aber kann daran interessiert sein? Sicher einige Kreise in unseren Nachbarländern, die das Trauma der großdeutschen Vergangenheit noch nicht überwunden haben. Mehr noch westdeutsche Kleingeister, die um ihren Besitzstand bangen. Sicher nicht die Supermächte. Die denken in anderen Kategorien, deren Blick ist nach vorn gerichtet. Vor allem die Sowjets haben nicht das geringste Interesse an einer westlich-demokratischen DDR, die an ihre gescheiterte Politik erinnern müßte. Da rechnen sie sich mehr Chancen aus, mit einem wiedervereinigten Deutschland ins Gespräch und ins Geschäft zu kommen. Denn für die Sowjets ginge der Kampf weiter, wenn auch »mit anderen Mitteln«, wie sie von Clausewitz gelernt haben.

Fassen wir das Ergebnis unserer Überlegungen zusammen, indem wir die Vor- und Nachteile des Österreich-Modells gegenüberstellen. Von Vorteil wäre sicher, daß man unschwer die Zustimmung all derer erlangen könnte, denen es in erster Linie darum geht, das Wiedererstehen eines gesamtdeutschen Nationalstaates zu verhindern – und nicht um die Freiheit für die Menschen. Darüber hinaus werden auch jene Kleingeister für diese Lösung schwärmen, die es sich im westdeutschen Teilstaat gar zu bequem gemacht haben und die mit einer Wiedervereinigung unvermeidbar verbundene Veränderungen fürchten. Gleichwohl blieben auch ihnen die schwer vorhersehbaren Wandlungen des Status quo nicht erspart. Denn: Das Österreich-Modell bedingt, den Status quo zu überwinden. Wenn auch zwei deutsche Staaten blieben, die DDR müßte ein ganz anderer Staat werden. Ob die Bundesrepublik das bliebe, was sie jetzt ist, müßte sich erweisen.

Diesen vermeintlichen Vorteilen gegenüber fallen die Nachteile schwerer ins Gewicht. Was wäre das für eine Bundesrepublik, die auf das Selbstbestimmungsrecht verzichtet hätte, für das sie jahrzehntelang lautstark eingetreten ist? Da bliebe nur der eine Ausweg: Daß sich die Deutschen in freier Wahl für ein getrenntes Leben in zwei Staaten entscheiden. Gleichwohl dürfte man ihnen nicht für alle Zukunft verwehren, sich eines anderen zu besinnen. Das Österreich-Modell zielt aber gerade darauf ab, die deutsche Teilung zu zementieren. Das müßte zur Folge haben, daß die Siegermächte Friedensverträge mit den beiden deutschen Staaten abschließen. Der bisherige Friedensvertragsvorbehalt eröffnet wenigstens einem gesamtdeutschen Souverän die Chance, die Frage der deutschen Ostgebiete zum Gegenstand von Verhandlungen zu machen, mit der Akzeptanz der deutschen Teilung müßte diese Hoffnung zerrinnen. Egal wie das Ergebnis einer solchen Regelung der deutschen Ostgrenze aussehen mag, sie ist unverzichtbar als Grundlage für eine europäische Friedensordnung.

Wie immer die Deutschen eine solche Österreich-»Lösung« hinnehmen würden, von größerer Bedeutung wären die sicherheitspolitischen Auswirkungen für Europa. Wird ansonsten die Möglichkeit der Neutralität eines wiedervereinigten Deutschlands als geradezu indiskutabel verworfen, mit dem Österreich-Modell würde sie sich für beide deutsche Staaten stellen. Die Siegermächte, die das entscheidende Wort über eine Neuordnung sprechen, dulden kein Vakuum zwischen den Blöcken; unabhängig davon, wie die Entscheidung über den militärischen Status der beiden deutschen Staaten aussähe, auf eine Kontrolle könnten die vier Mächte nicht verzichten. Manches spricht dafür, daß sie diese in ihren früheren Besatzungszonen ausüben würden. Sollten auf diese Weise die Sowjets das alleinige Kontrollrecht über die demokratisierte DDR behalten, so wären damit die besten Voraussetzungen für eine »Finnlandisierung« dieses deutschen Teilstaates gegeben. Damit würde das eigentliche Ziel des Österreich-Modells infrage gestellt.

So ist deutlich geworden, daß es mit einem Österreich-Modell allein noch nicht getan ist. Es würde zwangsläufig die Frage eines europäischen Sicherheitssystems aufwerfen, zumindest für Mitteleuropa. Auf die damit zusammenhängenden Probleme haben Jochen Löser und Ulrike Schilling hingewiesen.[173] Das, was auf den ersten Blick als eine einfache Lösung der so schwierigen deutschen Frage erscheinen mag, entpuppt sich somit bei näherer Betrachtung als ein vielschichtiges Problem, das in seiner Komplexität dem der Wiedervereinigung Deutschlands in nichts nachsteht. Nur eben, daß der Aufwand den Erfolg nicht lohnt.

Setzen wir dennoch den Fall, es käme zu einer Österreich-Lösung. Was wäre dann naheliegender als das Bestreben der beiden deutschen Staaten freiheitlicher Ordnung, sich in einer Konföderation zusammenzuschließen? Dem könnte allein eifersüchtiges Wachen der Garantiemächte entgegenstehen, die darauf bedacht sein müßten, ein Unterlaufen des Wiedervereinigungsverbotes zu verhindern. So wie die Siegermächte nach dem Ersten Weltkrieg über das Anschlußverbot für Österreich an das Deutsche Reich gewacht haben. Der Wille zu einer großdeutschen Vereinigung ging damals nicht nur von Österreich aus, sondern auch vom Deutschen Reich, das im Artikel 61 der Weimarer Reichsverfassung bereits Vorkehrungen für die Vertretung »Deutschösterreichs« im gesamtdeutschen Staatsverband getroffen hatte. Diese Verfassungsbestimmung wurde nur unter dem Druck des Vertrages von Versailles suspendiert.

Nach allen Lehren der Geschichte tendiert eine Konföderation freier Staaten zu immer engerer Zusammenarbeit. Um wieviel stärker muß dieses Streben sein, wenn es sich dabei um Staaten ein und desselben Volkes handelt. Zumal dieses Volk früher im Deutschen Reich zusammengeschlossen war, gewaltsam getrennt wurde und nun widerrechtlich durch die Siegermächte an seiner Wiedervereinigung gehindert würde.

Um eine Konföderation ganz anderer Art handelt es sich, wenn die Rede davon ist, die deutsche Frage durch einen Zusammenschluß der freiheitlichen Bundesrepublik mit der kommunistisch regierten DDR zu lösen. Diesem Vorschlag wenden wir uns nun zu.

Nur Zwischenziel: Die Konföderation

Eine Konföderation zwischen Bundesrepublik und DDR wurde schon bald nach der Gründung der beiden Staaten propagiert. Im Gegensatz zum Österreich-Modell, das auf die Freiheitsrechte der Menschen in der DDR abzielt, geht es bei der Konföderation gerade um die – wenn auch bei manchen Befürwortern stillschweigende – Anerkennung des bestehenden Herrschafts- und Gesellschaftssystems in der DDR. Da nimmt es nicht wunder, daß der Gedanke des Österreich-Modells seinen Ursprung im Westen hat, während die Konföderation durch die kommunistischen Machthaber auf den Propaganda-Schild gehoben wurde. Vornehmlich in den Gründerjahren der DDR, als auch diese noch vorgab, nach der deutschen Einheit zu streben, erkannte die SED-Führung in der Konföderation die für sie optimale Lösung. In seiner Dissertation hat Wolfgang Gläsker die Konföderationspläne der SED untersucht.[174] Darin bestätigt er Zweifel, ob selbst Walter Ulbricht der bedeutende Unterschied zwischen Konföderation und Föderation ganz geläufig war. Tatsächlich hat der damalige SED-Chef in einem Aufsatz vom 30. Dezember 1956 auch die Möglichkeit einer Föderation nicht ausgeschlossen: »Nachdem in Deutschland zwei Staaten mit verschiedenen gesellschaftlichen Systemen bestehen, ist es notwendig, zunächst eine Annäherung der beiden deutschen Staaten herbeizuführen, später eine Zwischenlösung in Form der Konföderation oder Föderation zu finden, bis es möglich ist, die Wiedervereinigung und wirklich demokratische Wahlen zur Nationalversammlung zu erreichen.«[175] Haben nicht schon Marx und Engels gegen eine »Föderativpolitik« polemisiert? Auch Stalin hat sich während des Zweiten Weltkrieges, als es um die Gestaltung Nachkriegsdeutschlands ging, dagegen ausgesprochen.[176]

Machen wir uns bewußt, daß Konföderation den Zusammenschluß von Staaten bedeutet, wobei diese souverän bleiben und damit auch Subjekte des Völkerrechts. Der Rechtscharakter einer Föderation dagegen ist ein völlig anderer. Sie begnügt sich nicht mit einem völkerrechtlichen Vertrag, sondern erfordert eine gemeinsame Verfassung. Somit würde eine Föderation beider deutscher Staaten deren Ende bedeuten. Sie müßten zu einem neuen, gemeinsamen Staatswesen werden. Das aber konnte Ulbricht nicht wollen. Es sei denn, er hätte sich auf dem Umweg über die Zwischenstufe »Konföderation« zuverlässige Chancen ausgemalt, die Voraussetzungen für »wirklich demokratische Wahlen« in seinem Sinne zu schaffen. Man wundert sich nicht, daß dieser Vorschlag zu einer Föderation niemals wiederholt wurde.

Dagegen würde eine Konföderation von Bundesrepublik und DDR die gegenseitige Anerkennung als souveräne Staaten und damit der bestehenden Machtverhältnisse bedingen. Nicht eine aus freien Wahlen zu bildende gesamtdeutsche Regierung wäre das Ziel, sondern ein »gesamtdeutscher Rat« gleichberechtigter Vertreter beider Staaten. Dieser darf in seiner Qualität aber nicht mit jener Institution gleichen Namens verwechselt werden, die in einer Übergangsphase zur Wiedervereinigung zweckmäßig wäre, um die Vorbereitungen für ein freigewähltes gesamtdeutsches Parlament zu treffen.

Natürlich trat die DDR in den früheren Jahren ihres Bestehens für eine Konföderation ein. Diese hätte ihr nicht nur die damals noch in weiter Ferne liegende Anerkennung eingebracht. Überdies wäre der Bundesrepublik frühzeitig der Alleinvertretungsanspruch verwehrt worden; vor allem aber hätte eine Konföderation das für die SED so bedrohliche Gespenst freier Wahlen verscheucht. Eine solche Lösung der deutschen Frage war und ist nicht nur für die Bundesrepublik unannehmbar, sondern für alle, die es ernst meinen mit Freiheit und Selbstbestimmung. Die westdeutschen Argumente gegen eine Konföderation hat Schweisfurth herausgearbeitet.[177]

Je mehr die DDR, beginnend Ende der 60er Jahre, auf ihrem Weg vorankam, der Bundesrepublik eine De-facto-Anerkennung abzuringen, die mit der krampfhaft zum »Arbeitsbesuch« herabgestuften Staatsvisite des SED-Generalsekretärs Honecker in der Bundesrepublik im September 1987 ihre symbolische Krönung fand, um so weiter rückte sie von der zuvor propagierten Konföderation ab. Das ist verständlich; denn was könnte eine solche Lösung der SED heute noch bringen, das sie nicht ohnehin schon eingeheimst hat? Im Gegenteil, es würde nur die Verwirklichung ihrer erklärten Zielsetzung, die Entwicklung einer »sozialistischen deutschen Nation in der DDR« behindern, wenn nicht verhindern.[178] Heutzutage wird die Konföderation von westlicher Seite ins Spiel gebracht. Dahinter steckt sicher auch ein Stück Resignation hinsichtlich der Chancen einer Wiedervereinigung. Also gilt es zu retten, was zu retten ist? Wenigstens noch ein Stück deutscher Gemeinsamkeit zu konservieren, mag das Ziel mancher Verfechter dieser Lösung sein. Da wir nun einmal die DDR de facto anerkannt haben, umarmen wir sie doch!

Wie immer, so steckt auch hier der Teufel im Detail. Zunächst muß doch die Frage nach Sinn und Zweck dieser Konföderation gestellt werden. Erst aus der Antwort darauf kann man die Zuständigkeiten gesamtdeutscher Institutionen ableiten. Der Spielraum, der einer deutsch-deutschen Konföderation eingeräumt würde, wäre entscheidend durch den machtpolitischen Status quo begrenzt. Denn bei diesem Modell würde sich nichts an der Einbindung der beiden Staaten in die großen Machtblöcke ändern. Folglich würde die innerdeutsche Grenze nach wie vor die Trennungslinie der militärischen Konfrontation zwischen NATO und Warschauer Pakt bilden. Unter diesen Umständen ist es schon schwer genug, wenn nicht unmöglich, eine Konföderation der beiden »Vorfeld«-Staaten zu begründen. Völlig unrealistisch ist diese Zielsetzung aber, weil die DDR aufgrund ihrer Einbindung in die sozialistische Staatengemeinschaft gar nicht über den Freiraum verfügen kann, ihr Wirtschafts- und Gesellschaftssystem dem der Bundesrepublik anzugleichen. Das kann sie auch gar nicht wollen, bliebe sie doch der kommunistisch regierte deutsche Teilstaat. Nach ihrem Selbstverständnis sind Kapitalismus und Sozialismus so wenig miteinander vereinbar wie Feuer und Wasser. So hat es uns Honecker bei seinem Bonner Besuch noch einmal deutlich gesagt.

Was bliebe unter diesen Gegebenheiten noch an gemeinsamen Aufgaben für eine Konföderation? Denn ein Staatenbund macht keinen Sinn, wenn er nicht von einem politischen

Zweck bestimmt wird. Sicher würde die deutsche Konföderation eine willkommene Plattform bilden, von der aus man aller Welt verkünden könnte, von deutschem Boden dürfe kein Krieg mehr ausgehen. Sobald es aber darum ginge, gemeinsame Vorkehrungen für eine solche Friedenspolitik zu treffen, wäre man hoffnungslos zerstritten. Auch sollte niemand der Illusion verfallen, mit einer Konföderation würden Mauer und Stacheldraht fallen. Das kommunistische Wirtschafts- und Gesellschaftssystem braucht für seine Existenz die Abschottung gegenüber der freiheitlichen Ordnung des Westens. Fällt die Mauer, dann bricht es zusammen. Sollten die SED-Machthaber in eine Konföderation eintreten, dann doch nur, um auf diese Weise die Existenz ihrer Herrschaft zu sichern, nicht, um sie zu gefährden.

Mag sein, daß sie noch zusätzliche Reiseerleichterungen gewähren, Freizügigkeit wird es nicht geben. Denn Kommunisten können und werden auf das wesentliche Instrument ihrer Herrschaft nicht verzichten: auf Kontrolle.

Zusammenarbeit zur Verbesserung der Verkehrsbeziehungen und des Handels, zum Schutz der Umwelt, zur Förderung des Sports und zur Intensivierung kultureller Kontakte, das alles ist ohne Konföderation genauso gut möglich, wenn nicht noch besser. Richtet man für diese begrenzten Aufgabengebiete konföderative »gesamtdeutsche Institutionen« ein, dann wird die DDR die paritätische Besetzung fordern, die man ihr schwerlich verweigern kann. Damit hätte sich die SED eine gute Ausgangsbasis geschaffen und würde diese mit Sicherheit nutzen, um einen ihr nach der Größenordnung gar nicht zukommenden Einfluß auf Entscheidungen auszuüben, die für die ganze Konföderation Geltung hätten.

Der Vorteil einer Konföderation liegt allein in der Möglichkeit, ein Symbol deutscher Zusammengehörigkeit zu schaffen, ohne Anhänger des Status quo und Gegner der deutschen Einheit zu verschrecken. Deshalb wäre deren Zustimmung zu einer solchen Lösung eher zu erlangen als zu einer Wiedervereinigung. Würde doch die Konföderation den Status quo bestätigen und die deutsche Teilung festschreiben. Weder Ost noch West brauchten auf das Potential ihrer deutschen Teilstaaten verzichten, die SED-Funktionäre müßten nicht um ihre Pfründe bangen, aber auch das westdeutsche Establishment wäre vor den ach so gefürchteten Veränderungen sicher. Im Gegenteil: Die Konföderation würde noch einige Behörden schaffen und neue attraktive Posten bescheren.

Jedoch überwiegen die Nachteile dieses Vorschlags bei weitem. Die ohnehin schon so geschwächte Position der Bundesrepublik in der nach wie vor erhobenen Forderung nach dem Recht des deutschen Volkes auf Selbstbestimmung wäre erschüttert. Ginge sie mit dem SED-Staat eine Konföderation ein, könnte sie ihn kaum noch infrage stellen. Die Teilung wäre zementiert, die Verweigerung der Freiheitsrechte für die Deutschen in der DDR anerkannt. Wie im Falle des Österreich-Modells würde auch hier die Frage von Friedensverträgen mit beiden deutschen Teilstaaten relevant werden. Und damit wäre auch der Verzicht auf die deutschen Ostgebiete besiegelt, ohne auch nur die Chance zu erlangen, diese Frage im Rahmen einer europäischen Friedensordnung zu einer Lösung führen. Insgesamt würden wir für eine Konföderation einen hohen Preis zu entrichten haben. Dagegen wäre der Gewinn gleich Null.

Ein Blick in die Geschichte lehrt, daß Konföderationen nicht von Bestand waren. Entweder fielen sie auseinander oder sie entwickelten sich zu bundesstaatlichen Zusammenschlüssen. Letzteres erscheint für den Fall einer deutschen Konföderation ausgeschlossen, weil eine solche Entwicklung freie Wahlen bedingt. Das jedoch wäre das Ende der SED-Herrschaft in der DDR. Weder werden die Sowjets zulassen, daß ihnen auf diese Weise die Herrschaft über Mitteldeutschland entrissen wird, noch werden die SED-Machthaber sich auf dieses Glatteis begeben. Wer von einer Konföderation mehr erwartet, wie es etwa bei Wolfgang Venohr in dessen Buch *Die deutsche Einheit kommt bestimmt*[179] anklingt, der sieht in ihr nicht eine Lösung der deutschen Frage, sondern eine Vorstufe zur Wiedervereinigung.

Selbst das Bundesverfassungsgericht hat in seinem berühmten Urteil vom 31. Juli 1973 zum Grundlagenvertrag auf die Möglichkeit einer Konföderation verwiesen, sie jedoch ausdrücklich als »einen Schritt in Richtung auf die Verwirklichung

deren Wiedervereinigung des deutschen Volkes in einem Staat«
qualifiziert. Danach darf eine solche Konföderation nicht etwa
Ersatz für das Selbstbestimmungsrecht sein und nicht gegen
den Kern der freiheitlichen Grundordnung verstoßen.[180]

Die Konföderation scheidet somit als Lösung der deutschen
Frage aus. Gleichwohl ist sie von großem Interesse als Über-
gangslösung für den Fall der Wiedervereinigung. Als solche
könnte sie sogar unverzichtbar sein. In diesem Fall wäre jedoch
die Grundvoraussetzung eine ganz andere. Es käme dann darauf an, einen zweckmäßigen Weg zu finden, um das Herr-
schafts- und Gesellschaftssystem der DDR zu überwinden,
nicht, es zu erhalten.

Sowohl das Österreich- als auch das Konföderations-Modell
haben sich als untauglich erwiesen, Einigkeit und Recht und
Freiheit für das deutsche Volk zu erlangen. Dieses Ziel ist nur
in einem gesamtdeutschen Nationalstaat zu verwirklichen.
Dazu brauchen wir die Wiedervereinigung.

10. Kapitel

Die Lösung: Deutsche Einheit in einer europäischen Friedensordnung

Die bisher skizzierten Modelle weisen keine gangbaren Wege zur deutschen Einheit in Freiheit. Bleibt die Hoffnung auf eine europäische Friedensordnung. Mit den zuvor betrachteten und abgelehnten Vorschlägen haben wir uns, immer weniger abstrakt und unter immer stärkerer Berücksichtigung der machtpolitischen Gegebenheiten, an diese einzig mögliche Lösung herangetastet. Der sicherheitspolitische Ansatz zur Lösung der deutschen Frage erfordert eine Wiedervereinigung von Bundesrepublik und DDR. Das bedingt ein Herauslösen der beiden deutschen Staaten aus den antagonistischen Blöcken, in die sie nach dem Zweiten Weltkrieg als Folge der zunehmenden Spannungen zwischen den Supermächten integriert wurden. Nur auf diese Weise können die Voraussetzungen geschaffen werden, damit das deutsche Volk sein Recht auf Selbstbestimmung ausüben kann.

Was wird, was soll das für ein Deutschland sein – das wiedervereinigte? Eine Antwort darauf wird – soweit sie überhaupt möglich ist – im dritten Teil dieses Buches versucht. Doch der Kern dieses Lösungsvorschlages muß schon hier formuliert werden. Nur dann kann es gelingen, die Vor- und Nachteile einer Wiedervereinigung herauszuarbeiten und gegeneinander abzuwägen.

Das wiedervereinigte Deutschland muß frei sein in der Gestaltung seiner inneren Ordnung. Außen- und sicherheitspolitisch dagegen wird es in die zu schaffende europäische Friedensordnung eingebunden.

Diese Einbindung bedeutet: keine Bündnisfreiheit, keine Verfügungsgewalt über nukleare Waffen, vertragliche Fixierung des militärischen Status, Kontrolle und Garantie durch die vier Siegermächte.

An der Frage der »Bündnisfreiheit« scheiden sich denn auch seit eh und je die Geister. Die Verfechter uneingeschränkter außenpolitischer Handlungsfähigkeit geben vor, es sei mit ihrer Auffassung von einem souveränen Staat unvereinbar, ihm die Freiheit vorzuenthalten, Bündnisse mit anderen Staaten einzugehen. Natürlich meinen die meisten Kritiker damit nur die eine Möglichkeit, nämlich die Westbindung eines gesamtdeutschen Staates. Ehrlicherweise müßten sie dann auch die höchst unwahrscheinliche Möglichkeit zulassen, daß sich die Deutschen dem Warschauer Pakt anschließen. An diesem Beispiel mag deutlich werden, daß außenpolitische Freiheit eben unvereinbar mit einer europäischen Friedensordnung ist, weil sie das Gegenteil bewirken würde, nämlich eine Verschiebung des Gleichgewichts zugunsten eines der beiden Blöcke. Danach kann niemand streben, dem es um eine bessere Sicherung des Friedens geht.

Von größerem Gewicht ist allerdings die Frage, ob ein wiedervereinigtes Deutschland Atommacht sein dürfte. Wer uneingeschränkte außen- und sicherheitspolitische Freiheit fordert, der muß sich auch dieser Frage stellen. Spätestens dabei wird jedermann klar werden, daß es diese Freiheit für einen gesamtdeutschen Staat nicht geben kann und nicht geben wird. Haben wir überhaupt noch Staaten uneingeschränkter Souveränität? Doch nur noch die Supermächte. Alle anderen Staaten sind in ihrer Souveränität mehr oder weniger eingeschränkt. Diese bewußte und gewollte Beschränkung nationaler Souveränität ist das Wesen einer europäischen Friedensordnung aus.

Unterstellen wir, daß Ost und West, daß die vier für Deutschland als Ganzes zuständigen Siegermächte einer Lösung zustimmen, wie sie vorstehend definiert wurde. Was bedeutet das für sie? Beiden Seiten wird bei dieser Lösung ein hoher Preis abverlangt: Die Sowjetunion muß einen vorwiegend politischen, der Westen einen mehr militärpolitisch bestimmten Preis zahlen. Wo liegt da der Unterschied? Die Sowjets müssen auf ihr kommunistisches Regime in der DDR verzichten, mit allen sich daraus ergebenden Rückwirkungen auf ihr sozialistisches Lager. Vielen auf unserer Seite mag dieser Preis so hoch erscheinen, daß sie es für ausgeschlossen halten, die Sowjets würden ihn jemals zahlen. Wie jedermann, der einen Handel abschließt, werden auch die Sowjets – und sie besonders – dazu nur bereit sein, wenn sie den zu erwartenden Gewinn höher einschätzen als das Opfer, das ihnen dafür abverlangt wird. Welche Gegenleistung können sie sich da erhoffen? Zunächst einmal die Sicherung des Friedens durch Abbau der militärischen Konfrontation. Denn die Sowjets wollen keinen Krieg. Ihre langfristigen Ziele, die nicht die unseren sind, können sie nur in einem Zustand des Friedens erreichen. Und die Sowjets haben einen langen Atem. Deshalb werden sie bei ihrer Entscheidung für eine solche Lösung sehr wohl in Rechnung stellen, welche Auswirkungen diese für die Gegenseite, für den Westen hat. Denn der wird auch künftig ihr Kontrahent sein, auch wenn man nicht mehr vom »Klassenfeind« sprechen sollte. Was immer sie als nachteilig für den Westen beurteilen, werden die Sowjets für sich als Vorteil buchen. Bleibt also zu fragen, wie ein solches Geschäft aus westlicher Sicht zu beurteilen ist.

Der Preis, den der Westen zu zahlen hat, besteht in dem Verzicht auf das militärische Potential und auf das Territorium der Bundesrepublik für die westliche Verteidigung. Mit anderen Worten: Die NATO wird ihren bisherigen westeuropäischen Eckpfeiler einbüßen. Die Bundesrepublik stellt zwar gut die Hälfte der Landstreitkräfte für die Verteidigung Mitteleuropas, aber auch ihr Anteil für die Luftverteidigung ist nur schwer zu ersetzen. Ein Blick auf die Landkarte genügt, um zu erkennen, welche Schlüsselrolle ihrem Territorium zukommt. Vor allem bei der fehlenden Tiefe des für die westeuropäische Verteidigung verfügbaren Raumes, aber auch als Bindeglied zum Bereich Europa-Nord ist das westdeutsche Territorium von großem Gewicht für die Verteidigungsplanung der NATO.

Manche sehen deshalb in einem Ausscheiden der Bundesrepublik aus der westlichen Verteidigungsorganisation gleich den Zusammenbruch, die Auflösung des westlichen Bündnisses. Kann die NATO ohne die Bundesrepublik überleben? Fragen wir anders: Muß sie im Falle eines Disengagements überhaupt noch bestehen bleiben? Diese Frage ist zu bejahen, denn allein schon die Tatsache, daß wir von einem Auseinanderrücken der

Blöcke sprechen, beweist doch, daß diese wenigstens zunächst noch bestehen bleiben. Sie werden nämlich noch gebraucht. Denn mit der Wiedervereinigung Deutschlands stehen wir erst am Anfang der europäischen Friedensordnung, die es zu errichten gilt. Das bedeutet jedoch keineswegs, die Blöcke müßten in gleicher Struktur und in unverminderter Stärke fortbestehen. Vielmehr sollen sie in diesen langfristig angelegten Prozeß der Abrüstung und der Veränderung des sicherheitspolitischen Szenarios einbezogen werden. Diese Entwicklung wird schließlich einmal zu einem Ende der Blöcke führen – jedoch nicht zu einem Ende der Supermächte. Aber dies ist ein langer Weg. Bis dahin haben die Blöcke noch ihre Funktion, vor allem bei der Wiederherstellung der deutschen Einheit. Ihre erste Herausforderung besteht darin, nach einem Herauslösen der beiden deutschen Teilstaaten eine neue Struktur einzunehmen. Dem Warschauer Pakt wird das nicht schwerfallen, denn die militärpolitische Bedeutung der DDR fällt kaum ins Gewicht. Sowohl den Verlust der fünf NVA-Divisionen wie den Verzicht auf das Territorium der DDR können die Sowjets leicht verschmerzen. Weder politisch ist die DDR ein unverzichtbarer Teil des sozialistischen Staatenbundes, aber noch weniger militärstrategisch – wie Harald Wust, der frühere Generalinspekteur der Bundeswehr, in einem Vortrag behauptet hat.[181] Das ist allein eine Frage des Preises, alles hängt von der Gegenleistung ab. Damit ist nicht etwa gesagt, den Sowjets fiele der Verzicht auf die DDR leicht. Es wird ihnen vor allem Sorge bereiten, die anderen Warschauer Paktstaaten bei der Stange zu halten. Das wird ihnen jedoch um so eher gelingen, je deutlicher und überzeugender sie einen weiteren Ausbau der europäischen Friedensordnung betreiben. Deren Verwirklichung wird nicht zuletzt davon abhängen, daß die Lösung der deutschen Frage gelingt und sich positiv auf die Entspannung in Europa auswirkt.

Der Westen wird mit der Forderung nach einer Neustrukturierung der NATO vor ein schwieriges, aber durchaus lösbares Problem gestellt. Zufriedenstellend lösen kann er es nur dann, wenn Frankreich in die militärische Integration der sich neu formierenden NATO zurückkehrt.

Die Lücke, die das Ausscheiden der Bundesrepublik in den Verbund der westlichen Verteidigung reißt, muß geschlossen werden. Da mag der Einwand kommen, Frankreich lehne diese Rückkehr schon seit über zwei Jahrzehnten entschieden ab. Die tiefe Abneigung der Franzosen gegen eine Bindung an die atlantische Allianz ist in der Betrachtung des Problems einer europäischen Verteidigungsgemeinschaft herausgestellt worden. Entscheidend ist: Frankreich verfolgt französische Interessen! Diese aber können und werden auch eine Änderung seiner bisher ablehnenden Haltung bestimmen. Im Falle einer deutschen Wiedervereinigung wird eine völlig neue Situation entstanden sein. Gerade für Frankreich ändert sich dann die strategische Lage grundlegend. Pessimisten mögen das dahingehend interpretieren, die Franzosen würden ihr deutsches Vorfeld einbüßen. Welch zentrale Bedeutung diesem Kriterium im Zusammenhang mit der deutschen Frage zukommt, darauf hat uns schon der damalige Bundestagsabgeordnete Gustav Heinemann, der spätere Bundespräsident, in einem 1950 veröffentlichten Aufsatz aufmerksam gemacht. Darin zitierte er den französischen Verteidigungsminister Moch, der am 22. September 1950 erklärte: »Wir müssen den Schutz des Glacis sicherstellen, das der Sieg von 1945 uns zu besetzen erlaubt hat. Es ist die Schaffung eines Manöverfeldes Elbe-Rhein, die ständig unsere oberste Sorge zu sein hat.«[182] Mögen die Franzosen das heutzutage verbindlicher ausdrücken, an der Substanz dieser Zielsetzung hat sich nichts geändert. Der französische Staatspräsident hat uns in seiner Aachener Rede am 20. Oktober 1987 erneut daran erinnert: »... meine Aufgabe ist es auch hervorzusehen und darüber zu wachen, daß mein Land in nichts hineingezogen wird, daß es nicht getroffen, zerstört, beherrscht werden kann. Ich habe also, solange die Dinge so stehen, mit der französischen Regierung für den Schutz Frankreichs und der Franzosen zu sorgen.«[183]

Aufgabe aktiver Deutschlandpolitik muß es sein, die Franzosen für unsere Sache zu gewinnen, indem man sie davon überzeugt, daß die Wiedervereinigung Deutschlands ihr Vorfeld bis an die künftige deutsche Ostgrenze erweitert. Auch sollte nicht übersehen werden, daß gerade Frankreich an der Errichtung einer europäischen Friedensordnung interessiert ist. Liegt doch darin langfristig die große Chance, Europa zu einer den Supermächten ebenbürtigen Kraft zu entwickeln.

Ein aktives französisches Mitwirken bei der Gestaltung dieser neuen Ordnung ist schon deshalb unverzichtbar, weil Frankreich eine der vier Siegermächte ist, deren Zustimmung für eine Lösung der deutschen Frage unverzichtbar ist. Darüber hinaus wird der Erfolg dieser Lösung vor allem davon abhängen, daß der Westen die damit verbundene Herausforderung annimmt und bewältigt. Denn die Sowjets werden natürlich darauf spekulieren, daß die westliche Welt von einer euphorischen Welle der Entspannung überrollt wird und in seinem Willen zur Neuordnung seiner Verteidigungsorganisation erlahmt. Die Erfahrung hat jedoch gelehrt, daß der Westen immer dann zu überragenden Leistungen fähig war, wenn er herausgefordert wurde. So spricht alles dafür, daß die westeuropäischen Nationen eher für die Gestaltung einer europäischen Friedensordnung zu begeistern wären als für die unvermeidbaren Belastungen, die ihnen mit einer Fortdauer des Status quo und der militärischen Konfrontation abgefordert werden.

Fragen wir aber noch konkreter, was den Westen bewegen sollte, diesen hohen Preis für eine Veränderung des Status quo in Europa zu zahlen und das unleugbar damit verbundene Risiko auf sich zu nehmen. Zunächst einmal müssen die Deutschen mit größtem Nachdruck das Recht auf Selbstbestimmung fordern. Daran fehlt es leider völlig. Nachfolgende Generationen werden einmal rätseln, was nur in die Deutschen gefahren war, daß sie die Spaltung ihres Vaterlandes so widerspruchslos hingenommen haben. Um so mehr müssen wir darauf setzen, daß der Westen den sicherheitspolitischen Aspekt der deutschen Frage erkennt und von daher auf eine Überwindung des Status quo drängt.

Wie am Beispiel der sowjetischen Sicht dargestellt, muß umgekehrt ebenso der Westen das für ihn Vorteilhafte dieser Lösung auch in den für die Sowjets nachteiligen Folgen erblicken. Das, was den Sowjets als politischer Preis abverlangt wird, freie Wahlen in der DDR, kann der Westen als seinen größten Triumph werten. Besteht doch kein Zweifel, daß sich die seit

218

über vier Jahrzehnten an freier Willensbekundung gehinderten Deutschen für eine freiheitliche Ordnung entscheiden werden. Natürlich kann der Westen damit auch die Hoffnung verbinden, daß ein derart eindrucksvolles Bekenntnis für Recht und Freiheit auf alle Völker ausstrahlt, die sich dann noch unter sowjetischer Herrschaft befinden.

Die größte Aufgabe verantwortungsbewußter Politiker wird es dann sein, diesen Triumph zwar zu feiern, ihn gleichwohl nicht zu einer unkontrollierten Bewegung für die Freiheit ausufern zu lassen. Denn die Errichtung einer europäischen Friedensordnung erfordert Evolution – Revolution würde sie im Keime ersticken.

So neu ist das alles beileibe nicht. In den zurückliegenden Jahrzehnten des Status quo hat es nicht an Versuchen gefehlt, die militärische Konfrontation durch ein Auseinanderrücken der Blöcke zu überwinden: Vom Eden- über den Rapacki-Plan und die Initiative des deutschen FDP-Politikers Georg Pfleiderer bis hin zum Deutschlandplan der SPD von 1959.[184]

Alle sind sie gescheitert. Ist dann nicht auch dieser Lösungsvorschlag ein »alter Hut«, den man besser im Schrank lassen sollte? Als solchen hat Theo Sommer die Initiative von Bernhard Friedmann herablassend kommentiert.[185]

Wenn auch viele Gedanken wiederkehren, die schon in früheren Lösungsvorschlägen enthalten sind, hier kommt es darauf an, die veränderten Rahmenbedingungen zu berücksichtigen. Nicht geändert hat sich die immer wieder erwähnte Grundbedingung für eine Zustimmung von Ost und West. Geändert hat sich jedoch die Einschätzung des Status quo. Das Unbehagen der Supermächte an der militärischen Konfrontation, ihr Bestreben, diese zu überwinden, ist offenkundig. An uns liegt es, die sich bietende Chance für die deutsche Sache zu nutzen. Von wem sonst sollte denn die Initiative ausgehen, wenn nicht von der Bundesrepublik, vom freien Teil Deutschlands? Von den Machthabern in der DDR wird doch wohl niemand erwarten, sie würden für die deutsche Einheit streiten. Im Gegenteil, die werden sich mit allen ihnen zu Gebote stehenden Mitteln gegen jede Lösung sträuben, die auf freie Wahlen hinausläuft. Denn sie kennen das Ergebnis. Sollte aber die

DDR einmal auf Geheiß der Sowjets – und nur nach deren Willen und auf deren Wort könnte das geschehen – an Verhandlungen über die Frage der Wiederherstellung der deutschen Einheit teilnehmen, dann werden das andere Repräsentanten der DDR sein als die heutigen. Auch solche denkbaren Vorgespräche, so wichtig und begrüßenswert sie wären, können und dürfen nichts daran ändern, daß allein der gesamtdeutsche Souverän darüber zu entscheiden hat, wie die innere Ordnung eines gesamtdeutschen Staates aussehen wird.

Die in bezug auf die Wiedervereinigung vorherrschende Resignation und das völlige Fehlen geistiger Führung im westdeutschen Teilstaat haben ein politisches Klima erzeugt, in dem ein Lösungsvorschlag wie der hier unterbreitete auf breite Ablehnung stoßen muß. Wird doch gerade in der Bundesrepublik jeder Gedanke an ein Überwinden der Blöcke verteufelt. Dabei überbieten sich die maßgebenden Politiker in ihrer Schwarzmalerei. Warnend erhob Frau Wilms auf der Jahresarbeitstagung des Kuratoriums Unteilbares Deutschland am 3. Juni 1988 ihre Stimme: »Gelegentlich werden sogar Lösungen der deutschen Frage jenseits der Bündnissysteme in Betracht gezogen«.[186] Als würde sich da jemand gegen Recht und Gesetz auflehnen! Aber die für die deutsche Frage zuständige Frau Bundesminister bleibt natürlich jede Antwort schuldig, wie wir die deutsche Einheit erreichen können, ohne die Bündnisse zu verändern. Und ihr Kollege, der CDU-Politiker Walter Rühe, wird nicht müde, daran zu erinnern, daß die deutsche Frage nicht den Deutschen allein gehöre.[187] Würde er sich doch endlich einmal mit der Gestaltung der auch von seiner Partei propagierten europäischen Friedensordnung auseinandersetzen. Aber bitte mit einer solchen, wie sie im Brief zur deutschen Einheit vorgezeichnet ist!

Kein Geringerer als Rudolf Augstein hat dieses Dilemma treffend charakterisiert: »Die Deutschen dürfen über Wiedervereinigung noch nicht einmal nachdenken, ohne daß ihnen Verrat am Westen vorgeworfen wird.«[188] In seinen zahlreichen Kommentaren zur deutschen Frage hat er immer wieder betont, daß eine Lösung nur möglich ist, wenn wir den Status quo überwinden. Damit steht er keineswegs allein. Angesehene

Politiker, Wissenschaftler und Journalisten haben sich in gleicher Weise geäußert. Auch Papst Johannes Paul II. hat in seiner Enzyklika *Sollicitudo rei Socialis* 1987 herbe Kritik an der Existenz der Blöcke geübt.[189] Schließlich ist sogar in der Schlußakte der KSZE das Recht eines jeden Staates, »Vertragspartei eines Bündnisses zu sein oder nicht zu sein«, verankert; und: »Desgleichen haben sie das Recht auf Neutralität«.[190]

Nur in der Bundesrepublik weigert man sich beharrlich, über einen möglichen Weg zur Wiedervereinigung nachzudenken. Im Gegenteil, man verbaut sich diesen Weg, indem man den Begriff der Neutralität und alles was damit zusammenhängt, verteufelt.

Ein Begriff wird verteufelt: Neutralität

Jede deutschlandpolitische Diskussion muß sich zwangsläufig mit dem Begriff der Neutralität auseinandersetzen. Wie aufgezeigt wurde, führt zumindest kein Weg daran vorbei, die Frage nach dem militärischen Status eines wiedervereinigten Deutschlands zu beantworten. Daß eine europäische Friedensordnung ohne eine Definition der sicherheitspolitischen Einordnung dieser Zone in das Kräfteverhältnis zwischen Ost und West gar nicht denkbar ist, wird geflissentlich übersehen oder verschwiegen.

Sobald aber im Zusammenhang mit der deutschen Frage der Begriff Neutralität fällt, endet zumeist jede sachliche Diskussion. Statt dessen wird jeder, der sich auch nur einer Lösung zu nähern wagt, die mit einer Herauslösung des deutschen militärischen Potentials aus den Blöcken verbunden ist, illusionistischer oder gar unredlicher Absichten verdächtigt. Friedmann hätte sich das Fragezeichen, das er in seinem Buch hinter die Überschrift »Neutralität – ein Schreckgespenst?«[191] gesetzt hat, sparen können. Denn das ist gar keine Frage mehr. Die Bonner haben Neutralität nicht nur zum Schreckgespenst erklärt. Ihre Vorwürfe gegen jeden Versuch, Licht in diese verwirrte Diskussion zu bringen, reichen von »realitätsfern« über »Handlanger für sowjetische Interessen« bis hin zum »Verrat an der westlichen Wertegemeinschaft«.

Nicht nur Neutralität wird verteufelt, sondern der Begriff schlechthin und alles, was nur irgendwie damit zusammenhängen könnte. Auf diese Weise wird uns der Weg zu jedweder auf Wiedervereinigung gerichteten Lösung der deutschen Frage verstellt.

Dies ist nicht der Ort, um den Begriff der Neutralität in seiner ganzen Breite und Tiefe zu diskutieren. Dazu sei auf einschlägige Veröffentlichungen verwiesen.[192] Doch auf die Unterscheidung zwischen »Neutralität« und »Neutralisierung« kann auch hier nicht verzichtet werden. »Neutralität« wird als selbstgewollt verstanden, »Neutralisierung« dagegen als auferlegt. Österreich, dessen Neutralitätserklärung wesentliche Voraussetzung für den Abschluß des Staatsvertrages mit den vier Siegermächten darstellt, war peinlichst darauf bedacht, daß seine Neutralität nicht in diesem Dokument verankert wurde, um den Makel einer auferlegten Souveränitätsbeschränkung zu vermeiden.[193]

Die meisten Menschen verbinden mit »neutral« in bezug auf die deutsche Wiedervereinigung die Vorstellung eines Sich-Heraushaltens aus dem Konflikt zwischen Ost und West, einer »Schaukelpolitik« zwischen beiden Machtgruppierungen. Ein Blick auf die Karte genügt, um zu beweisen, daß eine derartige Politik aufgrund unserer geographischen Lage gar nicht möglich ist. Diese Einsicht wird denn auch von den Gegnern einer operativen Deutschlandpolitik genutzt, um jedes Ausscheren aus den Militärblöcken als ein unverantwortliches Sich-Abkoppeln vom Westen mit der Gefahr eines Vakuums im Herzen Europas abzutun. Dem folgt dann die Prophezeiung, daß eine solche Lösung geradezu unvermeidbar zu einer »Finnlandisierung« führen müsse und schließlich zur Unterwerfung unter sowjetische Vorherrschaft. So wird jedes Herauslösen der Bundesrepublik aus dem westlichen Militärbündnis sogleich als eine Abkehr von der westlichen Wertegemeinschaft gebrandmarkt.

Um jedem Mißverständnis vorzubeugen, sei an dieser Stelle betont, daß die hier geführte Diskussion um eine militärische

Neutralität ausschließlich auf den Fall eines wiedervereinigten Deutschlands bezogen ist, nicht etwa auf die Bundesrepublik. Horst Groepper, früher Botschafter der Bundesrepublik in Moskau und leidenschaftlicher Streiter für die deutsche Einheit, hat die Gefahren eines derartigen westdeutschen Alleingangs aufgezeigt: Mit dem Ausscheiden der Bundesrepublik aus dem westlichen Bündnis entfiele für die Sowjetunion der Hauptanreiz, der sie vielleicht einmal dazu geneigt machen könnte, in das Wiedererstehen eines geeinigten Gesamtdeutschlands einzuwilligen.[194]

Uns geht es um die deutsche Einheit, nicht um Neutralität! Um so mehr kommt es darauf an, deutlich zu machen, was »neutral« in bezug auf die Wiedervereinigung Deutschlands im Rahmen einer europäischen Friedensordnung bedeutet. Das soll hier versucht werden. Wenn also nachfolgend von einem Herauslösen der Bundesrepublik aus der NATO die Rede ist, dann stets in dem Sinne, daß mit der Wiederherstellung der staatlichen Einheit die beiden deutschen Teilstaaten zu bestehen aufhören und folglich nicht länger Mitglieder der Paktorganisationen sein können. Eine solche Entwicklung aufzuzeigen, ist nicht abwegig oder gar Verrat; vielmehr ist sie im letzten Artikel des Grundgesetzes (146) vorgezeichnet.

In der Beurteilung der Lage, die sich durch das ganze Buch zieht, sind wir immer wieder zum Kern der Bedingung für eine deutsche Wiedervereinigung vorgestoßen. Die Wiederholung ist unvermeidbar, aber auch notwendig: Weder der Westen noch die Sowjets werden dulden, daß das militärische Potential dieses gesamtdeutschen Staates der Gegenseite zugute kommt. Daraus ist die Folgerung gezogen worden, der militärische Status des wiedervereinigten Deutschlands müsse definiert und kontrolliert werden. Sollte nun der Einwand kommen, dies sei ja weder Neutralität noch Neutralisierung, um so besser. Aber da eine solche Lösung unvermeidbar zumindest in die Nähe einer Neutralisierung rückt, müssen wir uns mit dem möglichen Vorwurf auseinandersetzen.

Wer eine vertragliche Festschreibung des militärischen Status Gesamtdeutschlands als unzumutbar ablehnt, sie gar als unvereinbar mit der Freiheit der Deutschen betrachtet, der muß sich

der Frage stellen: Wie anders soll eine europäische Friedensordnung zustande kommen? Wird aber auch dieses Ziel
abgelehnt, das ja im »Brief zur deutschen Einheit« als Voraussetzung für die Verwirklichung unseres Rechtes auf Selbstbestimmung genannt wird, so bedeutet dies einen Verzicht auf
Freiheit und Einheit. Mit einer solchen Meinung brauchen wir
uns nicht weiter auseinandersetzen. Gleichwohl sei auf die
Konsequenzen dieser Auffassung verwiesen, die bei der Betrachtung der Status quo-Lösung aufgezeigt wurden.

Wenden wir uns damit wieder der Frage zu, ob ein Herauslösen der militärischen Komponenten beider deutscher Staaten
aus den Militärblöcken und die »Neutralisierung« des gesamtdeutschen militärischen Potentials zwischen den Blöcken für
uns akzeptabel ist. Angesichts des übergeordneten Zieles der
deutschen Einheit in Freiheit kann man diese Lösung nur vollen Herzens bejahen. Wir sind doch wohl nicht geboren, um
Mitglied der NATO oder des Warschauer Paktes zu sein! Kein
anderer außer den Deutschen käme auch nur auf einen solchen
Gedanken. Denn: Bündnisse sind Mittel zum Zweck. Der
Zweck ist die Freiheit und die Wohlfahrt der Nation. Auch diejenigen Westdeutschen, die der Nation abschwören und sie allenfalls noch als Formel für Sonntagsreden mißbrauchen, kommen nicht umhin zuzugeben, daß diese Abkehr keinen Weg
eröffnet, Freiheit für die Deutschen in der DDR durchzusetzen. Wird aber auf dieses erklärte Ziel verzichtet – wohl um der
eigenen Bequemlichkeit willen – dann ist das eine Absage an
Einheit und Freiheit. Dagegen mag eingewandt werden, die
hier vorgeschlagene Lösung brächte zwar die Einheit, aber
nicht in Freiheit. Zumindest sei diese Freiheit bedroht!

Um mit dem letzteren Argument zu beginnen: Ist Freiheit
nicht immer bedroht? Um so mehr kommt es darauf an, Gefahren zu erkennen und ihnen zu begegnen.

Schon selbstgewählte Neutralität ist stets mit Auflagen, mit
Pflichten verbunden; mehr noch eine gewollte »Neutralisierung« des militärischen Potentials. Sie muß im Falle Deutschlands durch die Siegermächte definiert und kontrolliert werden.

Alle derartigen Überlegungen werden von wachsamen Kritikern als Neuauflage der Stalin-Note abgetan. Die gängige Verdammung der Stalin-Note als ein nicht ernst gemeintes sowjetisches Störmanöver ist aber, wie bereits dargelegt wurde, nicht länger haltbar. Endgültig ins Zwielicht gerät die damalige Zurückweisung der Stalin-Note, sollte es zutreffen, daß Adenauer an der Wiedervereinigung überhaupt uninteressiert war. Hat ausgerechnet der Kanzler der Bundesrepublik Deutschland, der so vertrauenerweckend die Deutschen in der sowjetischen Besatzungszone zum Ausharren aufrief, die deutsche Einheit gar nicht gewollt oder sogar verhindert? Berücksichtigt man jüngste Forschungsergebnisse, dann muß man diese Frage bejahen.[195]

Das Sensationelle der Stalin-Note besteht zunächst einmal darin, daß ausgerechnet die Sowjetunion eine Initiative zum Zwecke der Wiedervereinigung entwickelt hatte. Wenn auch die Wiederholung einer derartigen Politik zur Zeit nicht in Sicht ist, niemand kann ausschließen, daß die Sowjets eines Tages »ihre Überraschungskarte aus dem Ärmel ziehen und das ominöse Tauschgeschäft (anbieten), das da heißt: Abzug aus der DDR, dafür ein neutrales, mäßig bewaffnetes Deutschland. Die Bundesregierung und den Bundestag möchte ich sehen, die dann nein sagen würden, wie früher zu Adenauers Zeiten, ohne Sondierungen.«[196] Diese scharfsinnige Hypothese Rudolf Augsteins unterschätzt wohl nur den Einfallsreichtum westdeutscher Politiker, den diese in einem solchen Falle voll entfalten würden, um ihre Forderungen an die sowjetische Seite zu »überfrachten«. Theodor Schweisfurth hat die zu erwartende Reaktion der Bonner Politik auf ein sowjetisches Angebot treffend formuliert: »In dem Augenblick, in dem sich die Sowjetunion den positiven Traditionen Europas zuwendet, soll ihr die Tür vor der Nase zugeschlagen werden, damit die Rheinbündler ihr geschrumpftes Europabild bewahren können.«[197] Alles lief auf die Kernfrage hinaus: Westbindung für die Bundesrepublik oder Freiheit für ganz Deutschland.

Wenn auch in dem hier entwickelten Lösungsvorschlag manche Ähnlichkeit mit der Stalin-Note von 1952 nicht zu verkennen ist, deckungsgleich sind sie keineswegs. Ungerechtfertigt ist deshalb auch die Kritik, das alles hätten wir schon damals haben können. Seit damals haben sich die Rahmenbedingungen verändert. Fragen wir konkret: Was ist heute anders als 1952?

Zunächst einmal hat sich die von Adenauer verfochtene West-Bindung als untauglich erwiesen. Die Wiedervereinigung konnte und kann auf diesem Umweg nicht erreicht werden. Dabei gilt es zu erinnern, daß die Mehrheit der Westdeutschen der Adenauerschen Politik der Westintegration nur deshalb gefolgt ist, weil ihr damit die deutsche Einheit verheißen wurde. Dieser Weg war ein Irrweg. Denn in bezug auf die Sowjetunion konnte dies nur eine Politik der Stärke bedeuten. Wenn es dafür je eine Chance gegeben hat, so war sie spätestens mit dem Gleichziehen der Sowjets in der nuklearen Rüstung dahin. Seitdem muß jedermann klar sein: Ohne Zustimmung der Sowjetunion gibt es keine Wiedervereinigung.

Anstatt aber auszuloten, unter welchen Bedingungen die Sowjets zustimmen würden, versteigen sich die westdeutschen Politiker in die Behauptung, diese Zustimmung sei nicht zu erlangen. Gerade die veränderte Einschätzung der sicherheitspolitischen Lage in Europa durch die Supermächte eröffnet neue Möglichkeiten für eine Lösung der deutschen Frage.

Geändert hat sich auch die Einstellung der meisten Deutschen gegenüber den Sowjets, wobei es sehr wohl zwischen den Menschen und dem kommunistischen System zu unterscheiden gilt. Aufgrund ihrer bitteren Erfahrungen in Krieg und Nachkriegszeit war die Mehrheit der Deutschen in den fünfziger Jahren noch von einer übermächtigen Angst vor den Sowjets beherrscht. Diese erwies sich als ein nicht unbedeutender Hemmschuh auf dem Weg zu einer auf Ausgleich gerichteten Lösung. Inzwischen ist diese Angst weitgehend gewichen, mitunter schon in Arglosigkeit gegenüber dem System umgeschlagen. Unter zielbewußter und sachkundiger Führung hätte die Bundesrepublik heute eine gute Chance, auf eine für alle Seiten akzeptable Lösung der deutschen Frage hinzuwirken.

Auch die Zustimmung des Westens wird heute eher zu erlangen sein als 1952. Haben sich doch seither die Deutschen als überzeugte Anhänger einer freiheitlichen Ordnung und als unbestechlich gegenüber dem Kommunismus erwiesen. Dadurch sind die früher auf westlicher Seite gehegten Befürchtungen widerlegt worden, die Deutschen könnten sich im Falle ihrer Wiedervereinigung den Sowjets zuwenden und damit eine Veränderung des europäischen Gleichgewichts zuungunsten des Westens bewirken. Damals mögen derartige Bedenken die Ablehnung der Stalin-Note durch die Westmächte mitbestimmt haben. Die zeitgeschichtliche Forschung hat gezeigt, daß sie aber nicht von vornherein und in jedem Falle abgeneigt waren. Heute geht es für den Westen allein um eine akzeptable sicherheitspolitische Lösung des Problems.

Umgekehrt wird die sowjetische Zustimmung nicht mehr durch die Hoffnung bestimmt sein, die Deutschen auf dem Wege der Wiedervereinigung in das kommunistische Lager hinüberziehen zu können. Die Erfahrungen während der vergangenen Jahrzehnte dürften die Sowjets überzeugt haben, daß sie aus den Deutschen keine Kommunisten machen können. Um so mehr werden sie darauf aus sein, uns für ihre Zwecke zu nutzen. Lassen wir ihnen diese Hoffnung – und versuchen wir, die Sowjets für unsere Zwecke einzuspannen! Viel stärker als 1952 vorauszusehen war, hat sich die Bundesrepublik zu einer in aller Welt anerkannten Wirtschaftsmacht entwickelt. Selbst die DDR konnte sich – trotz der Belastungen durch die sowjetische Besatzung und der Einengungen durch eine wenig effiziente Zentralverwaltungswirtschaft – mit wirtschaftlichen Erfolgen profilieren. Und das nicht nur aus der Sicht des Ostblocks! Niemand bezweifelt, daß ein wiedervereinigtes Deutschland zu einer Wirtschaftsmacht ersten Ranges aufsteigen würde. Westlichen Befürchtungen gegenüber einer solchen Entwicklung kann am ehesten durch die weitere Einbindung des gesamtdeutschen Staates in die Europäische Wirtschaftsgemeinschaft begegnet werden. Die Sowjets fürchten uns nicht! Aber sie wollen von uns profitieren. Es liegt an uns, sie in dieser Hoffnung zu bestärken und ihr Verlangen danach für unsere Interessen zu nutzen.

Gerade bei der Betrachtung der wirtschaftlichen Gesichtspunkte wird besonders deutlich, wie sehr sich die heutige Lage von der zur Zeit der Stalin-Note unterscheidet. Damals pochten die Sowjets noch auf Erfüllung des Potsdamer Abkommens. In diesem Dokument hatten die Siegermächte neben vielen anderen Auflagen für Deutschland einen Lebensstandard anvisiert, der unter dem der Sowjetunion und Großbritanniens liegen sollte. Wie weit haben wir doch diese Marke hinter uns gelassen!

Am nachhaltigsten hat sich jedoch die Einschätzung eines wiedervereinigten Deutschlands in seiner möglichen Auswirkung als militärische Macht im Herzen Europas verändert. Unter dem Eindruck der noch vorherrschenden Erinnerung an den Zweiten Weltkrieg sind 1952 die meisten europäischen Staaten vor der Vision eines wiederbewaffneten, unabhängigen Deutschlands zurückgeschreckt. Dieses Trauma ist heute weitgehend überwunden. Haben sich doch die Deutschen in den zurückliegenden Jahrzehnten als das Gegenteil jener »Militaristen« erwiesen, für die man sie in der frühen Nachkriegszeit noch hielt. Heute wünschen sich manche unserer westlichen Bündnispartner, die Deutschen würden der herkömmlichen Vorstellung als Soldatenvolk in bezug auf ihren Beitrag zur westlichen Verteidigung etwas mehr entsprechen. Überdies hat die inzwischen erfolgte Entwicklung der Massenvernichtungswaffen bewirkt, daß von einer ausschließlich konventionell bewaffneten Macht – und nukleare Waffen werden die Siegermächte einer gesamtdeutschen Armee mit Sicherheit nicht zugestehen, die Deutschen aber auch nicht anstreben – allenfalls eine regionale Bedrohung ausgehen kann. Einer derartigen Bedrohung vorzubeugen oder aber sie einzudämmen ist um so eher möglich, als dieser Staat durch nukleare Mächte kontrolliert würde.

Die Sowjets haben offensichtlich auch 1952 – zur Zeit der Stalin-Note – die militärische Macht eines wiedervereinigten Deutschlands nicht gefürchtet. Was sie aber fürchteten und keinesfalls zulassen wollten, das war ein Vakuum im Herzen Europas. Deshalb war ihr Angebot mit dem Vorschlag einer »bewaffneten« Neutralität verknüpft. Wie diese dann im einzelnen ausgesehen hätte, das bleibt offen. Man hat ja das Angebot nicht ausgelotet. Was den hier unterbreiteten Lösungsvorschlag betrifft, so wird im dritten Teil des Buches der Versuch unternommen, Umfang und Struktur einer gesamtdeutschen Armee zu skizzieren.

Die immer wiederkehrende Argumentation, ein wiedervereinigtes Deutschland sei viel zu klein und sein militärisches Potential reiche nicht aus, sich zu behaupten, läßt sich kaum besser widerlegen als mit dem Hinweis auf die Schweiz. Dieses Land liefert ein klassisches Beispiel für den Willen und die Fähigkeit einer kleinen Nation, seine Neutralität zu wahren und sich weder Gesinnungsneutralität noch Finnlandisierung aufoktroyieren zu lassen. Die törichte Sprachgewohnheit, die sich bei uns breit macht, man könne dieses und jenes nicht vergleichen – vergleichen bedeutet doch nicht gleichsetzen! –, sollte uns nicht daran hindern, von der Eidgenossenschaft zu lernen.

Die Wiedervereinigung wird ein Abschiednehmen vom Status quo im weitesten Sinne bedingen: sicherheitspolitisch von dem jetzigen Zustand der Blöcke, insbesondere von ihrer Konfrontation auf deutschem Boden, deutschlandpolitisch von der Teilung in zwei Staaten, vor allem von ihrer Einbindung in die jeweiligen Blöcke.

Daß allein der Gedanke an eine solche Möglichkeit den SED-Machthabern mehr als Kopfschmerzen bereitet, wird niemand bestreiten. Dagegen werden viele überrascht sein, wenn hier behauptet wird: Auch dem Bonner Establishment scheint der Gedanke an eine deutsche Wiedervereinigung und an damit verbundene Veränderungen zunehmend Unbehagen zu bereiten. Wenn auch kein Zweifel besteht, daß der gesamtdeutsche Staat der Bundesrepublik ähnlich sein wird, er wird ihr nicht gleich sein, er wird und soll ein anderer Staat sein. Und davor fürchten sich alle, die es sich im Status quo so bequem gemacht haben. Gleichwohl gilt es, auch sie für dieses Ziel zu gewinnen. Das ist möglich, wenn man sie nur davon überzeugt, daß der Status quo nicht von Dauer sein kann, daß ihm eine Fülle von Gefahren innewohnen, die wir nur verdrängen. Wenden wir uns nun dem Vergleich der Vor- und Nachteile dieser Lösung zu.

Eines ist klar: Auch diese Lösung ist nicht ohne schwerwiegende Nachteile. Nicht nur intellektuelle Redlichkeit gebietet es, diese schonungslos aufzuzeigen. Denn kaum etwas würde dem Streben nach der deutschen Einheit mehr schaden, als zu verschweigen, was an Opfern und Risiken damit verbunden ist. Insbesondere gegenüber den Deutschen in der Bundesrepublik ist das vonnöten. Sie sind wegen mangelhafter politischer Führung psychologisch derart labil, daß sie Enttäuschungen kaum verkraften können. Die vorherrschende Abneigung gegenüber Veränderungen jeglicher Art (Lohnerhöhungen und Arbeitszeitverkürzungen ausgenommen), läßt sich nur überwinden, wenn man zunächst die Gefahren der deutschen Teilung aufzeigt, wie das bei der vorangegangenen Betrachtung des Status quo versucht wurde. Dieses deutsche Kleben am Status quo ist um so erstaunlicher, als man zu gleicher Zeit die Veränderungen in der Sowjetunion nicht nur begrüßt, sondern sie mit euphorischen Wunschvorstellungen verknüpft.

Als Nachteil dieser Lösung mögen nicht wenige die Einbindung in eine europäische Friedensordnung beurteilen, weil damit zwangsläufig die »Westbindung« eingeschränkt wird. Dabei gilt es zu bedenken, daß diese Westbindung lediglich von der Bundesrepublik eingegangen wurde. Dieser westdeutsche Teilstaat wird jedoch zu bestehen aufhören. Es bleibt abzuwarten, ob das deutsche Volk eines gesamtdeutschen Staates diese Westbindung überhaupt erhalten wissen will. Vieles spricht dafür. Sie ist jedoch mit den Bedingungen einer europäischen Friedensordnung nicht vereinbar, soweit sie sich auf die Verfügungsgewalt des Westens über das deutsche militärische Potential erstreckt. Dennoch darf nicht verkannt werden, daß auch schon die bisherige Westbindung der Bundesrepublik eine bemerkenswerte Einschränkung ihres außen- und sicherheitspolitischen Handlungsspielraumes bedeutet. Von der Einbindung der DDR in den kommunistischen Ostblock ganz zu schweigen. Nur soll niemand behaupten, die hier vorgeschlagene Lösung würde einem gesamtdeutschen Staat weniger Freiheit gewähren als den derzeitigen Teilstaaten. Ganz abgesehen davon, daß er allen Deutschen die Freiheit zur Gestaltung ihrer inneren Ordnung eröffnete. Ausgerechnet Wilhelm Grewe, ein glühender Verfechter der Westbindung, fordert für ein wieder-vereinigtes Deutschland die Freiheit zur außenpolitischen Entscheidung.[198] Welch ein Widerspruch zur gleichzeitig propa-gierten Westbindung, zumal diese von den westdeutschen Poli-tikern als unwiderruflich dargestellt wird. Wird damit nicht das Recht einer solchen Entscheidung auf ein »einmaliges« redu-ziert und in gefährlicher Weise damit als »verbraucht« erklärt? Das kennen wir doch schon aus dem Sprachgebrauch der Kom-munisten in bezug auf das Selbstbestimmungsrecht der Deut-schen in der DDR!

Viele schrecken vor dem mit diesen Veränderungen verbun-denen Risiken zurück. Niemand sollte diese Risiken leugnen. Aber die Chancen überwiegen. Gegen die so gern überzeich-nete Gefahr eines sowjetischen Übergriffs auf das von NATO-Streitkräften entblößte Deutschland stehen nicht nur die eigene Entschlossenheit zur Verteidigung, vielmehr noch die Garantie der vier Siegermächte.

Noch leichter sind Befürchtungen hinsichtlich der wirtschaft-lichen Zukunft eines wiedervereinigten Deutschlands auszu-räumen. Wenn es gelingt, die wirtschaftlichen Bande zur EG zu erhalten – und dafür spricht, daß auch die Sowjets daran inter-essiert sein werden –, dann überwiegen die Chancen, die sich für den Osthandel ergeben, bei weitem. Niemand sollte aus wirtschaftlichen Erwägungen das Heil im Status quo suchen.

Schließlich werden auch Bedenken hinsichtlich der innen-politischen Stabilität eines gesamtdeutschen Staates vorge-bracht. Da malen manche schon das Gespenst eines kommuni-stischen Staates an die Wand. Dabei gibt es keine bessere Gewähr gegen eine solche Entwicklung als die bittere Erfah-rung der Mittel- und Ostdeutschen mit diesem Regime. Sollten aber gar die Westdeutschen dafür anfällig sein, dann dürfte diese Gefahr eher in einem gesamtdeutschen Staat zu bannen sein als in einem Teilstaat ohne Identität. Am häufigsten aber wird das Argument ins Feld geführt, ein wiedervereinigtes Deutschland zwischen den Blöcken könnte sich nicht behaup-ten. Da wird orakelt, es würde eine gefährliche Schaukelpolitik betreiben und schließlich von der übermächtigen Sowjetunion vereinnahmt, zumindest aber »finnlandisiert« werden. Gerade das wird nicht passieren. Handelt es sich doch bei dieser Lösung um eine Zielsetzung, die weiter gerichtet ist als nur auf die Wiedervereinigung Deutschlands. Es geht um eine europäische Friedensordnung. In dieser Ordnung wird der gesamtdeutsche Staat zumindest nicht weniger frei sein, als es die Bundesrepublik derzeit ist.

Eine unabhängige Politik zu betreiben, bedeutet eben nicht, sich zwischen alle Stühle zu setzen. Wenn wir uns nicht einmal das zutrauen, wie könnten wir den Herausforderungen entsprechen, die in einem militärischen Konflikt auf uns zukämen? Aber den Gedanken an diese Gefahr verdrängt man ja nur zu gern.

Wer aber den Weg zur deutschen Einheit nur deshalb scheut, weil dieser mit Risiken verbunden ist, der soll zumindest nicht länger nach Freiheit rufen. Denn Freiheit ohne Risiko hat es nie gegeben und wird es auch nie geben. Die Scheu vor dem Risiko ist letztlich Angst vor der Freiheit. Diese deutsche Angst vor der Freiheit ist anderen Nationen schwer verständlich. Aber sie ist wohl auch mehr eine Angst der Regierenden als des Volkes. Meinungsumfragen haben gezeigt, daß sich sehr wohl eine Mehrheit der Deutschen für diese Lösung entscheiden würde, wenn sie mit allen Vor- und Nachteilen präsentiert würde.[199]

All diese Nachteile wiegen jedoch nichts gegenüber dem unbestreitbaren Vorteil dieser Lösung, der sich ganz einfach in der Formel zusammenfassen läßt: Die Wiedervereinigung Deutschlands bringt den Deutschen die Freiheit.

Deshalb gelangen wir nach Abwägen der Vor- und Nachteile aller betrachteten Möglichkeiten zu dem Lösungsvorschlag: Die vier Siegermächte gewähren den Deutschen in der Bundesrepublik und in der DDR das Recht auf Selbstbestimmung mit der Option der Wiedererrichtung eines gesamtdeutschen Staates. Entscheiden sich die Deutschen für die Wiedervereinigung, so sind sie frei in der Gestaltung ihrer inneren Ordnung. Mit einer aus freien Wahlen hervorgegangenen gesamtdeutschen Regierung werden die Siegermächte einen Friedensvertrag schließen, in dem sie die Souveränität und die territoriale Integrität des wiedervereinigten Deutschlands garantieren.

Der Friedensvertrag regelt überdies den militärischen Status des gesamtdeutschen Staates und seine Kontrolle unter Berücksichtigung der weiteren Entwicklung einer europäischen Friedensordnung.

Der Tag X wird der größte Freudentag der deutschen Geschichte sein. Von der Wiedervereinigung wird Hoffnung ausstrahlen für Europa und die Welt. Der Weg dorthin ist hier aufgezeigt worden. Doch damit ist es nicht getan. Eine schier unübersehbare Fülle von Problemen stellt sich uns in den Weg. Worauf es allein ankommt, das ist, sich dennoch nicht von dem unverrückbaren Ziel abbringen zu lassen, sondern es konsequent zu verfolgen.

Eine Lösung wie die hier vorgeschlagene kann nur im Rahmen eines sorgfältig geplanten Zeitablaufs verwirklicht werden. Wie ein solcher Prozeß aussehen kann, dafür soll der im dritten Teil dieses Buches präsentierte Stufenplan einen Anhalt bieten.

Teil 3: Der Weg

»Aber diesen Weg unverrückt zu verfolgen,
den Plan durchzuführen,
nicht durch tausend Veranlassungen,
tausendmal davon abgebracht zu werden,
das erfordert außer einer großen Stärke des Charakters
eine große Klarheit und Sicherheit des Geistes.«

Carl von Clausewitz

Gesamtkonzept und Stufenplan

Die deutsche Einheit kann nicht am nächsten Ersten verwirklicht werden. Selbst dann nicht, wenn plötzlich alle zustimmen sollten, die darüber zu befinden haben. Nach mehr als vier Jahrzehnten der Trennung bedarf es einer sorgfältig geplanten Übergangszeit in Form eines Stufenplans. Nur auf diese Weise können die Voraussetzungen dafür geschaffen werden, daß schließlich eine aus freien Wahlen hervorgegangene gesamtdeutsche Regierung den seit dem Zweiten Weltkrieg noch ausstehenden Friedensvertrag mit den Siegermächten abschließen kann. In diesem Vertrag werden alle Bedingungen verankert sein, die in groben Zügen bereits in der Vorphase der Wiedervereinigung auszuhandeln sind. Nur so wird die Zustimmung der für Deutschland als Ganzes zuständigen Vier Mächte zu erlangen sein. Und diese ist notwendig, um den Prozeß in Gang zu setzen, der nachfolgend als Stufenplan skizziert wird. Selbst diejenigen unter uns, die nach wie vor unbeirrt am Ziel der deutschen Einheit festhalten, fragen mitunter ein wenig resignierend, wie denn nach einer so langen Zeit der Spaltung und des Auseinanderlebens in völlig verschiedenen Wirtschafts- und Gesellschaftsordnungen eine Wiedervereinigung praktisch vollzogen werden kann. Die Gegner der deutschen Einheit machen sich dieses Argument des Zeitablaufs und der dadurch bedingten Vertiefung der Spaltung nur zu gern zunutze, um so das Ziel der Wiedervereinigung als unrealistisch abzutun und für den Status quo der Zwei-Staatlichkeit zu werben. Eine Fülle von Problemen werden da aufgetischt und als unlösbar oder zumindest belastend für die Westdeutschen aufgebauscht. So weit sind wir gekommen, daß nicht wenige die Wiedervereinigung wegen einer dadurch bedingten Währungs- oder Rentenreform ablehnen, die ihren persönlichen Besitzstand beeinträchtigen könnte. Dieselben Leute jubeln einem europäischen Binnenmarkt und der verheißenen Integration von Gibraltar bis zum Nordkap zu.

Angesichts dieser »Lage der Nation« ist es nicht damit getan, einen Lösungsvorschlag zur Wiederherstellung der deutschen Einheit zu präsentieren. Er bedarf der Ergänzung durch einen zumindest in groben Zügen skizzierten Plan für die Durchführung. Deshalb wird hier ein Stufenplan entwickelt. Diese gedankliche Konstruktion soll zeigen, daß die vorgeschlagene Lösung auch zu verwirklichen ist, wenn nur die unabdingbaren Voraussetzungen gegeben sind: der Wille der Deutschen zur Wiederherstellung ihrer staatlichen Einheit – und die Zustimmung der Siegermächte. An fehlenden Konzeptionen für die Durchführung soll und darf das Schicksal der deutschen Nation nicht scheitern.

Das Problem des Zusammenführens der gewaltsam getrennten Deutschen in einen gesamtdeutschen Staat besteht im Kern darin, daß dieser Prozeß nur über einige Eckdaten in Gang gesetzt und von daher gesteuert werden kann. Das sind die nachfolgend aufgezeigten Stufen des Gesamtplans: beginnend mit der Volksbefragung – endend mit dem Friedensvertrag. Dabei kommt es auf sorgfältige zeitliche Abstimmung für das Auslösen der aufeinanderfolgenden, aber auch einander bedingenden Stufen an.

Dennoch wird nicht zu verhindern sein, daß diese Übergangszeit durch Ungewißheiten, Erwartungen und Enttäuschungen, sicher auch durch Spekulationen, beeinträchtigt wird. Eine entmutigende, abschreckende Aussicht? Die Gegenfrage muß erlaubt sein: Ist das nicht die deutsche Einheit wert?

Um so mehr sind die verantwortlichen Politiker gefordert, die Voraussetzungen dafür zu schaffen, daß die unvermeidbaren Belastungen für die Staatsbürger so gering wie nur möglich bleiben. Damit wird bereits eine Zielsetzung vorweggenommen: Das wiedervereinigte Deutschland braucht weder nur der Partei verschworene Genossen noch allein auf ihren persönlichen Vorteil bedachte Bürger, sondern wirkliche Staatsbürger. Der Zeitbedarf für die Übergangszeit muß so bemessen sein, daß eine gewissenhafte Vorbereitung und Durchführung freier Wahlen für die gesamtdeutschen Institutionen gewährleistet ist.

Am Anfang muß ein überzeugendes sicherheitspolitisches Konzept stehen. Nur dann können wir die Zustimmung der Siegermächte erlangen. Mit dieser Frage haben wir uns im zweiten Teil des Buches eingehend auseinandergesetzt.

Aber wer entwickelt ein solches Konzept, wer präsentiert es, setzt es durch? Die Siegermächte oder die Europäische Gemeinschaft? Oder gar die Vereinten Nationen? Oder wollen wir auch diese Aufgabe der viel beschworenen Geschichte überlassen? Nichts wird geschehen, wenn wir unser deutsches Schicksal nicht selbst in die Hand nehmen!

Wer anders sollte die Initiative ergreifen und ein solches Konzept entwickeln, wenn nicht diejenigen Deutschen, die doch in Freiheit leben? Sie können sich nicht damit herausreden, dafür seien sie nicht zuständig. Ihre Freiheit verpflichtet sie, für und zum Wohle ihrer Landsleute zu handeln, denen dies verwehrt ist.

Diese Verpflichtung zu erkennen und ihr gerecht zu werden, ist das erste und größte Hindernis auf dem Wege zur deutschen Einheit. Es zu überwinden setzt eine geistige Neuorientierung voraus.

Eine (west-)deutsche Initiative zur Wiedervereinigung muß mit den Drei Mächten – den früheren westlichen Besatzungsmächten und heutigen Verbündeten – abgestimmt werden. Niemand kann uns verwehren und niemand wird uns verwehren, in der deutschen Schicksalsfrage den direkten Kontakt mit der Sowjetunion zu suchen. Gleichwohl täten wir gut daran, jedem Verdacht eines deutschen Alleingangs entgegenzuwirken. Wir können und wollen die deutsche Einheit nicht gegen das westliche Bündnis erlangen, sondern aus ihm heraus und mit seiner Hilfe. Und das nicht nur, weil das Recht, weil die völkerrechtliche Lage es gebietet. Mehr noch deshalb, weil wir darauf vertrauen müssen und darauf vertrauen dürfen, daß die westliche Wertegemeinschaft unser Streben nach Selbstbestimmung nicht nur unterstützen, sondern es zu ihrer eigenen Sache machen wird – wenn sie bestehen will.

Das zweite Hindernis auf unserem Weg zum Ziel bildet die Zustimmung der vier Siegermächte. Wir werden es um so eher überwinden, je überzeugender wir unser Konzept präsentieren.

Doch werden sich die Vier Mächte nicht allein mit einem sicherheitspolitischen Konzept begnügen. Ihre künftige Politik wird auch von der Durchführung berührt. Deshalb müssen wir darauf bedacht sein, bereits beim Entwurf eines Stufenplans die voraussehbaren Interessen der Siegermächte zu berücksichtigen. Dies um so mehr, als in dem hier unterbreiteten Lösungsvorschlag die deutsche Wiedervereinigung als Teil einer weiter zu entwickelnden europäischen Friedensordnung verstanden wird. Das erfordert von den Siegermächten auch, in ihren Blöcken die dafür notwendigen Veränderungen einzuleiten.

Bei dem Bemühen, die einzelnen Stufen und deren Zusammenhang aufzuzeigen, stellt sich das Problem, wie weit Einzelheiten behandelt werden müssen oder dürfen. Entsprechend der selbst gewählten Zielsetzung, nämlich die Durchführbarkeit der vorgeschlagenen Lösung zur deutschen Frage nachzuweisen, folgen wir dem Grundsatz: so viel wie nötig – so wenig wie möglich.

Ein weiteres Problem tut sich auf, wenn es um die zu wählenden Bezeichnungen und Begriffe geht. Letztlich wird darüber der gesamtdeutsche Souverän entscheiden. Zum Wesen der Übergangzeit gehört auch, daß Entscheidungen vorweggenommen werden müssen, wenn sie keinen Aufschub dulden. Natürlich stehen auch diese zur Disposition, wenn frei gewählte gesamtdeutsche Institutionen später ihre Tätigkeit aufnehmen. Im Rahmen der nun folgenden Betrachtung müssen alle künftigen Bezeichnungen »vorweggenommen« werden, so weit sie zur Erläuterung des Stufenplans vonnöten sind. Für ihre Auswahl ist allein das Streben nach Klarheit der Darstellung bestimmend. Dabei wird u. a. auf Bezeichnungen der Weimarer Reichsverfassung zurückgegriffen, weil diese geläufig sind und überdies für gesamtdeutsche Institutionen stehen. Mögliche Verwechslungen mit Institutionen der Bundesrepublik werden so am ehesten vermieden.

Im Zusammenhang mit dem Problem eines Friedensvertrages, der letzten Stufe dieser anberaumten Übergangszeit, stoßen wir auf einige Einzelfragen, die einer eingehenderen Betrachtung bedürfen, als im Rahmen dieses Kapitels angemessen ist. Deshalb folgen dem Stufenplan Exkurse zu ausgewählten Fragen der Wiedervereinigung.

Erste Stufe: Volksbefragung

Am Anfang steht die Entscheidung des deutschen Volkes. Von ihm allein hängt es letztlich ab, ob Deutschland wieder vereint wird oder nicht. Diese Volksbefragung macht den Kern dessen aus, was wir als »Selbstbestimmung« fordern. Aber wer ist das »deutsche Volk«, das hier befragt werden soll? Nicht alle, die wir mit Fug und Recht zum deutschen Volk zählen, können hier befragt werden. Wir müssen uns auf diejenigen Deutschen beschränken, die zu diesem Zeitpunkt in der Bundesrepublik und in der DDR leben und wahlberechtigt sind. Das mag manchen enttäuschen. Doch gilt es zu bedenken, daß die hier vertretene Lösung der deutschen Frage durch den sicherheitspolitischen Ansatz bestimmt wird. Die vorangegangene Beurteilung der Lage war von der Zielsetzung bestimmt, auf Überwinden oder ein Auseinanderrücken der Blöcke hinzuwirken, um so den Weg für die Wiedervereinigung freizumachen. Solch eine sicherheitspolitische Betrachtung gebietet, von den real existierenden Grenzen und Machtverhältnissen auszugehen. Somit kann die Entscheidung über die Wiedervereinigung nur von den in der Bundesrepublik und der DDR lebenden Deutschen getroffen werden. Wegen der weit über die deutschen Interessen hinausgehenden Bedeutung dieser Entscheidung muß diese Volksbefragung durch eine internationale Kontrolle überwacht und garantiert werden. Eine freie Wahl ist also gefordert, aber (noch) nicht freie Wahlen zu einem gesamtdeutschen Parlament. Diese sind am Anfang dieses Prozesses weder möglich noch erforderlich. Nicht möglich, weil es an der Existenz freier Parteien in der DDR fehlt; nicht notwendig, weil es nur um die eine, aber entscheidende Frage geht: ob die Deutschen die Wiedervereinigung zu den mit den Siegermächten erzielten Bedingungen wollen. Die Fragestellung müßte etwa wie folgt lauten:

»Wollen Sie die Vereinigung der Bundesrepublik Deutschland und der Deutschen Demokratischen Republik zu einem gesamtdeutschen Staat, der frei ist in der Gestaltung seiner inneren Ordnung, der aber weder der NATO noch dem Warschauer Pakt angehören darf und dessen militärisch neutraler Status durch die Vier Mächte kontrolliert und garantiert wird?«

Es versteht sich, daß dem Wähler zum Zeitpunkt dieser Abstimmung bereits noch mehr bekannt sein wird, als diese Fragestellung beinhaltet. Nämlich auch der grobe Stufenplan, wie er im folgenden dargestellt wird. Gleichwohl muß die bei der Wahl gestellte Frage kurz und prägnant sein. Sie darf nicht mehr enthalten als unbedingt notwendig. Andererseits muß jeder Zweifel darüber ausgeschlossen sein, was da zur Entscheidung steht, nämlich die beiden Grundbedingungen für die Wiedervereinigung:

1. die unbeschränkte Freiheit der Deutschen zur Gestaltung der inneren Ordnung ihres neuen Staatswesens und
2. die außenpolitische Einbindung dieses gesamtdeutschen Staates in eine europäische Friedensordnung, verbunden mit der Auflage militärischer Neutralität.

Natürlich wollen wir unsere Landsleute in der DDR nicht zu einer Wiedervereinigung zwingen. Sollten sie sich also wider Erwarten mit Mehrheit dagegen aussprechen, dann werden wir diese Entscheidung selbstverständlich respektieren. Diese Versicherung unsererseits wird alle Welt davon überzeugen, daß es uns in erster Linie um die Freiheit der Menschen geht. Wir werden damit Sympathien für die Wiedervereinigung unseres Vaterlandes gewinnen und der von Gegnern der deutschen Einheit geschürten Angst vor einem gesamtdeutschen Nationalstaat entgegenwirken.

Die herrschende Lehre des Völkerrechts definiert das Selbstbestimmungsrecht als ein kollektives Recht. Demzufolge wäre es durchaus rechtens, würde eine westdeutsche Mehrheit den

17 Millionen Deutschen in der DDR ihren Willen aufzwingen. Wir können und sollten darauf verzichten. Um die Entscheidung der Mitteldeutschen für die deutsche Einheit braucht uns ohnehin nicht bange zu sein. Umgekehrt aber dürfte es kein westdeutsches Veto gegen die Wiedervereinigung geben. Konkret gesprochen: Sollte der Volksentscheid eine zwar nur knappe Mehrheit für die vorgeschlagene Lösung bringen, diese sich aber aufgrund einer überwältigenden Zustimmung der Mitteldeutschen bei mehrheitlicher Ablehnung der Westdeutschen ergeben, dann gilt allein das Gesamtergebnis. Denn die Deutschen in der Bundesrepublik haben sich mit ihrer grundgesetzlichen Zielsetzung der deutschen Einheit in Freiheit so festgelegt, daß sie um derentwillen auch eine für sie als nachteilig empfundene Lösung akzeptieren müssen, wenn eine gesamtdeutsche Mehrheit sich dafür entscheidet. Doch so tief sind wir hoffentlich noch nicht gesunken, daß wir eine auf diese Weise mögliche Befreiung der Mitteldeutschen von andauernder Zwangsherrschaft und hoffnungsloser Zentralverwaltungswirtschaft als für uns »nachteilig« ablehnen.

Man darf davon ausgehen, daß die Sowjetunion – hat sie sich einmal für diese Lösung der deutschen Frage entschieden – nicht zögern wird, weit nach vorn zu blicken und die politischen Weichen für die Zukunft zu stellen. Sie hat keinen Zweifel an der überwältigenden Zustimmung der DDR-Bevölkerung zu der vorgeschlagenen Lösung. Um so mehr wird die sowjetische Politik darauf aus sein, von sich aus Veränderungen in der politischen Struktur der DDR einzuleiten, die der ohnehin unaufhaltsamen Demokratisierung entsprechen. Nur so können die Sowjets die in freien Wahlen zu erwartende Absage an den Kommunismus entschärfen und sich eine möglichst gute Ausgangsbasis für den neuen Zeitabschnitt des Ringens um die Vorherrschaft in Mitteleuropa sichern. Denn niemand sollte sich der Illusion hingeben, die Sowjets würden mit der Preisgabe der SED-Herrschaft das Spiel um Deutschland aufgeben. Sie werden weiterkämpfen – mit anderen Mitteln.

An dieser Stelle werden die Kritiker einhaken und erneut das Risiko der Wiedervereinigung beschwören: Wie bequem und sicher war es doch im Status quo! Mag der Status quo –

wenigstens für manche – bequem sein, sicher war er nie – und er wird immer weniger sicher sein. Der Kampf um Deutschland tobt auch heute, hinter den Kulissen. Nur wollen die Status quo-Anhänger keinen Blick hinter die Kulissen wagen.

Die im Falle der hier fixierten Entwicklung zu erwartende Schwenkung in der sowjetischen Deutschland-Politik bietet zugleich auch hinreichende Gewähr dafür, daß weder die erste Stufe der Volksbefragung noch die folgende politische Entwicklung in der DDR behindert werden. Schon gar nicht seitens der Sowjets, aber auch nicht durch die SED. Auch sie wird sich ganz schnell wandeln. Nur dann hat sie eine Chance zu überleben, wenn sie sich überzeugend den demokratischen Spielregeln unterwirft. Wir werden es in dieser Situation also sehr schnell mit einer anderen SED und mit anderen Spitzenfunktionären zu tun haben als mit den uns heute bekannten. Ob auch der untergeordnete Parteiapparat diesen Wandel so schnell nachzuvollziehen vermag, das wird sich zeigen. Bernard Willms hat darauf hingewiesen, wie erstaunlich anpassungsfähig Eliten sein können, besonders solche in den mittleren Rängen.[1]

Oberstes Gebot muß eine evolutionäre Entwicklung sein. Die Sowjets werden mit ihrer in diesem Stadium noch präsenten militärischen Macht hinreichend Gewähr dafür bieten, überschäumende Reaktionen der seit Jahrzehnten unterdrückten Menschen zu verhindern. Wichtiger ist es, daß frühzeitig eine gesamtdeutsche Institution wirksam agieren kann, um mit der erforderlichen Autorität zur Besonnenheit zu mahnen. Wie kann eine derartige Autorität geschaffen werden, die doch Vertrauen voraussetzt, das nicht wirkungsvoller als durch freie Wahlen zu bekunden ist? Doch die Voraussetzung für freie Wahlen, nämlich die Formierung freier demokratischer Parteien, bedarf einer etwas längeren Vorbereitungszeit. Abhilfe ist allein durch eine direkte Wahl einiger bekannter Persönlichkeiten zu schaffen. Diese können für eine begrenzte Übergangszeit einen Gesamtdeutschen Rat bilden.

Unmittelbar nach der Entscheidung des deutschen Volkes für die Wiedervereinigung unter den genannten Bedingungen wird ein Gesamtdeutscher Rat eingerichtet.

Das dominierende Problem in dem Prozeß der Wiedervereinigung, wie er hier skizziert wird, ist das Einbeziehen der DDR-Bevölkerung in die zu treffenden Entscheidungen. Im vorigen Kapitel wurde auf den nicht zu unterschätzenden Zeitbedarf hingewiesen, der für eine Formierung demokratischer Parteien in der DDR angesetzt werden muß. Die Entscheidungen für die Einrichtungen gesamtdeutscher Institutionen dulden jedoch keinen Aufschub. Sie sind unerläßlich, um die Bildung einer für den Abschluß des Friedensvertrages autorisierten Regierung vorzubereiten. Somit bleibt nur eine Alternative: Die direkte Wahl von Persönlichkeiten in einen Gesamtdeutschen Rat. Er sollte aus je zehn Vertretern beider »Regionen« bestehen. Wenn dieser Begriff gebraucht wird, so soll damit zum Ausdruck gebracht werden, daß es nicht um eine Vertretung der DDR geht. Im Gesamtdeutschen Rat soll der Wille der Menschen zum Tragen kommen, nicht der des Teilstaates DDR. Damit ist auch gesagt, daß die Vertretung der Bundesrepublik überhaupt keine Probleme aufwirft. Um den Willen der Bundesbürger in diesen Entscheidungsprozeß einzubringen, bedürfte es keines Gesamtdeutschen Rats. Aber in dem Bestreben nach bestmöglicher Gleichbehandlung beider Regionen muß die Bundesrepublik sich den Reglungen anpassen, die für die DDR am zweckmäßigsten sind.

Bereitet also die Auswahl der zehn Vertreter für die Bundesrepublik keine Schwierigkeiten, um so mehr für die DDR.

Wer kommt dafür als Kandidat in Betracht? Es soll jedermann möglich sein, sich zur Wahl zu stellen:

Persönlichkeiten des öffentlichen Lebens, Gewerkschafter, Wissenschaftler, Künstler, aber auch Politiker und Militärs.

Der Rat nimmt seinen Sitz in Berlin als der Hauptstadt der zu bildenden Konföderation. Aus seinen Reihen wählt er einen Präsidenten. Beschlüsse kann der Gesamtdeutsche Rat nur mit einer Zweidrittelmehrheit seiner Mitglieder fassen. Seine Aufgabe besteht in der Vorbereitung einer Konföderation beider deutscher Teilstaaten für die Dauer der Übergangszeit bis zur Bildung einer gesamtdeutschen Regierung auf der Basis freier Wahlen. Zugleich trifft der Rat die notwendigen Vorbereitungen für die folgenden Stufen des mit den Siegermächten vereinbarten Plans zur Wiederherstellung der deutschen Einheit.

Noch liegt die volle Staatsgewalt bei den Regierungen der beiden deutschen Teilstaaten. Zwar sind die unmittelbar gewählten Ratsmitglieder nicht an Weisungen der Regierungen gebunden. Jedoch werden sie die ihnen gestellten Aufgaben nur in engem Zusammenwirken mit den Regierungen in Bonn und Ost-Berlin erfüllen können.

Zur Vorbereitung der deutschen Konföderationsregierung wird der Gesamtdeutsche Rat engen Kontakt mit den Alliierten suchen und pflegen. Die vier Siegermächte haben sich wieder zu ihrer gemeinsamen Zuständigkeit und Verantwortung für Deutschland zusammengefunden. Dazu re-konstituieren sie den Alliierten Kontrollrat in Berlin. Nicht etwa, um ihre längst aufgegebene Besatzungspolitik zu reaktivieren, sondern allein mit der Zuständigkeit und Zielsetzung, die von ihnen vereinbarte Lösung der deutschen Frage zu verwirklichen. Ihre Zuständigkeit für Deutschland als Ganzes übertragen die Alliierten schrittweise auf die gesamtdeutsche Repräsentanz in Berlin, sobald der Gesamtdeutsche Rat zu einer Konföderationsregierung erweitert wird. Das ist in der vierten Stufe vorgesehen.

Dritte Stufe:
Wiederherstellung der Länder in der DDR

Die Übergangszeit bis zu einer frei gewählten gesamtdeutschen Regierung muß so kurz wie nur möglich gehalten werden. Es hängt dies von dem Fortschritt der Demokratisierung in der DDR ab. Deswegen muß schon den während der Übergangszeit eingesetzten gesamtdeutschen Institutionen die notwendige demokratische Autorität verschafft werden. Die wiederum ist am ehesten durch eine Föderalisierung der DDR zu erreichen. Mit der durch das Gesetz vom 23. Juli 1952 bewirkten Auflösung der Länder hat sich die DDR vom föderalistischen Prinzip losgesagt. Statt der früheren fünf Länder hat sie 17 Bezirke eingerichtet. Natürlich ist es auch möglich, im Laufe der Demokratisierung über diese Bezirke zu einer föderativen Struktur zurückzukehren. Im Hinblick auf die angestrebte Wiedervereinigung, die eine möglichst ausgewogene Struktur auf Länderebene in beiden deutschen Staaten voraussetzt, soll einer Wiederherstellung der Länder – Mecklenburg, Sachsen, Thüringen, Brandenburg und Sachsen-Anhalt – der Vorzug gegeben werden. Da Berlin (West) den Status eines Landes der Bundesrepublik hat, soll auch Berlin (Ost) den mitteldeutschen Ländern gleichgestellt werden; wenigstens bis zu dem Zeitpunkt der Wiedervereinigung beider Teile der getrennten Stadt zu einem Groß-Berlin.

Natürlich ist dies eine »Vorwegnahme« der durch die verfassunggebende Nationalversammlung zu treffenden Entscheidungen. Und sie geschieht im Vertrauen darauf, daß die erst später zu schaffende Verfassung eine föderalistische Struktur für den Gesamtstaat vorschreibt.

Diese zu erwartende Entscheidung wird hoffentlich auch eine Neuordnung der westdeutschen Länder auslösen. Schon die Väter des Grundgesetzes hatten dieses Ziel im Auge, aber kurzsichtige parteipolitische Interessen standen bisher der Verwirklichung entgegen.

Mit der Wiederherstellung der mitteldeutschen Länder werden freie Wahlen zu den Landtagen abgehalten, die erste Bewährungsprobe der Demokratisierung in der DDR. Sobald sich die frei gewählten Landtage etabliert haben, entsenden sie Vertreter in den neu zu bildenden »Reichsrat« der Deutschen Konföderation. Beides – die Wiederherstellung der Länder in der DDR wie eine Neuordnung der Länder in der Bundesrepublik – sollte auch mit dem Blick auf die zu schaffende europäische Friedensordnung erfolgen. Wenn diese künftige Ordnung, insbesondere in Mitteleuropa – mehr sein soll, als nur eine Definition und Überwachung des militärischen Status der in diesem Raum gelegenen Nationalstaaten, sondern die Entwicklung zu einer Konföderation oder gar zu einer Föderation angestrebt wird, dann muß den Regionen stärkere Bedeutung zukommen. Die damit zusammenhängenden Probleme haben Willms und Kleinwefers aufgezeigt.[2] In dem Exkurs über die »Europäische Friedensordnung« werden wir diese Problematik näher betrachten.

Vierte Stufe: Deutsche Konföderation

Mit dem Zusammentritt des Reichsrats, der Vertretung der deutschen Länder, ist eine wesentliche Voraussetzung zur Konföderation beider deutscher Staaten erfüllt. Das Ziel dieser Konföderation kann nur die Bildung einer gemeinsamen Regierung sein. Naturgemäß sind die Zuständigkeiten dieser Konföderationsregierung nur begrenzt.

Zur Regierung gehört nach unserem Verständnis auch Kontrolle. Das Wesen der Übergangszeit und dieser Konföderation besteht jedoch gerade in dem Fehlen einer parlamentarischen Vertretung. Diesem Mangel kann am wirksamsten durch den frühzeitig konstituierten Reichsrat abgeholfen werden. Das mag als eine Überbetonung des föderalistischen Prinzips erscheinen. Sie ist aber völlig gerechtfertigt, weil es in dieser Anfangszeit besonders darauf ankommt, die unterschiedlichen Interessen zweier Landesteile nach jahrzehntelanger Auseinanderentwicklung wieder in Einklang zu bringen.

Sobald sich der Reichsrat – natürlich im Berliner Reichstagsgebäude – konstituiert hat, wird die vom Gesamtdeutschen Rat im Zusammenwirken mit den Regierungen der deutschen Teilstaaten vorbereitete Deutsche Konföderation begründet. Sie dient allein der Vorbereitung weiterer Maßnahmen zur Wiedervereinigung und endet an dem Tag, da die neu zu beschließende Reichsverfassung in Kraft tritt. Zusammensetzung und Stimmverhältnisse im Reichsrat sind so zu regeln, daß ein Überstimmen der mitteldeutschen Länder durch die westdeutschen ausgeschlossen ist.

Der Reichsrat wählt einen »Vorläufigen Reichspräsidenten«. Dieser ernennt mit Zustimmung des Reichsrats eine Konföderationsregierung, die an die Stelle des bisherigen Gesamtdeutschen Rats tritt. Die Aufgabe der Konföderationsregierung wird im wesentlichen darin bestehen, die Politik der Regierungen der beiden Teilstaaten im Hinblick auf die Wiedervereinigung zu koordinieren. Die auf ein Mindestmaß zu beschränkende Exekutive der Konföderation ergänzt sich nach Richtlinien des Reichsrats aus beiden deutschen Teilstaaten. Angesichts noch bestehender Ungewißheit über die künftige Ordnung im öffentlichen Dienst, über die allein die verfassunggebende Nationalversammlung beschließen kann, wird sich die Exekutive der Konföderation vornehmlich aus abgeordneten oder kommandierten Bediensteten der beiden Teilstaaten rekrutieren.

Exemplarisch für die Vielfalt der Probleme, die sich der Konföderationsregierung stellen, wird in einem der folgenden Kapitel die Aufstellung gesamtdeutscher Streitkräfte skizziert.

Fünfte Stufe:
Die Wiedervereinigung der geteilten Hauptstadt

Mit der Gründung der Deutschen Konföderation nehmen deren Organe ihren Sitz in der alten und künftigen Reichshauptstadt Berlin. Zu diesem Zweck wird unmittelbar nach der Volksbefragung (Erste Stufe) die Wiedervereinigung des geteilten Berlins eingeleitet. Um diesen Prozeß nicht zu behindern, mehr noch zur Verstärkung der »Klammerfunktion« Berlins für die beiden deutschen Staaten, wie Rupert Scholz sie zutreffend umschrieben hat, sollte die Regierung der DDR ihren Sitz an einen Ort außerhalb Berlins verlegen. Dabei kommt es mehr auf den symbolischen Akt an, als auf organisatorische Maßnahmen, für deren Verwirklichung ohnehin die Zeit fehlen dürfte. Im Zusammenwirken mit dem Gesamtdeutschen Rat, an dessen Stelle später die Konföderationsregierung tritt, kommen die Regierungen von Bundesrepublik und DDR überein, welche Repräsentation sie zweckmäßigerweise in Groß-Berlin unterhalten. Das wird zwangsläufig zu einer starken Reduzierung der DDR-Organe in Ost-Berlin führen, umgekehrt zu einer Verstärkung der bisherigen Repräsentanz der Bundesregierung in der Reichshauptstadt.

Aufgrund freier Wahlen in Groß-Berlin wird ein neuer Senat oder Magistrat gebildet. Als erstes (gesamtdeutsches) Land wird Groß-Berlin unmittelbar der Konföderationsregierung unterstellt. Die erforderliche finanzielle Hilfe für das Land Groß-Berlin wie für die Konföderation werden in einem für die DDR zumutbaren Verhältnis von beiden deutschen Teilstaaten getragen. Der Neuordnung Groß-Berlins kommt der Rang eines Modellfalls für die noch bevorstehende Wiedervereinigung zu. Aber nicht die Berliner haben darüber zu entscheiden, wie die innere Ordnung des gesamtdeutschen Staates zu gestalten ist. Das steht allein der verfassunggebenden Nationalversammlung zu. Gleichwohl müssen in Berlin, wo zum ersten Male seit über vier Jahrzehnten Menschen aus grundverschiedenen Wirtschafts- und Gesellschaftssystemen in eine gemeinsame staatliche Ordnung zusammengeführt werden müssen, Entscheidungen getroffen werden, die keinen Aufschub dulden. Damit kann nicht die erst noch zu beschließende gesamtdeutsche Verfassung vorweggenommen werden, gleichwohl werden die provisorischen Entscheidungen nicht ohne Einfluß darauf sein. Man denke nur an die Frage der künftigen Beschäftigung bisheriger Funktionäre des SED-Staates, an Eigentumsverhältnisse, gar an die Frage, ob vormalige Funktionäre für ihnen angelastete Vergehen zur Verantwortung gezogen werden sollen. Die Wiedervereinigung Berlins wird uns mit einer Fülle von schwierigen Problemen konfrontieren. Aber diese Problemstellung wird von nicht zu unterschätzendem Wert für die Vorbereitung der verfassunggebenden Nationalversammlung sein. Denn nur im Bewußtsein dieser Probleme und der Erfahrungen, die Groß-Berlin im Vorfeld der gesamtdeutschen Verfassungsgebung macht, kann die Jahrhundertaufgabe einer neuen deutschen Reichsverfassung bewältigt werden. Das schier unlösbar erscheinende Problem, vor das Groß-Berlin bei der Gestaltung seiner Wiedervereinigung gestellt wird, läßt sich in einer Faustregel zusammenfassen: Nur so viel entscheiden wie unbedingt nötig – und so wenig wie möglich. Und das alles unter der Zielsetzung, notwendigen einheitlichen Regelungen für den Gesamtstaat nicht vorzugreifen und diese nicht zu behindern. Aber selbst dann, wenn es gelingt, sich auf ein Minimum an Regelungen für Groß-Berlin zu beschränken, um eine Lösung des Problems kommt man nicht herum. Dieses auch nur einigermaßen in den Griff zu bekommen und unnötige Verwirrung durch spätere Änderungen weitgehend zu vermeiden, erfordert eine Leitlinie, die mit der unverzichtbaren Autorität nur von einer gesamtdeutschen Institution erarbeitet und erlassen werden kann. Hier wird eine der wesentlichen Aufgaben des Gesamtdeutschen Rats liegen, der er sich unmittelbar nach seiner Wahl unterziehen muß und die später von der Konföderationsregierung fortzusetzen ist.

Eine solche Leitlinie muß folgende Punkte enthalten:

1. Es darf keine irgendwie der unseligen Entnazifizierung ähnelnde Ent-SEDfizierung geben. Dennoch müssen gesetzliche Vorkehrungen geschaffen werden, die es ermöglichen, in Einzelfällen auf Antrag diejenigen zur Verantwortung zu ziehen, die sich über das dem SED-Staat eigentümliche Maß hinaus schuldig gemacht haben.

2. Beim Neuaufbau des öffentlichen Dienstes darf niemand nur deshalb ausgeschlossen werden, weil er der DDR gedient hat. Um so mehr aber muß er Gewähr dafür bieten, dem auf den Prinzipien von Recht und Freiheit zu gründenden gesamtdeutschen Staat zu dienen.

3. Die durch Gesetze der DDR geschaffenen Eigentumsverhältnisse können nur durch die neue deutsche Reichsverfassung geändert werden. Dabei soll die Tendenz vorherrschen, auch diese Frage weitgehend in der Zuständigkeit der Länder zu belassen, während die Reichsverfassung sich darauf beschränken wird, Grundsätze zu formulieren.

Soweit es zu einer Änderung der Wirtschafts- und Gesellschaftsordnung in Mitteldeutschland kommt, soll eine längere Übergangszeit anberaumt werden, deren Dauer im Einvernehmen mit den mitteldeutschen Ländern festzusetzen ist.

Unter Beachtung dieser Grundsätze wird der Neuordnung Groß-Berlins ein modellähnlicher Charakter für die Vorbereitung der Wiedervereinigung von Bundesrepublik und DDR zukommen. Auch bei der Wiedervereinigung Berlins kann und sollte man die Erfahrungen nutzen, die durch vorausgehende

Wahlen für die Bezirksversammlungen gewonnen werden. Diese Wahlen werden die erste Gelegenheit zu einer freien Willensentscheidung der Einwohner Ost-Berlins sein.

Weder wird Ost-Berlin noch werden die mitteldeutschen Länder einfach »angeschlossen«. Wenn es auch völkerrechtlich darum geht, das nicht untergegangene Deutsche Reich wieder zu beleben und seine über vier Jahrzehnte währende Teilung in zwei deutsche Teilstaaten zugunsten einer neuen Organisation des Gesamtstaates zu überwinden: Das wiedervereinigte Deutschland wird der Bundesrepublik ähnlich sein. Denn der westdeutsche Teilstaat ist nach den Grundsätzen einer freiheitlichen Ordnung gestaltet, und diese sollen auch für den künftigen Gesamtstaat gelten. Darum muß sich in Mitteldeutschland zwangsläufig viel ändern, in Westdeutschland dagegen nur wenig. Das kann und darf aber nicht heißen, im westlichen Deutschland bliebe alles beim alten.

So wird es mit Sicherheit keine Bundesregierung mehr geben, keine Bundesbeamten, keine Bundeswehr und schon gar nicht Bonn als Bundeshauptstadt, – wie der Artikel 146b des Grundgesetzes es befiehlt. Angesichts solcher Binsenwahrheiten mag dennoch bei manchem großes Entsetzen aufkommen. Sicher sind wir damit bei einem Punkt angelangt, der hier und dort mit dazu beigetragen hat, mitunter sogar den Ausschlag gegeben haben mag, dem Ziel der deutschen Einheit abzuschwören oder gar dagegenzuhalten. Das ist aber nicht gerechtfertigt, denn auf eines dürfen alle vertrauen: Wo die Neuordnung des deutschen Staatswesens Veränderungen bedingt, die Stellung und Eigentum des einzelnen tangieren, muß sichergestellt sein, daß sogenannte »wohlerworbene Rechte« geachtet und unvermeidbare Härten kompensiert werden. Aber niemand sollte die Illusion haben, die künftige gesamtdeutsche Politik würde von Bonn aus gemacht. Die bisherige Bundeshauptstadt wird sich hoffentlich bald wieder auf das besinnen, was ihr zukommt und ihr zur Ehre gereicht: der Sitz der berühmten Rheinischen Friedrich Wilhelm Universität zu sein. Ein Anziehungspunkt für Touristen wird sie sicher bleiben.

Wenn in der politischen Umgangssprache viel zu häufig und

ungerechtfertigt behauptet wird, in dieser oder jener Frage gäbe es keine Alternative, für Berlin als Hauptstadt eines wiedervereinigten Deutschlands gibt es wirklich keine. Rupert Scholz hat unlängst die Hauptstadtfunktion Berlins herausgestellt: »In der Hauptstadt konzentriert sich nicht nur die politische Macht und Souveränität eines Staates, hier finden sich nicht nur die politischen Eliten eines Volkes zusammen, sondern hier findet sich diejenige zentrale Stätte, in der sich das gesamte politische Bewußtsein und der politisch-nationale Wille eines Volkes konzentriert und artikuliert, wo er seinen dauerhaften und für die Kontinuität eines Staatswesens institutionellen Bezugspunkt findet.«[3]

Sechste Stufe:
Die verfassunggebende Nationalversammlung

Demokratie läßt sich nicht auf dem Verordnungswege schaffen. Für die Demokratisierung der DDR sollte man einen Zeitbedarf von mindestens einem Jahr veranschlagen. Das wird nötig sein für die Formierung demokratischer Parteien, damit diese sich der Wahl zur verfassunggebenden deutschen Nationalversammlung stellen können. Wahrscheinlich wird dafür sogar ein längerer Zeitraum vonnöten sein. Ihre erste Bewährungsprobe werden die in der DDR neugebildeten Parteien bereits bei den vorausgegangenen Wahlen zu den in der dritten Stufe wiedergeschaffenen Landtagen bestanden haben. Das allein genügt natürlich noch nicht. Die neu formierten politischen Parteien müssen sich mit den umfassenden und schwerwiegenden Fragen auseinandersetzen, die Gegenstand der künftigen Reichsverfassung sein werden. Es gilt, diese den Wählern in Mitteldeutschland zu verdeutlichen und zur Diskussion zu stellen. Natürlich werden die Wahlen zur Nationalversammlung zum gleichen Zeitpunkt und übergreifend auf dem gesamten Gebiet der Deutschen Konföderation stattfinden. Doch steht zu erwarten, daß sich in Mitteldeutschland parteipolitische Kräfte etablieren werden, die mehr auf die spezifischen Interessen der dortigen Bevölkerung ausgerichtet sind.

Die verfassunggebende Nationalversammlung wird im Berliner Reichstagsgebäude zusammentreten. Man kann und muß davon ausgehen, daß in den diesen Wahlen vorausgehenden politischen Diskussionen und Auseinandersetzungen alle nur denkbaren Probleme der anstehenden Verfassungsgebung ausgiebig zur Sprache kommen. Im Kern dürfte sich die Diskussion auf jene Fragen konzentrieren, die bereits im Zusammenhang mit der Wiedervereinigung Berlins aufgeworfen wurden:

1. Inwieweit sollen und dürfen die Machthaber des SED-Staates und ihre Helfershelfer zur Verantwortung gezogen werden? Wenn auch weitgehende Einmütigkeit dahingehend bestehen mag, daß man sich tunlichst vor einer Wiederholung der verhängnisvollen Entnazifizierung hüten sollte, so einfach ist das Problem nicht zu lösen. Die Frage wird sich unvermeidbar stellen und eine befriedigende Lösung gefunden werden. Auch sollten wir uns nicht darüber hinwegtäuschen, daß hier sowjetische Interessen tangiert werden. Das mag von Kritikern sogleich wieder als Zweifel an der Freiheit der Deutschen zur Gestaltung ihrer inneren Ordnung interpretiert werden, die ja eine Grundbedingung dieses Lösungsvorschlages ist. Freiheit bedeutet eben nicht, daß es keine ihr entgegenwirkenden Kräfte gäbe. Deren Existenz und die Kraft, sich dagegen zu behaupten, gehört vielmehr zum Wesen der Freiheit. Schon gar nicht sollten wir so tun, als würde im Zustand des Status quo der Teilung keine ausländische Macht versuchen, auf die innere Ordnung der Bundesrepublik einzuwirken. Von der DDR wollen wir da gar nicht reden.

2. Nach welchen Grundsätzen soll der öffentliche Dienst gestaltet werden? Unter welchen Bedingungen können frühere Funktionäre der DDR in den Dienst des gesamtdeutschen Staates übernommen werden?

3. Wie können die Rechts- und Eigentumsverhältnisse der bisherigen DDR mit der freiheitlichen Ordnung des wiedervereinigten Deutschlands harmonisiert werden?

4. Welche Übergangsregelungen und -zeiten sind vonnöten?

Dabei bleibt abzuwarten, ob die künftige Wirtschaftsordnung Verfassungsrang erhält. Wenn auch nicht der geringste Zweifel besteht, daß sich das deutsche Volk mit überwältigender Mehrheit für eine freiheitliche Gesellschaftsordnung entscheiden wird, damit ist nicht zwangsläufig die Entscheidung für eine marktwirtschaftliche Ordnung verbunden. Gleichwohl wird die unbestrittene Sehnsucht der mitteldeutschen Bevölkerung nach Freiheit auch den Wunsch nach Befreiung von der zumindest als ineffizient empfundenen sozialistischen Zwangswirtschaft einschließen. Sicher wird die Entscheidung für eine freiheitliche Wirtschaftsordnung unvermeidbar mit manchen Enttäuschungen und auch einem mitunter nicht immer leichten Verzicht auf gewohnte »soziale Errungenschaften« verbunden sein. Man darf annehmen, daß in der Übergangszeit zwischen Volksbefragung und Verfassungsgebung, in der mit dem Prozeß fortschreitender Demokratisierung auch alle bisherigen Beschränkungen der Presse- und Informationsfreiheit in der DDR wegfallen, die Vor- und Nachteile der DDR-eigentümlich sozialen Errungenschaften ausgiebig diskutiert werden. Das wird auch dazu führen, daß die eine oder andere bewährte Regelung Eingang in die künftige Sozialordnung des Gesamtstaates findet. Dabei bleibt abzuwarten, welches Maß an Eigenständigkeit die künftige Reichsverfassung den Ländern gewährt. Daß jedoch der gesamtdeutsche Staat im Prinzip auf eine überwiegend einheitliche Gesellschafts-, Wirtschafts- und Sozialordnung angelegt ist, das gehört zum Wesen der Wiedervereinigung. Die von Willms/ Kleinewefers in bezug auf eine Zentraleuropäische Föderation angestellten Überlegungen zur Wirtschaftsordnung dürften gleichermaßen für den Fall der deutschen Wiedervereinigung Bedeutung haben.[4] Welche Entscheidungen auch immer die verfassunggebende Nationalversammlung treffen mag, Übergangsregelungen verschiedener Dauer werden vonnöten sein. Dabei sollte den mitteldeutschen Ländern ein Prärogativ eingeräumt werden.

Mit dem Zusammentritt dieser freigewählten, wenn auch zeitlich und sachlich auf die Verfassungsgebung begrenzten Nationalversammlung, kann die bisherige Vorrangstellung des Reichsrats beendet und die parlamentarische Kontrolle der Konföderationsregierung auf die gewählten Abgeordneten der Nationalversammlung übergehen. Für ihre eigentliche Aufgabe, die Ausarbeitung des Verfassungsentwurfs, sollte man ein

halbes Jahr anberaumen. Kein Zweifel besteht, daß es eine auf
Recht und Freiheit fußende Verfassung sein wird. Mit Gewißheit wird die Entscheidung zugunsten einer föderalistischen
Struktur des Gesamtstaates fallen, die der Bundesrepublik ähnlich ist.

Die in der dritten Stufe vorgesehene Wiedererrichtung der
mitteldeutschen Länder basiert auf dieser Erwartung. Abgesehen von diesen, die innere Ordnung des künftigen gesamtdeutschen Staates betreffenden Fragen wird bei der Verfassungsgebung den drei folgenden Problemen besonderes Gewicht
zukommen; zählen sie doch gewissermaßen zu den Vorbehalten
der Siegermächte und können deshalb nur im Einvernehmen
mit ihnen gelöst werden:

1. Die Frage der Bündnisfreiheit.

Hier wird sich schon im Vorfeld der Verhandlungen zeigen, ob
die Siegermächte an einer »immerwährenden Neutralität« des
wiedervereinigten Deutschlands interessiert sind. Wenn sie, wie
in diesem Lösungsvorschlag vorausgesetzt, der deutschen Wiedervereinigung als einem ersten Schritt auf dem Wege zu einer
europäischen Friedensordnung zustimmen, dann dürfte es ihnen weniger um Neutralitätserklärungen gehen als vielmehr um
die Festschreibung des militärischen Status Gesamtdeutschlands und um entsprechende Verifikationsmaßnahmen. Darüber hinaus werden sie auf eine klare Definition der eingeschränkten Bündnisfreiheit bedacht sein, um vorzubeugen, daß
der gesamtdeutsche Staat auf einem Umweg, z. B. über seine
Mitgliedschaft in der Europäischen Wirtschaftsgemeinschaft,
doch noch die eine oder andere Seite militärisch unterstützt.

2. Die Frage des militärischen Status eines wiedervereinigten
Deutschlands. Diese wird in den folgenden Kapiteln eingehend
erörtert.

3. Die Frage der deutschen Ostgrenze.

Daß diese nur mit den Siegermächten geregelt werden kann,
steht außer Zweifel. In allen diese Frage tangierenden politischen Entscheidungen der Vergangenheit ist auf den Friedensvertragsvorbehalt verwiesen worden.

Nicht nur die Grenzfrage, sondern alle hier aufgeführten Fragen werden Gegenstand des mit den Siegermächten auszuhan-

delnden und durch eine gesamtdeutsche Regierung zu unterzeichnenden Friedensvertrages sein.

Der Verfassungsentwurf wird einem Volksentscheid unterbreitet. Wird er angenommen, so tritt zum vorgesehenen Zeitpunkt die neue Reichsverfassung in Kraft.

Siebte Stufe:
Die Deutsche Republik

Nach Annahme der Verfassung durch einen Volksentscheid tritt diese zu einem festgesetzten Zeitpunkt in Kraft.[5] Aber noch ist der Gesamtstaat nicht funktionsfähig. Dazu bedarf es der Wahlen zum Reichstag und der Bildung einer gesamtdeutschen Regierung. Auch die Wahl des Reichspräsidenten steht noch aus. In der Verfassung wird festgelegt sein, ob eine direkte Wahl des Staatsoberhauptes durch das Volk erfolgt oder ein anderes Wahlverfahren vorgezogen wird.

In jedem Fall haben wir es mit einer Übergangszeit zu tun, die derjenigen ähnelt, die bei der Gründung der Bundesrepublik zwischen dem Inkrafttreten des Grundgesetzes am 23. Mai 1949 und der Bildung der ersten Bundesregierung Ende September lag.

Ein wesentlicher Unterschied zwischen beiden Staatsgründungen besteht jedoch darin, daß entsprechend dem hier entwickelten Stufenplan bereits eine Regierung der Deutschen Konföderation fungiert. Seit dem Zusammentritt der verfassunggebenden Nationalversammlung ist überdies eine parlamentarische Kontrolle dieser Konföderationsregierung gewährleistet. Auch nach Beendigung ihres Verfassungsentwurfs wird die gewählte Nationalversammlung diese parlamentarische Kontrolle weiter ausüben, bis der Reichstag zusammentritt. Auf diese Weise können unaufschiebbare Entscheidungen, wie sie am Beispiel der Aufstellung gesamtdeutscher Streitkräfte demonstriert werden, auch in dieser Übergangszeit durch die Konföderationsregierung getroffen werden. Die Vorbereitungen zur Wiederherstellung der deutschen Einheit gehen weiter.

Mit dem Zusammentritt des ersten Reichstags und der Amtseinführung des Reichspräsidenten ist der Prozeß der Wiedervereinigung abgeschlossen. Der Reichspräsident proklamiert die Deutsche Republik. Damit ist jener Zustand erreicht, den das Grundgesetz in seinem letzten Artikel, 146, so verheißungsvoll beschreibt:

»Dieses Grundgesetz verliert seine Gültigkeit an dem Tage, an dem eine Verfassung in Kraft tritt, die von dem deutschen Volk in freier Entscheidung beschlossen worden ist.«

Bundesrepublik und DDR hören zu bestehen auf. Über dem Reichstagsgebäude in Berlin wird die Fahne gehißt. Die Zukunft gehört der Deutschen Republik!

Achte Stufe:
Der Friedensvertrag

Mit dem Begriff des Friedensvertrages verbindet auch der Laie die Vorstellung von dem Schlußpunkt eines Krieges und einer Neuordnung der Beziehungen zwischen den zuvor feindlichen Staaten. Jedem ist bewußt, daß es dabei möglicherweise um Sieger und Besiegte, um die Anerkennung von »Kriegsschuld« und folglich um Reparationen und Gebietsabtretungen geht. Und dennoch verstehen die meisten Menschen diesen Friedensschluß als einen »Vertrag«, bei dem nicht nur die Sieger »diktieren« können. Auch der Besiegte muß zustimmen, wenn ihm angesichts der vorausgegangenen Niederlage zumeist auch nichts anderes übrig bleibt. So überrascht es nicht, daß in den ersten Jahren nach dem Zweiten Weltkrieg die Forderung nach einem Friedensvertrag in aller Munde war. Erhofften sich doch viele Menschen davon die Heimkehr der von den Siegermächten zurückgehaltenen Kriegsgefangenen, zumindest Klarheit über deren Schicksal. Aber auch die Hoffnung auf Wiederherstellung der deutschen Einheit schwang bei vielen Deutschen mit.

Mit dem Entstehen von Bundesrepublik und DDR ließ das Interesse an dieser Frage sichtbar nach, wenn es auch nicht ganz verschwand. Bis Mitte der 50er Jahre stand der Punkt »Friedensvertrag« auf der Tagesordnung der vielen Konferenzen, zu denen sich die Siegermächte zusammenfanden, um die deutsche

Frage zu lösen. Auch in der viel diskutierten Stalin-Note von 1952 ging es um den noch ausstehenden Friedensvertrag mit dem besiegten Deutschland. Immer war damit die Vorstellung von der Wiederherstellung eines gesamtdeutschen Staates verbunden – unabhängig von der künftigen Grenzziehung.

Je mehr die Hoffnung auf Wiedervereinigung sank, vor allem nach dem Abschluß der Ostverträge Anfang der 70er Jahre, um so weniger wurde noch von einem Friedensvertrag gesprochen. Immer mehr Menschen empfinden das, was Völkerrechtler[6] kunstvoll mit dem »Zeitablauf« umschreiben: Mit der Zeit sei ein faktischer Friedenszustand eingetreten, die damit zusammenhängenden Fragen seien in zahlreichen anderen vertraglichen Abmachungen geregelt worden. Daraus ziehen viele den Schluß, ein Friedensvertrag erübrige sich. Gleichwohl hat daraus kaum jemand die Konsequenz gezogen, nun Friedensverträge mit beiden deutschen Teilstaaten abzuschließen; sieht man von der politischen Drohung der Sowjetunion im Zusammenhang mit der Berlin-Krise von 1958 ab, einen separaten Friedensvertrag mit der DDR abzuschließen. Letztlich wollten die Sowjets auf diese Weise das allgemein anerkannte Junktim zwischen Friedensvertrag und Wiedervereinigung auflösen. Das ist ihnen nicht gelungen.

Zwar haben auch Herbert Ammon und Theodor Schweisfurth in ihrer »Denkschrift zur Verwirklichung einer europäischen Friedensordnung« entschieden der herrschenden Auffassung widersprochen, zum Abschluß eines Friedensvertrages bedürfe es eines gesamtdeutschen Partners. Sie sehen Deutschland als durch die Bundesrepublik und die DDR »vertreten« an, zielen aber in erster Linie auf die Errichtung einer Konföderation ab, die nach ihrer Auffassung ein adäquater Vertragspartner für die Siegermächte sein könnte.[7] Egon Bahr blieb es vorbehalten, mit seinem kürzlich präsentierten Vorschlag von zwei Friedensverträgen Aufsehen zu erregen. Davon verspricht er sich, »mit den deutschen Friedensverträgen würde die Kompetenz für alle ganz Deutschland betreffenden Fragen den Deutschen zurückgegeben. Es läge an ihnen, ihr Selbstbestimmungsrecht so zur Geltung zu bringen, wie sie das wollen und können, sicher nicht ohne Rücksicht auf ihre Nachbarn, noch viel weniger auf ihre

258

Freunde.«[8] Lassen wir einmal beiseite, daß Bahr damit ganz auf der Linie der Frau Wilms liegt, wonach das Selbstbestimmungsrecht der Deutschen von der Zustimmung der Nachbarn abhängig ist. Aber Bahr, dem man ja Kompetenz auf dem Gebiet der Sicherheitspolitik kaum absprechen kann, läßt in diesem Vorschlag die sicherheitspolitische Lage außer acht. Zwar unterstellt er eine Entwicklung zu konventioneller Stabilität zwischen Ost und West, wodurch Atomwaffen obsolet würden. Schließlich prophezeit Bahr »ganz am Ende... den Rückzug der beiden Weltmächte« aus ihrem heutigen Vorfeld.[9] Das alles geht aber bei ihm ziemlich wirr durcheinander. Er muß sich fragen lassen, was denn die Deutschen mit dieser von ihm geforderten Kompetenz anfangen sollen, solange nicht die Siegermächte bereit sind, den Deutschen auch den für ein erfolgreiches Handeln notwendigen politischen Spielraum zu eröffnen. Voraussetzung dafür ist eine sicherheitspolitische Lösung für Europa, die den Abzug der bisher auf deutschem Boden stationierten ausländischen Streitkräfte zuläßt. Dies wiederum erfordert Vorkehrungen für die künftige politische Gestaltung Mitteleuropas. Ob man da gleich einen so großen Wurf wagen wird, wie er Willms und Kleinewefers vorschwebt, sei dahingestellt. Sicher dürfte sein: Niemand wird zulassen, daß da ein Vakuum entsteht. Auch geht Bahr in seiner Vision davon aus, daß sich in einer von sowjetischen Truppen entblößten DDR das SED-Regime behaupten könne. Damit unterstellt er doch, die Deutschen in der DDR würden inzwischen das kommunistische System akzeptieren. Wäre dem so, dann brauchten die kommunistischen Machthaber freie Wahlen nicht länger zu fürchten. Und sie würden keine Minute zögern, sich die Legitimität ihrer Herrschaft durch das Volk bestätigen zu lassen – unter internationaler Kontrolle, versteht sich. Nein, diese Bahrsche Vision entbehrt einer realistischen Grundlage. Dagegen tut er einen Friedensvertrag für das ganze Deutschland als einen Traum ab: »Ihn träumen kann nur, wer noch staatliche Einheit in überschaubarer Zeit erreichbar glaubt.«[10]

Kein Zweifel, daß die meisten Deutschen nach wie vor mit dem Friedensvertrag die Wiederherstellung der deutschen Einheit verbinden und daß sie diese auch noch wünschen. Sie wissen nur nicht, wie das bewerkstelligt werden kann. Die verantwortlichen Politiker jedoch gaukeln ihnen vor, es gäbe keinen Weg zu diesem Ziel. Wenn dann in der leider immer wieder unterdrückten deutschlandpolitischen Diskussion die Frage des Friedensvertrages dennoch hochkommt, wird gar zu schnell der Vorwurf laut, hier werde der untaugliche Versuch unternommen, Politik durch Recht zu ersetzen. Dahinter steckt ganz offensichtlich die Geringschätzung des Rechts. Blumenwitz hat darauf hingewiesen, daß ein gut geführtes Rechtsargument sehr wohl von politischem Nutzen sein kann.[11] Es bleibt vielmehr eine taktische Frage, ob man die deutsche Einheit am besten mit der Forderung nach dem noch ausstehenden Friedensvertrag zu erlangen glaubt oder auf anderem Wege.

Die vorangegangene Untersuchung hat gezeigt, daß es für uns keine wirksamere Waffe gibt als die Forderung nach dem Selbstbestimmungsrecht des deutschen Volkes. Doch hängt der Erfolg einer solchen Initiative ganz wesentlich von einer überzeugenden sicherheitspolitischen Konzeption ab, deren Bedingungen vertraglich zu verankern sind. Wo anders und wie besser könnte das geschehen als in einem Friedensvertrag mit einer gesamtdeutschen Regierung? Wer mit diesem Vertragsabschluß die Weichen für die Entwicklung einer wirklichen Friedensordnung stellen will, der muß darauf bedacht sein, daß hinter der deutschen Unterschrift die Autorität der sie vollziehenden Regierung steht. Diese Autorität kann nur eine aus freien Wahlen hervorgegangene gesamtdeutsche Regierung einbringen. Folglich steht der Abschluß eines Friedensvertrages in dem hier unterbreiteten Lösungsvorschlag am Ende der stufenweisen Wiedervereinigung.

Gleichwohl werden die wesentlichen Punkte dieses Vertragswerkes schon vorher feststehen. Zumindest die vier Siegermächte werden eine Einigung darüber zur Voraussetzung für ihre generelle Zustimmung zur Wiederherstellung der deutschen Einheit machen. Aber auch die dazu befragten Deutschen müssen für ihre Entscheidung mehr wissen, als in der kurzen Fragestellung bei der Volksbefragung enthalten sein kann.

Folgende Punkte gehören zu den unabdingbaren, wahrscheinlichen oder möglichen Inhalten eines solchen Friedensvertrages:

1. Der formale Friedensschluß.

Gerade den betrachten viele aufgrund des Zeitablaufs als völlig überflüssig. Aber sie verkennen, daß wir nur auf diese Weise von einer zweifachen Hypothek befreit werden können, die nach wie vor auf uns lastet. Das ist einmal das Fortbestehen des Rechtes der Siegermächte zur Besetzung Deutschlands – das ius ad praesentiam[12]; zum anderen sind es die – wenn auch in ihrer Bedeutung umstrittenen – »Feindstaatenklauseln« der Vereinten Nationen.[13]

2. Der militärische Status des gesamtdeutschen Staates und die alliierten Kontrollmaßnahmen zu seiner Überwachung.

Hier geht es um die vertragliche Fixierung sowohl des Umfangs und der Ausrüstung künftiger deutscher Streitkräfte als auch ihrer Verpflichtung, daß dieses Potential keinem der beiden Bündnisse zugute kommen darf.

3. Die Einbindung des wiedervereinigten Deutschlands in eine europäische Friedensordnung.[14]

In diesem Rahmen gilt es, die Grenzen der Bündnisfreiheit festzulegen. Das wird insbesondere für die weitere Zugehörigkeit Gesamtdeutschlands zur EG von Bedeutung sein. Diese müßte sich auf die wirtschaftlichen Bindungen beschränken. Aber man wird nicht umhin kommen, zuvor – nicht unbedingt in diesem Vertragsentwurf – wenigstens die Grundzüge der zu schaffenden europäischen Friedensordnung aufzuzeigen.

4. Die Grenzfrage.

In der deutschlandpolitischen Diskussion gibt es wohl keine andere Frage, in der die Auffassungen so auseinandergehen, wie die nach den künftigen Grenzen. Die vielfältigen Meinungen dazu reichen von dem einen Extrem des aus moralischen Gründen gebotenen Verzichts[15] auf die deutschen Ostgebiete bis hin zu dem Standpunkt, ohne die Grenzen von 1937 könne es auch keine Wiedervereinigung geben.

Beim Thema dieses Buches und der einleitend aufgezeigten Abgrenzung steht die Grenzfrage nur insoweit zur Diskussion, als sie ein unverzichtbarer Punkt des Friedensvertrages ist.

Daß trotz aller inzwischen eingetretenen Entwicklungen,

durch welche die deutsche Position in künftigen Verhandlungen empfindlich geschwächt wurde, die Grenzfrage offen ist und darum der friedensvertraglichen Regelung bedarf, darüber besteht kein Zweifel.[16]

Die oben erwähnten extremen Standpunkte erscheinen unhaltbar. Es kann doch nicht unmoralisch sein, eine zumindest rechtlich noch offene Frage dann aufzugreifen, wenn es gerade darum geht, mit dem abzuschließenden Friedensvertrag auch eine europäische Friedensordnung einzuleiten. Andererseits kann und darf eine nach der völkerrechtlichen Lage durchaus zulässige Maximalforderung nicht zur conditio sine qua non erhoben werden. Das würde dem erklärten Ziel widersprechen, die deutsche Einheit in Freiheit zu verwirklichen. Wie bei allen anderen Fragen, die es friedensvertraglich zu regeln gilt, aber mehr noch als bei den anderen, sitzen die Siegermächte in der Grenzfrage am längeren Hebel. Umgekehrt dürfte der deutsche Vertragspartner, eine gerade ins Amt berufene gesamtdeutsche Regierung, in der Grenzfrage noch nicht über die erforderliche Autorität verfügen, weil die Meinungsbildung eines eben erst wiedervereinigten Volkes dazu noch nicht abgeschlossen sein kann. Wenn die Siegermächte wirklich eine dauerhafte europäische Friedensordnung anstreben, was hier unterstellt wird – warum sonst sollten sie diesen ganzen Prozeß dulden und fördern? –, dann werden sie sich hüten, die temporäre Schwäche des deutschen Vertragspartners zu nutzen, um diesem eine für ihn schwer akzeptable Regelung der Grenzfrage aufzuzwingen. Vielmehr werden sie auf eine deutsche Zustimmung bedacht sein, also nach einer Lösung streben, die von der Mehrheit des deutschen Volkes getragen wird. Somit dürfte es im Interesse beider vertragschließenden Teile liegen, die Grenzfrage erst im Zuge einer späteren Revision des Vertrages abschließend zu regeln. Auf diese Weise könnten auch die weiteren Entwicklungen der europäischen Friedensordnung eingebracht und berücksichtigt werden. Dann wird sich auch zeigen, ob die Hoffnung berechtigt ist, daß in diesem künftigen Europa die Grenzen ihre Bedeutung verlieren.

5. Die Frage der Reparationen.

Auch sie darf nicht unerwähnt bleiben. Befürchtungen, daß

auf diese Weise die Deutschen noch einmal »zur Kasse« gebeten werden könnten, erscheinen unbegründet. Eine abschließende Regelung ist um so mehr geboten. Der Zusammenhang mit der Grenzfrage ist offenkundig.

6. Das Anschlußverbot Österreichs.[17]

Bewußt ist dieser Punkt hier vor der nachfolgenden Revisionsklausel aufgeführt worden. Denn auch das Anschlußverbot wird eines Tages zur Debatte stehen. Nicht um der Wiederherstellung eines »Großdeutschen Reiches« willen, sondern wegen der zwingenden Notwendigkeit einer sinnvollen europäischen Friedensordnung, die ein Zusammenleben der Nationen in Mitteleuropa bedingt. Enthält doch der Verbotsartikel des Staatsvertrages die für eine künftige Entwicklung geradezu groteske Auflage, keinerlei Vereinbarungen oder Maßnahmen zu treffen, »die geeignet wären, unmittelbar oder mittelbar eine politische oder wirtschaftliche Vereinigung mit Deutschland zu fördern«.[18] Daß dieses völlig überflüssige Anschlußverbot – überflüssig, weil sich weder damals eine auch nur annähernde Mehrheit der Österreicher dafür entschieden hätte, noch eine solche in absehbarer Zukunft in Sicht ist – gleichwohl unvereinbar mit dem von allen Signatarstaaten der Schlußakte von Helsinki anerkannten Recht auf Selbstbestimmung ist, sei hier nur erwähnt.

7. Eine Revisionsklausel.

Eine Revision des Vertrages nach etwa fünf Jahren erscheint nicht nur wünschenswert, sondern geboten. Nicht etwa mit der Absicht, daß dann der gesamte Vertrag wiederum verhandelt wird. Abgesehen von der vorgeschlagenen Ausklammerung der Grenzfrage, erfordert die Frage des militärischen Status und insbesondere die seiner Kontrolle eine Überprüfung mit dem Ziel, diese der weiteren Entwicklung der europäischen Friedensordnung anzupassen.

Wenn auch der Friedensvertrag nicht Hebel sein kann, um die deutsche Frage zu lösen, der Friedensvertragsvorbehalt ist ein unverzichtbares Instrument für eine operative Deutschlandpolitik.[19] Nur darf sie sich nicht damit begnügen, den Vorbehalt zu wahren, sondern muß darauf hinwirken, daß wir endlich zu einem Friedensschluß gelangen.

Dem Thema dieses Buches entsprechend kommt den im Friedensvertrag enthaltenen Punkten »Europäische Friedensordnung« und »Militärischer Status« zentrale Bedeutung zu. Sie werden deshalb in den nachfolgenden Kapiteln eingehender untersucht.

1. Exkurs:
Der militärische Status eines wiedervereinigten Deutschlands

Weder Ost noch West werden einer Wiedervereinigung Deutschlands zustimmen, wird ihnen mit dieser Lösung nicht die Garantie gegeben, daß das militärische Potential dieses gesamtdeutschen Staates nicht der Gegenseite zugutekommt. Diese Grundbedingung findet ihren Niederschlag in der Formel, die dem deutschen Volk in der Volksbefragung zur Entscheidung vorgelegt wird. Schließlich bildet sie den Kern der friedensvertraglichen Vereinbarungen zwischen der gesamtdeutschen Republik und den Siegermächten.

Bereits im Verlauf des auf die Wiedervereinigung ausgerichteten Prozesses, der mit dem Stufenplan abgesteckt worden ist, werden Bundesrepublik und DDR aus NATO und Warschauer Pakt herausgelöst. Denn die neu gebildete Deutsche Republik darf keinem dieser Blöcke angehören. Damit ist es aber noch nicht getan. Das von Ost und West verfolgte Ziel der weiteren Entspannung duldet kein Vakuum zwischen den Blöcken. Die der Deutschen Republik auferlegte Verpflichtung zur Selbstverteidigung bedingt, daß ihr für diese Aufgabe ausreichende Streitkräfte zugestanden werden. Es ist damit zu rechnen, daß Umfang und Ausrüstung dieser gesamtdeutschen Streitmacht entweder im Friedensvertrag selbst oder in einem Anhang dazu fixiert werden.[20] Das Problem der dafür zu findenden Formel dürfte der Quadratur des Kreises gleichen: Beide Seiten, vor allem aber der Westen, möchten eine deutsche Streitmacht, die einerseits stark genug wäre, selbst dem Ansturm des gegnerischen Militärblocks zu trotzen; andererseits aber sollte sie so ungefährlich sein, daß keiner der deutschen Nachbarn beunruhigt wäre. Man wird sich auf eine Kompromißlösung einigen müssen. Die Siegermächte jedoch werden diese Frage allein aus der Sicht ihrer Interessen beurteilen. Die »Nachbarn«, um die sich deutsche Politiker mitunter mehr sorgen als um unser Volk, dürften da nur eine untergeordnete Rolle spielen. Die Sowjets könnten sogar auf ein militärisch starkes Gesamtdeutschland abzielen, um auf diese Weise die Furcht der kleineren »Bruderstaaten« zu schüren und sie fester an sich zu binden. Ebenso dürften die USA eher ein militärisch starkes als ein schwaches Deutschland vorziehen. Einig aber werden sich die Siegermächte darin sein, daß dieses Deutschland keine Atommacht sein darf – und daß es kontrolliert werden muß. Dabei dürfte diese Kontrolle mehr in dem Mißtrauen zwischen Ost und West begründet sein als gegen höchst unwahrscheinliche deutsche Übergriffe.

Die De-Nuklearisierung Deutschlands müßte als Vorgriff auf die zu schaffende (mittel-)europäische Friedensordnung gewertet werden; denn eine gesamteuropäische Friedensordnung, die ja auch derzeitige Nuklearmächte einschließen würde, kann kaum eine atomwaffenfreie Zone sein. Mag also vieles dafür sprechen, daß die Siegermächte wenig Interesse an einer Beschränkung der konventionellen deutschen Militärmacht haben. Wenn nachfolgend dennoch mögliche Begrenzungen einer gesamtdeutschen Armee aufgezeigt werden, so nicht mit der Zielsetzung, diese deutscherseits von vornherein anzubieten, sondern als die Untergrenzen für eine deutsche Rückfallposition in Verhandlungen.

Wie immer, wenn es darum geht, das militärische Potential eines Staates oder einer Staatengemeinschaft zu bestimmen, nimmt man Zuflucht zu dem Kriterium der Mannschaftsstärken. Auch noch in unseren Tagen kommt man offensichtlich nicht davon los, obwohl dieses Kriterium zumindest seit dem Ende des Ersten Weltkrieges nur noch einen geringen Aussagewert enthält. Aber es bietet den unschätzbaren Vorteil der Quantifizierbarkeit und möglicher Verifikation. Das jedenfalls glauben Politiker und Öffentlichkeit. So werden sich die Überlegungen hinsichtlich der Stärke einer gesamtdeutschen Streitmacht auf deren personellen Umfang konzentrieren. Fügen wir uns dem, um zu einer prägnanten Aussage zu gelangen.

300 000 Mann sind ein angemessener Umfang für die gesamtdeutschen Streitkräfte! Kein Zweifel: Diese Zahl wird den einen viel zu hochgegriffen erscheinen, anderen als völlig unzureichend. Letztere werden argumentieren, daß derzeit die Bundeswehr mit rund 500 000 und die NVA mit etwa 180 000 Soldaten (ohne die rund 50 000 Mann Grenztruppen) mehr als das Doppelte des vorgeschlagenen künftigen Personalumfangs ausmachen. Damit brauchten sie nur einen verhältnismäßig kleinen Sektor in der jeweiligen Verteidigung abzudecken, während sie künftig die deutschen Grenzen im gesamten Verlauf zu sichern hätten.

Dem ist zweierlei entgegenzuhalten: Weder geht es darum, Bundeswehr und NVA zu amalgamieren, noch kann es Aufgabe einer künftigen Streitmacht sein, die Verteidigung des gesamtdeutschen Staates nach allen Seiten und gegen alle möglichen Angriffe zu gewährleisten. Das für eine derartige Aufgabe erforderliche militärische Potential können wir gar nicht aufbringen. Vor allem aber würde es uns auch gar nicht zugestanden werden; denn das widerspräche der angestrebten europäischen Friedensordnung, die zur Grundvoraussetzung der hier vorgeschlagenen Lösung erhoben wird.

Die für den Personalumfang vorgeschlagene Zahl von 300 000 Mann kommt nicht von ungefähr. Es handelt sich geradezu um eine magische Zahl, welche die militärpolitische Diskussion in der Weimarer Republik stark beeinflußt hat. Nachdem offenkundig wurde, daß die damaligen Siegermächte nicht an ihrer ursprünglich verkündeten Absicht festhielten, mit der sie die Begrenzung der deutschen Reichswehr auf 115 000 vorgenommen hatten, nämlich selbst abzurüsten, stellte sich die Frage nach deren Personalumfang neu. Die deutsche Seite forderte eine Aufstockung auf 300 000 Mann, um ihre Selbstverteidigung zu gewährleisten.

Stellt sich also die Frage nach der Aufgabe dieser gesamtdeutschen Armee. Jedermann dürfte klar sein, daß sie einem – wenn auch nur theoretisch denkbaren – Angriff der gesamten Streitkräfte eines der Militärpakte niemals standhalten könnte.[21]

Doch nicht diese unerfüllbare Aufgabe ist es, auf die eine ge-

266

samtdeutsche Armee zugeschnitten sein muß, sondern die konkrete Aufgabe der Grenzsicherung und einer zeitlich begrenzten Verteidigung im Falle eines Überraschungsangriffs. Nur dann wären wir zu unmittelbaren Reaktionen gefordert. Eine großangelegte und deshalb im Stadium ihrer Vorbereitung auszumachende militärische Intervention gegen das deutsche Territorium, von welcher Seite auch immer, würde dagegen mit Sicherheit frühzeitig Spannungen in den internationalen Beziehungen bewirken, die unvermeidbar Gegenmaßnahmen der (anderen) Garantiemächte auslösen müßten.

Mag damit wenigstens in groben Zügen die Angemessenheit des personellen Umfangs von 300 000 Mann für die gesamtdeutsche Armee begründet sein. Es bleibt die Frage, welche Art von Streitkräften für die genannte Aufgabe der Grenzsicherung und einer zeitlich begrenzten Verteidigung erforderlich sind.

Daß dieses Problem bereits hier, im Exkurs über den militärischen Status, und nicht erst in den folgenden Betrachtungen über die gesamtdeutsche Armee gestellt wird, hat seinen Grund in den Interessen der Signatarmächte des Friedensvertrages. Sie werden sich mit der Fixierung von Mannschaftsstärken für die deutschen Streitkräfte nicht begnügen, sondern sehr wohl Auflagen für deren Bewaffnung und Ausrüstung erteilen. Der Versailler Vertrag und die dadurch bedingte Rüstungspolitik der Weimarer Republik liefern ein eindrucksvolles Beispiel dafür.[22]

Mehr noch als in der Vergangenheit wird der Schwerpunkt der gesamtdeutschen Armee bei den Landstreitkräften liegen. Für den Küstenschutz genügt eine kleine Marine. Diese Aufgabe könnte möglicherweise auch durch einen Seegrenzschutz übernommen oder mit ihm kombiniert werden. Die vorrangige Aufgabe der Luftwaffe läge in der Luftnahunterstützung der Heeresverbände wie in der Luftverteidigung.

Veranschlagt man für zentrale Dienststellen, Luftwaffe und Marine etwa 100 000 Mann, so bleiben für die eigentlichen Grenzsicherungsaufgaben des Heeres 200 000 Mann verfügbar. Das reicht, um daraus etwa 20 Grenzsicherungsbrigaden und eine mobile Eingreiftruppe, bestehend aus Panzer- und Luft-

Kavallerie-Brigaden, zu bilden. Damit berühren wir bereits Detailfragen des folgenden Kapitels.

Die Signatarmächte werden überdies bestrebt sein, Einfluß auf das Wehrsystem des gesamtdeutschen Staates zu nehmen. Entsprechend der als »Grenzsicherung« definierten Aufgabe wird es sich bei der gesamtdeutschen Armee um ein »stehendes Heer« handeln. »Es muß immer präsent und einsatzbereit sein.« Denn der ewige Friede, zu dessen Voraussetzungen Immanuel Kant unter anderem die Abschaffung der stehenden Heere erhoben hat[23], ist noch in weiter Ferne. Es wird nicht zuletzt auf das Verhandlungsgeschick der deutschen Seite ankommen, daß wir ein Höchstmaß an Handlungsfreiheit für die Gestaltung unserer künftigen Wehrverfassung durchsetzen und uns nicht in einen so engen Rahmen pressen lassen, wie dies durch den Vertrag von Versailles geschah. Dafür dürften diesmal die Siegermächte aufgeschlossener sein. Müssen sie doch darauf bedacht sein, daß kein militärisches Vakuum im Herzen Europas entsteht. Je mehr Freiheit sie den Deutschen für das Wehrsystem zugestehen, also Optionen für kurzdienende Freiwillige, Wehrpflicht oder Miliz, um so niedriger können sie den Personalumfang für das stehende Heer ansetzen. Schon aus optischen Gründen der Rücksichtnahme auf kleinere Staaten wie der Einstimmung auf eine europäische Friedensordnung dürfte ihnen die vorgeschlagene Umfangszahl von 300 000 Mann willkommen sein. Denjenigen, die diese Zahl für unzureichend halten, sei nochmals entgegengehalten, daß in unserer Zeit Personalstärken eine viel geringere Bedeutung zukommt als früher. Anzahl und Qualität der Waffen, Organisation und Ausbildungsstand, vor allem aber die Führungsfähigkeit fallen stärker ins Gewicht. Darin liegt die Chance einer Gesamtdeutschen Armee. Vor allem aber darf die Chance zur Wiederherstellung der deutschen Einheit nicht durch einen Disput um Personalstärken ihrer Streitkräfte gefährdet werden.

Auch in diesem Zusammenhang gilt es, das übergeordnete Ziel einer europäischen Friedensordnung nicht aus dem Auge zu verlieren. Da wird es noch mehr um eine Ausgewogenheit der Umfangszahlen der Streitkräfte gehen als bei der deutschen Wiedervereinigung.

Kein Zweifel sollte darüber bestehen, daß sich die Deutsche Republik zu einem Verzicht auf nukleare, chemische und biologische Waffen verpflichten muß. Die aufgezeigte eng begrenzte militärische Aufgabenstellung rechtfertigt überdies ein Verbot weitreichender Raketen. Auch die Höchstzahl der Kampfpanzer, neben den Mannschaftszahlen heute bevorzugtes Kriterium zum Bemessen der Stärke einer konventionellen Streitmacht, wird den Deutschen vorgeschrieben sein. Sie könnte mit etwa 2000 begrenzt werden.

Eine derartige Definition des militärischen Status wäre die eine Seite der Medaille, die andere ist die Verifikation. Nach dem Ersten Weltkrieg haben die Deutschen die ihnen durch den Vertrag von Versailles auferlegten Kontrollen als tiefe nationale Demütigungen empfunden. Die hier vorgeschlagene internationale Kontrolle liegt jedoch im ureigensten Interesse des wiedervereinigten Deutschlands. Bietet sie doch den Deutschen die beste Gewähr gegen mögliche Verdächtigungen, sie kämen den ihnen auferlegten Verpflichtungen nicht nach. Gerade das gilt es zu verhindern. Müßte doch ständiges Mißtrauen – ob nun berechtigt oder unberechtigt – das dringend notwendige Vertrauen der Nachbarstaaten in das wiedervereinigte Deutschland beeinträchtigen, wenn nicht gar internationale Spannungen heraufbeschwören. Nicht auf militärische Stärke darf dieser gesamtdeutsche Staat bauen, sondern auf sein wirtschaftliches Potential und das diplomatische Geschick seiner politischen Führung.

Gleichwohl wird auch die Einschätzung seiner Streitmacht durch Ost und West nicht ohne Einfluß auf das Ansehen dieses neuen Deutschlands sein. Mit großer Aufmerksamkeit werden die anderen Nationen beobachten, ob und wie es den Deutschen gelingt, ihre aus NATO und Warschauer Pakt herausgelösten militärischen Komponenten zu einer nationalen Streitmacht zu formieren.

War doch in der vergangenen Zeit keine andere Bevölkerungsgruppe so stark in die antagonistischen Blöcke integriert wie die Soldaten, keine andere öffentliche Aufgabe so entscheidend von der Politik der Konfrontation geprägt wie die der Verteidigung.

Dennoch wird das Problem der Kontrolle des militärischen Status eines wiedervereinigten Deutschlands nicht allein durch die Zielsetzung bestimmt, der ganz unwahrscheinlichen Gefahr versteckter deutscher Aufrüstung zu begegnen. Vielmehr geht es den Blöcken in erster Linie darum, jegliche Nutzung des deutschen Territoriums und des deutschen Potentials durch die Gegenseite auszuschließen.

Die festzulegenden alliierten Kontrollmaßnahmen werden in ihrer Durchführung weniger auf eine Überwachung der deutschen Militärmacht angelegt sein, als darauf, jedwede Einflußnahme der Blöcke auf den vereinbarten militärischen Status der Deutschen Republik auszuschließen. Dazu dürften die Sowjets stärker an einer Kontrolle des westdeutschen Territoriums interessiert sein, die Westmächte dagegen an einer Überwachung der deutschen Ostgrenze. Anders als bei der sogenannten Interalliierten Kontrollkommission nach dem Ersten Weltkrieg wird es sich nicht nur um einzelne Kontrollteams handeln, sondern um ganze Truppenteile, ähnlich den UNO-Friedenstruppen; wenigstens in der Anfangszeit, wenn das gegenseitige Mißtrauen noch verhältnismäßig groß ist. So wenig sich die Deutschen dagegen sträuben sollten, um so mehr müssen sie darauf bedacht sein, daß dieser Zustand nicht für alle Zeiten festgeschrieben wird. Auch aus diesem Grund kommt der im Friedensvertrag vorgesehenen Revisionsklausel große Bedeutung zu.

Zur Erfüllung dieses hier skizzierten militärischen Status Gesamtdeutschlands gehört natürlich auch der Abzug der bisher auf deutschem Boden stationierten ausländischen Streitkräfte. Ihr endgültiger Abzug wird erst im Friedensvertrag vereinbart und dürfte längstens ein Jahr nach Vertragsabschluß vollendet sein. Dieser Zeitraum erscheint ausreichend, da sich die betroffenen Mächte frühzeitig darauf einstellen können und werden.

2. Exkurs:
Die gesamtdeutsche Armee

Das wiedervereinigte Deutschland kann und wird keine Militärmacht sein. Es sollte auch nicht danach streben. Dennoch erfordert die sicherheitspolitische Lage, daß die Deutsche Republik über eine angemessene Streitmacht verfügt, um den ihr im Friedensvertrag auferlegten Verpflichtungen und den Erfordernissen einer europäischen Friedensordnung zu entsprechen. Nur aus diesem Grunde werden die Signatarmächte den Deutschen eine vertraglich begrenzte Armee nicht nur zugestehen, sondern sie sogar dazu verpflichten. Geht es ihnen doch darum, ein System kollektiver Sicherheit in Europa zu schaffen.

Der Aufbau einer gesamtdeutschen Streitmacht stellt das neue deutsche Staatswesen vor eine Fülle von Problemen besonderer Art.

Aus zwei Gründen erscheint es geboten, diese Probleme nachfolgend etwas ausführlicher zu behandeln. Zum einen steht dem Thema entsprechend die Lösung der sicherheits- und militärpolitischen Fragen im Vordergrund. Zum anderen wird an diesem Beispiel die ganze Vielfalt der Probleme deutlich, die zwangsläufig mit der Wiedervereinigung verbunden sind. Wenn dabei der übergreifende Begriff der »Armee« gewählt wird, so nicht nur sprachlicher Gefälligkeit wegen. Während vor allem im internationalen Sprachgebrauch Armee zugleich die Abgrenzung gegenüber Marine und Luftwaffe beinhaltet, so wird im Deutschen nach wie vor darunter die gesamte Streitmacht verstanden; nicht nur die Teilstreitkraft Heer im Sinne der angelsächsischen »Army«. Mit dem hier bevorzugten Begriff der »Armee« soll aber auch zum Ausdruck gebracht werden, daß die gesamtdeutschen Streitkräfte sich ihrer eng begrenzten Aufgabe wegen auf die Landstreitkräfte konzentrieren müssen. Marine und Luftwaffe werden bei aller Achtung ihrer Eigenständigkeit und der für ihr Selbstverständnis nicht unwichtigen internationalen Vergleichbarkeit in eine gesamtdeutsche Streitmacht so weitgehend integriert sein, daß der unseligen Eifersüchtelei zwischen den Teilstreitkräften, die mitunter in kräfteverzehrende Machtkämpfe ausartet, ein für allemal ein Ende bereitet wird.

Personeller Umfang wie Beschränkungen in der Bewaffnung und Ausrüstung sind durch die friedensvertraglichen Vereinbarungen mit den Siegermächten vorgegeben. In alleiniger deutscher Zuständigkeit dagegen liegen – eine erfolgreiche Verhandlungsführung mit den Alliierten vorausgesetzt – die Entscheidungen über das Wehrsystem, über die Organisation der neuen Armee, ihre Ausbildung und Erziehung, vor allem aber über den schrittweisen Aufbau. Wenden wir uns diesen Problemkreisen zu.

Welches Wehrsystem wird der im vorigen Kapitel beschriebenen Aufgabenstellung am besten gerecht: eine Berufs- oder Freiwilligenarmee, die allgemeine Wehrpflicht oder das Milizsystem? Die allgemeine Wehrpflicht, ein Kind der Französischen Revolution, ist unabdingbare Voraussetzung für die Aufstellung von Massenheeren, zumindest aber für die Bereitstellung ausreichender Personalreserven, damit die in Friedenszeiten nur in geringer Stärke präsenten Streitkräfte im Falle einer Mobilmachung schnell um ein Vielfaches vermehrt werden können. Stets war die Wehrpflicht aber auch Ausdruck der Verteidigungsbereitschaft der Nation. Wird erstere Voraussetzung, nämlich Vermehrung zu einem Massenheer, für die neue deutsche Armee entfallen, die zweite bleibt auch für sie unverzichtbar. Doch kann die Identifizierung der Nation mit der Aufgabe der Verteidigung gleichermaßen, wenn nicht noch wirksamer, auch durch ein Miliz-System erfüllt werden. Eine reine Milizarmee – wie die schweizerische – kommt jedoch für das wiedervereinigte Deutschland nicht in Betracht. Nicht nur fehlen dafür die gesellschaftspolitischen Voraussetzungen, wie sie die Schweiz in einem langen geschichtlichen Prozeß entwickelt hat. Vielmehr erfordert die militärpolitische Lage eines gesamtdeutschen Staates präsente Streitkräfte. Die dem gesamtdeutschen Staat auferlegte Verpflichtung zur Sicherung seiner Grenzen erfordert ein präsentes, also ein »stehendes« Heer. Deshalb wird sich die gesamtdeutsche Armee – ähnlich der Bundeswehr – auf einen Stamm von Freiwilligen stützen müssen, der etwa die Hälfte ihres personellen Umfangs ausmacht.

Dabei sollte sie, aus den Erfahrungen der Bundeswehr lernend, die Zahl der Berufssoldaten auf das absolute Minimum reduzieren und sich im wesentlichen aus Kurz-Freiwilligen mit einer Dienstzeit von maximal zwölf Jahren rekrutieren. Das zu erwartende Gegenargument, in unserer Zeit würden sich qualifizierte junge Männer nicht zu einer derart zeitlich begrenzten Aufgabe bereitfinden, soll und darf uns nicht daran hindern, eine optimale Lösung anzustreben. Dafür ist allein die unbestrittene Erfahrung ausschlaggebend, daß überalterte Soldaten einfach nicht den unabdingbaren Anforderungen hinsichtlich ihrer physischen und psychischen Leistungsfähigkeit genügen. Folglich kann es nur noch um die Frage gehen, welche materiellen Angebote für den einzelnen Soldaten angemessen sind, um die ihm durch einen nach seiner Dienstzeit erforderlichen Berufswechsel entstehenden Nachteile auszugleichen. Mehr noch kommt es darauf an, die psychologischen Voraussetzungen dafür zu schaffen, daß sich qualifizierte junge Männer zum Dienst in der Armee in der Zeit ihrer besten Mannesjahre entschließen.

Die unverzichtbare Freiwilligenkomponente bedarf jedoch der Ergänzung durch Wehrpflichtige. Je nach der spezifischen Funktion, aber auch unter weitgehender Berücksichtigung persönlicher Wünsche, sollte der Wehrpflichtige die Wahl haben zwischen einem zusammenhängenden Grundwehrdienst und einer milizähnlichen Dienstpflicht. Letztere sollte aus einer dreimonatigen Grundausbildung und daran anschließendem 10jährigen Bereitschaftsdienst mit alljährlichen mehrtägigen Wiederholungsübungen bestehen. Auf diese Weise könnten eine Fülle der vor allem im Spannungsfall anfallenden Sicherungsaufgaben, wie z. B. von Flugplätzen, Fla-Stellungen und Versorgungsanlagen, am besten erfüllt werden. Für »ein auf allgemeiner Wehrpflicht beruhendes Milizsystem« hat sich Helmut Schmidt schon 1960 in seinem ersten, den strategischen Fragen gewidmeten Buch *Verteidigung oder Vergeltung* ausgesprochen.[24]

Ein derart ausgewogenes Mischsystem von Berufssoldaten und Kurz-Freiwilligen, von Wehrpflichtigen und Milizsoldaten ist die optimale Lösung, um unter den angenommenen Bedingungen nicht nur einen hohen Grad der Einsatzbereitschaft zu erreichen, sondern auch die bestmöglichen Voraussetzungen dafür zu schaffen, daß diese Armee von der Zustimmung und dem Willen der Nation getragen wird.

Wie bereits im vorigen Kapitel grob dargelegt wurde, kann der mit 300 000 Soldaten vorgegebene Personalumfang wie folgt genutzt werden:

Zentrale Dienststellen	10 000
Marine	20 000
Luftwaffe (einschließlich Luftverteidigung)	70 000
Heer (einschließlich aller Pilotdienste für die anderen Teilstreitkräfte)	200 000

Das Heer soll sich in die beiden Komponenten »Grenzsicherung« und »Eingreiftruppe« gliedern. Die Grenzsicherung ist eine mehr statische Aufgabe, die der Eingreiftruppe setzt einen hohen Grad an Beweglichkeit voraus.

Unterstellen wir, aus dem vorgegebenen Heeresumfang von 200 000 Mann können insgesamt 40 Brigaden aufgestellt werden. Das wird auf Widerspruch stoßen. Und es geht doch! Allerdings wird über dem Aufbau der neuen Armee der Leitsatz stehen: Auf die Truppe kommt es an! Stäbe haben nur die eine einzige Aufgabe, die Führung der Truppen zu ermöglichen. Mag dies eine militärische Binsenwahrheit sein, sie ist schon lange nicht mehr Allgemeingut militärpolitischer Planungen. Weder die Bundeswehr noch die NATO folgen dem bewährten militärischen Grundsatz, daß Stäbe für die Truppe da sind. Schon Moltke hat darauf hingewiesen, daß große Stäbe zugleich auch immer ein Kennzeichen schlechter Heere sind.[25] Und was haben wir daraus gemacht?

Eine Bundeswehr, deren Geflecht von zentralen Dienststellen und kopflastigen Kommandobehörden kaum noch jemand überblickt. Da wimmelt es nur so von hohen Dienstgraden, überalterten und häufig truppenfremden Soldaten. Von der die Truppe erdrückenden Bürokratie der zivilen Bundeswehrverwaltung ganz zu schweigen. Keiner weiß so recht, wohin damit im Falle eines Krieges; schon gar nicht, welche Aufgaben die dann hätten. Wer es je gewagt hat, dieser Frage nachzugehen, der stieß zumindest auf den erbitterten Widerstand der Personalvertretungen. Eine beliebte Rechtfertigung zum Beibehalten dieser Wasserköpfe ist der Verweis auf die noch umfangreicheren Stäbe unserer Verbündeten. Nur eines stört dieses Idyll: die Truppe. Aber die kann man ja im Zuge der Abrüstung noch weiter stutzen. Die Stäbe werden uns erhalten bleiben!

Wenn wir alle Kommandobehörden und Stäbe auf das absolute Minimum reduzieren, wenn wir ein den militärischen Erfordernissen entsprechendes Verhältnis von Kampf- zu Versorgungstruppen herstellen, wenn wir schließlich alle für eine Präsenz in Friedenszeiten nicht notwendigen Aufgaben der dafür zuständigen Miliz zuweisen, dann wird es gelingen, aus dem so gering erscheinenden Personalumfang die angestrebte Zahl von 40 Brigaden aufzustellen.

Jede der beiden Komponenten, Grenzsicherung und Eingreiftruppe, wird aus 20 Brigaden bestehen. Letztere soll sich aus 10 Panzerbrigaden und 10 Luft-Kavalleriebrigaden zusammensetzen. In dieser Organisation spiegelt sich das Kernproblem der gesamtdeutschen Armee wider: einem schier unerfüllbar erscheinenden Auftrag gerecht zu werden. Aus den dargelegten (außen)politischen Gründen darf sie nicht stärker sein. Damit ist ihr verwehrt, die Grenze des gesamtdeutschen Staates überall hinreichend zu sichern. So bleibt nur die Möglichkeit, die zahlenmäßig kleine Streitmacht durch einen hohen Grad der Beweglichkeit in die Lage zu versetzen, im Falle einer abzusehenden oder erfolgten Grenzverletzung mit einer Eingreifreserve schnell präsent zu sein. Das wird vor allem durch Luftbeweglichkeit erreicht, die vornehmlich durch Transport-Hubschrauber erzielt wird.

Um aber die allen luftgelandeten Truppen eigentümliche Schwäche, nämlich das Fehlen schwerer Waffen, zu überwinden, bedarf es der Ausrüstung mit Kampf-Hubschraubern. Das erst macht eine Luft-Kavallerie aus.

Das erwähnte Problem »Truppe und Stäbe« hat nicht nur organisatorische Bedeutung. Vielmehr ist es von beachtlicher Wirkung auf das innere Gefüge einer Armee. Damit wenden wir uns der Frage von Ausbildung und Erziehung in den Streitkräften zu. Sie wird ureigenste Sache der Deutschen sein; wenn auch alle anderen sie mit großer Aufmerksamkeit verfolgen werden, welchen Weg wir hier wählen. Dazu sind wir gefordert, ein »Bild vom künftigen deutschen Soldaten« zu entwerfen. Dies wird jedoch keine freie schöpferische Tätigkeit sein, denn die Vergangenheit steht dabei Pate: Wehrmacht, Bundeswehr und Nationale Volksarmee.

So wie der gesamtdeutsche Staat in seiner Struktur, vor allem aber in seinen Wertvorstellungen, der Bundesrepublik ähnlich sein wird und nicht der DDR, so auch die neue Armee. Sie wird der Bundeswehr ähnlich sein, aber nicht gleich. Denn wie Staat und Armee werden hoffentlich auch alle anderen neu aufzubauenden Institutionen, seien es nun Post, Eisenbahn oder gar das Gesundheitswesen, die Lehren aus der Vergangenheit ziehen und sie nutzen, die guten wie die schlechten.

Wenn es hier darum geht, die Grundsätze für das innere Gefüge der neuen Armee zu entwerfen, dann führt kein Weg daran vorbei, sich mit dem auseinanderzusetzen, was wir »Innere Führung« nennen. Seit ihrem Entstehen in den 50er Jahren wird die Bundeswehr von diesem Problem beherrscht. Viel Zeit und Kraft hat es ihr abverlangt, aber nie ist sie damit fertig geworden.

Es würde den Rahmen dieses Themas sprengen, die damit zusammenhängenden Fragen auch nur in groben Zügen darzustellen. Beschränken wir uns auf die Kernfrage, warum es sich bei der Inneren Führung um ein ungelöstes Problem handelt. Richtig, ja unverzichtbar war es, beim Neuaufbau deutscher Streitkräfte Mitte der 50er Jahre, ein Leitbild für den künftigen Soldaten zu entwickeln und dabei die Lehren aus der Niederlage, aus der Gewaltherrschaft und aus der revolutionären Waffenentwicklung zu berücksichtigen. Dafür gebührt den Reformern Dank und Anerkennung.[26] Es sei dahingestellt, ob sie in der Wahl der Sprache und der Begriffe immer eine glückliche Hand hatten. Man denke nur an das verhängnisvolle Schlagwort von der »Integration in die Gesellschaft«, mit dem bis heute Politiker und opportunistische Soldaten, vor allem aber »intellektuelle« Polit-Spinner ihr Unwesen treiben. Wird doch mit diesem Schlagwort die Vorstellung erweckt, als sei hier ein Expeditionsheer nach jahrzehntelanger Abwesenheit aus fernem Lande in die Heimat zurückgekehrt und müsse nun behutsam in die inzwischen veränderte Gesellschaft integriert werden. Die Wirklichkeit sieht ganz anders aus: Nie zuvor waren Soldaten stärker in die Gesellschaft integriert als diejenigen, die ab 1955 aus allen möglichen Berufen und Bevölkerungsgruppen in die Bundeswehr eintraten. Inzwischen ist die durch opportunistisches Geschwafel immer weiter angeheizte »Integration« so weit fortgeschritten, daß auch die Soldaten »Arbeitszeitverkürzungen«, »Überstundenbezahlung« und »Außendienstzulagen« fordern. Angesichts der nun einmal immer knappen Haushaltsmittel nehmen die verantwortlichen Politiker Zuflucht zu der Parole: Man muß jetzt mehr für den Menschen tun – für die Rüstung haben wir genug ausgegeben.[27] Solche Äußerungen zeigen in erschreckender Weise, daß selbst Spitzenpolitiker das Wesen und die Aufgabe des Soldaten nicht begriffen haben. Wer für den Soldaten wirklich etwas tun will, der muß ihm in erster Linie die optimale Bewaffnung und Ausrüstung gewähren. Sonst setzt er dessen Leben aufs Spiel!

Wie sehr das Urteilsvermögen unserer Politiker, aber auch der breiten Öffentlichkeit in bezug auf Fragen der Verteidigung verkümmert ist, wird an einem Artikel deutlich, den die Zeitschrift »Bundeswehr« in ihrer Novemberausgabe 1988 veröffentlichte. Unter der Überschrift »Mehr Wehrsold statt Jäger 90« wird da eine Erklärung eines SPD-Bundestagsabgeordneten wiedergegeben, der die Akzeptanz und Motivationskrise der Bundeswehr ganz einfach lösen will: »Dienstzeitregelung für Soldaten und mehr Wehrsold statt Jäger 90 und Panzerabwehrhubschrauber 2«. So einfach ist das! Aber das ist leider nicht nur ein Ausrutscher eines einzelnen Bundestagsabgeordneten. Letztlich ist es das Produkt einer militärischen Führung, die nur zu willfährig und wider besseres Wissen politische Parolen übernimmt, die ihrem Auftrag widersprechen.

Den Reformern, die den Aufbau der Bundeswehr bestimmt haben, darf man nicht anlasten, daß die Politik dieses Konzept mit der unglücklichen Bezeichnung Innere Führung nicht als ein solches zur Stärkung des inneren Gefüges der Streitkräfte genutzt hat. Vielmehr haben sich die Politiker dieses Schlagwortes bemächtigt, um damit eine wenig sachkundige, aber in militärischen Fragen dennoch sensible Öffentlichkeit von der so gefürchteten Kernfrage »Krieg und Frieden« abzulenken. Mit der »Inneren Führung« ließ sich viel besser der Eindruck erwecken, als sei die Bundeswehr in erster Linie eine Institution der Fürsorge, Berufs- und Weiterbildung. Opportunistische Militärs haben dabei eifrig mitgewirkt.

An diesem gravierenden Mißstand hat sich trotz mehrfachen Wechsels der Regierungen und der zuständigen Verteidigungsminister bis heute wenig geändert. Keiner hat sich daran gewagt, den verschwommenen Begriff der Inneren Führung zu definieren. Man drückt sich davor mit der geradezu unglaublichen Ausrede, Innere Führung sei ein dynamischer Prozeß, der sich einer solchen Definition entziehe. So erleben wir den grotesken Zustand, daß der Soldat, insbesondere der Offizier und Unteroffizier zwar unentwegt auf die Innere Führung verpflichtet wird, aber niemand sagt ihm, was das nun eigentlich ist. Einem ehemaligen höheren Beamten der Bundeswehr, Helmut Preuß, blieb es vorbehalten, dieses Problem »vom Glanz und Elend einer Ideologie« umfassend darzustellen.[28]

An diesem Beispiel mag deutlich geworden sein, welche Herausforderungen auf die Planer der künftigen deutschen Streitmacht zukommen. Wer immer darangeht, das »Bild vom Soldaten« für eine gesamtdeutsche Armee zu entwerfen, der ist gut beraten, die Geschichte der Inneren Führung der Bundeswehr zu studieren, das Gute zu nutzen und das Schlechte zu verwerfen. Denn vieles daran ist gut. So bleibt nur zu wünschen, daß die Grundpflicht für den künftigen deutschen Soldaten analog zum Paragraphen 7 des derzeitigen Soldatengesetzes definiert wird:

Der Soldat hat der Deutschen Republik treu zu dienen und das Recht und die Freiheit des deutschen Volkes tapfer zu verteidigen.

Vor allem darf man nicht der Illusion erliegen, der Geist einer Armee ließe sich auf dem Verordnungswege regeln.

Unser Verständnis von Rechtsstaatlichkeit bedingt aber auch, daß erst ein gesamtdeutscher Souverän verbindlich darüber entscheiden kann, welches Leitbild diese Armee bestimmen wird und welches Dienstrecht für sie gilt. Hier tut sich die

278

ganze Weite des Problems auf, mit dem wir beim Aufbau der neuen deutschen Streitkräfte konfrontiert werden. Wollen wir den Neubeginn auf gesicherter Grundlage beginnen, dann müssen wir abwarten. Das heißt, wir können erst dann damit beginnen, wenn ein frei gewähltes Parlament und eine mit seiner Zustimmung gebildete gesamtdeutsche Regierung funktionsfähig sind. Doch die politischen Verhältnisse werden uns dieses Abwarten nicht erlauben. Schon mit Unterzeichnung des Friedensvertrages wird sich die Aufgabe der Grenzsicherung stellen. Dem dürfen wir uns nicht entziehen, wollen wir nicht das Verbleiben der früheren Besatzungstruppen – denn solche wären die Stationierungstruppen der Siegermächte nach Desintegration der deutschen Streitkräfte aus den Blöcken wieder – auf uns nehmen. Selbst dann, wenn deren Status wohlwollender definiert würde, es wäre ein schlechter Beginn für das neue Staatsgebilde.

Mag ein weiteres Bestehen der Bundeswehr für eine Übergangszeit wenig problematisch erscheinen, für die NVA ist das anders zu beurteilen. Hier sind die Folgen für die Demokratisierung der DDR zu bedenken. Das spricht für eine schnelle Aufstellung der gesamtdeutschen Armee, trotz der aufgezeigten Probleme. Mit den Vorbereitungen und der schrittweisen Aufstellung müßte schon nach dem Volksentscheid für die Wiedervereinigung begonnen werden. Wie damit eben fast alles in Bewegung käme: die Demokratisierung der DDR, das Herauslösen der deutschen Anteile aus den Militärblöcken, vor allem aber die in der Form des Stufenplans grob vorgezeichnete Entwicklung gesamtdeutscher Institutionen. Was die Aufstellung der neuen Armee betrifft, so wird es also darauf ankommen, daß schon der Gesamtdeutsche Rat geeignete Politiker und Militärs mit dieser Vorbereitung beauftragt. Mit jeder Stufe und damit zunehmender Autorität der gesamtdeutschen Repräsentation kann dieser Auftrag konkretisiert werden. Aus einer militärischen Beratergruppe wird sich schrittweise ein »Vorläufiges Verteidigungsministerium« entwickeln. Von dem politischen Geschick seiner Repräsentanten wird es abhängen, daß die für den Aufbau der neuen Armee unaufschiebbaren Entscheidungen mit den sich herauskristallisierenden parteipolitischen Repräsentanten abgestimmt werden. Nur auf diese Weise können Lösungen gefunden werden, die später auch Zustimmung durch die frei gewählte gesamtdeutsche Volksvertretung erfahren. Nichts anderes kann Bestand haben.

Die notwendige Zusammenarbeit dieser Vorläufer-Institution eines künftigen gesamtdeutschen Verteidigungsministeriums mit den Bonner Regierungsstellen und das Einbeziehen qualifizierter Vertreter der Bundeswehr in diesen Prozeß der Vorbereitungen wird keine Schwierigkeiten bereiten. Um so problematischer wird die Beteiligung der DDR-Regierung und der NVA sein. Wir dürfen davon ausgehen, daß sich mit der Zustimmung der Sowjetunion zur Wiedervereinigung ein schneller Wandel in der Politik der DDR-Regierung vollzieht, aber auch in der personellen Besetzung. Natürlich ist es in erster Linie Sache der in den Gesamtdeutschen Rat gewählten Vertreter aus der DDR, über die Qualifikation von Repräsentanten der NVA hinsichtlich deren Mitarbeit bei der Vorbereitung der neuen Armee zu entscheiden. Mit fortschreitender Demokratisierung der DDR wird diese Aufgabe immer leichter werden.

Damit berühren wir das Problem der Rolle der NVA im Rahmen einer gesamtdeutschen Armee. Rufen wir uns zuvor in Erinnerung, daß es darum geht, eine neue Armee aufzubauen. Das Ziel ist nicht etwa eine Erweiterung der Bundeswehr durch die NVA, schon gar nicht die einer Verschmelzung. Wie anders aber sollte diese neue Streitmacht entstehen, wenn nicht aus Soldaten beider deutschen Armeen? Rein theoretisch wäre es natürlich denkbar, wieder einmal die so oft beschworene »Gnade des Nullpunktes« zu nutzen, Bundeswehr und NVA zu demobilisieren und jeden benötigten Soldaten einzeln zu rekrutieren, um dann schrittweise – von unten nach oben aufbauend – eine neue Armee entstehen zu lassen. Diese Gnade wird uns auch diesmal verwehrt sein, wenn es denn überhaupt eine wäre. Allein schon der Zeitdruck verbietet eine solche Lösung. Überdies wäre sie eine Vergeudung vorhandener Kapazitäten. Das sind nun einmal die existierenden militärischen Verbände und Institutionen. Da begegnen wir dem alten Grundsatz, der so wenig beachtet wird: Streitkräfte sind mehr als die Summe von Soldaten und Waffen. Die Formierung der neuen Armee wird also erfordern, auch Verbände und Einrichtungen zu übernehmen, soweit diese dem Bedarf der gesamtdeutschen Armee entsprechen. Mit anderen Worten: Panzer-, Grenadier- und Panzerartilleriebataillone, Heeresfliegerregimenter und Krankenhäuser werden benötigt, aber keine Raketen-Einheiten und Mammut-Kommandobehörden.

Vor einem ähnlichen Problem stand auch die Bundeswehr am Beginn ihrer Aufstellung. Die Planer des Bonner Verteidigungsministeriums liebäugelten mit der »Gnade des Nullpunktes«. Die politische Führung aber wollte und mußte der NATO so schnell wie nur möglich Divisionen vorzeigen. Das war nur möglich, indem man kraft Gesetzes den seitens der Bundeswehrführung ungeliebten Bundesgrenzschutz in die Bundeswehr überführte, und zwar in geschlossenen Verbänden.[29] Gleichwohl traf man gesetzliche Vorkehrungen, die es sowohl dem einzelnen Grenzschutzbeamten ermöglichten, gegen seine Überführung in die Bundeswehr zu optieren, als auch dem Verteidigungsminister das Recht zugestanden, die Übernahme von einzelnen Grenzschutzbeamten abzulehnen. Daß darüber hinaus auch alle höheren Grenzschutzoffiziere, die zur Übernahme als Oberst oder General vorgesehen waren, durch den sogenannten Personalgutachter-Ausschuß überprüft wurden, mag ein hilfreicher Hinweis für die Besetzung der Spitzenstellen der neuen Armee sein. Insbesondere das Problem der Auswahl höherer Offiziere der NVA kann auf diese Weise unter Wahrung rechtsstaatlicher Grundsätze, aber auch unter Beachtung politischer Zweckmäßigkeit gelöst werden.

Im Rahmen dieses Buches kann es nur darum gehen, die mit der Aufstellung gesamtdeutscher Streitkräfte voraussehbaren Probleme aufzuzeigen und Lösungsmöglichkeiten zu skizzieren. Mancher Leser mag aufgrund der Fülle dieser Probleme eher skeptisch gestimmt worden sein. Jedoch möge er bedenken, daß die voraussehbaren Schwierigkeiten im Falle einer europäischen Integration ungleich größer wären. Sie werden nur verdrängt oder verschwiegen. Wie wollten wir gar einen europäischen Bundesstaat schaffen, wenn wir schon vor der Wiedervereinigung unseres Vaterlandes zurückschrecken? Vor den Problemen, die sich bei der Wiederherstellung der deutschen Einheit stellen, brauchen wir nicht zu kapitulieren – und wir dürfen es auch nicht.

Wenn die Stunde der Wiedervereinigung kommt – und damit die Forderung nach einer gesamtdeutschen Streitmacht – dann eröffnet sich uns die historische Chance, diese neue Armee zur besten zu machen, die es je in Friedenszeiten gab. Wenn nur ihre Schöpfer die Lehren ziehen – aus den Irrwegen, aus den Höhen und Tiefen deutscher Militärgeschichte![30] Worauf es allein ankommt, ist, diese Armee und ihre Soldaten für die große Aufgabe zu begeistern, die ihnen gestellt ist: Recht und Freiheit des wiedervereinigten deutschen Volkes zu schützen und zu verteidigen. Getragen vom Vertrauen der ganzen Nation wird sie zu einer wirklichen Armee des Volkes werden. Die vielfachen Bindungen ihrer führenden Soldaten nach Ost und West werden es ihr ermöglichen, auch zwischen den Militärs manche Brücke zu schlagen. Dazu stellt sich die neue Herausforderung, Kontakte zu den neutralen Staaten aufzubauen und zu pflegen, damit Mitteleuropa zum Kern der europäischen Friedensordnung wird.[31]

3. Exkurs:
Die europäische Friedensordnung

Europäische Friedensordnung – ein Zauberwort? Mit seiner Hilfe versuchen die meisten unserer Politiker der so unbequemen Frage zu entrinnen: Wie soll es weitergehen mit dem Status quo der militärischen Konfrontation und der deutschen Teilung? Da wird dann die europäische Friedensordnung mit einem Pathos beschworen, als könnte sie uns den ewigen Frieden bescheren. Bloß nicht auf die deutsche Wiedervereinigung zu sprechen kommen! Deshalb ist immer häufiger von der »Teilung Europas« die Rede, die es zu überwinden gelte. Als wäre das vor Jalta eine Einheit gewesen.

Wie diese europäische Friedensordnung aussehen soll und wie wir dorthin gelangen können, darüber schweigen sich die Politiker aus. Mitunter gewinnt man den Eindruck, daß sie darüber noch gar nicht nachgedacht haben. Man fragt sie nicht danach – und sie sind froh, nicht gefragt zu werden.

Wann und wo immer sich doch einer dazu äußert, bleibt er zumeist weit hinter dem zurück, was die offizielle Politik der Bundesregierung ist. Nämlich die im »Brief zur deutschen Einheit« verankerte Formel, »auf einen Zustand des Friedens in Europa hinzuwirken, in dem das deutsche Volk in freier Selbstbestimmung seine Einheit wiedererlangt«. Die dafür von Amts wegen zuständige Frau Wilms aber sagt: »Die europäische Friedensordnung, die wir auch um unseres nationalen Schicksals willen anstreben, ist die eines Europas von Völkern, die sich mindestens im Sinne – nicht notwendig in der Form – der Europäischen Gemeinschaft einig sind. Das heißt, daß kein wichtiges nationales Problem mehr gegen die gemeinsamen Interessen gelöst werden kann.«[32] Also auch nicht das Selbstbestimmungsrecht der Deutschen? Daß wir es nicht gegen die vier Siegermächte durchsetzen können, solange sich diese in zwei militärischen Blöcken gegenüberstehen, das ist uns seit vier Jahrzehnten geläufig. Deshalb müssen wir ja bestrebt sein, den Status quo zu überwinden. Aber was sollen wir in der europäischen Friedensordnung der Frau Wilms, in der selbst die Schicksalsfrage der Nation einem ominösen »gemeinsamen Interesse« untergeordnet wird? Und das völlig unnötigerweise.

Rupert Scholz hat in seinem Buch derartige Ausweichmanöver mit großer Überzeugungskraft zurückgewiesen. Schreibt er doch, die Berufung auf die europäische Dimension der deutschen Teilung sei nicht geeignet, »das Selbstbestimmungsrecht der Deutschen gleichsam unter supranationalen Ausübungsvorbehalt zu stellen«.[33]

In seiner Rede vor der Militärakademie der sowjetischen gepanzerten Truppen am 25. November 1988 hat derselbe Politiker leider einen anderen Schwerpunkt gesetzt. Wenn auch von einem Verteidigungsminister nicht erwartet werden darf, daß er bei dieser Gelegenheit das Selbstbestimmungsrecht der Deutschen in den Vordergrund stellt, so brauchte und durfte er nicht die Westbindung betonen. Statt es damit bewenden zu lassen, daß der Bundesrepublik angesichts der sowjetischen Bedrohung gar keine andere Wahl blieb, sagte Scholz: »Doch

unabhängig von dieser historischen Ursache der Nachkriegszeit, die auch in den derzeitigen sowjetischen Streitkräften
noch fortwirkt, hat die Bundesrepublik sich für die westliche
Gemeinschaft entschieden.« Gleichwohl beschloß er seine
Rede damit, als Endziel unserer Politik eine »gerechte, umfassende und die Teilung unseres Kontinents überwindende Friedensordnung in Europa« herauszustellen. Wie soll die angesichts der zuvor erwähnten Prämissen aussehen, wie soll sie da
noch zustande kommen?[34]

Carl-Friedrich von Weizsäcker, der Philosoph und Friedensforscher, hat uns da hilfreichere Hinweise geliefert. Nach seiner
Auffassung kann die europäische Friedensordnung »nicht iso-
liert europäisch entworfen und durchgesetzt werden«, und sie
ist abhängig von »bestimmten militärpolitischen Entscheidungen«. Mit einer sich von den euphorischen Bekenntnissen der
Politiker wohltuend abhebenden Nüchternheit bekennt er
»etwas resigniert – ich spreche überhaupt nicht von einer großen Versöhnung«.[35]

Gleichwohl müssen wir uns mit dem Problem der Versöhnung auseinandersetzen, wenn wir die europäische Friedensordnung schaffen wollen. Aus den wenigen konkreten Vorstellungen über eine europäische Friedensordnung ragt eine
Untersuchung der Friedrich-Ebert-Stiftung heraus. Darin wird
zunächst einmal selbstbewußt verkündet: »Die Ziele und Elemente einer europäischen Friedensordnung liegen auf der
Hand.« Dann aber begnügt man sich mit der Feststellung: »Die
Gewichte zwischen den Staaten Europas müßten so verteilt
werden, daß militärisch und politisch ein ausgeglichenes Verhältnis entsteht, und die Spannungen, die jetzt noch bestehen,
beseitigt werden. In den Beziehungen zwischen Europa und
den Weltmächten müßten Sicherungen eingebaut werden, die
verhindern, daß Konflikte irgendwo in der Welt auf Europa
übergreifen.« Von der deutschen Teilung ist da keine Rede,
von einem Wiederherstellen der deutschen Einheit schon gar
nicht. Vier Modelle werden präsentiert. Doch selbst bei dem
Modell, das allein den im »Brief zur deutschen Einheit« enthaltenen Kriterien nahekommt, dem sogenannten »Harmel-Mo-
dell«, sucht man vergebens nach der deutschen Einheit.[36]

Ganz entfernt von diesem Ziel hat sich das von Dieter S. Lutz entwickelte Modell einer »Neuen Europäischen Friedensordnung« (NEFO). Diese zielt zwar auf eine »stufenweise Auflösung der Blöcke« ab und fordert »Vorleistungen« der Bundesrepublik, nicht aber das Überwinden der deutschen Teilung.[36] Die wohl konkreteste Vorstellung über eine europäische Friedensordnung hat Bernard Willms zusammen mit Paul Kleinewefers in ihrer Untersuchung zur Frage Mitteleuropas entwickelt.[37] Da wird die Idee einer Zentraleuropäischen Föderation, bestehend aus den vier Kernstaaten Bundesrepublik, DDR, Österreich und Tschechoslowakei aus der Taufe gehoben.

Auch Willms geht es um die Überwindung der deutschen und europäischen Teilung.[38] Aber wohl mehr um die europäische. Deshalb konzentriert sich seine Untersuchung auf Probleme jenseits (oder sollte man besser sagen: oberhalb?) der deutschen Frage. Man muß Willms zustimmen, daß »Neutralität« allein keine Lösung ist.[39] Auch in diesem Buch wird – wie mehrfach betont – nicht für »Neutralität« gestritten, sondern für die Bereitschaft, sich die Grundbedingungen einer europäischen Friedensordnung bewußt zu machen.

Willms sieht die Lösung in einem mitteleuropäischen Staatsgebilde, das nicht eine dritte Supermacht zwischen Ost und West werden soll, jedoch größer und handlungsfähiger als ein abgeschlossener Nationalstaat. Betont er doch, daß es ihm nicht um ein Zurück zum Nationalstaat »Bismarckscher Prägung« geht. Um die deutsche Einheit geht es ihm gleichwohl.

Größer als ein deutscher Nationalstaat wäre seine Zentraleuropäische Föderation schon. Wäre sie auch handlungsfähiger? Sicher nicht. Hier sieht sich Willms mit dem Problem des militärischen Status seines Wunschgebildes konfrontiert. Zwar räumt er ein, daß dieses keine Atommacht sein könne.[40] Doch er weist keinen Weg, wie der somit bedingten Gefahr einer atomaren Erpressung zu begegnen wäre. Die Einbindung der Supermächte in die europäische Friedensordnung, indem man sie gleichermaßen zu Kontrolleuren erhebt und zu Garanten verpflichtet, scheint ihm zu widerstreben. Ihm schwebt ein »dritter Weg« vor, und dazu will er ein unabhängiges Mitteleuropa.

Mag ein dritter Weg für dieses Mitteleuropa offen sein, ganz unabhängig von den Supermächten kann es ohne Atomwaffen nicht sein. Um aber Atommacht zu werden, dazu fehlt ihm – wenigstens anfangs – die politische Autorität. Kann es doch nicht mehr sein als der Versuch des behutsamen Zusammenwachsens von Nationalstaaten zu einer Föderation.

Folglich beschränkt sich der Willmssche Lösungsvorschlag in der Frage des militärischen Status auf konventionelle Streitkräfte. Leider begnügt Willms sich damit, die Mannschaftsstärken der vier Mitgliedstaaten zu addieren und gelangt zu rund einer Million Soldaten. Der eigentlichen Problematik entzieht Willms sich, indem er schreibt: »Es kann hier natürlich nicht präjudiziert werden, wie die jetzt noch in feindlichen Lagern stehenden Armeen dieser vier Länder auf eine gemeinsame Aufgabe umgestellt werden können, noch wie eine gemeinsame organisierte Verteidigung schließlich aussehen wird.«[42] Darauf aber kommt es an, wenn man die Zustimmung nicht nur der vier Mitgliedstaaten, sondern die von Ost und West zu einer solchen mitteleuropäischen Friedensordnung erlangen will. Und ohne deren Zustimmung läuft nichts! Mehr noch, je stärker Willms darauf abzielt, an die Stelle der vier Mitgliedstaaten andere Gebilde zu Elementen der Föderation zu machen, nämlich Länder, Regionen oder Bezirke, um so mehr stellt sich die Frage, welcher Instanz die Wehrhoheit zugeordnet wird. Auch hier wird erst nach einer längeren Übergangszeit die Zuständigkeit der Nationalstaaten aufzuheben sein. So man das überhaupt will.

Bei anderen Fragen dieser Föderation geht Willms sehr wohl ins Detail. So von der Verfassung und der Wirtschaftsordnung bis hin zu gleich drei Hauptstädten: Prag, Wien und Berlin (wie es dem Untertitel seines Buches entspricht).[43] Aber auch hier verkennt er wohl die Praxis der Regierungsarbeit, wenn er zum Beipiel meint, den Präsidenten der Föderation (und damit ja wohl auch die ausländischen Vertretungen) vom Sitz der Regierung trennen zu können. Das Wirtschafts- und Finanzressort will er gar in einer dritten Hauptstadt (Berlin) ansiedeln. Nein, so kann man nicht regieren! Warum dann nicht gleich Prag zur alleinigen Hauptstadt machen? Dafür spricht nicht nur seine zentrale Lage, sondern noch vielmehr das Gebot, dem kleineren Partner Tschechoslowakei jedes Gefühl einer deutschen Vorherrschaft zu nehmen.

Doch die schärfste Kritik gegen das Konzept von Willms und Kleinewefers muß sich dagegen richten, daß sie nicht vom Recht auf Selbstbestimmung ausgehen. Zumindest steht dies bei ihnen nicht am Anfang des Prozesses, da sich Bundesrepublik, DDR, Österreich und CSSR zu dieser Föderation zusammenschließen sollen. Wie sollte das möglich sein – ohne Zustimmung der Menschen in diesen Staaten? Und diese Staaten werden zunächst fortbestehen. Daran ändert auch die Vision nichts, daß in der weiteren Entwicklung »nicht die bestehenden Staaten... die Elemente Mitteleuropas bilden, sondern die bestehenden oder neu zu organisierenden Länder, Regionen oder Bezirke«.[44]

Wie könnte der von der SED begründete und geprägte Staat »DDR« weiterbestehen, wenn – wie Willms voraussetzt – die sowjetischen Truppen abgezogen sind? Das wäre doch nur möglich, würden sich die Deutschen in der DDR in freier Entscheidung für den Verbleib in einem eigenen Staatswesen aussprechen. Daß es sich bei der Zentraleuropäischen Föderation um ein demokratisches Staatswesen handelt, daran läßt Willms keinen Zweifel aufkommen.

Die von Willms mehrfach erwähnten »Übergangsregelungen«, die auch in diesem Buch als notwendig und zulässig anerkannt werden, dürfen aber keineswegs einer Auffassung Vorschub leisten, die Menschen in der DDR und in der CSSR seien dazu verdammt, in der ihnen bisher aufgezwungenen staatlichen Ordnung wie in einer »gottgewollten« fortzuleben.

Das gleiche gilt für die Gedanken hinsichtlich einer Wirtschaftsordnung dieser Föderation. Zuzustimmen ist, daß auch wirtschaftlich nicht etwa ein »Anschluß« praktiziert werden kann – weder an das marktwirtschaftliche System des Westens, schon gar nicht an das »sozialistische« des Ostens. Es soll und wird so etwas entstehen wie ein »dritter Weg«. Aber nicht durch Verordnung von oben, sondern durch freie Entscheidung der Menschen. Dazu müssen die verantwortlichen Politiker (oder die Vordenker à la Willms und Kleinewefers) ein Konzept entwerfen und sodann die Wähler davon überzeugen. Und die allein werden entscheiden.

Diese Kritik ändert nichts an der grundsätzlichen Anerkennung dieser Arbeit: Hier wurde endlich einmal über den Status quo hinausgedacht. Und nicht von irgend jemandem, sondern von zwei angesehenen Persönlichkeiten. Auch kommt ihnen das Verdienst zu, Mitteleuropa wieder dahin gerückt zu haben, wo es hingehört: in die Mitte. Vor allem aber wird in diesem Konzept endlich einmal aufgezeigt, worum unsere Politiker nur herumreden: die Einordnung der deutschen Frage in den (mittel-)europäischen Zusammenhang.

Etwas Licht in das Dunkel der Rolle Mitteleuropas in einer künftigen europäischen Friedensordnung hat auch Jochen Löser in Zusammenarbeit mit Ulrike Schilling gebracht.[45] Bezogen auf unser Thema sind deren Vorschläge allerdings von geringem Nutzen, denn sie zielen nicht auf die Wiedervereinigung Deutschlands ab. Für Löser und Schilling ist Neutralität das Ziel. Dagegen geht es in diesem Buch um die deutsche Einheit. Neutralität ist dabei nur Mittel zum Zweck.

Wie so oft bestechen auch in diesem Falle erfahrene Journalisten durch ihren Blick für das Wesentliche und mit der Klarheit ihrer Sprache. Schon vor ein paar Jahren hat Günter Zehm geschrieben: »Europäische Friedensordnung heißt indessen etwas ganz anderes. Sie ist nicht abhängig vom Organisationsgrad der supranationalen Organisationen in Westeuropa. ...Eine wirkliche europäische Friedensordnung kann sich erst bilden, wenn den Völkern Ost-Mitteleuropas und damit auch dem ganzen deutschen Volk das Recht auf Selbstbestimmung gewährt wird.«[46]

Der hier unterbreitete Lösungsvorschlag zur Wiedervereinigung hat eine europäische Friedensordnung zur Voraussetzung, wie sie im »Brief zur deutschen Einheit« fixiert ist. Da die verantwortlichen Politiker konkrete Vorstellungen über die Gestaltung dieser Friedensordnung vermissen lassen, müssen wir versuchen, diese Lücke zu schließen.

Da gibt es zunächst einmal die zehn Prinzipien, die in der KSZE-Schlußakte von Helsinki niedergelegt sind:
– Souveräne Gleichheit

- Gewaltverzicht
- Unverletzlichkeit der Grenzen
- Territoriale Integrität der Staaten
- Friedliche Regelung von Streitfällen
- Nichteinmischung in innere Angelegenheiten
- Achtung der Menschenrechte und Grundfreiheiten
- Gleichberechtigung und Selbstbestimmungsrecht der Völker
- Zusammenarbeit zwischen den Staaten
- Erfüllung völkerrechtlicher Verpflichtungen

Diese Prinzipien beinhalten mehr als nur Gewaltverzicht, mehr als nur Frieden im Sinne der Abwesenheit von Krieg. Würde man sich nämlich mit Gewaltverzicht begnügen, so bestünde gar keine Veranlassung, weiterhin nach einer europäischen Friedensordnung zu streben. Denn eine solche haben wir bereits in Gestalt des Status quo. Die Supermächte und ihre Militärblöcke bewirken Frieden in Europa. Garantieren sie ihn auch? Ja, allerdings mit drei Einschränkungen.

Erstens: Die Prinzipien jenseits von Gewaltverzicht, insbesondere die Menschenrechte und das Selbstbestimmungsrecht, bleiben vielen verwehrt.

Zweitens: Diese »Friedensordnung« bedingt die Fortdauer der militärischen Konfrontation der Supermächte und ihrer Blöcke. Sie ist deshalb unvermeidbar mit Rüstungswettlauf und Kriegsgefahr verbunden.

Drittens: Deutschland bleibt gespalten.

Deshalb ist die erklärte Politik der Bundesregierung nicht nur auf eine europäische Friedensordnung schlechthin gerichtet, in der die in der KSZE-Schlußakte genannten Prinzipien verwirklicht werden, sondern auf eine solche, »in welcher das deutsche Volk in freier Selbstbestimmung seine Einheit findet«.

Auch die Sowjetunion drängt auf eine europäische Friedensordnung. Aber nicht, um die deutsche Wiedervereinigung zu ermöglichen; schon gar nicht um der zehn Prinzipien willen. Dazu brauchte sie keine derartige Friedensordnung. Vielmehr ist sie darauf bedacht, die militärische Konfrontation mit den USA zu beenden und die damit verbundene Kriegsgefahr zu reduzieren. Für die Sowjets ist Krieg kein Mittel der Politik mehr. Sie haben wirksamere Mittel entdeckt. Dazu gehört in erster Linie eine im Westen überzeugend wirkende »Friedenspolitik«. Was die Sowjetunion als militärische Bedrohung durch den Westen empfindet, läßt sich viel leichter durch unentwegte Bekundung ihres Friedenswillens, insbesondere durch gezielte Abrüstungsinitiativen, ausräumen denn durch eigene Rüstungsanstrengungen. Wie einfach ist es doch, den Westen zu beschwichtigen und einzuschläfern.

Eines der wichtigsten Zwischenziele der Sowjets ist das Zurückdrängen des Engagements der USA in Europa. Ihre sehnlichste Hoffnung, die USA ganz aus Europa zu verbannen, ist allerdings in weite Ferne gerückt. Mit dem Einbeziehen der USA in die KSZE mußten auch die Sowjets ein Mitspracherecht der westlichen Supermacht in europäischen Angelegenheiten anerkennen. Diesem Anspruch konnten sie sich nicht widersetzen, so wenig er ihnen in den Kram paßte. Zwei Gründe stehen für dieses Engagement der USA in Europa. Einmal ihr entscheidender Anteil am Sieg der Alliierten im Zweiten Weltkrieg. Zum anderen in dem Rückhalt, den die westeuropäischen Staaten gegenüber der sowjetischen Macht suchen und den sie angesichts ihrer selbstverschuldeten Ohnmacht allein bei den USA finden.

Eine wie auch immer gestaltete europäische Friedensordnung wird also wesentlich von den beiden Supermächten bestimmt sein. Gleichwohl bedingt sie ex definitione ein, wenn auch begrenztes und schrittweises Disengagement zugunsten einer Stärkung der europäischen Komponente. Damit ist eine Auflockerung der Blöcke verbunden, (noch) lange nicht deren Auflösung.

Aber was tritt an die Stelle der bisherigen Konfrontation? Was entsteht da in der Mitte Europas? Kann doch kein Zweifel bestehen, daß dieser Prozeß in der Mitte Europas, genauer in der Mitte Deutschlands, beginnen muß – wo denn sonst? Diese Binsenwahrheit übersehen deutsche Politiker in ihren Festreden zum Thema europäische Friedensordnung mit Bedacht. Denn da stellt sich unvermeidbar die Frage der deutschen Wiedervereinigung. Und die wollen sie doch »erst in weiter Ferne«, jetzt nicht und so nicht! Darüber soll doch die Geschichte entscheiden! Aber bitte nicht so bald! – Wir kennen die Ausreden. Wer aber die deutsche Einheit will, für den eröffnet sich hier eine große Chance, vielleicht die einzige.

Die Wiedervereinigung Deutschlands als erste Stufe zu einer europäischen Friedensordnung ist eben mehr als die von den meisten Deutschen immer noch ersehnte Einheit in Freiheit. Sie ist zugleich ein Testfall für die angestrebte Erweiterung dieser Friedensordnung über Deutschland hinaus. Das Urteil über Erfolg oder Mißerfolg der ersten Phase dieses Prozesses kann sich auf die Antworten zu den folgenden vier Fragen gründen:

1. Bezogen auf das wiedervereinigte Deutschland:
   Kann sich ein gesamtdeutscher Staat mit einer freiheitlichen Ordnung zwischen den zunächst noch fortbestehenden antagonistischen Blöcken behaupten? Werden die Sowjets die Entscheidung der Deutschen respektieren und sich einer Einmischung in innere Angelegenheiten der Deutschen Republik enthalten?

2. Bezogen auf den Westen:
   Bringt das westliche Bündnis die Kraft auf, sich ohne den aus seiner militärischen Organisation herausgelösten westdeutschen Teilstaat neu zu formieren? Wird der Westen auch in dieser Atmosphäre der Entspannung seinen Willen und seine Fähigkeit zur Verteidigung bewahren?

3. Bezogen auf die Sowjets:
   Gelingt es der Sowjetunion, trotz der Preisgabe ihrer Herrschaft über Mitteldeutschland, den Zusammenhalt ihrer sozialistischen Staatengemeinschaft zu wahren?
   Wird sie von der Wirtschaftskraft des wiedervereinigten Deutschlands in der von ihr erhofften Weise profitieren?

4. Bezogen auf alle beteiligten Mächte:
   Ist es gelungen, eine Atmosphäre gegenseitigen Vertrauens und erhöhter Sicherheit zu schaffen?

Je positiver die Entwicklung im Sinne der letzten Frage verläuft, um so größer wird allerdings die Gefahr sein, daß der Westen in seinen Anstrengungen und in seiner Wachsamkeit nachläßt. Um so eher aber werden die Sowjets bereit sein »nachzulegen«, über eine Erweiterung der europäischen Friedensordnung mit sich reden zu lassen. Möglicherweise werden sie sogar darauf drängen. Mit dem ihnen angemessen erscheinenden propagandistischen Aufwand versteht sich. Denn das Streben der Sowjets muß darauf gerichtet sein, den Westen von ihrer Friedfertigkeit zu überzeugen. Und da haben sie einiges zu bieten.

Was könnten sie in eine Erweiterung der Friedensordnung einbringen? Zuerst die Tschechoslowakei, dann Polen. Letzteres ist für sie strategisch von größerer Bedeutung.

Und der Westen? Der hätte wenig zu bieten. Allenfalls die BENELUX-Länder, möglicherweise auch Dänemark. Dieser Blick in die Zukunft ist sicher so weit gerichtet, daß er schon den Boden der Realität verläßt. Aber er sollte gewagt werden, um zweierlei zu verdeutlichen: Eine europäische Friedensordnung kann nur schrittweise verwirklicht werden. Da diese Schritte von der Mitte aus beginnen müssen, stellt sich zunächst das Problem der Mitte, genauer: das Phänomen Mitteleuropa.

Allein schon der Begriff versetzt manchen unserer Politiker in Unruhe. Wittern sie doch dahinter Verrat, zumindest aber Abkehr von der heiliggesprochenen Bindung an Westeuropa. Manche ließen selbst Europa lieber zweigeteilt als seiner Mitte zu erlauben, aus dem Schatten der Vergangenheit herauszutreten. Michael Stürmer, engagierter Verfechter bedingungsloser Westbindung der Bundesrepublik, überschrieb denn auch einen seiner Leitartikel in der FAZ: »Gibt es Mitteleuropa?«, um sogleich seine Antwort hinzuzufügen: »seit 50 Jahren ein Leertitel im Seelenhaushalt seiner Bewohner«.[47] Aber damit kann er die Mitte Europas nicht verschwinden lassen. Zwar ist sie geteilt, gleichwohl bleibt sie Mitte. Man kann sie nicht zum »Instrument einer zweiten Phase der Entspannungspolitik« reduzieren, wie Peter Glotz es auf einem Bonner SPD-Forum vorschlug.[48]

Wer sich mit der politischen Rolle Mitteleuropas befaßt, der kommt nicht an Friedrich Naumann, dem großen deutschen Sozialliberalen, vorbei. Mitten im Ersten Weltkrieg schrieb er das grundlegende Werk über Mitteleuropa. »Absichtlich«, wie er bekennt, »denn nur im Krieg sind die Gemüter bereit, große umgestaltende Gedanken in sich aufzunehmen.«[49] Als Kern

Mitteleuropas sah Naumann das Deutsche Reich und Österreich-Ungarn. Wie zutreffend hat er diese Staaten charakterisiert, indem er ersteres als »nördlicher, kälter, einförmiger« beschreibt, letzteres dagegen als »südlicher, bunter, naturwüchsiger, romantischer«.[48] Bedenken wir, daß dieser Kern heute aus mindestens sechs Staaten besteht, nämlich: Bundesrepublik, DDR, Polen, Österreich, Tschechoslowakei und Ungarn. So leidenschaftlich Naumann auch eine mitteleuropäische Konföderation verfocht, er hatte nicht die Illusion eines Bundesstaates. Ihm war klar, daß keiner dieser Staaten bereit wäre, seine Souveränität aufzugeben.[49] Dieses ernüchternde Urteil dürfte auch für die künftige Mitte einer europäischen Friedensordnung zutreffen. Das sollten sich vor allem jene Politiker bewußt machen, die der Illusion eines Europa nachhängen, in der Grenzen keine Bedeutung mehr hätten.

»Man muß wissen, was Mitteleuropa nicht sein kann, um zu prüfen, was es vielleicht sein könnte.«[50] Zumindest das sollte man tun. Dagegen macht Bundeskanzler Kohl geltend: »Wir wenden uns gegen jene modischen Gedankenexperimente um eine Sonderstellung Mitteleuropas.«[51] Natürlich könnte man die ganze europäische Friedensordnung auch als eine »Sonderstellung« zwischen Ost und West bezeichnen. Denn niemand wird doch wohl so weit gehen, die Sowjetunion einzuschließen. Das müßte ja – nach dem Vorbild der KSZE – dazu führen, daß schließlich auch die USA in die europäische Friedensordnung einbezogen würden, die dann keine »europäische« mehr sein könnte. Unsere Politiker mögen sich drehen und wenden: Die europäische Friedensordnung wird eine mitteleuropäische sein – oder es bleibt bei der Unverbindlichkeit der gegenwärtigen KSZE-Ordnung.

Mit Sicherheit wird die europäische Friedensordnung keine supranationale Organisation sein. Um so mehr ist ein geregeltes Neben- und Miteinander der fortbestehenden nationalen Staatengebilde vonnöten. Mögen manche Politiker und Publizisten noch so bizarren Europa-Träumen nachhängen, die europäische Friedensordnung wird unter dem Patronat der Supermächte stehen.

Wenn wir eine europäische Friedensordnung wollen – und

das ist unabdingbare Voraussetzung für die Wiedervereinigung – dann müssen wir uns auch auf Mitteleuropa besinnen. Nach der an Selbstaufgabe grenzenden Westbindung, die wir seit über vier Jahrzehnten blindlings verherrlichen, müssen wir uns wieder bewußt werden, daß es auch Ost-Mitteleuropa gibt. Denn die Mitte liegt ostwärts.[54]

Die Kernfrage einer europäischen Friedensordnung ist ihr militärischer Status und dessen Kontrolle. Dieses Problem wird um so schwieriger zu lösen sein, je weiter diese »Friedenszone« – wie Löser sie bezeichnet – ausgedehnt wird. In der ersten Phase des Auseinanderrückens der Blöcke, das auf Deutschland begrenzt ist, läßt sich das Problem noch verhältnismäßig leicht bewältigen. Die vorgeschlagene Lösung ist im Exkurs über den militärischen Status erläutert worden. Sie muß sinngemäß auf alle Staaten ausgedehnt werden, die im Zuge der Erweiterung der europäischen Friedensordnung aus den Militärblöcken ausscheren. In jedem einzelnen Fall wäre der künftige Umfang ihrer Streitkräfte auf das für die Grenzsicherung notwendige Maß zu begrenzen. Daß dieses ein Verbot von ABC-Waffen einschließt, versteht sich von selbst. Die nukleare Garantie könnte nur von den Supermächten gewährt werden, die ohnehin das letzte Wort bei der Gestaltung dieser Friedensordnung sprechen.

Mit diesen Gedanken zu einer europäischen Friedensordnung ist der durch das gewählte Thema vorgegebene Rahmen bewußt ausgedehnt worden. Es kam darauf an, auf diese Weise Perspektiven für eine weitere Entwicklung dieser Friedensordnung nach Wiederherstellung der deutschen Einheit aufzuzeigen.

Denn: Es wird keine europäische Friedensordnung geben, wenn nicht zuvor die deutsche Teilung überwunden wird. Aber die deutsche Einheit können wir nur im Rahmen einer europäischen Friedensordnung wiedererlangen.

Acht Thesen zur deutschen Einheit

1. Die Wiedervereinigung Deutschlands ist unverrückbares Ziel: für die Deutschen um der Freiheit willen, für die Supermächte und Europa um des Friedens willen.
2. Die Überwindung der Teilung erfordert den Willen der Deutschen und die Zustimmung von Ost und West.
   Um die staatliche Einheit Deutschlands wiederherzustellen, bedarf es einer Lösung, die nur im Einvernehmen mit den vier für Deutschland als Ganzes zuständigen Siegermächten des Zweiten Weltkrieges zu verwirklichen ist.
3. Im Interesse von Ost und West liegt es, die militärische Konfrontation in Mitteleuropa zu beenden, um die damit verbundene Kriegsgefahr zu reduzieren. Das erfordert ein Auseinanderrücken der Blöcke. Damit muß dort begonnen werden, wo diese Blöcke aufeinanderprallen: mitten in Deutschland.
4. Wenn auch Krieg kein Mittel der Politik mehr ist, Macht bleibt es. Deshalb werden die Supermächte nur einer solchen Lösung zustimmen, die keine Veränderung des Kräfteverhältnisses zwischen ihnen bewirkt. Die Grundvoraussetzung für ihre Zustimmung zur Wiedervereinigung Deutschlands wird deshalb sein, daß dessen militärisches Potential keiner der beiden Seiten zugute kommt. Aber es darf auch kein militärisches Vakuum im Herzen Europas entstehen.
5. Das erfordert ein sicherheitspolitisches Konzept, das den militärischen Status des gesamtdeutschen Staates definiert und überzeugende Lösungen für dessen Kontrolle und Garantie beinhaltet. Es muß eine europäische Friedensordnung ermöglichen.
6. Die europäische Friedensordnung ist nur in einem längerwährenden Prozeß zu verwirklichen. Aber auch die Wiedervereinigung Deutschlands gebietet eine evolutionäre Ent-

wicklung. Dazu ist ein sorgfältig abgestimmter Stufenplan erforderlich. Nur auf diese Weise können die grundverschiedenen Gesellschafts- und Wirtschaftssysteme der beiden Teilstaaten zu einer gemeinsamen Ordnung zusammengeführt und der Gesamtstaat in die angestrebte europäische Friedensordnung eingefügt werden.

7. Unverzichtbar ist, daß am Anfang dieses Prozesses eine freie Willensentscheidung des deutschen Volkes steht. Erst am Ende dieser Entwicklung kann und muß der Abschluß eines Friedensvertrages mit den Siegermächten des Zweiten Weltkrieges erfolgen.

8. Leitlinie für diese Lösung, die sich in den Bestimmungen des Friedensvertrages widerspiegeln wird, muß sein: Das wiedervereinigte Deutschland ist frei in der Gestaltung seiner inneren Ordnung. Außenpolitisch dagegen wird es in die europäische Friedensordnung eingebunden.

Anmerkungen

Teil 1: Das Ziel

1. Dietrich Murswiek, Wiedervereinigung Deutschlands und Europäische Integration, in: Europäische Aspekte der deutschen Frage, hrsg. von Dieter Blumenwitz, Bonn 1985, S.28.
2. Carl von Clausewitz, Vom Kriege, Berlin 1912, S. 69.
3. André Beaufre, Abschreckung und Strategie, Berlin 1964, S. 7f.
4. Clausewitz, a.a.O., Einführung I.
5. Ebd., S. 555.
6. Ebd., S. 149.
7. W. I. Lenin, Clausewitz Werk vom Kriege, Auszüge und Randglossen, Berlin (Ost) 1957.
8. Josef Stalin, Fragen des Leninismus, Moskau 1947, S. 72 ff.
9. Erst kürzlich ist ein griechischer Privatgelehrter, Panajotis Kondylis, mit einer bemerkenswerten Analyse über die »Theorie des Krieges bei Clausewitz – Marx – Engels – Lenin«, Stuttgart 1988, an die Öffentlichkeit getreten.
10. Günter Blumentritt, Strategie und Taktik, Konstanz 1960, S. 9.
11. Ihno Krumpelt (Hrsg.), Die großen Meister der Kriegskunst, Berlin 1960, S. 160.
12. Karl Feldmeyer, in: FAZ, 18.3.1987.
13. Zitiert nach: Wolfgang Seiffert, Das neue politische Denken, Sonderdruck Europäische Rundschau 87/1, S. 27.
14. Walter Scheel, Wen schmerzt noch Deutschlands Teilung? Zwei Reden zum 17. Juni, Berlin 1986. Nicht nur vorher haben wir einen anderen Scheel erlebt – wie er im April 1978 in einer glanzvollen Rede vor den Kommandeuren der Bundeswehr die »sittlichen Grundlagen von Verteidigungsbereitschaft und demokratischem Bewußtsein« darlegte. Auch in seinem Vorwort zu dem kürzlich erschienenen Buch »Das Lied der Deutschen«, Berlin 1988, hat der ehemalige Bundespräsident ein eindrucksvolles Bekenntnis zu den Grundwerten der Nation abgelegt.
15. So ist im offiziellen Sprachgebrauch der DDR von der »Vereinigung der beiden deutschen Staaten« die Rede, natürlich mit einer negativen Tendenz. Vgl. Wolfgang Seiffert, Die Einheit der deutschen Nation, in: Deutschland als Ganzes, hrsg. von Gottfried Zieger u.a., Köln 1985, S. 283.
16. Das beweist das Urteil des Bundesverfassungsgerichts vom 31. Juli 1973 zum Grundlagenvertrag.
17. *Deutschlandvertrag vom 26. 5. 1952 (Auszug) i. d. F. vom 23. 10. 1954*
Artikel 7
(2) Bis zum Abschluß der friedensvertraglichen Regelung werden die Unter-

zeichnerstaaten zusammenwirken, um mit friedlichen Mitteln ihr gemeinsames Ziel zu verwirklichen: Ein wiedervereinigtes Deutschland, das eine freiheitlich-demokratische Verfassung, ähnlich wie die Bundesrepublik, besitzt und das in die europäische Gemeinschaft integriert ist.

18 Vgl. Wolfgang Seiffert, a.a.O. S. 283.
19 Vgl. Ernst Weisenfeld, Welches Deutschland soll es sein?, München 1986, S. 174: »Wenn man nach der »Selbstbestimmung der Deutschen« fragt und nicht nach der Wiedervereinigung.«.
20 Ein Beispiel für diese Erwartung bot Egon Bahr auf dem deutschlandpolitischen Forum der Friedrich-Ebert-Stiftung am 3.6.1987 in Bonn: »... begrüße ich, daß... die Drei Mächte... für die Herbeiführung des deutschen Selbstbestimmungsrechtes sind. Das ist ja auch schön. Bloß haben sie bisher noch nichts dazu getan, wenn ich das recht sehe, abgesehen von dem, was auf dem Papier steht.« Tagungs-Bericht, S. 41. Auf dem deutschlandpolitischen Forum derselben Stiftung, das am 18.5.1988 in Bonn zum Thema »Die Zukunft Berlins in Europa« stattfand, sagte der amerikanische Gesandte James F. Dobbins in seinem Schluß-wort: »Berlin ist die wichtigste Erinnerung daran, daß die deutsche Frage noch nicht erledigt ist.« Darauf fragte Dr. Peter Bender vom WDR zurück: »Habe ich Sie richtig verstanden?« Nachdem Dobbins das bejaht hatte, entrüstete sich der Deutsche: »Wissen Sie, es entsteht hier der Eindruck, als seien die Amerikaner deutscher als die Deutschen.«
    James F. Dobbins hat seinen Standpunkt in einem Aufsatz »Die USA, die Sowjetunion und die Deutschlandpolitik« in: MUT, Nr. 1/1989, S. 31 ff. präzisiert.
21 In: Die Welt, 9.8.1988.
22 Bernhard Friedmann, Einheit statt Raketen, Herford 1987, S. 37.
23 Dietrich Murswiek, Systematische Überlegungen zum Selbstbestimmungsrecht des deutschen Volkes, in: Deutschland als Ganzes, a.a.O., S. 255.
24 Herbert Kremp, Der Löwensprung, in: Welt am Sonntag, 3.1.1988.
25 Clausewitz, a.a.O., S. 640.
26 Vgl. dazu Hans Graf Huyn, Sieg ohne Krieg, München 1985.
27 Wolfgang Leonhard, Die Analyse: Es gibt keine Alternative zu dem Reformkurs in der Sowjetunion, in: Die Welt, 21.10.1988.
28 Vgl. Politischer Bericht des ZK der KPdSU vom 27. Parteitag, Deutsche Übersetzung, Moskau 1986, S. 152. Gorbatschow: »Die Hauptaufgaben der Partei zur Entwicklung und Stärkung des Sozialismus, zu seiner planmäßigen und allseitigen Vervollkommnung und dem weiteren Voranschreiten der sowjetischen Gesellschaft zum Kommunismus bleiben bestehen.«.
29 Wolfgang Leonhard, a.a.O.
30 In: Welt am Sonntag, 16.10.1988.
31 Entfällt.
32 Entfällt.
33 So schreibt Marion Gräfin Dönhoff in der »Zeit« vom 21.3.1986 über Adenauer, »daß er in seinem Preußenhaß entschlossen gewesen sei, eine Wiederbelebung der traditionell dominierenden Stellung Preußens für immer zu verhindern« und auch dafür zu sorgen, daß Berlin nie wieder Hauptstadt werde. Zu den Vorwürfen gegen Adenauer, daß er »die Wiedervereinigung mit allen Mitteln hintertrieben habe«, vgl. auch DAS, 16.3.1986.
34 Wilhelm G. Grewe, Die deutsche Frage in der Ost-West-Spannung, Herford 1986, S. 142.
35 Günter Gaus, Zur Person, Köln 1987, S. 24.

36 Rolf Steininger, Eine vertane Chance – die Stalin-Note vom März 1952 und die Wiedervereinigung, Berlin und Bonn 1985, S. 5.

37 Grewe, a.a.O., S. 144 ff.

38 Vgl. Werner Maser, Deutschland – Traum oder Trauma – Kein Requiem, München 1984, S. 617.

39 Grewe, a.a.O., S. 148.

40 Matthias Walden, Andreottis Nachbeter, in: Die Welt, 19.9.1984.

41 Helmut Kohl: Freiheit wichtiger als deutsche Einheit, in: Süddeutsche Zeitung, 23.5.1987.

42 Interview im Bonner Generalanzeiger, 28.5.1987.

43 Vgl. FAZ, 23.5.1987: »Burt: Beseitigung der deutschen Teilung muß Ziel der Strategie des Westens sein«.

44 Karl Feldmeyer, Visionen jenseits des Zeithorizonts, in: FAZ, 29.1.1988.

45 In: Die Welt, 29.1.1988.

46 Vgl. Barbara Könitz, Gefahren eines Sonderweges, Bonn 1984. Und: Helmut L. Müller, Deutscher Sonderweg – Mythos oder Realität?, in: Deutschland-Archiv 1982, S. 380.

47 Friedmann, a.a.O., S. 41.

48 Franz Josef Strauß, in: Reden über das eigene Land: Deutschland 2, a.a.O., S. 126. So auch Wilfried Hertz-Eichenrode, in: Die Welt, 21.1.1989.

49 Murswiek, Wiedervereinigung Deutschlands und Europäische Integration, a.a.O., S. 29. Zu der um die Jahreswende 1988/89 erneut aufgeflammten Diskussion hat sich der Marburger Staatsrechtslehrer Gerhard Hoffmann in einem Beitrag, »Wiedervereinigung und Westintegration« in der FAZ vom 2.1.1989 geäußert. Im gleichen Sinne hat sich auch Blumenwitz geäußert, in: Die Welt, 7.1.1983.

50 Zitiert nach: Theodor Schweisfurth, Neutral – sicher – frei, in: Sicherheitspolitik kontrovers, Schriftenreihe der Bundeszentrale für politische Bildung, Bd. 247, Bonn 1987, S. 659.

51 Francois Bondy, Selbstbesinnung, in: Die Identität Europas, hrsg. von Werner Weidenfeld, S. 73.

52 Karl Feldmeyer, in: FAZ, 29.1.1988.

53 Dorothee Wilms, Rede zum Tag der Heimat, in: Informationen Nr. 17/1987.

54 *Brief zur deutschen Einheit vom 21. Dezember 1972*
Im Zusammenhang mit der heutigen Unterzeichnung des Vertrages über die Grundlagen der Beziehungen zwischen der Bundesrepublik Deutschland und der Deutschen Demokratischen Republik beehrt sich die Regierung der Bundesrepublik Deutschland festzustellen, daß dieser Vertrag nicht im Widerspruch zu dem politischen Ziel der Bundesrepublik Deutschland steht, auf einen Zustand des Friedens in Europa hinzuwirken, in dem das deutsche Volk in freier Selbstbestimmung seine Einheit wiedererlangt.
Nach: Texte zur Deutschlandpolitik, hrsg. vom Bundesminister für innerdeutsche Beziehungen, Bd. 11, Bonn 1973, S. 387.
Vgl. dazu: Dieter Blumenwitz, Die »Briefe zur deutschen Einheit« der Bundesregierung, in: Finis Germaniae – zur Lage Deutschlands nach den Ostverträgen und Helsinki (1977), S. 47 ff.

55 Ulrich Herrmann, Was ist des deutschen Vaterland?, in: Die Zeit, 4.12.1987.

56 So der damalige Berliner Senator Rupert Scholz, der dazu äußerte, die Einheit und das Selbstbestimmungsrecht aller Deutschen hingen nicht davon ab, »was andere Nachbarvölker hierzu meinen«. In: Die Welt, 30.1.1988.

57 Gerhard Leibholz, Volk, Nation und Staat im 20. Jahrhundert, in: Schicksalsfragen der Gegenwart, Bd. 1, Tübingen 1957, S. 68 f.

58 Otto von Habsburg, Die Reichsidee, Wien 1986, S. 172 ff.

59 Vgl. DDR-Handbuch, Köln 1985, S. 924 ff.

60 Zitiert nach: Karl Schulze-Westen, Das Vermächtnis der Urburschenschaft, Bochum 1952, S. 179.

61 So Franz Josef Strauß, Reden über das eigene Land, a.a.O., S. 116 f. Ein bedrückendes Beispiel für eine einseitige Sicht der deutschen Geschichte dieser Zeit bietet Ralph Giordano mit dem Kapitel »Die zweite Schuld oder Von der Last, Deutscher zu sein«, o.O. 1987.

62 Friedrich Meinecke, Weltbürgertum und Nationalstaat, Berlin 1955, S. 540.

63 Michail Gorbatschow, Perestroika, München 1987, S. 259 f. Wolfgang Seiffert, Die Deutschen und Gorbatschow, Erlangen–Bonn–Wien 1989, weist darauf hin, daß hier ein Übersetzungsfehler vorliegt. Korrekt muß es heißen: Was im Verlauf von hundert Jahren geschehen wird ...

64 In: Welt am Sonntag, 5.10.1986.

65 In: Die Welt, 19.1.1987.

66 Beispiele dafür, wie Franz Josef Strauß geistige Führung verstand und praktizierte, finden sich in seinem Buch »Auftrag für die Zukunft«, Percha 1987.

67 Wilhelm Röpke, Jenseits von Angebot und Nachfrage, Bern und Stuttgart 1979, S. 22. Röpke in diesem Zusammenhang zu zitieren, darf nicht den Eindruck erwecken, er sei ein Verfechter der deutschen Einheit gewesen. Im Gegenteil! In seinem Genfer Exil hatte er sich schon während des Krieges mit der Lösung der deutschen Frage nach dem Zusammenbruch befaßt. In seinem 1948 in Zürich erschienenen Buch »Die deutsche Frage« hat sich der Anti-Preuße par excellence für eine »Westlösung« ausgesprochen. (S. 337)

68 Max Weber, Politik als Beruf, Berlin 1977, S. 51.

69 Günter Rohrmoser, Das Debakel, Krefeld 1985, S. 18.

70 Vgl. dazu: Bernard Willms, Volk, Staat, Nation und Gesellschaft, in: Handbuch zur Deutschen Nation, Bd. 2, Tübingen, 1987, S. 11. Eine umfassende Darstellung des Problems der geistigen Führung hat der frühere SPD-Bundestagsabgeordnete Ulrich Lohmar in: MUT, Nr. 1/1989, S. 14 ff. geliefert.

71 Vgl. Bernard Willms, Erneuerung aus der Mitte, Herford 1988, S. 187 ff.

72 Friedrich Karl Fromme, Wort und Politiker, in: FAZ, 9.6.1988.

Teil 2: Die Lage

1 Eckart Klein, Die Verantwortung der Bundesrepublik, in: Deutschland als Ganzes, a.a.O., S. 167. Ebenso: Ders., Wiedervereinigungsgebot und Völkerrecht, in: Studien zur Deutschlandfrage, Bd. 9, hrsg. vom Göttinger Arbeitskreis, Berlin 1985.

2 Herbert Kremp, Wir brauchen unsere Geschichte, Berlin 1988, S. 77. Im Herbst 1988 hat auch Martin Walser in einer »Rede über das eigene Land« gegen die Beschränkung auf eine Kulturnation Stellung bezogen. Vgl. DIE ZEIT, 4.11.88.

3 *Das Grundlagenurteil des Bundesverfassungsgerichtes vom 31.7.1973 (Auszug)*
4. Aus dem Wiedervereinigungsgebot folgt: Kein Verfassungsorgan der Bundesrepublik Deutschland darf die Wiederherstellung der staatlichen Einheit als politisches Ziel aufgeben, alle Verfassungsorgane sind verpflichtet, in ihrer Politik

auf die Erreichung dieses Zieles hinzuwirken – das schließt die Forderung ein, den Wiedervereinigungsanspruch im Inneren wachzuhalten und nach außen beharrlich zu vertreten – und alles zu unterlassen, was die Wiedervereinigung vereiteln würde.

4 Egon Bahr, Zum Europäischen Frieden, Berlin 1988, S. 95.
5 Grewe, Die deutsche Frage . . . , a.a.O., S. 109.
6 Ebd., S. 40. Erstaunlich ist, daß Grewe hier diese Forderung nach Bündnisfreiheit erhebt, aber an anderer Stelle selbst einräumt: »Absolute Souveränität gibt es in unserer Zeit ohnehin nicht mehr.« (S. 99)
7 Theodor Schweisfurth, Deutschland immer noch ein besetztes Land, in: Festschrift für I. Seidl-Hohenveldern, Köln 1988.
8 Vgl. Udo Wetzlaugk, Die Alliierten in Berlin, Berlin 1988, S. 80 ff.
9 Paul Sethe, Zwischen Bonn und Moskau, Frankfurt a.M. 1956, S. 18.
10 Gorbatschow, a.a.O., S. 259.
11 Vgl. Eberhard Schnieder, Die »Germanisten« in Moskau, in: Information für die Truppe, hrsg. vom Bundesministerium der Verteidigung 4/1988, S. 44.
12 Der Spiegel, Nr. 43/1988.
13 In: Neues Deutschland, 13./14. 2.1988.
14 Jordis von Lohausen, Mut zur Macht, Berg am See 1981, S. 24.
15 Vgl. Wolfgang Seiffert, Zu den völkerrechtlichen Grundlagen der Stationierung sowjetischer Truppen in der DDR, in: Deutschland-Archiv 1982, S. 473 ff.
16 Vorwort in: Renate Fritsch Bournazel, Die Sowjetunion und die deutsche Teilung, Opladen 1979, S. 14.
17 Wolfgang Seiffert, Das ganze Deutschland, München 1986, S. 127f.
18 Nach: Sethe, a.a.O., S. 123 ff.
19 Josef Stalin, Über den großen Vaterländischen Krieg, Moskau 1946, S. 49f. Es verdient Beachtung, daß Gorbatschow dieses Stalin-Zitat in seinem Buch Perestroika (S. 261) unvollständig wiedergibt, nur: »die Hitler kommen und gehen, aber das deutsche Volk bleibt«, die staatliche Einheit hat er weggelassen. Im Spiegel-Interview vom Oktober 1988 dagegen, bringt er das Zitat in vollem Umfang.
20 Vgl. Christian Krause, Strukturelle Nichtangriffsfähigkeit, hrsg. von der Friedrich-Ebert-Stiftung, Bonn 1987, S. 30.
21 Vgl. Egon Bahr, Zum Europäischen Frieden, a.a.O., S. 48.
22 Zur Frage des Zusammenschlusses größerer und kleinerer Mächte vgl. Robert L. Rothstein, Alliances and Small Powers, New York 1968.
23 Josef Foschepoth (Hrsg.), Adenauer und die Deutsche Frage, Göttingen 1988. Hier findet sich u. a. auch das nachfolgende Dokument »Adenauer und die Einheit Deutschlands«:
»1. Der deutsche Botschafter sagte mir gestern, daß er mir eine streng vertrauliche Mitteilung über dieses Thema zu machen wünsche. Wie ich mich wohl erinnern werde, hätte ich ihm bei meiner Rückkehr aus Genf gesagt, ich sei zu der Schlußfolgerung gekommen, daß wir gegebenenfalls elastischer sein würden als die Amerikaner und gegebenenfalls eine Haltung einzunehmen beabsichtigten, in der wir jedes vernünftige Sicherheitsabkommen mit den Sowjets abzuschließen bereit seien, vorausgesetzt, daß Deutschland durch freie Wahlen vereint würde und daß die gesamtdeutsche Regierung ihre inneren und äußeren Angelegenheiten frei entscheiden könne.
2. Der Botschafter sagte mir, daß er diese Möglichkeit mit dem Kanzler vertraulich erörtert habe. Dr. Adenauer wolle mich wissen lassen, daß er es nicht schätzen würde, wenn wir diese Haltung einnähmen. Der wirkliche Grund dafür

sei, daß Dr. Adenauer kein Vertrauen in das deutsche Volk habe. Er sei besorgt, daß dann, wenn er von der Bühne abtrete, eine künftige deutsche Regierung mit Rußland eine Vereinbarung auf deutsche Kosten treffen könne. Deshalb sei er der Überzeugung, daß die Verklammerung Westdeutschlands mit dem Westen wichtiger sei als die Wiedervereinigung. Er wolle uns wissen lassen, daß er alle Kraft in der ihm noch verbleibenden Zeit darauf konzentrieren werde, dieses Ziel zu erreichen, und er hoffe, daß wir alles in unserer Macht Stehende tun würden, um ihn dabei zu unterstützen.

3. Bei dieser vertraulichen Mitteilung hob der Botschafter selbstverständlich hervor, der Kanzler wolle, daß ich seine Einstellung kenne, aber daß es natürlich ganz verheerend wäre für seine politische Stellung, wenn diese Einstellung, die er mir in vollem Freimut mitgeteilt habe, jemals in Deutschland bekannt würde.

24 Vgl. dazu: Die Europäische Verteidigungsgemeinschaft (EVG), hrsg. vom Militärgeschichtlichen Forschungsamt, Boppard 1985.

25 Bahr, a.a.O, S. 47. Gegen diese Auffassung spricht sich Rainer Barzel in seinem Buch Plädoyer für Deutschland aus. Vgl. Welt am Sonntag, 4.12.1988.

26 So erging es mir auf der Jahrestagung des Kuratoriums Unteilbares Deutschland am 3.6.1988 in Berlin. Der dort anwesende Landtagspräsident von Rheinland-Pfalz, Dr. Volkert, verwahrte sich gegen die Auffassung, Zweck sei die Nation. Damit könne man heute doch den Menschen nicht mehr kommen, schon gar nicht der Jugend. Ich erwiderte ihm: Wenn dem so sei, so spiegele sich darin das Versäumnis der Politiker wider, den Menschen den Begriff der Nation zu erläutern.

27 Vgl. dazu: Johannes Gerber, Die Bundeswehr im Nordatlantischen Bündnis, Bd. 2 der Reihe »Die Bundeswehr – Eine Gesamtdarstellung, Regensburg 1985, S. 135 ff.

28 Man unterscheidet zwischen »operational command«, das den NATO-Befehlshabern das höchste Maß an Befehlsgewalt gewährt, und demgegenüber stark eingeschränkten Zuständigkeiten, die als »operational control«, »tactical control« und »coordinating authority« bezeichnet werden.

29 Aus Gründen der Vereinfachung werden hier nur die für Landstreitkräfte eigentümlichen Begriffe genannt: Während die Korps noch rein nationale Großverbände sind, handelt es sich bei den übergeordneten Kommandobehörden (das sind die Heeresgruppen, die NATO-Kommandos Europa Nord, Mitte und Süd – und das Oberste Alliierte Hauptquartier Europa, »SHAPE«) um integrierte Stäbe.

30 Gerd Schmückle, Das Schwert am seidenen Faden, Stuttgart 1984, S. 178 ff.

31 Vgl. Henry Kissinger, Ein Umbauplan für die NATO, in: Die Zeit, 2.3.1984. Dagegen hat sich deutscherseits der damalige Staatsminister Alois Mertes ausgesprochen, in: Die Zeit, 16.3.1984.

32 Henry Kissinger, Die ungewöhnliche Lage der Deutschen, in: Welt am Sonntag, 31.5.1987. Aus diesem Anlaß hat Günter Gillessen in der FAZ vom 1.7.1988 einen bemerkenswerten Artikel, »Der Generalsekretär der NATO«, veröffentlicht. Darin legt er die Aufgaben des Generalsekretärs dar und charakterisiert die bisherigen Amtsinhaber.

33 Helmut Schmidt, Eine Strategie für den Westen, Berlin 1986, S. 58 ff. und S. 177.

34 Vgl. Günter Kießling, Die deutsche Repräsentation in der NATO, in: Europäische Wehrkunde 11/82, S. 481 ff. Ebenso: Adelbert Weinstein, Ist die Bundesrepublik in den hohen NATO-Stäben angemessen vertreten?, in: FAZ, 13.8.1982.

35 Im Verteidigungs-Planungsausschuß sind – anders als im NATO-Rat, der alle Mitglieder umfasst – nur diejenigen Mitgliedstaaten vertreten, die an der integrierten Verteidigung teilnehmen. So ist Frankreich nur im NATO-Rat.

36 Helmut Schmidt, Verteidigung oder Vergeltung, Stuttgart 1961, S. 14f.

37 Helmut Schmidt, Eine Strategie für den Westen, a.a.O., S. 14.

38 Maxwell D. Taylor, Die undeutliche Posaune, Gütersloh 1961.

39 Maxwell D. Taylor, (in der englischen Originalfassung) The Uncertain Trumpet, New York 1959, S. 146.

40 Vgl. Hartmut Brühl, Militärstrategie und Ethik, Briefdienst Nr. 1/1988 des Arbeitskreises »Sicherung des Friedens«.

41 ZDF-Magazin am 16.1.1980.

42 Heinrich Triepel, Die Hegemonie, Stuttgart 1943, S. 255

43 Vgl. Dieter S. Lutz, Grundgesetz und Gemeinsame Sicherheit, in: Hamburger Beiträge zur Friedensforschung und Sicherheitspolitik, Heft 13, März 1987, S. 27.

44 Zitiert nach: Soldat und Gesellschaft, Schriftenreihe der Bundeszentrale für politische Bildung, Bd. 172, Bonn, S. 73.

45 So etwa Dieter S. Lutz, a.a.O., S. 18.

46 Eugen Gerstenmaier, Vom Primat der Politik, in: Festgabe für Alex Möller, Karlsruhe 1968, S. 18.

47 Erich Honecker, Aus meinem Leben, Berlin 1981, S. 201.

48 Egon Bahr, Zum Europäischen Frieden, a.a.O., S. 48.

49 Vgl. Max Klüver, Präventivschlag 1941, Leoni am Starnberger See 1986. Ebenso: Gabriel Gorodetsky, Was Stalin planning to attack Hitler in June 1941, in: RUSI, Juni 1986, S. 69 ff. Vgl. auch: Hartmut Schustereit, Vabanque, Herford und Bonn 1988.

50 Robert Close, Europa ohne Verteidigung, Bad Honnef 1977.

51 Maßeinheit für die Sprengkraft eines Atomsprengkörpers, gemessen in Trinitrotoluol (TNT). Vgl. dazu: Ortwin Buchbender u.a., Wörterbuch zur Sicherheitspolitik, Herford 1985.

52 Dazu Günter Kießling, Autorität in der NATO, in: Wehrkunde, Nr. 8/1968, S. 389f.

53 So berichtete Der Spiegel, Nr. 44/1978, S. 164.

54 John Hackett, Der dritte Weltkrieg, München 1978. Zu diesem für das Verhältnis von politischer und militärischer Führung exemplarischem Beispiel hat sich John Hackett erst in jüngster Zeit nochmals geäußert. Vgl. dazu seinen Aufsatz: »NATOs Supreme Allied Commanders on Parade«, in: Parameters (US Army War College Quarterly), Juni 1988, S. 2 ff.

55 Werner Ebeling, Schlachtfeld Deutschland?, Friedberg 1986, S. 176f.

56 William Jackson, The Alternative Third World War 1985–2035, London 1987.

57 So die Definition des Angriffs in der 1987 neu aufgelegten Heeresdienstvorschrift 100/100 »Truppenführung«, Nr. 2901.

58 Vgl. dazu: Heinz Magenheimer, Rogers-Plan, in: Aus Politik und Zeitgeschichte, Bd. 48/84, S. 3 ff.

59 Vgl. 6. Kapitel: Die Zauberformel Abrüstung.

60 Vgl. dazu: Hermann Büschleb, Die Verzögerung – das schwerste Gefecht, Osnabrück 1978. Ebenso: Zeitschrift Truppenpraxis, Beiheft 1/1987, S. 33 ff.

61 Vgl. Heeresdienstvorschrift, 300/1, Truppenführung I. Teil, Berlin 1936.

62 Das erklärte der frühere Bundesverteidigungsminister Wörner in einer Rede vor der Hans-Seidel-Stiftung am 17.11.1987 in München, veröffentlicht in: Material für die Presse 24/20, S. 11. Aber auch: Gerhard Wettig, Alternativen der Sicherheit, in: Schriftenreihe Innere Führung, Beiheft 2/86 zur Information für die Truppe, beides hrsg. vom Bundesminister der Verteidigung.

63 Helmut Schmidt, Eine Strategie für den Westen, a.a.O., S. 51f.

64 Vgl. Argumente zur Sicherheitspolitik 6/87, hrsg. vom Bundesminister der Verteidigung.

65 Vgl. Jürg von Kalckreuth, Zum Konzept einer Gesamtverteidigung (III.), hrsg. von der Stiftung Wissenschaft und Politik, Ebenhausen 1982. Und: Horst Schöttler, Zivil-Militärische Zusammenarbeit, Regensburg 1987.

66 Vgl. Jürg von Kalckreuth, Aktuelle Materialien zur internationalen Politik, Bd. 15, Baden-Baden 1988. Ebenso: Zivile Verteidigung im Rahmen der Gesamtverteidigung, Aufgaben und Nachholbedarf der Bundesrepublik Deutschland, hrsg. von der Stiftung Wissenschaft und Politik, Baden-Baden 1985.

67 Vgl. Günter Kießling, Angst – auch vor der eigenen Strategie? in: Angst als Mittel der Politik in der Ost-West-Auseinandersetzung, hrsg. Gerhart Ritter, Bd. 17, Berlin 1986, S.43 ff.

68 Gorbatschow, Perestroika, a.a.O., S. 27 ff.

69 MBFR (Mutual Balanced Force Reductions), es geht also um gegenseitige ausgewogene Truppenreduzierungen.

70 Egon Bahr, in: Bericht über das 4. Deutschlandpolitische Forum in Bonn am 3.6.1987, hrsg. von der Friedrich-Ebert-Stiftung, S. 36.

71 Vgl. Streitkräftevergleich 1987 NATO – Warschauer Pakt, hrsg. vom Presse- und Informationsamt der Bundesregierung, Dezember 1987.

72 Günter Gillessen, Erbsen zählen ohne Erbsen, in: FAZ, 18.5.1988.

73 Nach: Frankfurter Rundschau, 5.8.1988, Dokumentation.

74 Lothar Rühl, in: Die Welt, 19.1.1988.

75 Herbert Kremp, in: Die Welt, 28.1.1988.

76 Helmut Schmidt, in: Die Zeit, 8.5.1987.

77 Vgl. dazu die European Security Study, Wege zur Stärkung der konventionellen Abschreckung in Europa, Baden-Baden 1983.

78 Vgl. Günter Kießling, Das Kernproblem von Militärallianzen: Die Verteilung der Lasten, in: Neuere Entwicklungen in Betriebswirtschaftslehre und Praxis (Festschrift für Oswald Hahn), Frankfurt a.M. 1988, S. 578 ff.

79 Vgl. Burden Sharing in the alliance, Report, Document 947, Assembly of Western European Union, 18.5.1983.

80 Rupert Scholz, Rede des Bundesverteidigungsministers vor der Atlantik-Brücke am 8.6.1988, Material für die Presse, hrsg. vom Bundesminister der Verteidigung, Bonn 8.6.1988, S. 14.

81 Vgl. dazu: The German Contribution to the Common Defense, hrsg. vom Bundesminister der Verteidigung, Bonn 1986.

82 Vgl. Helmut Schmidt, Menschen und Mächte, Berlin 1987, S. 185.

83 Helmut Schmidt, Eine Strategie für den Westen, a.a.O., S. 48.

84 Vgl. Johannes Gerber, a.a.O., S. 135 ff.

85 So hat der Verteidigungs-Planungsausschuß in seinem Kommuniqué über die Ministertagung am 26./27.5.1988 unter Nr. 9 wiederum den Schwerpunkt auf den im Mai 1985 verabschiedeten Aktionsplan zur Stärkung der konventionellen Verteidigung gelegt.

86 Vgl. Wolfgang Schöppe, Die Überlegenheit der Zahl im Gefecht, in: Europäische Wehrkunde 10/1977, S. 506 ff.

87 Vgl. dazu: Herbert Kremp, Des anderen Last, in: Die Welt, 2.5.1988.

88 Vgl. Josef Joffe, Ziehen die amerikanischen Truppen diesmal wirklich ab?, in: Süddeutsche Zeitung, 10.6.1988. Joffe berichtet von einer Tagung des renommierten Hudson-Institutes. Die zentrale Frage war, ob denn eine Reduzierung

der gegenwärtig in Europa stationierten 320.000 US-Soldaten um 100.000 den Haushalt der USA nachhaltig entlasten könnte.

89 Egon Bahr, Zum Europäischen Frieden, a.a.O., S. 55.

90 So Rupert Scholz in seiner Rede vom 8.6.1988.

91 Der damalige stellvertretende US-Verteidigungsminister hat am 5.10.1988 in Brüssel die Bündnispartner energisch zu höheren Verteidigungsleistungen ermahnt. Vgl. Amerikadienst, 12.10.1988, Bonn.

92 Dazu Thomas Nielebock, Abrüstung, in: Frieden – Ein Handwörterbuch, Opladen 1988, S. 14 ff.

93 81. Bergedorfer Gesprächskreis, 27./28. März in Moskau, hrsg. von der Körber-Stiftung, Hamburg, S. 64. Wie meisterhaft die Sowjets es verstehen, auf der Grundlage ihrer Überlegenheit vor allem an konventionellen Streitkräften mit wirkungsvollen Abrüstungsinitiativen zu operieren, das hat Gorbatschow in seiner Rede vor der 43. UNO-Vollversammlung demonstriert. Die Rede ist in vollem Wortlaut abgedruckt in: Neues Deutschland vom 8.12.1988.

94 Ebd. S. 65.

95 Auch Sonderbedrohung für die USA, in: Die Welt, 25.2.1988.

96 Der Palme-Bericht, Bericht der Unabhängigen Kommission für Abrüstung und Sicherheit, Berlin 1982.

97 Ebd. S. 125.

98 Egon Bahr, Zum Europäischen Frieden, a.a.O., S. 69.

99 Andreas von Bülow, Alpträume West gegen Alpträume Ost, hrsg. vom Vorstand der SPD, Bonn 1985.

100 Christian Krause, Das konventionelle Kräftegleichgewicht, in: Europa, hrsg. von der Friedrich-Ebert-Stiftung, Bonn 5/1982.

101 Die Angelsachsen sind sich dieser Problematik wohl bewußt. Sie sprechen von einem teeth-to-tail-Problem, also der rechten Ausgewogenheit von Kampf- zu Versorgungstruppen. Alle Bemühungen, dieses Verhältnis zu Gunsten der Kampftruppen zu ändern, sind immer wieder an der »Anspruchsgesellschaft« gescheitert. Wir Deutschen sollten uns hüten, sie deshalb zu kritisieren. Werden wir doch nicht müde, für unsere Soldaten Forderungen aufzustellen, die sich an der zivilen Gesellschaft orientieren.

102 So durch den Bundesminister der Verteidigung, Stellungnahme zu den 35 Thesen von Dr. Andreas von Bülow, März 1985. Ebenso: Klaus-Peter Stratmann, Anmerkungen zu Andreas von Bülow, Argumente Nr. 16/1985, hrsg. vom Bundesminister der Verteidigung.

103 Werner Kahl, Stand der Neutralist Oberst von Bonin Pate?, in: Die Welt, 11.9.1985.

104 H. Brill, Bogislav von Bonin im Spannungsfeld zwischen Wiederbewaffnung – Westintegration – Wiedervereinigung, Baden-Baden 1987.

105 Frieden 2000, in: Frankfurter Rundschau, 17./19. 8.1985.

106 Bernhard Friedmann, a.a.O., S. 86 ff.

107 CDU-Dokumentationen 6/1988 und 12/1988: Unsere Verantwortung in der Welt.

108 So Claus Gennrich, Ein Konzept mit Genschers Namen, in: FAZ, 2.12.1987.

109 Wulf-W. Lapins, Besitzt der Warschauer Pakt eine »Invasionsfähigkeit«, hrsg. von der Friedrich-Ebert-Stiftung, Januar 1987.

110 Ebd. S. 10.

111 Hans-Jürgen Rautenberger, Invasionsfähigkeit der Staaten des Warschauer Paktes, in: Der Mittler-Brief Nr. 1/1988, S. 2.

112 CDU-Dokumentation 12/1988, Nr. 27.

113 Dazu: Jan Reifenberg, Die Schwierigkeiten der Konferenz über konventionelle Stabilität in Europa, in: FAZ, 23.7.1987. Ebenso: Michael Alexander, MBFR – Der Schlüssel ist die Verifizierung, Öffentlichkeitsarbeit Nr. 6/86, hrsg. vom Bundesminister der Verteidigung.

114 Der Gorbatschow-Plan, in: Der Mittler-Brief Nr. 1/1986.

115 Dokument der KVAE (Nr. 67, 68), in: Bulletin der Bundesregierung, 26. September 1986.

116 Vgl. dazu Lothar Rühl, Zählbar, meßbar, wägbar, in: Die Welt, 16.3.1988.

117 Karl Kaiser in: FAZ, 2.12.1987.

118 So berichtete Günter Siebert, Berliner Tagung: Für Frieden und Abrüstung, in: Die Einheit 7/1987, S. 626 ff. Dazu auch: Wulf-W. Lapins, Die Auswirkungen der sowjetischen Militärdoktrin/Strategie und Abrüstungspolitik auf das Ziel konventioneller Stabilität in Europa, hrsg. von der Friedrich-Ebert-Stiftung, Januar 1988, S. 3 ff.

119 V.G. Kulikow, Doktrin des Friedens, Berlin (Ost) 1988.

120 Ebd. S. 31.

121 Ebd. S. 37.

122 Ebd. S. 45.

123 E. Lippert, Feindbild, in: Frieden – Ein Handwörterbuch, a.a.O.

124 Marion Gräfin Dönhoff, Vom Unfug der Feindbilder, in: Die Zeit, 27.11.1987. Vgl. auch Enno v. Loewenstern, in: DIE WELT, 13.5.1988.

125 Dies berichtete Gesine Schwan, Ein Januskopf – Gefahren und Chancen, in: FAZ, 23.9.1987.

126 Nuclear Weapons and the Atlantic Alliance, in: Foreign Affairs, Spring 1982.

127 Kernwaffen und die Erhaltung des Friedens, in: Europa-Archiv, 12/1982.

128 Interview mit dem Bundesminister der Verteidigung Rupert Scholz, in: Die Welt, 6.6.1988.

129 Konventionelle Abrüstung, Umweltschutz und Menschenrechte, in: FAZ, 19.7.1988.

130 Vgl. Günter Kießling, Spanien und die NATO, in: Welt am Sonntag, 9.3.1986.

131 Bernhard Friedmann, a.a.O., S. 121f.

132 Vgl. Josef Foschepoth, Westintegration statt Wiedervereinigung, in: Adenauer und die Deutsche Frage, Göttingen 1988, S. 29.

133 *Der Harmel-Bericht, Dezember 1967 (Auszug)*
      8. Ohne erhebliche Anstrengungen aller Beteiligten ist keine Friedensordnung in Europa möglich. Die Entwicklung der sowjetischen und osteuropäischen Politik berechtigt zu der Hoffnung, daß diese Regierungen schließlich die Vorteile erkennen werden, die auch ihnen aus der gemeinsamen Erarbeitung einer friedlichen Regelung erwachsen. Eine endgültige und stabile Regelung in Europa ist jedoch nicht möglich ohne eine Lösung der Deutschlandfrage, die den Kern der gegenwärtigen Spannungen in Europa bildet. *Jede derartige Regelung muß die unnatürlichen Schranken zwischen Ost- und Westeuropa beseitigen, die sich in der Teilung Deutschlands am deutlichsten und grausamsten offenbaren.*
      9. Das höchste politische Ziel der Allianz ist es, eine gerechte und dauernde Friedensordnung in Europa mit geeigneten Sicherheitsgarantien zu erreichen.

134 Jürgen Schwarz, Die Bundesrepublik Deutschland und die westeuropäische Union (WEU), in: Die Deutsche Frage und die internationale Sicherheit, hrsg. von Günther Wagenlehner, Koblenz 1988, S. 64.

135 Dazu Johannes Gerber, a.a.O., S. 192 ff.

136 Vgl. C. Graf Brockdorff, WEU verpflichtet Spanien weit mehr als die NATO, in: Die Welt 18.11.1988.

137 André Glucksmann, Philosophie der Abschreckung, Stuttgart 1984, S. 89f.

138 So in einem Interview mit der Welt vom 20.1.1988. Diesen Standpunkt hat der französische Staatspräsident erst kürzlich noch einmal bekräftigt, als er am 11.10.1988 vor dem Institut des Hautes Etudes Défense Nationale in Paris Richtlinien für die französische Sicherheitspolitik entwickelte.

139 Vgl. dazu: Deutsch-Französische Sicherheitspolitik, hrsg. von Karl Kaiser u.a., Bonn 1986.

140 Vgl. Robert Picht (Hrsg.), Das Bündnis im Bündnis, Berlin 1982.

141 Helmut Schmidt, Eine Strategie für den Westen, a.a.O., S. 72.

142 Egon Bahr, Zum Europäischen Frieden, a.a.O., S. 59.

143 Helmut Schmidt hat seine Gedanken zu einer deutsch-französischen Streitmacht zuerst am 24.2.1987 in einer Rede anläßlich der Verleihung des Adolphe-Bentick-Preises in Paris vorgetragen. Vgl. auch seinen Beitrag: Arm in Arm mit den Franzosen, in: Die Zeit, 29.5.1987.

144 Vgl. Hans-Georg Ehrhart, Die Selbstbehauptung Europas, Kurzpapier der Friedrich-Ebert-Stiftung Nr. 23, 5/1988.

145 Die Rede Mitterands wurde abgedruckt in: FAZ, 23.10.1987.

146 Egon Bahr, Zum Europäischen Frieden, a.a.O., S. 60.

147 Wie 144.

148 So schreibt Horst Schäfer, Staatsminister im Auswärtigen Amt, in einem Aufsatz:»Es ist erstaunlich, wie wenig bisher zum Beispiel zur Kenntnis genommen wurde, daß der französische Präsident mit der Zusage von 1986, den Bundeskanzler über bestimmte Nuklearwaffen zu konsultieren, eine bedeutende Schwelle überschritten hat.« In: Europäische Wehrkunde 10/1987, S. 542.

149 Vgl. André Glucksmann, a.a.O., S. 18.

150 In: Bulletin der Bundesregierung vom 29.10.1987.

151 Adelbert Weinstein, Der Traum von der Europa-Armee, in: Welt am Sonntag, 8.7.1984.

152 Vgl. Wolfgang Schall, Sicherheitspolitik auf dem Wege zur Europäischen Union, Bonn 1988.

153 Entfällt

154 Vgl. Hans-Joachim Arndt, Die andere Republik als Republik der Anderen, in: Criticon 100/101 1987, S. 83.

155 Als der Autor sich bei einem Vortrag, den er in Zürich zum Thema »Christ und Soldat« hielt, dahingehend äußerte, für ihn sei auch der Rotarmist ein Bruder, da erregte dies ungewöhnliches Aufsehen. In seinem Buch »Liebe ist möglich« (München 1985) hat Franz Alt diesem Vorgang ein Kapitel »General Kießling und die Feindesliebe« gewidmet. Was in der Altschen Darstellung jedoch nicht zum Ausdruck kommt, ist, daß sich das Gebot der »Feindesliebe« natürlich auf den Menschen beschränkt – und nicht etwa das kommunistische System einbezieht. Gleichwohl ist bei dieser Diskussion eines deutlich geworden, nämlich, wie selbstverständlich es den meisten Menschen nach wie vor ist, in dem Landsmann einen Bruder zu sehen. Wie schwer fällt es ihnen dagegen, dieses Gefühl der Brüderlichkeit auf andere auszudehnen, ganz zu schweigen von dem angreifenden Feind. Und da tönen unsere Politiker, der Nationalstaat sei überholt!

156 Aus der Rede Adenauers vor dem Parteitag der CDU 1950, zitiert bei: Josef Foschepoth, Adenauer und die Deutsche Frage, a.a.O., S. 42.

157 Theo Sommer, in: Die Zeit, 4.9.1987.

158 Fritz Erler, Disengagement und die Wiedervereinigung Deutschlands, in: Europa-Archiv 9-10/1959, S.291.
159 Max Weber, Politik als Beruf, a.a.O., S. 52.
160 Feindstaatenklausel, Viermächteverantwortung und Deutsche Frage, hrsg. von der Stiftung Wissenschaft und Politik, Ebenhausen 1983.
161 Fritz Erler, a.a.O.
162 Vgl. 3.Kapitel: Bündnis und Nation.
163 Vgl. Udo Wetzlaugk, a.a.O.
164 Vgl. Theodor Schweisfurth, Deutschland immer noch ein besetztes Land, a.a.O., aber auch: Helmut Rumpf, Land ohne Souveränität, Karlsruhe 1973.
165 Rupert Scholz, Daran halte ich fest, Stuttgart 1988, S. 49. In diesem Sinne hat sich auch James F. Dobbins, der US-Gesandte in Bonn, auf der Tagung der Friedrich-Ebert-Stiftung am 18.5.1988 geäußert. Dafür wurde er von seinen deutschen Diskussionspartnern, Peter Bender und Dieter Schröder, verhöhnt.
166 Egon Bahr, Zum Europäischen Frieden, a.a.O., S. 95 ff.
167 So Wilhelm Grewe, a.a.O., S.74.
168 Rupert Scholz, Daran halte ich fest, a.a.O., S. 62.
169 Das hat Karl Feldmeyer in dem beachtenswerten Aufsatz »Die deutsche Frage und der Faktor Zeit« herausgestellt, in:Deutschland-Archiv Nr. 3/1984, S. 278ff.
170 Karl Jaspers, Freiheit und Wiedervereinigung, München 1960, S. 47 ff.
171 Detlev Kühn, Festvortrag anläßlich der Verleihung der Thomas-Dehler-Medaille an Hans-Dietrich Genscher am 3.1.1987 in München.
172 Theodor Schweisfurth, Neutral – Sicher – Frei, a.a.O., S. 644.
173 J. Löser/U. Schilling, Neutralität für Mitteleuropa – Das Ende der Blöcke, München 1984, S. 145 ff.
174 Wolfgang Gläsker, Die Konföderationspläne der SED von 1957–1967, Dissertation, Erlangen 1976.
175 Ebd. S. 7 ff.
176 In: Karl Marx – Friedrich Engels, Werke, Bd. 7, Berlin 1960, S. 252.
177 Theodor Schweisfurth, Die deutsche Konföderation – Der große nationale Kompromiß als tragendes Element einer neuen europäischen Friedensordnung, in: Aus Politik und Zeitgeschichte, Bd. 50/87, S. 26 ff.
178 Vgl. Jürgen Hofmann, Zur Entwicklung der sozialistischen deutschen Nation in der DDR, in: Die Einheit, Ost-Berlin, Nr. 8/1988, S. 734 ff.
179 Wolfgang Venohr, Die deutsche Einheit kommt bestimmt, Bergisch Gladbach 1982, S. 181 ff.
180 Wolfgang Seiffert, Die Einheit der deutschen Nation und ihre staatliche Zukunft, a.a.O., S. 281.
181 Harald Wust, die internationale Sicherheit und die deutsche Frage, in: Die deutsche Frage und die internationale Sicherheit, a.a.O., S. 222.
182 Memorandum des Bundesministers a.D. Dr. Heinemann über die deutsche Sicherheit vom 13.10.1950, in: Europa-Archiv 10/1950, S. 354 ff.
183 Rede des Staatspräsidenten Mitterands, a.a.O.
184 Diese Pläne sind abgedruckt bei: Klaus-Jörg Ruhl (Hrsg.), Mein Gott, was soll aus Deutschland werden? , München 1985.
185 Theo Sommer, Hausieren mit einem alten Hut, in: Die Zeit, 29.5.1987.
186 Zitiert nach: Pressemitteilung, Bundesminister für Innerdeutsche Beziehungen, Bonn 3.6.1988.
187 So auf dem CDU-Parteitag in Wiesbaden am 14.6.1988, nach: FAZ, 15.6.1988.
188 Rudolf Augstein, Deutschland, das ewig protestierende Reich, Rede, gehalten

in der Evangelischen Akademie Tutzing am 12.7.1987, veröffentlicht im Informations-Rundschreiben des SPIEGEL.

189 Nach: Verlautbarungen des Apostolischen Stuhls, 82, hrsg. von der Deutschen Bischofskonferenz, Bonn 30.12.1987, S. 25.

190 KSZE-Schlußakte 1.I.,zitiert nach: Sicherheit und Zusammenarbeit in Europa, KSZE-Dokumentation, hrsg. vom Presse- und Informationsamt der Bundesregierung, Bonn 1975.

191 Bernhard Friedmann, a.a.O., S. 51.

192 Zum Beispiel: Theodor Schweisfurth, Neutral – Sicher – Frei, a.a.O., S 637.

193 Vgl. Gerald Stourzh, Kleine Geschichte des österreichischen Staatsvertrages, Graz 1975, S. 77 ff.

194 Horst Groepper, Deutsche Wiedervereinigung auf der Grundlage der Neutralität Gesamtdeutschlands, Sonderdruck Bonner Ostbrief, 8/1986, S. 5.

195 Vgl. Josef Foschepoth, Adenauer und die Deutsche Frage, a.a.O.

196 Rudolf Augstein, Reden über das eigene Land: Deutschland 2, a.a.O., S. 32.

197 So Theodor Schweisfurth in seinem Referat zum Thema »Völkerrechtliche und politische Aspekte eines deutschen Friedensvertrages«, gehalten auf einer deutschlandpolitischen Tagung der Deutschen Burschenschaft in Bonn am 2.7.1988 (unveröffentlichtes Manuskript).

198 Wilhelm Grewe, a.a.O.

199 Dazu: Elisabeth Noelle-Neumann, Die verletzte Nation, Stuttgart 1987, S. 40.

Teil 3: Der Weg

1 Bernard Willms/Paul Kleinewefers, S. 305.

2 Ebd. S. 184.

3 Rupert Scholz, Daran halte ich fest, a.a.O., S. 42.

4 Willms/Kleinewefers, a.a.O., S. 239 ff.

5 Die Problematik der Begriffe wurde bereits erwähnt. Es kommt hier allein darauf an, die gesamtdeutschen Institutionen gegenüber derzeit bestehenden staatlichen Einrichtungen abzugrenzen.

6 So zum Beispiel Wilhelm Grewe, a.a.O., S. 59 ff.

7 Herbert Ammon/Theodor Schweisfurth, Friedensvertrag, Deutsche Konföderation, Europäisches Sicherheitssystem, Starnberg 1985, S. 37.

8 Egon Bahr, Zum Europäischen Frieden, a.a.O., S. 95.

9 Ebd. S. 99.

10 Ebd. S. 95.

11 Dieter Blumenwitz, Europäische Aspekte der deutschen Frage, a.a.O., S. 9.

12 Vgl. Theodor Schweisfurth, Ein deutscher Friedensvertrag, in: System und Ostrecht, Berlin 1985, S. 747.

13 Vgl. Feindstaatenklausel, Viermächteverantwortung und Deutsche Frage, a.a.O.
   Artikel 53 der Satzung der Vereinten Nationen
   Art. 53 (Zwangsmaßnahmen aufgrund von Regionalabmachungen)
   (1) Der Sicherheitsrat nimmt gegebenenfalls diese regionalen Abmachungen oder Einrichtungen zur Durchführung von Zwangsmaßnahmen unter seiner Autorität in Anspruch. Ohne Ermächtigung des Sicherheitsrats dürfen Zwangsmaßnahmen aufgrund regionaler Abmachungen oder seitens regionaler Einrichtungen nicht ergriffen werden; ausgenommen sind Maßnahmen gegen

einen Feindstaat im Sinne des Absatzes (2), soweit sie in Artikel 107 oder in regionalen, gegen die Wiederaufnahme der Angriffspolitik eines solchen Staats gerichteten Abmachungen vorgesehen sind; die Ausnahme gilt, bis der Organisation auf Ersuchen der beteiligten Regierungen die Aufgabe zugewiesen wird, neue Angriffe eines solchen Staates zu verhüten.

(2) Der Ausdruck »Feindstaat« im Absatz (1) bezeichnet jeden Staat, der während des Zweiten Weltkriegs Feind eines Unterzeichnerstaates dieser Charta war.

14 Nur auf diese Weise kann den sicherheitspolitischen Erfordernissen entsprochen werden. Auf die Notwendigkeit, diesen Aspekt verstärkt in die friedensvertragliche Diskussion einzubeziehen, hat Wilfried Fiedler hingewiesen: Zur rechtlichen Erforderlichkeit eines Friedensvertrages mit Deutschland, in: Studien zur Deutschlandfrage, Bd. 9, hrsg. vom Göttinger Arbeitskreis, Berlin 1985, S. 113.

15 Der Verleger Gerd Bucerius verstieg sich gar zu folgender Formulierung: »Auch nur der Gedanke an die Rückkehr dorthin verbietet sich als menschenrechtswidrig.« In: Reden über das eigene Land: Deutschland 1, München 1983, S. 96.

16 Vgl. Eckart Klein, Bundesverfassungsgericht und Ostverträge, hrsg. von der Kulturstiftung der deutschen Vertriebenen, Bonn 1985.

17 Der Österreichische Staatsvertrag vom 15.5.1955 enthält in seinem Artikel 3 die Auflage, das Anschlußverbot in den deutschen Friedensvertrag aufzunehmen. Vgl. dazu: Gerald Stourzh, a.a.O.

18 Ebd. S. 184.

19 Vgl. Jens Hacker, Die rechtliche und politische Funktion eines Friedensvertrages mit Deutschland, in: Aus Politik und Zeitgeschichte, Nr. 50/1987, S. 17f.

20 Ein Beispiel für die vertragliche Fixierung einer derartigen Regelung bietet der Friedensvertrag von Versailles.

21 Vor eine ähnliche Situation sah sich Österreich nach Abschluß des Staatsvertrages und der ihm auferlegten wie auch selbstgewählten Neutralität gestellt. Der spätere österreichische Generaltruppeninspektor Spannochi hat in seinem Buch »Verteidigung ohne Selbstzerstörung« (München-Wien 1976) die daraus gezogenen militärischen Folgerungen im Sinne einer Strategie der Raumverteidigung dargelegt.

22 Vgl. Hans-Jürgen Rautenberger, Deutsche Rüstungspolitik vom Beginn der Genfer Abrüstungskonferenz bis zur Wiedereinführung der Allgemeinen Wehrpflicht 1932–1953, Dissertation, Bonn 1973.

23 Immanuel Kant, Zum ewigen Frieden – ein philosophischer Entwurf, Bern o.J., S. 7.

24 Helmut Schmidt, Verteidigung oder Vergeltung, a.a.O., S. 197. Eine gute Einführung in das Problem der Miliz bietet Karl W. Haltiner, Milizarmee – Bürgerbild oder angeschlagenes Bürgerideal, Frauenfeld 1985.

25 Vgl. dazu: Ihno Krumpelt, a.a.O., S. 132f.

26 Vgl. dazu: Handbuch Innere Führung (Hilfe zur Klärung der Begriffe), hrsg. vom Bundesministerium für Verteidigung, Bonn 1957.

27 Die Bundeswehr, Nr. 7/1987, Titelseite. Dazu Günter Kießling, Soldatsein – ein Beruf wie jeder andere?, in: MUT, 10/1987.

28 Helmut Preuß, Bundeswehr und Innere Führung – vom Glanz und Elend einer Ideologie, Siegburg 1986.

29 Vgl. Günter Kießling, Die Überführung des Bundesgrenzschutzes, in: Europäische Wehrkunde 6/1981, S. 241 ff. Vor ähnlichen Problemen standen auch die Österreicher, als sie 1955 nach Abschluß des Staatsvertrages und großem Zeit-

druck ihr Bundesheer aufstellen mußten. Sie halfen sich durch Überführung geschlossener Verbände der sogenannten B-Gendarmerie. Vgl. dazu: Manfred Rauchensteiner, Die B-Gendarmerie – mehr als eine Episode, in: Truppendienst 4/1982, S. 340 ff.

30 Vgl. Franz Uhle-Wettler, Höhe- und Wendepunkte deutscher Militärgeschichte, Mainz 1984.

31 Militärischen Fachleuten und militärisch Interessierten werden diese Betrachtungen wahrscheinlich nicht umfassend und nicht tief genug sein. Doch mögen sie bedenken, daß es im Rahmen des gewählten Themas nur darum gehen kann, das Problem der Aufstellung einer gesamtdeutschen Streitmacht unter den im Friedensvertrag vorausgesetzten Bedingungen zu skizzieren. Um einem möglichen Mißverständnis vorzubeugen, sei nochmals betont, daß es dem Autor nicht um eine gesamtdeutsche Armee geht, schon gar nicht um eine Amalgamierung von Bundeswehr und NVA. Das Ziel ist allein die Wiederherstellung der deutschen Einheit.

32 Informationen Nr. 13/1988, hrsg. vom Bundesministerium für Innerdeutsche Fragen.

33 Rupert Scholz, a.a.O., S. 11.

34 Material für die Presse, hrsg. vom Bundesministerium für Verteidigung, Bonn 24.10.1988.

35 Carl-Friedrich von Weizsäcker, Europäische Friedensordnung als Chance für die Zukunft, Vortrag vor der Führungsakademie der Bundeswehr, gesendet auf der Hamburgwelle/NDR am 30.1.1984.

36 Wilhelm Bruns/Christian Krause, Überlegungen zu einer europäischen Friedensordnung, hrsg. von der Friedrich-Ebert-Stiftung, Bonn 1982, S. 10 und 22 ff.

37 Dieter S. Lutz, Auf dem Wege zu einer NEFO, IHSH-Diskussionsbeiträge, Heft 31, 1983, insbesondere Seite 19 und 32 ff.

38 Vgl. Bernhard Willms/Paul Kleinewefers, a.a.O.

39 Ebd. S. 313.

40 Ebd. S. 326 ff.

41 Ebd. S. 340.

42 Ebd. S. 350.

43 Ebd. S. 227 ff.

44 Ebd. S. 38.

45 J. Löser/U. Schilling, a.a.O.

46 Günter Zehm, Einheit, nicht Tomatenmark, in: Die Welt, 2.6.1984.

47 In: FAZ, 10.12.1986.

48 Günter Zehm, Eierkopf und Eierkuchen, in: Die Welt, 16.3.1987.

49 Friedrich Naumann, Mitteleuropa, Berlin 1915, S. 1.

50 Ebd. S. 13.

51 Ebd. S. 232.

52 Peter Bender, Mitteleuropa – Mode, Modell oder Motiv?, in: Neue Gesellschaft, 4/1987, S. 301.

53 Bericht der Bundesregierung zur Lage der Nation vom 15.10.1987. Bundeskanzler Kohl zitiert dort den Ausspruch Joseph Rovans, aus dem Begriff Mitteleuropa dürfe keine »gefährliche Sprengladung gegen die politische Integration des Europas der Freiheit« werden.

54 Vgl. Karl Schlögel, Die Mitte liegt ostwärts, Berlin 1986.

Personenverzeichnis

Bonn erwartet Gorbatschow

Wolfgang

Seiffert

Die Deutschen und Gorbatschow

Chancen für
einen
Interessenausgleich

STRAUBE

Die Sowjetunion des Reformers Gorbatschow hat Deutschland neu entdeckt. Und das ist kein Wunder, denn die Sowjetunion kann alles, was sie braucht, von Deutschland bekommen: Technische Zusammenarbeit, wirtschaftliche Hilfe und finanzielle Unterstützung.
Die deutsche Frage hat deswegen in der sowjetischen Politik eine neue Aktualität erlangt.
Mit einzigartigen Fakten und intimer Kenntnis analysiert der Autor diesen Prozeß. Seine These: Jetzt gibt es gute Chancen für einen deutsch-russischen Interessenausgleich.
Professor Wolfgang Seiffert lehrt seit 1978 Völkerrecht an der Universität Kiel. Zuvor war er Professor in Ost-Berlin und Berater von SED-Chef Erich Honecker.

**Wolfgang Seiffert
Die Deutschen und Gorbatschow
Chancen für einen
Interessenausgleich**
ca. 250 Seiten, gebunden,
mit Schutzumschlag
DM 32,–

ISBN 3-927491-03-9

40 Jahre Abenteuer DDR

Wolfgang Venohr

Venohr

Die roten Preußen

Vom wundersamen Aufstieg der DDR in Deutschland

STRAUBE

Bestseller-Autor und DDR-Experte Wolfgang Venohr kennt sich aus im anderen Teil Deutschlands: Als erster westdeutscher Journalist durfte er 1969 für ARD und ZDF Fernsehreportagen in der DDR drehen. Er wurde dafür mehrfach mit Fernsehpreisen ausgezeichnet.
Jetzt hat er alle seine Kenntnisse und Erfahrungen, die er in vier Jahrzehnten über die DDR sammeln konnte, in seinem neuesten Buch zusammengefaßt. Der Autor erzählt von den Preußen und Sachsen, den Thüringern und Mecklenburgern unter der roten Herrschaft. „Die roten Preußen", das ist der packende, ehrliche und kompetente Bericht über 40 Jahre DDR. Ein neues Erfolgsbuch nach „Preußische Profile" und „Fridericus Rex".

Wolfgang Venohr
Die roten Preußen
Vom wundersamen Aufstieg der DDR in Deutschland
360 Seiten, 3 Karten
gebunden, mit Schutzumschlag
DM 38,–

ISBN 3-927491-00-4

Machtkampf hinter den Kulissen

Zbigniew Brzezinski ist einer der besten Kenner der internationalen Politik. Zuerst war er Sicherheitsberater von US-Präsident Jimmy Carter. Jetzt gehört er zum engsten Mitarbeiterstab von George Bush.

Seit mehr als zehn Jahren befaßt er sich mit der Frage: Wie soll sich der Westen auf die doppelgesichtige Außenpolitik der Sowjetunion einstellen? Soll er auf Entspannung setzen oder auf eine gleichwertige Rüstung? Oder auf beides?

In seinem Buch beurteilt er Absichten und Fähigkeiten der Sowjetunion, stellt Stärken und Schwächen beider Supermächte heraus. Seine Empfehlung für den Westen: Die machtpolitischen Akzente müssen so gesetzt werden, daß die Sowjetunion nicht die Oberhand gewinnen kann.

Zbigniew Brzezinski
Planspiel
Das Ringen der Supermächte
um die Welt
Aus dem Amerikanischen von
Wolfgang Scharrer
304 Seiten, gebunden,
mit Schutzumschlag
DM 36,–
ISBN 3-927491-01-2

Geschichte einmal positiv

Hellmut Diwald

Diwald

Geschichte macht Mut

STRAUBE

Viel zu lang haben in den Schulbüchern und Geschichtswerken die Schlachten, Umstürze und Massaker im Rampenlicht gestanden. Aber die Geschichte erschöpft sich bei weitem nicht in Abenteuerlichkeiten und Turbulenzen. Alles Große, Erstaunliche, Köstliche, Wundervolle, Schöne und Liebenswerte, das der Mensch zu leisten befähigt ist, findet sich nirgendwo so überzeugend, so reich facettiert wie in der Geschichte. Mit diesem Blick in die Vergangenheit macht der Historiker Hellmut Diwald Mut für die Zukunft.
Wie in seinen bisherigen Bestsellern „Wallenstein", „Geschichte der Deutschen" und „Martin Luther" holt der Autor auch in seinem neuen Buch Geschichte aus dem Elfenbeinturm der Wissenschaft heraus und macht sie zu einem faszinierenden Lesevergnügen.

Hellmut Diwald
Geschichte macht Mut
304 Seiten, gebunden,
mit Schutzumschlag
DM 36,–

ISBN 3-927491-05-5